Direito Ponto a Ponto

Direito Civil - Lei de Introdução ao Código Civil, Parte Geral e Direito das Coisas
Luís Paulo Cotrim Guimarães

Direito Civil - Obrigações
André Ricardo Cruz Fontes

Direito Civil - Responsabilidade Civil
André Ricardo Cruz Fontes

Direito Civil - Família
José Luiz Gavião de Almeida

Direito Civil - Sucessões
José Luiz Gavião de Almeida

Direito Imobiliário
Washington Carlos de Almeida

Direito Processual Civil - Processo de Conhecimento e Execução - Tomos I e II
Márcia Conceição Alves Dinamarco

Direito Processual Civil - Processo Cautelar
Nelton Agnaldo Moraes dos Santos

Direito Processual Civil - Procedimentos Especiais
Alexandre David Malfatti

Direito de Empresa
Armando Luiz Rovai

Direito do Consumidor
Maria Eugênia Reis Finkelstein
Paulo Sérgio Feuz

Direito Constitucional
Tomos I e II
Luis Carlos Hiroki Muta

Direito Eleitoral
Ricardo Cunha Chimenti

Direito Administrativo
Márcia Walquiria Batista dos Santos
João Eduardo Lopes Queiroz

Direito da Seguridade Social - Direito Previdenciário, Infortunística, Assistência Social e Saúde
Jediael Galvão Miranda

Direito do Trabalho
Rodrigo Garcia Schwarz

Direito Processual do Trabalho - Processo de Conhecimento e Tutelas de Urgência (antecipada e cautelar) - Tomo I
Thereza C. Nahas

Direito Processual do Trabalho - Execução e Procedimentos Especiais - Tomo II
Yone Frediani

Direito Penal - Parte Geral
Christiano Jorge Santos

Direito Penal - Parte Especial
José Américo Penteado de Carvalho

Legislação Penal Especial
Dagmar Nunes Gaio

Direito Processual Penal
Gustavo Henrique Badaró

Direito Econômico
Fabiano Del Masso

Direito Tributário
Guilherme de Carvalho Jr.

Direito Internacional
Friedmann Wendpa
Rosane Kolotelo

Direito Processual do Trabalho

Processo de Conhecimento e Tutelas de Urgência (antecipada e cautelar)

Tomo I

Thereza C. Nahas

Direito Processual do Trabalho

Processo de Conhecimento e Tutelas de Urgência (antecipada e cautelar)

Tomo I

ELSEVIER

CAMPUS JURÍDICO

Copidesque: Maria da Glória Silva de Carvalho
Projeto Gráfico: Interface Designers
Editoração Eletrônica: Estúdio Castellani
Revisão Gráfica: Vânia Coutinho Santiago
Coordenação Acadêmica: Thereza Nahas e Márcia Conceição Alves Dinamarco

Elsevier Editora Ltda.
A Qualidade da Informação.
Rua Sete de Setembro, 111 – 16º andar
20050-006 Rio de Janeiro RJ Brasil
Telefone: (21) 3970-9300 FAX: (21) 2507-1991
E-mail: *info@elsevier.com.br*
Escritório São Paulo:
Rua Quintana, 753/8º andar
04569-011 Brooklin São Paulo SP
Tel.: (11) 5105-8555

ISBN 978-85-352-2412-2

Nota: Muito zelo e técnica foram empregados na edição desta obra. No entanto, podem ocorrer erros de digitação, impressão ou dúvida conceitual. Em qualquer das hipóteses, solicitamos a comunicação à nossa Central de Atendimento, para que possamos esclarecer ou encaminhar a questão.

Nem a editora nem o autor assumem qualquer responsabilidade por eventuais danos ou perdas a pessoas ou bens, originados do uso desta publicação.

Central de atendimento
Tel.: 0800-265340
Rua Sete de Setembro, 111, 16º andar – Centro – Rio de Janeiro
E-mail: info@elsevier.com.br
Site: www.campus.com.br

Dados Internacionais de Catalogação na Publicação (CIP)
(Câmara Brasileira do Livro, SP, Brasil)

Nahas, Thereza
Direito processual do trabalho : processo de conhecimento e tutelas de urgência (antecipada e cautelar) : tomo I / Thereza Nahas. – Rio de Janeiro : Elsevier, 2007. – (Direito ponto a ponto)

Bibliografia
ISBN 978-85-352-2412-2

1. Direito do trabalho 2. Direito do trabalho – Brasil 3. Direito processual do trabalho – Brasil I. Título. II. Série.

07-3832. CDU-347.9:331(81)

Índices para catálogo sistemático:
1. Brasil : Direito processual do trabalho 347.9:331(81)

Aprendi também que as coisas nunca são tão complicadas como se imagina. É a nossa arrogância que tem tendência para procurar soluções complexas para problemas simples

(MUHAMMAD YUNUS, O Banqueiro dos Pobres, 3ª ed., Algés (PT): Difelp. 73)

Dedicatória

A minha mãe, Bernadete Nahas, meu marido, Fernando Iervolino, e minha filha, Victoria. A eles, todo o meu amor.

A Tatiana Pereira e Paulo Eduardo Oliveira Vieira e suas famílias. Todos formamos uma "grande família" em Lisboa (Portugal).

A Marisa Harms e Marcia Dinamarco, toda a minha amizade e carinho.

Agradecimentos

Agradeço a Tatiana Pereira (ela e sua família se tornaram nossa família em Portugal) por tudo que fez por nós.
A meus irmãos, Grace e Maximiliano Nahas, Lucilene Telles, Marisa Harms e Patrícia Hebner. Sem a ajuda dessas pessoas, este trabalho não teria sido concluído.

A meu marido, Fernando Iervolino, e a minha filha Victoria, por todo apoio e toda confiança que depositam nos projetos que imagino realizar e que acabam por se concretizar.
A eles, todo o meu amor.

A Autora

Thereza C. Nahas

Juíza do Trabalho Titular da 61ª Vara do Trabalho de São Paulo, Mestra em Direito Processual Civil pela PUC/SP e Doutora em Direito do Trabalho pela mesma Universidade. Professora Universitária em Direito Processual Civil na Fundação Álvares Penteado, Professora dos Cursos de Pós-Graduação do Núcleo Mascaro, Professora convidada nos cursos de pós-graduação na Fundanet – Marília/SP e PUC/SP- Cogea, Colaboradora da IOB/Thompson e LTr. Membro do Instituto Paulista de Magistrados. Membro do Instituto dos Advogados de São Paulo. Membro da Asociación Iberoamericana de Derecho del Trabajo y de la Seguridad Social e do Instituto de Direito do Trabalho do Mercosul. Autora de livros publicados pelas editoras Atlas e LTr; doutoranda em Direito Social pela Universidade Castilla de la Mancha (Espanha) e pós-doutoranda em Direito do Trabalho pela Universidade de Lisboa (Portugal).

A crescente competitividade no mercado profissional e a demanda de um público cada vez mais exigente motivaram a Editora Campus/ Elsevier a conceber a série *Direito Ponto a Ponto*.

O Direito, em essência, desafia para uma trajetória profissional que se inicia em um complexo curso de graduação e segue pelo exame da OAB, a advocacia, a preparação para concursos públicos e, ainda, as constantes alterações legislativas, que mudam sistemas, conceitos e procedimentos.

Os personagens do Direito precisam, portanto, absorver diariamente cada vez mais informações em um curto período de tempo. O desafio é aprender e compreender, pensar e raciocinar, crescer e amadurecer intelectualmente.

A necessidade premente de livros que atinjam o ponto de equilíbrio necessário para obter conhecimento direto sem prejuízo do aprofundamento doutrinário, da interpretação jurisprudencial, da discussão atual de assuntos polêmicos é o fundamento da série *Direito Ponto a Ponto*.

Composta de 26 volumes, alguns divididos em tomos, a série é escrita por autores de intensa atuação profissional e acadêmica, imbuídos do espírito de renovação e do compromisso de manter excelência do conteúdo doutrinário e aprimoramento contínuo das novas edições. Os autores são advogados, juízes, promotores, especialistas, mestres, doutores e professores, todos comprometidos com o ensino jurídico.

Pontos polêmicos e de interesses profissionais, pontos de concursos e pontos de graduação são tratados em cada um dos volumes. É o Direito *Ponto a Ponto* que oferecemos a nossos leitores.

Editora Campus/Elsevier

Sumário

Abreviaturas e siglas

A – Autor
Ac – Acórdão
ADCT – Ato das Disposições Constitucionais Transitórias
ADI – Ação Direta de Inconstitucionalidade
ADIn – Ação Direta de Inconstitucionalidade
AgRg – Agravo Regimental
AI-AgR – Agravo de Instrumento
Art. – Artigo
CC – Código Civil
c/c – com cópia
CEF – Caixa Econômica Federal
CF – Constituição Federal
CJ – Conflito de Jurisdição
CLT – Consolidação das Leis do Trabalho
CPC – Código de Processo Civil
Crea – Conselho Regional de Engenharia Arquitetura e Agronomia
CTPS – Carteira de Trabalho da Previdência Social
Defit – Departamento de Fiscalização do Trabalho
D. – douto
DJ – Diário de Justiça
DL – Decreto-Lei
DRT – Delegacia Regional do Trabalho
DSR – Descanso Semanal Remunerado
EC – Emenda Constitucional
E.g. – por exemplo
ERR – Embargos em Recurso de Revista
INSS – Instituto Nacional do Seguro Social
IR – Imposto de Renda
J – juiz
JT – Justiça do Trabalho
LC – Lei Complementar
LICC – Lei de Introdução ao Código Civil
Min. – ministro
MPT – Ministério Público do Trabalho

MTE – Ministério do Trabalho e do Emprego
Nº – número
NR – Instrução Normativa
OAB – Ordem dos Advogados
OJ – Orientação Jurídica
p. – página
Proc. – Processo
PGR – Procurador-Geral da República
R – réu
RA – Recurso Adesivo
Re. AgR – Recurso Especial em Agravo de Instrumento
Reg. Inter – Regimento Interno
Rel. Min. – Ministro Relator
REsp. – Recurso Especial
RF – Revista Forense
RI/TST – Regimento Interno do Tribunal Superior do Trabalho
RICNJ – Regimento Interno do Conselho Nacional de Justiça
RJTJRS – Revista Jurídica do Tribunal de Justiça do Rio Grande do Sul
RO – Recurso Ordinário
RR – Recurso de Revista
RT – Revista dos Tribunais
RTJ – Revista do Tribunal de Justiça
SBDI – Subseção de Dissídios Individuais
SDC – Seção de Dissídios Coletivos
SDI – Seção de Dissídios Individuais
SIT – Secretaria de Inspeção do Trabalho
SFIT – Secretaria de Fiscalização de Inspeção do Trabalho
STF – Supremo Tribunal Federal
STJ – Superior Tribunal de Justiça
TAC – Tribunal de Alçada Civil
TRT – Tribunal Regional do Trabalho
TST – Tribunal Superior do Trabalho
v.g. – *verbi gratia*, por exemplo
Vol. – Volume
§ – parágrafo

Capítulo 1
Origens históricas e noções gerais

Conflito de trabalho pode ser definido, em seu sentido mais amplo, como toda discussão entre trabalhador e empregador em razão de qualquer assunto inerente à relação de trabalho.

O **conflito individual** é oposto pelo trabalhador (ou empregador) em face do empregador (ou trabalhador) e versa sobre questões relativas ao contrato individual de trabalho. **Conflito coletivo** se manifesta quando se enfrenta uma empresa (ou várias empresas) contra uma pluralidade de trabalhadores, necessariamente representados por um sindicato. É *necessário*, assim, que o conflito atinja indiferentemente o conjunto de trabalhadores para que se caracterize como *conflito coletivo*. Poderá ocorrer, ainda, de ser proposto pelos trabalhadores (agrupados em associação sindical) em face de uma (ou mais) empresa ou por empresas agrupadas em associação sindical.

Os conflitos podem exteriorizar-se no curso do contrato de trabalho ou após a sua ruptura, variando, assim, o prazo prescricional para que eventual ação possa ser ajuizada. Existindo o conflito entre as partes, a lei coloca à sua disposição diversos meios para que seja solucionado e, assim, a paz jurídica restabelecida. Podemos, então, esquematizar os procedimentos trazidos pelo legislador destinados a solver tais conflitos:

a) **Entre as partes** = negociação direta – o conflito é resolvido entre as partes, por uma das formas de contrato ou distrato e sem intervenção de um terceiro.

b) **Com a intervenção de terceiro:**

   b.1. **Mediação** = o mediador aproxima as partes a fim de que elas cheguem num consenso, sem nada decidir. Sua função é simplesmente a de conciliador.

   b.2. **Arbitragem** = a arbitragem está regulada pela Lei nº 9.307/1996. No processo do trabalho sua aplicação é controvertida, coexistindo duas correntes acerca da legalidade de sua aplicação e utilização[1].

1 A respeito de questões relativas a direitos do trabalhador e arbitragem, v. Rodrigo Schwarz in *Direito do Trabalho*, desta coleção.

b.3. **Comissões de Conciliação Prévia** = inserida na Consolidação das Leis do Trabalho em razão da Lei nº 9.958/2000.[2]

b.4. **Judicialmente** = a questão é trazida ao Judiciário e submetida ao procedimento contencioso estabelecido na Consolidação das Leis do Trabalho. Necessariamente, para que este procedimento se caracterize, deverá haver a presença de um juiz togado. O processo do trabalho tem como características principais: (**a**) se desenvolve no âmbito da jurisdição trabalhista; (**b**) quem resolve o conflito é um juiz investido nestas funções e apto a conhecer desta matéria, pois o Judiciário Trabalhista é órgão do Judiciário nacional com jurisdição própria (art. 92, CF).

Cumpre lembrar que o grande agente impulsor do processo trabalhista foi a revolução industrial, que eclodiu em razão do crescimento do capitalismo e pela necessidade de se lutar contra as más condições de trabalho. Assim, as greves surgem como o instrumento de conversação direta entre trabalhadores e empregadores a fim de buscar melhores condições de trabalho. Com o avançar dos tempos, o Estado passou a intervir nos litígios, por meio de mediação e arbitragem, cujos órgãos correspondiam à atual Justiça do Trabalho.

Originariamente, a Justiça do Trabalho encontra seu berço nos *Conseils de Prud'hommes*, instituídos em Paris em 1426. Em 1806 os Conselhos foram restabelecidos em Lyon. Mais tarde provieram os Conselhos de *Probiviri* , na Itália, e a Justiça Operária na Espanha.

O modelo brasileiro tem origem no fascismo italiano. Os Tribunais Rurais foram os primeiros órgãos, criados pela Lei Paulista nº 1.869 em 1922, e que tiveram por fim o conhecimento e solução de conflitos trabalhistas. Não tiveram êxito, mas foi a primeira lei a prever uma composição paritária para solucionar tais conflitos. Era composto por um juiz de direito, um representante dos trabalhadores e outro dos fazendeiros, cada um de um lado.

A solução para os conflitos trabalhistas era buscada nas leis civis e em alguma legislação especial atinente a determinadas matérias. Judicialmente, a matéria era levada ao Judiciário Comum que aplicava regras relativas aos contratos de locação de serviços, submetido o conflito ao procedimento sumário, fixado pelo Regulamento nº 737 de 25 de novembro de 1850.

---

2 A respeito de questões relativas a direitos do trabalhador e CCP, v. Rodrigo Schwarz, *ibidem*.

A Constituição de 1934 dispôs sobre a composição dos Tribunais do Trabalho e das Comissões de Conciliação. A de 1937 foi silente, relegando ao legislador ordinário. As de 1946, 1967, com a Emenda de 1969, e a de 1988 tornaram a assegurar a representação paritária.

Em 1946, com a promulgação do Decreto–lei nº 9.797, a Justiça do Trabalho passou a integrar o Poder Judiciário e, daí, passou-se a regular a carreira do juiz de Juntas de Conciliação e Julgamento e a necessidade de ter de se submeter a concurso público para tal mister.

A Constituição Federal de 1988, marco da democracia no Brasil, avançou em matéria trabalhista, pois elencou os direitos sociais no art. 7º e regulamentou a Justiça do Trabalho no art. 114. Daí para frente, a Justiça do Trabalho sofreu duas grandes reformas Constitucionais, a de 1999 (EC nº 24), que cuidou da reestruturação do órgão judicial trabalhista com a extinção da representação classista e inserção do Juízo monocrático em primeiro grau de jurisdição; e a de 2004 (EC nº 45), com a alteração da competência e alargamento das matérias que serão conhecidas e resolvidas no âmbito da Justiça do Trabalho.

O Processo do Trabalho vem previsto no título VIII da Consolidação das Leis do Trabalho estabelecendo o legislador que os dissídios entre trabalhadores e empregadores serão resolvidos na Justiça do Trabalho, como vimos, órgão do Poder Judiciário com competência, principalmente, ordenada na CF. Após a EC nº 45 de 2005 vem-se discutindo qual o alcance e a natureza jurídica da relação de trabalho capazes de determinar a competência da Justiça Especializada, sendo certo que ainda não se tem um entendimento uniforme sobre o tema, sendo tarefa da jurisprudência fixar o alcance da norma constitucional[3].

3 Agravo regimental. Conflito de competência. Justiça do Trabalho. Justiça Comum. Relação de Trabalho. Emenda Constitucional nº 45/2004. 1. O pedido de indenização decorre de informações equivocadas que teriam sido prestadas pela ré, empregadora, junto à Receita Federal, relativas a valores de Imposto de Renda recolhidos. Os alegados danos que se busca reparar com a presente ação ocorreram durante a relação de trabalho havida entre as partes, sendo competente para o julgamento do feito o Juízo do Trabalho, com a nova redação dada ao artigo 114, I, da Constituição Federal pela Emenda Constitucional no 45/2004. 2. Agravo Regimental desprovido. (AgRg no CC 61789/ES; Agravo Regimental no Conflito de Competência – 2006/0072883-1 – Min. Carlos Alberto Menezes Direito (1108) – S2 – Segunda Seção – 27/9/2006).

Conflito de Competência – Servidor Público Municipal – Regime Estatutário – Art. 114, I, da CF/1988 (EC no 45/2004) – ADI 3.395 MC/DF – Competência da Justiça Estadual. Inexistindo vínculo de natureza trabalhista entre servidor público submetido a regime único estatutário e a Administração Pública, cabe à Justiça Comum, e não à Justiça especializada do Trabalho, julgar demanda em que se discute direito relacionado à subordinação estatutária. Precedentes. 2. Jurisprudência consolidada pela Súmula no 137/STJ que se mantém incólume mesmo diante da nova redação dada ao art. 114, I, da CF/1988 pela Emenda Constitucional nº 45/2004, consoante decisão liminar proferida pelo Ministro Presidente do STF, com efeito *ex tunc*, na ADI nº 3.395 MC/DF, que suspendeu qualquer interpretação que inclua na competência da Justiça do Tra-

O direito processual tem por função a atuação e realização do direito material (ou substantivo)[4], o que o faz através do direito de ação, incumbindo aos Tribunais a garantia de que as partes terão legitimamente assegurados os seus respectivos direitos de defesa, o que se realiza através da instrumentalidade do processo pela atuação jurisdicional.

Passamos, assim, ao estudo dos três pilares da teoria geral do processo, quais sejam, a jurisdição, a ação e o processo.

---

balho a apreciação de ação movida contra o Poder Público por servidor público subordinado ao regime estatutário. 3. Conflito conhecido para declarar competente o Juízo de Direito de Minaçu – GO, o suscitado. (CC 58922/GO; Conflito de Competência 2006/0035379-7 – Min. Eliana Calmon (1114) – S1 – Primeira Seção – 9/8/2006).

Conflito Negativo de Competência – Processual Civil – Execução Fiscal – Conselho de Fiscalização Profissional – Inteligência da Súmula nº 66/STJ – Redação dada pela Emenda Constitucional nº 45/2004 – Art. 114, VII, da CF/1988 – Competência Inalterada. 1. O Supremo Tribunal Federal, ao declarar a inconstitucionalidade do art. 58, §§ 1º, 2º, 4º, 5º, 6º, 7º e 8º, da Lei nº 9.649/1998, por ocasião do julgamento do mérito da ADIn nº 1.717-DF, reconheceu que os serviços de fiscalização de profissões regulamentadas constituem atividade típica do Estado, preservando, assim, a natureza de autarquias federais dos conselhos de fiscalização profissional. 2. As relações abrangendo os conselhos de fiscalização de profissões e as pessoas físicas ou jurídicas – cujo exercício profissional a eles está adstrito em decorrência do poder de polícia delegado pela União – não podem ser equiparadas à relação de trabalho prevista no art. 114 da Magna Carta, com a redação dada pela EC nº 45/2004. 3. Inteligência do Enunciado Sumular nº 66/STJ: "Compete à Justiça Federal processar e julgar execução fiscal promovida por conselho de fiscalização profissional". Conflito conhecido, para declarar competente o Juízo Federal da 3ª Vara de Guarulhos, Seção Judiciária do Estado de São Paulo, o suscitado. (CC 69839/SP; Conflito de Competência 2006/0198001-7 –Min. Humberto Martins – S1 – Primeira Seção – 22/11/2006).

Conflito Negativo de Competência. Ação de Indenização por Danos Morais e Materiais. Acidente de Trabalho. Apelação Cível. Tribunal Estadual e Tribunal Regional do Trabalho. Aplicação da EC nº 45/2004 somente às demandas em que ainda não houve julgamento do mérito. Entendimento do pretório excelso, corroborado por esta corte superior. Injunção de política judiciária. Sentença já proferida pelo juízo estadual. Competência do tribunal de justiça do estado do rio grande do sul. 1. Discute-se a competência para julgamento de apelação cível interposta contra a sentença que julgou extinto o feito ante a ocorrência de prescrição. 2. A Emenda Constitucional nº 45/2004, ao dar nova redação ao art. 114 da Carta Magna, aumentou de maneira expressiva a competência da Justiça Laboral, passando a estabelecer, no inciso VI do retrocitado dispositivo, que compete à Justiça do Trabalho processar e julgar "as ações de indenização por dano moral ou patrimonial, decorrentes da relação de trabalho". 3. Assim, depreende-se que a competência para processar e julgar as ações indenizatórias por danos morais e materiais fundadas em acidente de trabalho passou para a Justiça Trabalhista. 4. Não obstante isso, é imperioso observar que, no caso em apreço, já foi proferida sentença de mérito. Essa circunstância impede a alteração da competência para análise da demanda, pois, como injunção de política judiciária, o Supremo Tribunal Federal recentemente decidiu que as modificações promovidas pela EC nº 45/2004 somente se aplicam às hipóteses em que esteja pendente o julgamento do mérito. Precedentes do STF e do STJ. 5. Conflito conhecido para declarar a competência do Tribunal de Justiça do Estado do Rio Grande do Sul, o suscitado. (CC 57313/RS; Conflito de Competência 2005/0209813-9 – Min. Denise Arruda – S1 – Primeira Seção – DJ 27/11/2006, p. 224).

4 Direito material ou substantivo tem por função "pautar a actuação dos sujeitos jurídicos de acordo com os valores sociais próprios" (Freitas, p. 7).

Capítulo 2
Jurisdição

A questão conceitual de jurisdição deriva de dois problemas: (a) a teoria Constitucional sobre a divisão dos poderes; (b) o fato de ser o direito subjetivo um poder da vontade, podendo seu titular exercê-lo de acordo com sua conveniência, usufruindo ou renunciando as vantagens que a lei lhe confere; daí dizer-se que a jurisdição é uma função inerte.

As principais posições sobre o conceito de jurisdição podem assim ser sintetizadas:

1. **Doutrina de Chiovenda** ➔ afirma que a jurisdição é monopólio do Estado porque este confecciona a lei e por isso produz o direito. Tais funções decorrem da soberania estatal e a atuação da vontade da lei elaborada pelo administrador é bem distinta daquela ditada pelo juiz. O administrador encontra na lei seu limite, e o juiz, seu fim.
2. **Doutrina de Allorio** ➔ a essência do ato jurisdicional está na sua aptidão de produzir coisa julgada. Este jurista restringe o conceito de jurisdição à possibilidade do ato estatal produzir coisa julgada.
3. **Doutrina de Carnelutti** ➔ a jurisdição consiste na justa composição da lide.

Após muitos estudos de diversas situações jurídicas processuais e extraprocessuais, pode-se concluir que as doutrinas estão ultrapassadas, não obstante ainda encontrem muitos adeptos. O fato é que não se pode ignorar que: a) dizer o direito não é mais função exclusiva do Estado, pois os juízes arbitrais, por exemplo, decidem, dizem o direito e solucionam conflitos de interesses, sendo a decisão do árbitro título executivo judicial; b) nem todo ato judicial produz coisa julgada material, pode-se citar, por exemplo, as notificações judiciais, em que o juiz nada decide; c) nem sempre a decisão judicial é justa, pois nem sempre a sentença decide conforme a realidade dos fatos, porque, por exemplo, a parte não cumpriu com o ônus da prova que lhe competia e não, necessariamente, porque a situação alegada não ocorreu, situação esta em que há de se admitir que a situação jurídica posta não foi tutelada conforme a sentença prolatada.

As diversas alterações no sistema processual e constitucional que vimos passando não nos permitem ter um conceito preciso de jurisdição e, pode-se questionar se isso seria de fato necessário, pois o que se deve objetivar é que o ato em jurisdição seja praticado por um juiz investido dos poderes para fazê-lo e o faça de forma imparcial ao interesse que lhe é posto para apreciação. A jurisdição, nos contornos Constitucionais que possui, é uma função, atividade e poder, atua por meio do processo (seu instrumento) através da outorga aos interessados do direito de ação. A finalidade da jurisdição é a resposta estatal com a prestação da tutela jurídica que se veio buscar e que isso seja realizado de forma eficiente, assegurando-se a *razoável duração do processo e os meios que garantam a celeridade de sua tramitação* (art. 5º, LXXVIII, da CF).

A jurisdição é *una*, mas por razões de praticidade, tradicionalmente, dividem-se os trabalhos, nas seguintes espécies:

Quanto à matéria
- Penal
- Civil → trabalhista; → eleitoral

→ refere-se ao direito substantivo discutido

Quanto à gradação dos órgãos
- superior
- inferior

→ Diz respeito à origem para a propositura da ação e grau recursal para julgar o recurso proposto contra a decisão desfavorável. Daí falarmos em 1ª e 2ª instâncias e instâncias constitucionais ou extraordinárias[1]

Quanto à proveniência ou origem legal
- convencional – exercida por árbitros

→ Refere-se às proposituras de ações no âmbito do Poder Judiciário (legal) ou nos Tribunais arbitrais (Lei nº 9.307/1996)

1 Há quem prefira o uso da expressão 3ª instância, o que não nos parece ser a melhor designação.

Quanto ao objeto { contenciosa / voluntária

→ Em geral, diz-se da existência ou não de litígios para que se configure um ou outro tipo. Na contenciosa o processo se desenvolve porque há pretensão resistida e na voluntária, em regra, há simples administração de interesses particulares sob as vistas do Judiciário[2]

Nos termos do art. 92 da CF, são órgãos do Poder Judiciário brasileiro:

> *I – o Supremo Tribunal Federal;*
> *I-A – o Conselho Nacional de Justiça;*
> *II – o Superior Tribunal de Justiça;*
> *III – os Tribunais Regionais Federais e Juízes Federais;*
> *IV – os Tribunais e Juízes do Trabalho;*
> *V – os Tribunais e Juízes Eleitorais;*
> *VI – os Tribunais e Juízes Militares;*
> *VII – os Tribunais e Juízes dos Estados e do Distrito Federal e Territórios.*

Os Tribunais Superiores têm sede na Capital Federal e jurisdição sob todo o território nacional.

O Conselho Nacional de Justiça, não obstante seja órgão do Poder Judiciário, foi inserido na Constituição Federal pela Emenda Constitucional nº 45/2004 com a precípua finalidade de exercer o controle externo administrativo e o financeiro da atuação dos órgãos que compõem o Judiciário. As atribuições do Conselho estão elencadas no art. 103-B da Constituição Federal, não tendo poderes de conhecer e julgar processos relativos à lide entre partes. Assim já se pronunciou o Supremo Tribunal Federal:

> *Mandado de segurança contra ato do Conselho Nacional de Justiça: arquivamento de petição que pretendia a anulação de decisão judicial, por alegado vício processual atribuído aos Ministros do Superior Tribunal de Justiça: indeferimento. 1. Ainda que disponha o art. 103-B, § 6º, da Constituição Federal que "junto ao Conselho oficiarão o Procurador-Geral da República e o Presidente do Conselho Federal da*

2 Há quem entenda que por não haver litígio no procedimento de jurisdição voluntária, e porque os processos realizados nesta jurisdição visam à "prossecução de interesses não organizados em conflito… não há processo civil onde não haja litígio de interesses" (Freitas, 1996, p. 50).

Ordem dos Advogados do Brasil", a ausência destes às sessões do Conselho não importa em nulidade das mesmas. 2. A dispensa da lavratura do acórdão (RICNJ, art. 103, § 3º), quando mantido o pronunciamento do relator da decisão recorrida pelo Plenário, não traduz ausência de fundamentação: II. Conselho Nacional de Justiça: competência restrita ao controle de atuação administrativa e financeira dos órgãos do Poder Judiciário a ele sujeitos. (MS-AgR 25879 / DF– Distrito Federal – Ag. Reg. no Mandado de Segurança – Rel. Min. Sepúlveda Pertence – Julgamento: 23/8/2006 Órgão Julgador: Tribunal Pleno.)

Ao Tribunal Superior do Trabalho, aos Tribunais Regionais e aos juízes do Trabalho incumbe a função de conhecer e julgar as ações relativas às lides ocorridas entre trabalhadores e empregadores no âmbito de delimitação da sua competência, de acordo com as normas processuais dispostas nas diversas leis acerca do tema. A Justiça do Trabalho é autônoma e pertence ao Poder Judiciário Federal. O Tribunal Superior do Trabalho é o órgão máximo da Justiça do Trabalho, composta por 27 ministros, nomeados pelo presidente da República

entre brasileiros com mais de trinta e cinco e menos de sessenta e cinco anos, nomeados pelo Presidente da República após aprovação pela maioria absoluta do Senado Federal, sendo: I – um quinto dentre advogados com mais de dez anos de efetiva atividade profissional e membros do Ministério Público do Trabalho com mais de dez anos de efetivo exercício, observado o disposto no art. 94; II – os demais dentre juízes dos Tribunais Regionais do Trabalho, oriundos da magistratura da carreira, indicados pelo próprio Tribunal Superior (art. 111-A).

A escolha dos nomes que comporão a lista a ser enviada ao presidente da República é feita pelas respectivas instituições: o TST escolhe o nome de três juízes de Tribunais Regionais. Os nomes são remetidos ao presidente da República, que livremente escolhe um nome para ser submetido ao escrutíneo do Senado e, após a aprovação, ser declarado ministro.

O mesmo sucede com a Ordem dos Advogados do Brasil (OAB) e o Ministério Público do Trabalho (MPT), os quais indicam seis nomes (art. 115, I, c/c art. 94 da CF) e remetem ao TST que escolherá três nomes da lista sêxtupla recebida de cada instituição. Os nomes são remetidos ao presidente da República, que livremente escolhe um nome para ser submetido ao escrutíneo do Senado e, após a aprovação, ser declarado ministro.

O Regimento Interno do Tribunal Superior do Trabalho é fonte imprescindível para que se conheçam o funcionamento, a organização e a competência deste Tribunal Superior, além das normas expostas na Constituição Federal e na Consolidação das Leis do Trabalho acerca do tema. Frise-se, no entanto, que as normas destes dois últimos diplomas são gerais, pois compete àquele Tribunal traçar os contornos de sua organização. Pode-se assim representar o funcionamento e competência do TST:

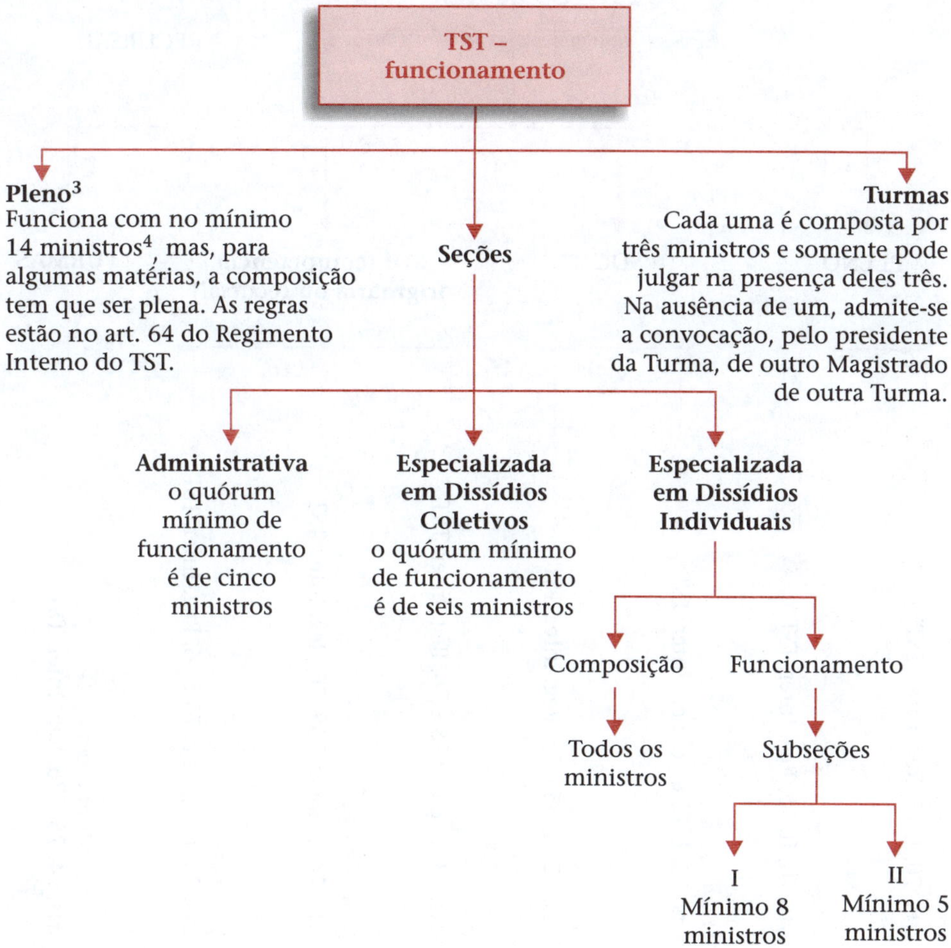

3 O órgão Especial foi extinto e suas funções atribuídas ao Tribunal Pleno, nos termos do Ato Regimental nº 5.

4 Composição alterada provisoriamente pela Resolução Administrativa nº 1.157/2006 em razão da EC nº 45/2005. O art. 64, § 1º, do Regimento Interno do TST dispõe que o funcionamento mínimo será de 11 ministros. A composição do Tribunal e de seus órgãos judicantes foi publicada pelo ato GDGCJ.GP nº 166/2007, nos termos do art. 36, VII, do Regimento Interno do TST.

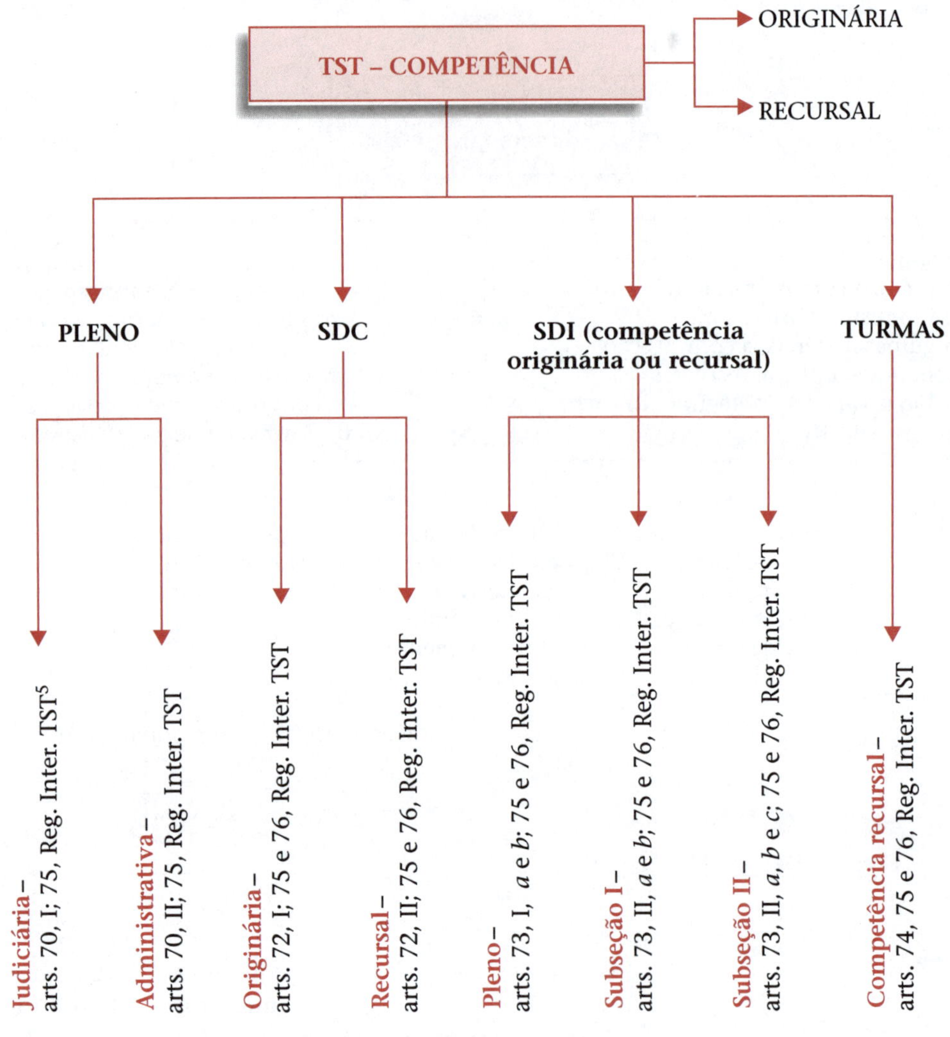

5 Regimento Interno do Tribunal Superior do Trabalho.

Funcionam, ainda, junto ao Tribunal Superior do Trabalho (art. 111-A, § 2º, CF):

> *I – a Escola Nacional de Formação e Aperfeiçoamento de Magistrados do Trabalho, cabendo-lhe, dentre outras funções, regulamentar os cursos oficiais para o ingresso e promoção na carreira;*
> *II – o Conselho Superior da Justiça do Trabalho, cabendo-lhe exercer, na forma da lei, a supervisão administrativa, orçamentária, financeira e patrimonial da Justiça do Trabalho de primeiro e segundo graus, como órgão central do sistema, cujas decisões terão efeito vinculante.*

Os Tribunais Regionais do Trabalho são órgãos compostos de, no mínimo, sete juízes, recrutados, se possível, na respectiva região, entre brasileiros com mais de 35 e menos de 65 anos, sendo 1/5 dentre advogados e membros do Ministério Público com mais de dez anos de atividade profissional e efetivo. Os Tribunais Regionais têm competência originária e recursal.

Os Tribunais Regionais têm por atribuição organizar seus regimentos internos, e é nele que será estabelecida a organização de cada Tribunal, obedecidas, evidentemente, as normas constitucionais e infraconstitucionais (arts. 96, I, *a*, CF e 670 e seguintes da CLT).

A Emenda Constitucional nº 45/2004 trouxe duas novidades: 1) permite que os Tribunais instalem a Justiça itinerante com a realização de audiências e demais funções de atividade jurisdicional, nos limites territoriais da respectiva jurisdição, servindo-se de equipamentos públicos e comunitários (art. 115, § 1º, CF); 2) os Tribunais Regionais do Trabalho poderão funcionar descentralizadamente, constituindo Câmaras regionais, a fim de assegurar o pleno acesso do jurisdicionado à Justiça em todas as fases do processo (art. 115, § 2º, CF).

Atualmente, há 24 Tribunais Regionais do Trabalho no Brasil, assim distribuídos:

TRT 1ª Região: Rio de Janeiro
TRT 2ª Região: São Paulo
TRT 3ª Região: Belo Horizonte
TRT 4ª Região: Porto Alegre
TRT 5ª Região: Salvador
TRT 6ª Região: Recife
TRT 7ª Região: Fortaleza
TRT 8ª Região: Belém
TRT 9ª Região: Curitiba
TRT 10ª Região: Brasília
TRT 11ª Região: Manaus
TRT 12ª Região: Florianópolis
TRT 13ª Região: João Pessoa
TRT 14ª Região: Porto Velho
TRT 15ª Região: Campinas
TRT 16ª Região: São Luís
TRT 17ª Região: Vitória
TRT 18ª Região: Goiânia
TRT 19ª Região: Maceió
TRT 20ª Região: Aracaju
TRT 21ª Região: Natal
TRT 22ª Região: Teresina
TRT 23ª Região: Cuiabá
TRT 24ª Região: Campo Grande

Por fim, as Varas do Trabalho são órgãos de 1º grau de jurisdição, com jurisdição local, podendo abranger um ou mais municípios, dependendo do movimento Judiciário da Região em que estiver situada e das cidades vizinhas.

Em localidades onde não há Vara do Trabalho, a competência para apreciar e julgar a matéria trabalhista pode ser atribuída ao juiz de direito (art. 668, CLT), mas a competência recursal da decisão por ele proferida é do Tribunal Regional da respectiva região (art. 112, CF).

Nas Varas do Trabalho a jurisdição é exercida por um juiz singular (art. 116 CF com a redação que lhe deu a Emenda Constitucional nº 24/1999). Há Varas onde atuam dois ou mais juízes e, nestas hipóteses, se diz que há um juiz titular (ou substituto) e outro(s) auxiliar(es). A competência das Varas Trabalhistas, em linhas gerais, abrange os dissídios individuais relativos à relação de trabalho (arts. 114, CF e 650 e seguintes da CLT).

A jurisdição é inerte (**princípio da inércia**), o que significa que somente haverá atividade jurisdicional se o interessado provocar o Estado, não sendo lícito ao juiz instaurar o processo sem que a parte manifeste seu interesse nesse sentido. Tal princípio sofre uma certa quebra no que diz respeito a alguns procedimentos de jurisdição voluntária, pois é lícito que o juiz, nestes casos, instaure a instância sem que haja a provocação do interessado. Isso levou alguns estudiosos a dizerem que, diante disso, não se pode afirmar que tal procedimento se desenvolve jurisdicionalmente, o que, para nós, é equivocado. Como já dissemos, "os atos praticados em jurisdição voluntária visam a simples aquisições, extinções ou transmissões de direitos. Pode-se até dizer que são atos administrativos; todavia, não se confundem com os típicos atos administrativos, ou seja, aqueles afetos à administração pública, porque aqui o interesse administrado é privado e não público; e tampouco com os atos administrativos atípicos praticados pelo Poder Judiciário. Assim, o Estado interfere na administração da esfera privada para que os particulares possam ser capazes de realizar seus objetivos. O Estado presta a tutela jurídica a fim de possibilitar que o sujeito constitua o negócio jurídico pretendido ou obtenha a respectiva eficácia necessária (...) A atividade do juiz incide sobre direitos que já estão pré-constituídos, de modo que não há decisão sobre o mérito em si das questões trazidas, mas mero controle ou acertamento de atos que se desejam realizar... Não há que se falar em ser estranho ou contraditório o Estado intervir na esfera de interesses privados, tutelando-os no sentido de administrá-los, ou seja, de não resolver lides, mas sim de chancelá-los. Há interesse que o Estado administre determinados negócios jurídicos que são relacionados a comércio e circulação de riquezas e que vão influenciar diretamente, quiçá, na ordem pública, como ocorre, por exemplo, na venda de bens de incapazes. Há, costuma-se afirmar, a administração pública de interesses privados porque interessa à administração pública estatal; por isso, o Estado decide fazer incidir sua tutela" (Nahas, 2006).

Não procede, também, o entendimento de que o princípio seria arranhado em razão do processo executivo, pois o juiz do Trabalho pode iniciar a execução *ex officio*, pois o processo executivo constitui fase do processo de conhecimento, não obstante mantenha princípios próprios e conserve sua autonomia.

Por fim, a norma inserta no art. 856 da CLT que traz previsão para que o juiz instaure de ofício a instância na hipótese de greve é, flagrantemente, inconstitucional.[6] A CF prevê que a legitimidade para o dissídio de greve será do Ministério Público do Trabalho ou das partes no dissídio coletivo, cabendo ao Judiciário trabalhista decidir acerca deste conflito de interesses quando instaurado, *"respeitadas as disposições mínimas legais de proteção ao trabalho, bem como as convencionadas anteriormente"* (art. 114, § 2º) . Não tem o Poder Judiciário legitimidade para a instauração do conflito, uma vez que deve conservar o princípio da inércia em hipóteses que tais, sem que isso impeça que, verificada uma situação de urgência e necessidade, provoque a atuação do Ministério Público do Trabalho para agir em defesa de direitos metaindividuais, o que pode ser feito através de simples ofício.[7]

Decorre ainda deste **princípio** inerente à Jurisdição outros dois paralelos, quais sejam: **demanda e dispositivo.** Demanda diz respeito ao ato pelo qual se exercita o direito de ação. Dispositivo relaciona-se ao ônus que as partes têm sob suas alegações e afirmações, de modo que ao juiz é vedado buscar provas que possam aproveitar as partes. Tal assertiva deve ser entendida nos estreitos limites do art. 130 do Código de Processo Civil. As partes devem arcar com seus respectivos ônus de levarem ao juiz todos os fatos e provas que forem relevantes para lhe formar o conhecimento. O juiz, por sua vez, deve buscar a verdade para que o pronunciamento judicial seja proferido o mais próximo possível a um Juízo de certeza. O fato do nosso sistema processual ter atribuído determinadas provas ao requerimento das partes não afasta a investigação do juiz a qual não pode ferir ou violar a imparcialidade que deve manter desde a instauração e durante todo o curso processual. A ação do juiz esbarra na disposição que a parte tem do processo, assim, v.g., sempre que a lei determinar que a parte deva realizar uma certa prova, não pode o juiz adiantar-se ao ato da parte, ou mesmo decidir contra sua vontade, ordenando a sua realização. O juiz deve possuir uma posição ativa, próxima ao jurisdicionado, pois é instrumento do Poder Judiciário, órgão da jurisdição, mas deve conservar-se desinteressado na relação de direito material discutida, pois o seu objetivo é dar uma resposta àquilo que lhe foi solicitado, restabelecendo a paz social violada pela lide.

6 Estamos a nos referir a CF de 1988 com suas posteriores emendas.

7 Esta posição não é absolutamente pacífica, mas retrata o nosso entendimento diante do interesse do próprio Estado em pacificar os conflitos que possam surgir na sociedade.

A jurisdição trabalhista é exercida através de três sistemas regulados na CLT e na lei extravagante. Adotamos, aqui, a divisão proposta por Bezerra Leite (1996, p. 134):

1) **Individual** → é o sistema tradicional de reclamações plúrimas (proposta pela parte em litisconsorte ativo ou misto) ou individuais (proposta por apenas um autor).
2) **Normativa** → voltada aos dissídios coletivos em que se busca, "por intermédio do poder normativo exercido originalmente pelos Tribunais do Trabalho (CF, art. 114, § 2º), a criação de normas trabalhistas aplicáveis às partes figurantes do 'dissídio coletivo' e seus representados" (Nahas, 2006).
3) **Coletivo** → Bezerra Leite nomina de metaindividual. Todavia, preferimos a expressão *jurisdição coletiva*, pois visa à aplicação do direito coletivo, entendido este como aquele que tutela direitos metaindividuais,[8] ou seja, difusos, coletivos e individuais homogêneos.[9]

O estudo da jurisdição, parte do tripé institucional que forma a teoria geral do processo, leva ao estudo do segundo traço que o forma, qual seja, o direito de ação.

8 Sobre o tema, ver Nahas, 2000.

9 *Ibidem.*

Capítulo 3
Direito de ação[1]

Quando se estuda jurisdição, examina-se o fenômeno do Estado que fornece a prestação jurisdicional e como se organiza para tanto. No estudo do direito de ação, examina-se a pessoa que pede aquela prestação. Por ser a jurisdição inerte, somente o titular da pretensão resistida é que pode invocar a função jurisdicional, e o faz através do exercício da ação. Esta é direito de provocar a jurisdição, que se faz pelo exercício de um complexo de atos que é o processo.

Quando se fala em direito de ação, se está examinando o acesso aos tribunais, e por isso entendemos que se deva estudar, antes de tudo, o princípio do acesso à Justiça.

Tal acesso vem assegurado em diversos dos incisos do art. 5º da CF. Assim, preocupou-se o legislador em garantir que cada pessoa teria direito a ver sua questão apreciada pelo Poder Judiciário, assegurando o acesso à Justiça, inclusive para aqueles que não dispõem de meios econômicos para custeá-la. Na EC nº 45/2004 previu que a prestação jurisdicional tem que ser prestada no espaço de tempo razoável, a fim de que não se frustre a expectativa que o legislador conferiu à pessoa de submeter seu conflito de interesses à solução imparcial do Estado.

Assim dispôs o legislador no capítulo em que tratou dos direitos e deveres individuais e coletivos (art. 5º, Capítulo I, da CF):

> *XXXV – a lei não excluirá da apreciação do Poder Judiciário lesão ou ameaça a direito;*
> *XXXVII – não haverá juízo ou tribunal de exceção;*
> *LIII – ninguém será processado nem sentenciado senão pela autoridade competente;*
> *LIV – ninguém será privado da liberdade ou de seus bens sem o devido processo legal;*
> *LXXIV – o Estado prestará assistência jurídica integral e gratuita aos que comprovarem insuficiência de recursos;*
> *LXXVIII – a todos, no âmbito judicial e administrativo, são assegurados a razoável duração do processo e os meios que garantam a celeridade de sua tramitação.*

1 **Ação** tem origem no direito romano e, inicialmente, tinha o significado de ato produzido em Juízo. Foram as instituições justinianas que lhe deram o sentido de poder se obter por ela tudo aquilo que nos é devido. Modernamente tem um sentido mais amplo, não obstante há autores que conservam, com alguma variante, o conceito justinianeu.

O princípio do acesso à Justiça está umbilicalmente ligado ao devido processo legal, e a ordem Constitucional é, principalmente, dirigida ao Estado que tem o dever de garantir que o acesso à Justiça e o devido processo legal serão respeitados.

Assegurando tais princípios, o legislador nacional atende, ainda, a Declaração dos Direitos do Homem que estabelece no art. 10:

> *Todo o homem tem direito, em plena igualdade, a uma justa e pública audiência por parte de um tribunal independente e imparcial, para decidir de seus direitos e deveres ou do fundamento de qualquer acusação criminal contra ele.*

A garantia do processo e do acesso à Justiça, por intermédio do direito de ação e da realização do devido processo legal, é princípio, ainda, do Pacto Internacional de Direitos Civis e Políticos que assim dispõe no art. 14, I:

> *Todas as pessoas são iguais perante os tribunais e as cortes de justiça. Toda pessoa terá o direito de ser ouvida publicamente e com as devidas garantias por um tribunal competente, independente e imparcial, estabelecido por lei, na apuração de qualquer acusação de caráter penal formulada contra ela ou na determinação de seus direitos e obrigações de caráter civil. A imprensa e o público poderão ser excluídos de parte ou da totalidade de um julgamento, que por motivo de moral pública, de ordem pública ou de segurança nacional em uma sociedade democrática, quer quando o interesse da vida privada das partes o exija, quer na medida em que isso seja estritamente necessário na opinião da justiça, em circunstâncias específicas, nas quais a publicidade venha a prejudicar os interesses da justiça; entretanto, qualquer sentença proferida em matéria penal ou civil deverá tornar-se pública, a menos que o interesse de menores exija procedimento oposto, ou o processo diga respeito a controvérsia matrimoniais ou à tutela de menores.*

Por fim, citemos, ainda, um último documento internacional – a Carta de Direitos Fundamentais da União Européia, que reza no seu art. 47:[2]

> *Toda a pessoa cujos direitos e liberdades garantidos pelo direito da União tenham sido violados têm direito a uma acção perante um tribunal. Toda a pessoa tem direito a que a sua causa seja julgada de forma equitativa, publicamente e num prazo razoável, por um tribunal independente e imparcial, previamente estabelecido por lei. Toda a pessoa tem a possibilidade de se fazer aconselhar, defender e representar em juízo. É concedida assistência judiciária a quem não disponha de recursos suficientes, na medida em que essa assistência seja necessária para garantir a efectividade do acesso à justiça.*[3]

2 "A Carta dos Direitos Fundamentais da União Europeia , proclamada em Nice em 7 de Dezembro de 2000, representa a síntese dos valores comuns dos Estados-Membros da União Européia. Os objectivos são explicados no preâmbulo: 'é necessário, conferindo-lhes maior visibilidade por meio de uma Carta, reforçar a protecção dos direitos fundamentais, à luz da evolução da sociedade, do progresso social e da evolução científica e tecnológica'"(http://europa.eu/scadplus/leg/pt/lvb/l33501.htm).

3 http://eur-lex.europa.eu/LexUriServ/LexUriServ.do?uri=CELEX:32000X1218(01):PT:HTML.

Portanto, as disposições constitucionais brasileiras seguem os pactos internacionais ratificados pelo Brasil e a orientação ditada por todos os países que respeitam as liberdades individuais e coletivas, tanto no âmbito civil, como no político.

Mauro Cappelletti e Bryant Garth foram os autores que, a nosso ver, retrataram de forma mais didática e pontual a questão do acesso à Justiça, observando que o mundo ocidental passou por três ondas para realizar tal acesso; ou seja, a primeira, poderia ser retratada pela "(...) *assistência judiciária*; a segunda dizia respeito às reformas tendentes a proporcionar *representação jurídica para os interesses 'difusos'*, especialmente nas áreas da proteção ambiental e do consumidor; e o terceiro – e mais recente – é o que nos propomos a chamar simplesmente *'enfoque de acesso à justiça'* porque inclui os posicionamentos anteriores, mas vai muito além deles, representando, dessa forma, uma tentativa de atacar as barreiras ao acesso de modo mais articulado e compreensivo" (1988, p. 31).

As inúmeras reformas legislativas que sofremos nada mais indicam que o legislador a cada dia busca mais a realização dos princípios.

O **princípio do devido processo** legal deve ser entendido na sua forma mais abrangente, quer pela sua origem – nascido do "trinômio vida-liberdade-propriedade e foi na Carta de João Sem Terra, em 1215 que foi mencionado pela primeira vez. Expressamente sua referência foi inserida na Declaração de Direito de Maryland, em 1776, e hoje está na Constituição Federal Americana" (Nahas, 2001, p. 66) –, quer pela necessidade de se garantir o processo como meio idôneo à tutela do direito material, fim maior imposto ao legislador pela Constituição Federal.

Neste mesmo sentido, Nelson Nery Júnior preconiza que a "cláusula *due process of law* não indica somente a tutela *processual*, como à primeira vista pode parecer ao intérprete menos avisado. Tem sentido genérico (...) e sua caracterização se dá de forma bipartida, pois há o *substantive due process* e o *procedural due process* para indicar a incidência do princípio em seu aspecto substancial, vale dizer, atuando no que respeita ao direito material, e, de outro lado, a tutela daqueles direitos por meio do processo judicial ou administrativo" (Nery, 1996, p. 34).

O direito de ação é potestativo. A coação é idéia inerente ao direito porque muitas vezes para atuá-los é necessário usar a força. O fim principal de uma obrigação jurídica é a lei. "La acción es el *poder jurídico de dar vida (porre in essere) a la condición* para la actuación de la voluntad de la ley. La acción es un poder que corresponde frente al adversario respecto del que se produce el efecto jurídico de la actuación de la ley. El adversario no está obligado a nada ante este poder; solamente está sujeto a él, la acción desaparece con su ejercicio, sin que el adversario pueda hacer nada para impedirla ni para satisfacerla" (Chiovenda, 1977, p. 69-70).

Quando se estuda jurisdição examina-se o fenômeno do Estado que fornece a prestação jurisdicional; aqui se examina a pessoa que pede aquela prestação. Por ser a jurisdição inerte, somente o titular da pretensão resistida é que pode invocar a função jurisdicional, e o faz através do exercício da ação, entendido este como o direito de provocar a jurisdição, que se faz pelo exercício de um complexo de atos, que é o processo.

Insta esclarecer que até aproximadamente 1856-1857 não havia discussão sobre o sentido do direito de ação, entendendo-se que, quando houvesse direito subjetivo, haveria ação. Até então se entendia que o direito de ação era concreto, ou seja, não haveria exercício de direito de ação, caso não fosse reconhecido o direito material solicitado.

As discussões acerca da natureza desse direito foram travadas a partir daquela época quando se adquire a consciência de que o direito de ação é subjetivo e existe independentemente da existência do direito material. Windscheid y Muther travam interessante polêmica sobre ser a ação um direito público subjetivo que se volta contra o Estado para que este conceda a tutela jurídica solicitada mediante uma sentença favorável. Wach cuidou de desenvolver a teoria daqueles dois grandes processualistas observando que, na verdade, a ação voltava-se contra o adversário, também, e, além disso, ressaltou a autonomia deste direito. Coincidentemente, na mesma época, Bülow desenvolvia teoria semelhante em estudo que analisava a formação da relação processual, nascendo daí a moderna doutrina que conduziu ao conceito de ação como direito autônomo.

Com o desenvolvimento doutrinário do tema, firmou-se entendimento de que a ação é um direito subjetivo público voltando-se contra o Estado que tem o poder, dever e função de resolver os conflitos de interesses ou de administrar aqueles interesses que lhe pareçam mais relevantes que devam ser processados em Juízo e não fora dele.[4] Desta forma, o Estado está obrigado a uma prestação jurisdicional, ou seja, a dar uma resposta à pretensão que lhe foi solicitada, que não se confunde com o pedido formulado pelo autor dirigido contra (ou em face) do réu. A ação é dirigida contra o Estado (**direito público**), tão-somente, porque o devedor resiste ao cumprimento voluntário da obrigação, e o fato de, afinal, se concluir pela inexistência dessa obrigação (**direito abstrato**) não quer dizer que a *ação* não tenha existido, pois independe da existência do próprio direito material (**direito autônomo**).

4 A Lei nº 11.441 de 4/1/2007 possibilita que o inventário, partilha, separação e divórcio consensual sejam realizados pela via administrativa nas situações nela previstas, o que constitui grande inovação, posto que, até a edição desta lei, todos estes atos, frise-se, consensuais teriam que passar pelo crivo do Judiciário, causando, no mais das vezes, despesas e gasto de tempo desnecessários para as partes e para o Judiciário.

Hodiernamente, as discussões sobre as relações do direito de ação com direito material estão superadas. A ação é um direito substantivo, que consiste

> en una relación entre la voluntad de un particular y la organización jurídica. Este poder puede encaminar-se a la actuación de la ley de diferentes maneras: en forma de *declaración* mediante sentencia, en forma de aplicación de medidas de *previsión*, de medidas *ejecutivas*. La sentencia puede declarar pura y simplesmente la voluntad de la ley (sentencia de *declaración*) o declararla como preparación para su ulterior actuación (sentencia de condena); algunas veces la sentencia produce efectos jurídicos que la parte tenía derecho de producir en virtud de un derecho potestativo (sentencia *constitutiva*). De la sentencia nace un nuevo poder jurídico que tiende a la actuación de la declaración de voluntad contenido en la sentencia (acción ejecutiva, *actio judicati*). En todos estos casos hay *acción* (Chiovenda, 1977, p. 76).

A ação desenvolve-se no processo e, pode-se dizer, divide-se em dois planos: **(a) Constitucional** – art. 5º, XXXV, não se confunde com o direito de petição (art. 5º, XXXIV). Este é político e impessoal, podendo ser exercido por qualquer pessoa física ou jurídica, perante os poderes públicos para reclamar contra ilegalidade e abuso de poder.[5] O direito de ação subordina-se, tão-somente, às normas constitucionais, não podendo a lei infraconstitucional limitá-lo a quaisquer requisitos; **(b) Processual** está conexo ao direito material. O direito e a ação não existem para satisfazer a si próprio, mas sim ao direito material e, por isso, o fato de estar subordinado às chamadas *condições da ação* não faz com que se mostre restrito, quer na sua finalidade ou na sua essência. Como lembram Nelson e Rosa Nery, tais condições nada mais são do que limitações naturais e legítimas ao direito de ação (1997, p. 76).

3.1. CONDIÇÕES DA AÇÃO

Duas **posições** se formaram sobre a existência de certas condições da ação: (a) uma pela qual as condições seriam necessárias para a existência da própria ação; (b) outra, sustentando que a existência de certas condições seriam necessárias ao exercício desse direito. Como já nos referimos, o fato de o legislador instituir certas condições para o exercício da ação não desnatura sua natureza de abstração, de modo que a existência de certas condições instituídas pelo legislador nada mais representa do que sua servidão ao direito material que visa a agasalhar.

5 A previsão Constitucional do Direito de Petição respeita, ainda, o previsto no art. XXIV da Declaração Americana dos Direitos e Deveres do Homem, da qual o Brasil é signatário e que assim reza: "*Toda persona tiene derecho de presentar peticiones respetuosas a cualquiera autoridad competente, ya sea por motivo de interés general, ya de interés particular, y el de obtener pronta resolución.*"

O legislador processual referiu-se em três passagens às condições de ação, quais sejam, arts. 3º, 267, VI, e 295 do CPC.[6] O fato de ter previsto no art. 3º, situado dentro do Título II que trata **Da Ação** *para propor ou contestar ação é necessário ter interesse e legitimidade*, não impediu que, mais à frente dissesse que a ausência, tanto de uma dessas condições quanto da possibilidade jurídica do pedido, poderia acarretar a extinção do feito sem julgamento de mérito em razão da ausência de condição da ação, situação essa trazida tanto nas disposições sobre extinção do processo sem julgamento de mérito, como naquelas em que prevê o indeferimento da inicial. Diante desse critério adotado pelo legislador processual, então, é que se adotou o entendimento que são três as **condições da ação:**[7] **(a) possibilidade jurídica do pedido**: o pedido formulado na inicial não pode ser apreciado se estiver excluído do ordenamento jurídico; **(b) interesse de agir ou interesse processual**: caracteriza-se pela obrigatoriedade de estarem presentes na prestação solicitada a **necessidade** – a parte contrária se nega a cumprir a obrigação de forma voluntária e por isso o autor tem que usar o processo, propondo a ação ou nela prosseguindo; e **adequação** – é necessário que haja relação entre a situação jurídica trazida a juízo e o provimento jurisdicional solicitado através do exercício desse direito; **(c) legitimidade**: aquele que pede a tutela jurisdicional, em regra,[8] deve ser o titular do direito material reclamado; e aquele em face de quem se formula o pedido deve ter a obrigação correspondente para que possa responder aos termos da ação.

Diz assim que condições da ação são requisitos que esta deve preencher para que se proceda decisão sobre o mérito, possibilitando que o julgador conheça a relação de direito material trazida a Juízo.

Ausente qualquer uma dessas condições, diz-se que a parte carece do direito de ação, acarretando, assim, a extinção do feito sem julgamento de mérito (arts. 267, VI, e 295, III do CPC).

6 A Consolidação das Leis do Trabalho nada diz a respeito e, por isso, a referência aqui é da lei processual civil – art. 769, CLT.

7 Entendemos que, não obstante a previsão legal, só se pode considerar condição da ação o interesse de agir, pois a eventual inexistência de norma reguladora da situação pleiteada pode implicar a pretensão de proteção de interesse, juridicamente relevante, não obstante não normatizado, como ocorria com as pretensões relativas à declaração de desconsideração da pessoa jurídica, cuja decisão, antes de ser regulamentada em lei, encontrava sua fonte na interpretação jurisprudencial e doutrinária; ou simplesmente, acarreta a decisão de improcedência porque aquilo que se pleiteia não encontra amparo na norma positivada, simplesmente. Quanto à legitimidade, se a parte que formula um pedido ou aquela contra quem ele é formulado não é titular do direito alegado, não há qualquer relação de natureza obrigacional que possa acarretar a pretensa condenação. Portanto, em ambos os casos, a questão é de mérito e não de condição para a ação. Todavia, este não é o entendimento dominante e tampouco o legalmente disposto na lei processual.

8 As exceções são a representação e substituição processuais que vamos estudar mais adiante.

3.2. ELEMENTOS E IDENTIFICAÇÃO DAS AÇÕES

A ação iniciada regularmente vai permitir a formação de uma relação processual igualmente válida, ou seja, sem que haja qualquer vício capaz de não autorizar que o processo caminhe e se desenvolva de forma válida, acarretando sua **extinção sem apreciação de mérito**. Mas para que isso seja possível é necessário que se respeite na sua formação a existência de alguns elementos que, inclusive, vão identificá-la. Tais elementos são: (a) as partes; (b) a causa de pedir; e (c) o pedido.

Partes refere-se ao elemento subjetivo do processo, independente da existência do direito material reclamado. O conceito de parte advém da própria noção de processo e de relação processual, não se confundindo o conceito com as pessoas físicas ou jurídicas pretensas titulares do direito invocado. Parte é um *status* processual e, considerando a estrutura da relação processual, pode ser ativa ou passiva, podendo ser integrada por uma ou várias pessoas.[9] Ainda hodiernamente, prevalece o conceito clássico de Chiovenda "*es parte el que demanda en nombre propio (o en cuyo nombre es demandada una actuación de la ley, y aquel frente al cual ésta es demandada*" (1997, vol. II, p. 6). Daí que as partes, ativa e passiva, não se encontram uma contra a outra, mas sim, uma em face da outra, pois nem sempre apresentam interesses opostos, como ocorre, por exemplo, na ação de divisão.[10]

A **causa de pedir** está vinculada às razões do autor, ou seja, ao fundamento do pedido expresso na inicial.

O **pedido** diz respeito ao objeto da ação, ou seja, àquilo que o autor vem a Juízo pedir que o Estado lhe dê a tutela buscada.

São estes elementos que servem para **identificar** uma ação, tornando-a **única**. A identificação das ações vai ocorrer em todas as hipóteses que questionarmos se as ações são **idênticas ou não**. Por outras palavras, dizemos que duas ações são idênticas quando seus elementos forem idênticos. Outra não é a redação do § 2º do art. 301 do CPC[11] que veda a propositura de ações idênticas e prevê que esta identidade existirá quando coincidirem em duas (ou mais) ações: (1) identidade de partes (*eadem personae*); (2) identidade de objetos (*eadem res*); (3) identidade de causa de pedir (*eadem causa petendi*). Desta forma, instaurada a instância uma vez com a propositura de uma determinada ação, é vedada a re-

9 Havendo pluralidade de pessoas no pólo ativo e/ou passivo, diz-se que há litisconsorte ativo, passivo ou misto. *Ver* tópico sobre litisconsorte e intervenção de terceiros.

10 É uso comum na linguagem forense utilizar-se a expressão "X" propõe ação contra "Y", não representando um prejuízo processual ante a incorporação desta terminologia na prática forense.

11 *§ 2º Uma ação é idêntica à outra quando tem as mesmas partes, a mesma causa de pedir e o mesmo pedido.*

petição dela, e a forma de se concluir se há ou não identidade de ações é analisando seus elementos.

A repetição de ações pode resultar na extinção da segunda ação em razão da existência de **coisa julgada** ou **litispendência**. Assim é a definição do diploma processual civil sobre esta matéria **(art. 301)**:[12]

> *§ 1º Verifica-se a litispendência ou a coisa julgada, quando se reproduz ação anteriormente ajuizada.*
>
> *§ 3º Há litispendência, quando se repete ação, que está em curso; há coisa julgada, quando se repete ação que já foi decidida por sentença, de que não caiba recurso.*

Observe, no entanto, que para que se configure a identidade é necessário que não se verifique mera semelhança ou igualdade entre um ou dois daqueles elementos. Faz-se necessário que **todos** sejam perfeitamente iguais

3.3. CLASSIFICAÇÃO DAS AÇÕES

Não obstante a doutrina traga algumas classificações diferenciadas das ações considerando os bens que ela visa proteger (Amaral Santos, 1998, p. 95-6), entendemos que a única classificação que se admite é aquela que considera a natureza da decisão judicial provocada pelo exercício do direito; isto é, a ação considerada em si mesma. Assim podemos dividir nas seguintes categorias:

1. Ações de Conhecimento → diz-se que o órgão jurisdicional vale-se do processo de conhecimento porque através dele se conhecerá com segurança não só a pretensão do autor como também a resistência do réu; ou seja, a lide. Conclui-se por uma sentença que declarará a relação jurídica entre as partes e qual a lei que atuará à espécie.

O processo de conhecimento será denominado **processo de declaração** porque na decisão o juiz declarará a vontade da lei reguladora do caso concreto. Tal expressão, aliás, exprime com exatidão o sentido da providência jurisdicional a que visam.

A decisão que as ações de conhecimento visam obter não se confundem com o que seja ação executiva, pois estas não se encerram por uma decisão. Daí dizer-se que as ações de conhecimento reúnem-se em três grupos: **1.1) ações declaratórias propriamente ditas ou meramente declatarórias** → o fundamento legal é o art. 4º, I e II, do CPC. O interesse de agir está na obtenção de uma deci-

12 A Consolidação das Leis do Trabalho não traz disposição sobre este tema, aplicando-se as contidas no Código de Processo Civil (art. 769, CLT).

são declarando a existência ou inexistência de uma relação jurídica, ou autenticidade ou falsidade de um documento. O único caso que a lei prevê admitindo declaração de certeza quanto a um fato é em relação à autenticidade ou falsidade de um documento. Com a sentença de declaração esgota-se a função jurisdicional. **1.2) ações condenatórias** ➔ visam a uma sentença de condenação do réu. Pressupõe um direito subjetivo violado, visando à declaração quanto à relação jurídica controvertida e à aplicação de sanção ao réu por desobediência do imperativo legal. Suscita uma sentença que conceda ao autor o título executivo que lhe atribua o poder de realizar a regra sancionadora contida na sentença. **1.3) ações constitutivas** ➔ buscam uma sentença, criando uma situação jurídica nova e, conseqüentemente, modificando a anterior. Servem, assim, para criar, modificar ou extinguir uma relação ou situação jurídica entre as partes.

2. Ações Executivas ➔ provocam providências jurisdicionais de execução. Tem por pressuposto um título executivo pelo qual pede-se a realização de atos executórios que tornem efetiva a sanção. O fato de o *processo executivo de título judicial* ter se tornado fase do processo de conhecimento não altera a natureza dessa ação. O que quer o legislador com as reformas é agilizar a prestação jurisdicional fazer cumprir o preceito estabelecido na sentença de condenação. Resta, ainda, o processo executivo de títulos extrajudiciais, que o legislador visou, com a Lei nº 11.382/2006, imprimir maior eficiência na prestação jurisdicional.

3. Ações Cautelares ➔ visam providências urgentes e provisórias, tendentes a assegurar os efeitos de uma prestação principal. Diz-se provisória porque tem existência enquanto aguarda a sentença ou o ato executório no processo principal. O processo cautelar tem sofrido profundas transformações desde a inserção no sistema jurídico do instituto da tutela antecipada, mas continua subsistindo este tipo de ação, que contém figuras nominadas e inominadas e está prevista no Livro III do Código de Processo Civil.

4. Ações Mandamentais ➔ Pontes de Miranda foi quem observou a existência desse tipo de ação (1976, p. 63). Por este tipo de ação se busca a tutela específica de uma obrigação, esperando-se que o provimento jurisdicional conceda um *plus* representado pelo mandado, ordenando o cumprimento da condenação. Como ensina Cassio Scarpinella, a ação mandamental é uma "técnica que pretende extrair do devedor o cumprimento voluntário (não espontâneo, que significa prescindir da prestação jurisdicional) da obrigação, tal qual lhe foi imposta pela lei ou ajustada, por contrato, entre as partes".[13] Tais são as decisões proferidas, por exemplo, nos mandados de segurança e habeas corpus, e art. 461, § 4º, do Código de Processo Civil.

5. Ações Executivas *Lato Sensu* ➔ Igualmente defendida por Pontes de Miranda (1976, p. 36s.), guarda, também, um *plus* na sua essência, permitindo que o juiz possa realizar, de qualquer forma, o comando condenatório em razão da força executiva que contém, independentemente de qualquer providência ou atitude que poderia ter o devedor. Ainda, nos socorrendo de Scarpinella, diz-se:

> executiva *lato sensu* (...) a técnica sub-rogatória que se realiza independentemente da vontade do devedor, mas que não atua mediante expropriação de bens (penhora, avaliação e alienação, medidas típicas da execução por quantia certa). A diferença entre essas técnicas de atuação da tutela jurisdicional está em que a executiva não se dirige ao devedor da obrigação e efetiva-se (concretiza-se, realiza-se) independentemente e, se for o caso, até mesmo contra sua vontade. É técnica sub-rogatória típica e, nesse particular, afina-se à tradicional tutela condenatória. A tutela mandamental diferenciada dirige-se especificamente à pessoa do obrigado, aguardando dele acatamento de uma ordem, sob pena de responder pelas conseqüências desse descumprimento. A tutela mandamental busca, fundamentalmente, eliminar quaisquer outras alternativas mais compensatórias para o devedor do que o próprio cumprimento da obrigação (1976, p. 1.407). Exemplo desse tipo de ação está previsto no art. 461, § 5º, do Código de Processo Civil e nas ações de despejo.

6. Ações Coletivas *Lato Sensu* ➔ são aquelas previstas para defesa de interesses e direitos metaindividuais. O primeiro diploma que as regulou foi a Lei de Ação Popular (Lei nº 4.717/1965), depois veio a Lei de Ação Civil Pública (Lei nº 7.347/1985) e, por fim, o Código de Defesa do Consumidor (Lei nº 8.078 de 11/9/1990), que regulamentou de forma definitiva no nosso ordenamento jurídico tais ações. Cada uma dessas ações visam à defesa de interesses individuais homogêneos, difusos e coletivos, chamados de **metaindividuais ou transindividuais, conforme disposto no art. 81 que assim dispõe:**

> *Art. 81- A defesa dos interesses e direitos dos consumidores e das vítimas poderá ser exercida em juízo individualmente, ou a título coletivo.*
> *Parágrafo único – A defesa coletiva será exercida quando se tratar de:*
> *I – interesses ou direitos difusos, assim entendidos para efeitos deste Código, os transindividuais, de natureza indivisível, de que sejam titulares pessoas indeterminadas e ligadas por circunstâncias de fato;*

13 *Código de Processo Civil Comentado* – MARCATO (coord.), p. 1.404.

> *II – interesses ou direitos coletivos, assim entendidos, para efeitos deste Código, os transindividuais de natureza indivisível de que seja titular grupo, categoria ou classe de pessoas ligadas entre si ou com a parte contrária por uma relação jurídica base;*
> *III – interesse ou direitos individuais homogêneos, assim entendidos os decorrentes de origem comum.*

A nota característica dessas ações pode ser vista pelos seus sujeitos, pelo objeto ou pela relação jurídica entre as partes. Quanto ao objeto, assim já sustentamos:

> Interesses difusos caracterizam-se por pertencerem a pessoas que estão ligadas entre si por elementos circunstanciais ou fáticos, não havendo entre os lesados ou ameaçados de lesão qualquer vínculo jurídico. A nota característica é que estes direitos ou interesses não se dividem e a potencialidade de lesão ou lesão efetiva irá atingir a todos indistintamente (...) Coletivos são aqueles afetos a determinado grupo, categoria ou classe havendo um prévio vínculo jurídico que une seus componentes por estarem em situações peculiares. A lesão, ou potencialidade de lesão, transcende a pessoa do indivíduo e os interessados necessariamente possuem vínculo jurídico definido entre si ou com a parte contrária de sorte que o direito ou interesse não se divide, mas seus titulares serão determinados (...) E, por último, o interesse individual homogêneo, ao qual o legislador atribuiu o caráter de *coletivo* ante o desinteresse de se atribuir tratamento diferente. Tais interesses são individuais na sua essência e adquirem importância por serem conseqüências de um mesmo fato ou ato, isto é, possuírem uma origem comum. Os interessados não estão ligados por uma relação jurídica base, tampouco são indeterminados ou determináveis. São pessoas perfeitamente determinadas que têm em comum ser a origem do dano idêntica. Sabemos, portanto, quem e quantas são as pessoas atingidas logo no primeiro momento que vemos a situação fática (Nahas, 2001, p. 89-92).

O pólo ativo das ações coletivas somente pode ser formado pelas pessoas elencadas no art. 5º da Lei nº 7.347, de 24 de julho de 1985. Frise-se que este artigo sofreu recente alteração pela Lei nº 11.448, de 15/1/2007, que, não obstante não mencione expressamente, repercute na redação do art. 82 do Código de Defesa do Consumidor ante o entrelaçamento do sistema. Será, assim, *concorrente a legitimidade para interpor estas ações*:

> *I – o Ministério Público;*
> *II – a Defensoria Pública;*
> *III – a União, os Estados, o Distrito Federal e os Municípios;*
> *IV – a autarquia, empresa pública, fundação ou sociedade de economia mista;*
> *V – a associação que, concomitantemente:*
> *a) esteja constituída há pelo menos 1 (um) ano nos termos da lei civil;*
> *b) inclua, entre suas finalidades institucionais, a proteção ao meio ambiente, ao consumidor, à ordem econômica, à livre concorrência ou ao patrimônio artístico, estético, histórico, turístico e paisagístico.*

Os sindicatos, como possuem natureza jurídica de associação e estão regulados pelo art. 8º da Constituição Federal, possuem tal legitimidade, independentemente do tempo de constituição que estejam formados e de possuírem em seus estatutos essa finalidade, pois esta possibilidade decorre da própria letra constitucional. Observe que, no que diz respeito à ação popular, não obstante sirva para tutela de direitos metaindividuais, somente pode ser proposta pelo cidadão nos termos dispostos no art. 5º, LXXIII, da Constituição Federal, assemelhando-se muito às *class actions* do direito norte-americano.

A natureza da relação jurídica é como diz o art. 81 supramencionado, *mesmas circunstâncias de fato entre os titulares do direito*, se se tratar de direitos ou interesses difusos; *pessoas ligadas entre si ou com a parte contrária por uma relação jurídica base*, se se tratar de direitos ou interesses coletivos; *ou, por fim, direitos ou interesses decorrentes de origem comum* se se tratar de interesses individuais homogêneos.[14]

7. Ações Coletivas *Stricto Sensu* – dissídios coletivos → Pode-se dizer que tais ações foram as precursoras no nosso ordenamento jurídico, a respeito da possibilidade de se fazer coletivamente a defesa de grupos, categorias ou classes. Como ensina José Augusto Rodrigues Pinto, "(...) os dissídios coletivos representam uma forma extrema para chegar-se à solução dos conflitos do trabalho, no plano de interesses de *categorias*, assim, como os dissídios individuais o são, no plano de interesse de empregador e empregado" (1976, p. 347). O dissídio coletivo é a ação coletiva trabalhista prevista na Consolidação das Leis do Trabalho e servem "(...) à defesa de interesses gerais e abstratos da categoria, profissional ou econômica, que tem por objetivo, via de regra, a criação de novas normas ou condições de trabalho mais benéficas que as previstas em lei". A previsão Constitucional está no art. 114, § 2º.

O dissídio pode ter natureza **econômica**, aquele que visa à constituição de novas condições de trabalho e, por isso, desafia sentença constitutiva; ou **jurídica**, visa à interpretação de normas já existentes em outros instrumentos normativos e, por isso, a natureza da decisão que reclama é declaratória.

3.4. CONCURSO DE AÇÕES

Ocorre quando dois ou mais tipos de ações estão à disposição do autor para tutela do direito invocado. A escolha por uma delas exclui, automaticamente, a outra. O autor pode formular seu pedido de forma sucessiva ou alternativa, daí cha-

14 Remetemos o leitor ao volume II do livro de autoria de Frediani, Yone e Nahas, Thereza Christina. *Legitimidade Ativa dos Sindicatos na Defesa de Interesses Individuais Homogêneos,* São Paulo: Atlas, 2001. Remetemos o leitor ao Tomo II deste livro.

mar-se concurso eletivo, pois uma vez resolvido o conflito por meio de uma das ações, e satisfeito o direito do autor, faltar-lhe-á interesse de agir para propor nova ação prevista em concorrência, ainda que por outro fundamento. A única exceção vai se verificar caso o resultado da ação escolhida seja parcial. Exemplo disso é a possibilidade de o empregado que goza de estabilidade no emprego optar pela ação de indenização e não pela reintegração, por entender ser incompatível o seu retorno ao posto de trabalho.

3.5. CUMULAÇÃO DE AÇÕES

Diz que há cumulação de ações quando o autor formula mais de um pedido contra o mesmo réu. Cumulam-se, assim, duas ou mais pretensões formando um único processo para que o juiz possa decidir todas as pretensões na mesma sentença. Tal possibilidade é justificada pelo princípio da economia processual.

A cumulação pode ser: **(1) simples:** ocorre quando os pedidos que se quer cumular são absolutamente independentes e inteiramente autônomos, como a pretensão de dano moral e material; **(2) sucessiva ou eventual:** necessário se faz que haja relação de dependência entre os pedidos cumulados, de forma que a decisão do segundo pedido dependerá da não acolhida do primeiro, como o pedido de reintegração ao emprego é o mais relevante ao autor, *caso não seja isso possível*, pretende que haja a conversão em indenização; **(3) alternativa:** os pedidos se substituem na ordem de sua apresentação pelo outro de sorte que se decide quanto ao primeiro pedido. Não se atendendo este, decide-se quanto ao segundo. Por exemplo, o autor pretende ser reintegrado ao emprego ou indenizado, não lhe importando a ordem de formulação dos pedidos, pois é indiferente ao autor o que lhe for deferido.

Nos termos do art. 292 do CPC são **condições para cumulação:** (1) os pedidos devem ser compatíveis entre si (compatibilidade de pedidos); (2) o juiz deve ter competência para todos os pedidos (identidade de competência); (3) se o procedimento for adequado para todos os pedidos (identidade de forma).

A cumulação de ações deverá ocorrer, a princípio, no ato introdutório do processo, isto é, na petição inicial. Admite-se, todavia, que ocorra posteriormente quando estejam em curso dois processos distintos referentes a ações onde haja conexão ou continência (art. 105 do Código de Processo Civil).

Capítulo 4
Processo e procedimento

4.1. NOÇÕES GERAIS E PRINCÍPIO DO DEVIDO PROCESSO LEGAL

Procedere é termo latino que significa "ir adiante". Assim, fixou-se tal terminologia para designar aquilo que seria o instrumento da jurisdição para poder dizer o direito através da realização de uma função e atividade (*jurisdição*), a dar uma resposta adequada àquele que vem a juízo pedir a tutela jurisdicional (*ação*). Não por outra razão que Marcelo Abelha[1] observou que o processo liga duas extremidades, ou seja, a jurisdição e a ação, colocando-se no hiato que separa estes dois institutos.

O processo é uma relação jurídica entre sujeitos processuais regulada na norma processual[2]. O processo consiste no instrumento da jurisdição, desenvolvendo-se em uma série de atos coordenados denominados **procedimentos**, objetivando-se a atuação da vontade da lei às situações jurídicas ocorrentes e que são trazidas pelas partes ao conhecimento do Judiciário para que aqui sejam solucionadas. Diante disso, podemos observar que o processo guarda dois aspectos: (a) extrínseco ou exterior, relacionado ao próprio procedimento, ou seja, aos complexos de atos que se desenvolvem em jurisdição; (b) intrínseco ou interior, que diz respeito ao objetivo da realização de todos aqueles atos, qual seja, poder-se alcançar um pronunciamento judicial.

A finalidade do processo, em lides que se desenvolvem na jurisdição contenciosa, é poder compor as divergências entre as partes, solucionando o caso concreto na forma prevista abstratamente na lei. Nos procedimentos de jurisdição voluntária, o processo viabiliza a administração dos interesses privados pelo Estado, atendendo, assim, à relevância que a lei deu a certas questões que deverão ser regularizadas no âmbito do Poder Judiciário.

Desta importância que se reveste o processo, necessário se faz atentar para sua previsão Constitucional, pois impõe-se, principalmente, ao Estado o dever de ze-

1 *Elementos de Direito Processual Civil,* p. 231.

2 Não obstante o processo devesse ser regulamentado em normas desta natureza, o Código Civil traz algumas regras nitidamente de caráter processual, como os arts. 228 e 232.

lar para que o processo nasça e se desenvolva de forma válida, tendo uma duração razoável para que a resposta Estatal possa atender ao reclamo daquele que necessariamente valeu-se da jurisdição para ver restabelecida a ordem de suas coisas e, conseqüentemente, a paz social.

Retornamos aqui ao prefalado princípio do devido processo legal[3] previsto na Constituição Federal no art. 5º, inciso LIV, que assim prega: *"Ninguém será privado da liberdade ou de seus bens sem o devido processo legal."*

Já dissemos que o devido processo legal serve à tutela dos bens da vida no seu sentido mais amplo e genérico. Tem forma bipartida, garantindo o processo para que se alcance a realização dos direitos substantivos que o legislador constitucional formulou, primeiro na Carta Constitucional, em que assumiu o compromisso de garantir a ordem pública e a paz social. Assim, somente por meio do devido processo legal é que o Estado pode exigir que se restabeleça a ordem social, violada ou ameaçada por um comportamento omissivo ou comissivo de seus jurisdicionados ou de suas instituições que, porventura, se recusem a cumprir voluntariamente as normas de conduta lançadas nas diferentes fontes normativas que regem a sociedade. É pelo devido processo legal que se fazem valer, de forma específica, as normas que foram elaboradas de modo generalizado e que se destinam a toda a coletividade. Tais normas possuem natureza cogente e devem ser observadas, valendo-se o Estado de meios de coerção em se constatando contrariedade a sua letra ou a seu espírito. Daí, o Estado estar subordinado, também, à norma constitucional de natureza imperativa que lhe destina o comando de ser seu o **dever** de garantir e respeitar o devido processo legal.

A *Declaração Americana dos Direitos e Deveres do Homem*, da qual o Brasil é signatário, assegura tal princípio, dispondo:

> *Artículo XVIII. Toda persona puede ocurrir a los tribunales para hacer valer sus derechos. Asimismo debe disponer de un procedimiento sencillo y breve por el cual la justicia lo ampare contra actos de la autoridad que violen, en perjuicio suyo, alguno de los derechos fundamentales consagrados constitucionalmente.*

Observemos que aqui, como na norma constitucional nacional e demais instrumentos internacionais já citados,[4] se repete a preocupação de que a resposta ao procedimento instaurado deve ser fornecida num breve espaço de tempo, pois a demora do procedimento pode importar em denegação da Justiça, ofendendo assim não só a legislação interna – frise-se que estamos a falar de um direi-

3 Ver capítulo anterior, sobre *Direito de Ação.*

4 *Ibidem.*

to fundamental –, como também, a internacional, o que dá direito ao prejudicado de se ver ressarcido na Corte Interamericana de Direitos Humanos pela violação a este direito.

O Tribunal Europeu de Direitos Humanos já vem julgando neste sentido, ressaltando-se que, para que haja a condenação favorável, necessário se faz que a própria parte não tenha colaborado para a demora na prestação jurisdicional. Ou seja, o ato da demora capaz de ensejar a condenação deve ser atribuído exclusivamente ou concorrentemente ao Estado que violar a regra inserida na Declaração.

Assim decidiu o Tribunal Europeu de Direitos Humanos:

> (...) A requerente queixa-se do prazo de duração do processo na qual ela tinha a qualidade de assistente. Ela invoca o art. 6º nº 1 da Convenção, o qual dispõe: "qualquer pessoa tem direito a que a sua causa seja examinada (...) num prazo razoável por um tribunal (...), o qual decidirá, quer sobre a determinação dos seus direitos e obrigações de carácter civil (...)" (...) Para indagar se foi ultrapassado o prazo razoável, é preciso ter em conta as circunstâncias da causa e dos critérios consagrados pela jurisprudência do tribunal, em particular a complexidade do caso, o comportamento do requerente e o das autoridades competentes (ver, entre muitos outros, *Silva Pontes c. Portugal,* acórdão de 23 de março de 1994, Série A. N-286-A, p. 15, nº39). A requerente considera que o prazo em questão é excessivo. O Governo afirma que o prazo do processo é exclusivamente imputável ao comportamento da requerente, a qual teria apresentado durante todo o processo queixas inúteis tendo retardado o tratamento do caso. O Tribunal admite em primeiro lugar que o processo se revestia de uma certa complexidade, mesmo se o governo não invocou este motivo. Considera depois que a requerente é em parte responsável pela duração do processo. Todavia, o seu comportamento não basta para explicar um tal lapso de tempo. O Tribunal estima que o processo litigioso, cuja duração em abstracto não é muito longa, tem nomeadamente sofrido atrasos imputáveis às autoridades competentes (...) Tendo em conta as circunstâncias muito particulares do caso, o Tribunal considera assim que o prazo em causa foi excessivo. Foi assim ultrapassado o prazo razoável e, por conseguinte, violado o art. 6º, nº 1".[5]

Importa ressaltar, ainda, que o princípio do devido processo legal norteia, também, o processo administrativo.

O princípio é amplo e bastaria sua previsão para que se dispensasse a menção a qualquer outro princípio. Todavia e, considerando a forma como o legislador constitucional tratou da matéria prevendo, além do devido processo legal, os

5 CASO ANTUNES ROCHA c. PORTUGAL *(Queixa nº 64.330/2001)* – Acórdão Estrasburgo 31 de maio de 2005. A íntegra do julgamento de outros casos poderão ser consultados no endereço na internet: http://www.gddc.pt/direitos-humanos/portugal-dh/acordaos-tedh.html.

princípios (art. 5º), por exemplo, do juiz natural,[6] da ampla defesa e o contraditório,[7] a doutrina majoritária entendeu como necessária a especificação de alguns princípios, principalmente para determinar os contornos e variedades de cada instituto, bem como os respectivos limites a fim de que não se tornassem absolutos, oponíveis contra tudo e todos. Assim ensina Nelson Nery Júnior que são as seguintes as garantias oriundas do devido processo legal:

> a) direito à citação e ao conhecimento do teor da acusação; b) direito a um rápido e público julgamento; c) direito ao arrolamento de testemunhas e à notificação das mesmas para comparecimento perante os tribunais; d) direito ao procedimento contraditório; e) direito de não ser processado, julgado ou condenado por aquela infração às leis *ex post facto*; f) direito à plena igualdade entre acusação e defesa; g) direito contra medidas ilegais de busca e apreensão; h) direito de não ser acusado nem condenado com base em provas ilegalmente obtidas; i) direito à assistência judiciária, inclusive gratuita; j) privilégio contra a auto-incriminação (1996, p. 39). E, especificamente no processo civil, são manifestações do *due proces of law*: a) igualdade das partes; b) garantia do *jus actionis,* c) respeito ao direito de defesa; d) contraditório". (Nery, 1996, p. 40)

4.2. TIPOS PROCESSUAIS

Os tipos de processo correspondem à tutela jurisdicional. A Consolidação das Leis do Trabalho traz, basicamente, três tipos processuais:

1. **Os dissídios individuais e dissídios coletivos** ➔ equivalem no ordenamento processual civil ao processo de conhecimento. Desenvolvem-se em dois termos: (a) a petição inicial, em que o autor expõe seu pedido de tutela jurisdicional; e (b) a sentença, resposta do Estado àquela pretensão. Os dissídios individuais vêm previstos nos arts. 837 e ss.; e os coletivos nos arts. 856 e ss., todos da CLT.
2. **Execução** ➔ funda-se num título executivo judicial ou extrajudicial e, assim como o processo de conhecimento, desenvolve-se em dois termos: (a) pedido de execução de um título judicial ou extrajudicial líquido (ou a se liquidar), certo e exigível; (b) atos que esgotem as providências executórias com a respectiva entrega do objeto da pretensão executiva. Vem regulada na CLT nos arts. 876 e seguintes.

6 LIII – ninguém será processado nem sentenciado senão pela autoridade competente.

7 LV – aos litigantes, em processo judicial ou administrativo, e aos acusados em geral são assegurados o contraditório e ampla defesa, com os meios e recursos a ela inerentes.

3. **Cautelar** ➔ terceiro tipo processual vindo expressamente previsto no Livro III do Código de Processo Civil não está em termos semelhantes na Consolidação das Leis do Trabalho de forma que, por aplicação subsidiária, é possível valer-se deste tipo processual que, como os demais, desenvolve-se em dois termos, quais sejam, **(a)** o pedido de uma providência preventiva ou acautelatória; **(b)** a concessão e realização da providência solicitada que servirá para resguardar aquilo que se quer pedir numa ação à qual se irá chamar de *principal*.

Cada tipo processual tem um ou mais ritos que lhe serão próprios, havendo outros procedimentos que vêm previstos em legislação especial ou no Livro IV do CPC, muitos deles aplicáveis ao processo do trabalho, ante a carência da legislação processual trabalhista de normas processuais que lhe sejam próprias.

Importa ressaltar que há procedimentos que se sujeitam a uma forma especial de andamento e, por isso, são chamados de procedimentos especiais. Estes são processados, muitas vezes, com regras inerentes aos três processos anteriormente mencionados. Não são tipos especiais de processos, mas sim de procedimentos. É o que ocorre, por exemplo, com as ações civis públicas, mandados de segurança, possessórias entre outros.[8]

4.3. RELAÇÃO JURÍDICA PROCESSUAL

O processo é instaurado e se desenvolve até que atinja sua finalidade. O autor deve expor sua pretensão numa petição inicial; o réu será chamado a exercer seu direito de defesa; provas são produzidas a fim de convencer o juiz das razões que foram expostas; da sentença proferida é possível recorrer-se a um Tribunal em que novas diligências podem ser praticadas e outro julgamento proferido. Toda esta série de atos que nos reportamos de forma concisa faz parte daquilo que se chama procedimento que, exteriormente, se desenvolve numa relação jurídica a que chamamos de **relação jurídica-processual**, ou seja, relação entre os sujeitos do processo juridicamente regulada.

A *natureza jurídica* da relação processual é (a) **autônoma**, isto é, tem vida própria e independe da relação de direito substancial ou da vontade das partes; tem fundamento legal e serve para obrigar o juiz, as partes e todos aqueles que devam colaborar para seu desenvolvimento. É **complexa**, no sentido de gerar um conjunto de direitos, obrigações, deveres e ônus para seus sujeitos. É uma relação de **direito público**, porque é regulada como uma atividade pública.

8 Sobre estas ações, ver Frediani, Yone, *Direito Processual do Trabalho*, v. II, desta coleção.

É uma relação **dinâmica** desde o momento que nasce até se exaurir. Nas ações trabalhistas que seguem o rito comum, a petição inicial protocolada gera o dever de designar audiência, em seguida o dever de realizar-se a citação do réu, a realização da audiência, o direito das partes a produzir provas e, assim sucessivamente. Se uma das partes falece no curso da relação processual, abre-se um incidente para que os herdeiros ou inventariante substitua o morto; cada pedido feito pelas partes provoca a obrigação de o juiz decidir; enfim, sucede-se uma série de direitos, obrigações, deveres e ônus que ocorrerão e serão variáveis conforme a relação for se desenvolvendo.

A relação jurídico-processual é *formada por três sujeitos*, quais sejam: o juiz e as partes, autor e réu. O juiz tem por dever entregar a prestação jurisdicional às partes e estas o dever de colaborar para o desenvolvimento saudável da relação processual. Tanto é que a lei estabelece conseqüências que podem variar ou se cumular, de natureza civil, penal e administrativa, caso qualquer dos sujeitos viole normas relativas ao bom desenvolvimento da relação processual.

Forma-se a relação processual assim que o processo seja instaurado e sua constituição se dá com a citação da parte contrária para que venha a juízo responder aos termos da demanda, caso assim entenda por bem fazer.

Três são as teorias que tentaram retratar esta relação (Costa, 1959, p. 207):

1. **Teoria de Kohler** ➔ a relação processual se estabelece entre as partes e é, portanto, bilateral. Não há relação entre as partes e o juiz. Pode-se assim representá-la:

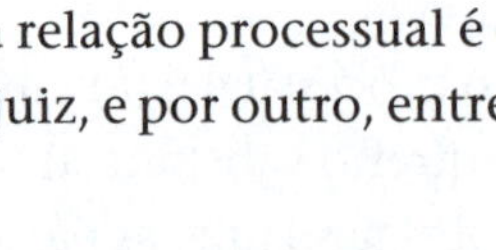

2. **Teoria de Hellwig** ➔ a relação processual é angular e se estabelece por um lado, entre o autor e o juiz, e por outro, entre réu e o juiz. Pode ser assim representada:

3. **Teoria de Bülow** ➔ a relação processual é uma relação entre os três sujeitos do processo que têm entre si direitos, deveres, ônus e obrigações. O dever do juiz não é só com o Estado e as partes, por não estarem contidas na estrutura estatal, não estão isentas do seu dever e lealdade com o exercício da jurisdição. Os atos praticados por uma parte influem naqueles que serão praticados pela outra e vão influenciar no resultado final do processo. Desenvolve-se através de atos praticados pelas partes e pelo juiz, na forma determinada pela lei. Portanto, é uma relação triangular. Esta é a teoria que prevalece no nosso sistema jurídico e pode ser assim representada:

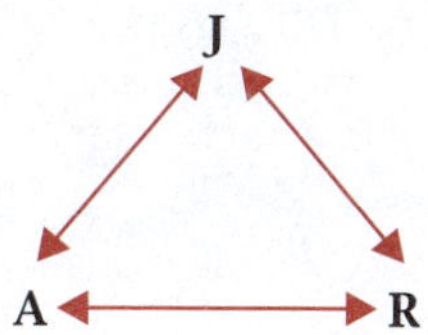

4.4 SUJEITOS DA RELAÇÃO PROCESSUAL

São sujeitos da relação processual as pessoas que participam da relação processual e que podem ou não coincidir com o titular do direito material debatido em juízo. Bezerra Leite nos lembra que os "sujeitos da lide são os titulares da relação de direito material que figuram como partes no conflito de interesses deduzido em Juízo" (2006, p. 286). Os sujeitos do processo são *principais*, ou seja, o juiz e as partes (autor e réu); ou *secundários*, representado por pessoas que podem auxiliar o desenvolvimento regular do processo, colaborando, assim, para que atinja seu objetivo, sem que a decisão que seja proferida possa lhes aproveitar de alguma forma.[9]

Poderíamos, assim, retratar da seguinte forma a relação processual com seus sujeitos:

9 Amaral Santos, Moacyr, *opus cit.*, vol. I, p. 318-19 sustenta que tais sujeitos podem ser secundários ou sujeitos que assumem uma posição especial no processo. E, Bezerra Leite, *opus cit* (2006, p. 286-7), entende que podem ser divididos em auxiliares permanentes, eventuais e terceiros.

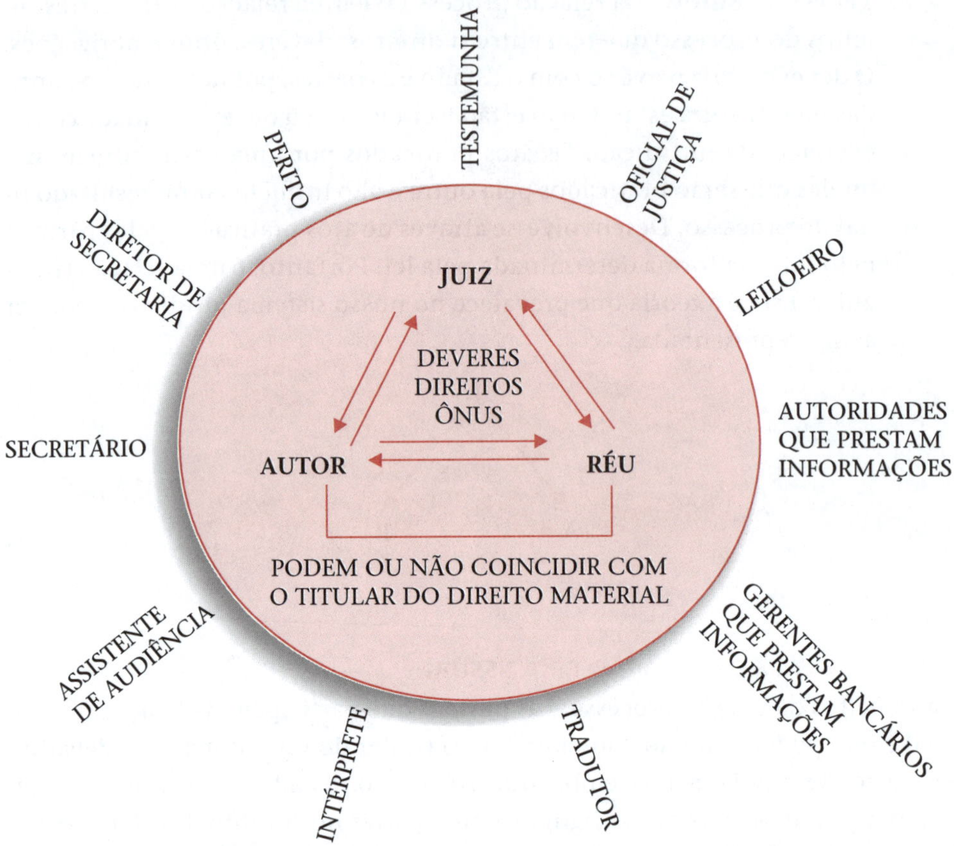

À falta de qualquer dos sujeitos que se encontram fora da relação processual, o processo nasce e se desenvolve regularmente; todavia, faltando um dos sujeitos principais, a relação processual apresentará um vício e não poderá seguir seu curso natural.

4.5. PRESSUPOSTOS PROCESSUAIS

A relação processual se inicia quando o autor protocoliza a petição inicial e, no momento em que o réu é citado, ela se completa. Importa ressaltar, desde logo, que os direitos de ação e de defesa se equivalem, pois são resguardados constitucionalmente e através deles é que o juiz conhece as razões de se pedir e de resistir das partes. A relação processual, pode-se dizer, se inicia e se constitui por iniciativa do autor. No processo do trabalho, em princípio,[10] não haverá o despacho[11] do juiz na inicial, sendo a citação do réu providenciada pelo próprio cartório assim que o feito estiver autuado.[12]

Importa ressalvar uma inovação trazida pela Lei nº 11.277/2006 que prevê a possibilidade de o juiz desde logo **sentenciar o feito sem que o réu seja citado**. Há vozes que se levantaram quanto à inconstitucionalidade deste dispositivo. Não podemos com isso concordar, pois o que fez o legislador, sabiamente, foi dispensar todos os trâmites processuais para permitir que o juiz pudesse sentenciar acerca de uma questão já pacificada para aquele julgador. Desta forma, a citação do réu é realizada, mas num momento posterior à prolação da sentença, de modo que este chamado será realizado com uma dupla finalidade, qual seja, lhe dar conhecimento da ação e do resultado do processo, o qual, **necessariamente** deve ser de improcedência, devendo aquele juízo já ter se manifestado no mesmo sentido em outros casos idênticos.

A relação processual iniciada passa a ter existência no plano jurídico e deve respeitar determinados pressupostos para que possa ter validade. Diz-se assim que há a necessidade de se respeitar os **pressupostos processuais** que podem ser traduzidos **como supostos imprescindíveis à existência e à validade do processo**.

Podemos assim representá-los:

10 Há certas ações e pedidos que reclamaram a análise inicial da peça, como se o autor formula pedido liminar de tutela antecipada. Discutível, ainda, se o juiz trabalhista não deve tomar contato com o processo tão logo a inicial seja remetida do distribuidor (em comarcas com mais de uma Vara) para o Cartório. Isso porque a nova redação do art. 285-A do CPC, que assim dispõe: *Quando a matéria controvertida for unicamente de direito e no juízo já houver sido proferida sentença de total improcedência em outros casos idênticos, poderá ser dispensada a citação e proferida sentença, reproduzindo-se o teor da anteriormente prolatada.* Observe que a aplicação deste dispositivo somente se torna possível antes da citação, pois, após citado o réu, haverá a entrega da defesa em audiência e o juiz deverá se pronunciar sobre os termos da defesa. Sabendo-se que no processo do trabalho, a citação é feita para que o réu compareça em audiência, certamente não terá havido a economia processual que o legislador visou buscar com a nova redação dada ao Código do Processo Civil pela Lei nº 11.277/2006.

11 Despacho é ato do Juiz (v. art. 162, CPC) que poderá ser de mero expediente ou interlocutório. No momento que o juiz recebe a inicial e a *despacha*, poderá, inclusive, decidir pela extinção do feito com ou sem julgamento do mérito (arts. 267, 259 e 285-A, CPC).

12 Autuação refere-se ao ato do Cartório de ordenar o processo que se inicia. Em geral, os fóruns fazem isso com a juntada das peças em "capa" própria em que é identificado, em sua fronte, todos os dados daquele *processo*. Atente-se para os termos da Lei nº 11.419/2006 que certamente alterará no âmbito judicial a forma de armazenamento dos documentos, peças e atos do processo, pois admite o processo eletrônico.

Subjetivos → **Juiz**
- Investidura
- Imparcialidade
- Competência

Relativos aos Sujeitos processuais

→ **Partes**
- Capacidade de ser parte
- Capacidade de estar em juízo
- Capacidade postulatória

Objetivos → **Extrínsecos**

Pressupostos negativos de validade, isto é, não podem existir para que a relação processual exista de forma válida.
Ex.: coisa julgada e litispendência.

Referem-se ao processo em si, nos seus aspectos intrínsecos e extrínsecos

→ **Intrínsecos**

Pressupostos positivos de validade, isto é, devem existir para que a relação processual exista de forma válida.
Ex.: citação, petição e inicial apta.

Cada um desses pressupostos será estudado nos capítulos que se seguem.

4.6. PROCEDIMENTO

O procedimento diz respeito à forma como os atos processuais se realizam e se ordenam. Há uma seqüência dos atos e formalidades exigidos para a apresentação das questões que são trazidas pelas partes e há uma lógica no andamento do processo, de modo que, por exemplo, a interposição da inicial vai gerar a autuação, a audiência será designada, o réu deverá ser citado, podendo apresentar defesa, e assim por diante. O processo se apresenta como um conjunto de atos realizados pelas partes e pelo Estado, que possibilita à expressão da posição das partes a decisão do Estado sobre questão determinada. O processo permite, pelo exercício daqueles atos, que as situações subjetivas trazidas sejam tuteladas. O **procedimento tem por finalidade**: **(a)** permitir a apresentação dos atos necessários para que o Tribunal aprecie determinada questão; **(b)** enquadrar e definir qual o conflito entre as partes e em que ponto estão acordes; **(c)** assegurar a legitimidade da decisão.

O procedimento é, portanto, não só a forma como o processo se movimenta, mas também a forma como vemos o processo. Não vemos o instrumento (processo), mas sim o quanto de tempo, a quantidade de atos praticados, o volume de dinheiro gasto, enfim, todo o percurso que o *processo* fará para se chegar ao final até a entrega da prestação jurisdicional. Quanto mais eficiente for o procedimento, mas eficaz será o resultado do processo. Ser eficiente não é resolver de maneira rápida os conflitos, mas sim resolver bem, de forma justa, com o menor desgaste possível, seja às partes, seja ao próprio Estado.

Considerando a importância do procedimento, deve-se concluir que a observância a ele se faz de forma obrigatória. Entender-se de modo contrário seria conferir um poder discricionário que não pode existir, seja para partes, seja para o julgador. Somente se pode alterar o procedimento quando a lei permitir, ou o sistema o fizer em benefício do resultado do próprio processo e sem prejuízo das partes.[13] A CLT é dividida em três **procedimentos**: **(a)** um destinado aos dissídios individuais; **(b)** outro aos dissídios coletivos; e o último à **(c)** execução. Os coletivos são estabelecidos para questões de ordem transindividual e o de execução a questões relativas à cobrança de valores expressos em título executivo judi-

13 *V. g.*, o art. 3º, II, da Lei nº 9.099/1995 prevê que as causas descritas no art. 275, II, do Código de Processo Civil são de menor complexidade, permitindo a escolha do autor pelo rito. Observe-se que a escolha será do autor que, tendo optado pelo rito dos juizados especiais, terá benefícios ou não. Apenas para citar um exemplo, um dos benefícios é que deveria ver o conflito de interesses resolvido num curto espaço de tempo, o que se permite em virtude da concentração do procedimento. Mas teria que se sujeitar às conseqüências da sua escolha, como, por exemplo, a renúncia ao valor que ultrapassar o limite máximo do teto estabelecido para as ações que tramitam pelo Juizados.

cial ou extrajudicial.[14] Os *dissídios individuais* podem ser denominados reclamação plúrima ou individual, dependendo se se verifica num dos pólos a existência ou não de litisconsórcio.

São os seguintes os procedimentos existentes no processo do trabalho para os dissídios (ações) individuais:

I) Processo de Conhecimento[15] ➔ O procedimento aqui poderá ser ordinário, sumário ou sumaríssimo. Tal construção decorre de uma interpretação sistemática que se fez necessária após a publicação da Lei nº 9.957/2000 que inseriu o procedimento sumaríssimo no sistema trabalhista. Até então a CLT contava apenas com um procedimento-padrão aplicável a todo o tipo de ação trabalhista; posteriormente, em 1970, foi editada a Lei nº 5.584, que cuida do procedimento sumário, destinando-o a ações cujo valor da causa não ultrapassasse o montante de dois salários mínimos (art. 2º, § 3º). O critério desta lei se baseia unicamente no fato econômico, presumindo o legislador que causas que atingirem tal valor sejam, necessariamente, simples e, portanto, suscetíveis de um procedimento mais acelerado.

O rito estabelecido na CLT é, inegavelmente, célere, uma vez que, ao menos teoricamente, todos os atos devem ser praticados numa única audiência, entre eles, a defesa, a produção de provas e a decisão. No entanto, a prática teve que se adequar ao novo perfil e complexidade que as relações sociais ganharam e que não mais se adequavam ao procedimento simples e informal estabelecido pelo legislador de 1943.

Dessa forma, o procedimento de **audiência una** estabelecido pela CLT passou a ter a seguinte variedade de perfis de audiências: **(a)** *unas propriamente ditas*, em que se pretende o cumprimento do procedimento estabelecido na Consolidação das Leis do Trabalho; e **(b)** *fracionadas*, justificada por uma ficção jurídica e pela inviabilidade de se praticar todos os atos processuais numa única sessão. Algumas Varas do Trabalho adotam o sistema de duas, três ou mais audiências; ou seja, tantas quantas se mostrarem necessárias para se resolver a lide em consideração ao grau de complexidade da relação discutida. Em geral, a divisão de audiências é feita da seguinte forma: **i)** a primeira, denominada **inicial**, abrangendo a proposta de acordo até a entrega da defesa; **ii)** a segunda, denominada **instrução**, em que todas as provas são produzidas e encerradas

14 Sobre o tema, consultar o Tomo II desta obra de autoria de Yone Frediani.

15 Sobre procedimento sumaríssimo e sumário, consultar Tomo II desta obra de autoria de Yone Frediani.

nesta fase; e, **iii)** a terceira e última, denominada, **julgamento**, momento em que o juiz profere a sentença e a publica.[16]

Não há uma regra absoluta em vigor em cada Tribunal, dependendo da forma com que o ato da audiência irá se realizar, da direção do juiz da Vara e da complexidade que a causa possa apresentar ante os incidentes que poderão surgir no curso do processo.

O resultado dos fatores estruturais do Poder Judiciário Trabalhista, somado ao aumento do número de processos e complexidade de situações sociais, acabou por descaracterizar aquele rito célere que se desejou ter nos processos trabalhistas, motivos estes que acabaram por resultar em algumas reformas processuais.[17] Não se podia, ainda, subordinar o trabalhador que fosse reclamar pequenos valores ao *novo rito* que a realidade impôs. Daí a razão da publicação da Lei nº 5.584 em 1979 prevendo, como já se disse, as ações que foram denominadas **sumárias** ou **ação de alçada**, com procedimento, desejadamente concentrado. Todavia, tais ações não têm grande representação numérica, pois são escassos os casos em que o trabalhador vai até o Judiciário reclamar até dois salários mínimos. Isso fez com que o legislador reconhecesse a sedimentação da prática e decidisse pela implantação de um novo rito, qual seja, o sumaríssimo.[18]

16 Nem sempre a data e hora designadas para a sessão de julgamento coincidem com a efetiva decisão. Ante a necessidade de se fixarem data e horário ante a ficção jurídica da audiência Una e da exigência de se proferir julgamentos em audiência, os Juízes designam tais datas, mas não fazem o julgamento propriamente nesta sessão. Na verdade, esta sessão não se realiza formalmente (ao menos em grande parte dos Juízos). Os juízes confeccionam a sentença e entregam o processo em Cartório. Se disserem que a parte está sendo intimada na forma do Enunciado nº 197 do C. TST, exatamente no dia e hora designados o julgamento deve estar pronto em Cartório ou em sala de audiência, ou deve o julgador realizar tal audiência para proferir a sentença. Caso contrário, se por qualquer razão não foi possível proferir a sentença ou se constar que as partes serão intimadas via DO (*Diário Oficial*) ou SEED (correio com aviso de recebimento), assim deverá ser procedido, contando-se eventuais prazos para recurso da data em que as partes foram intimadas. Tudo decorre da interpretação do art. 834, CLT e da Súmula nº 197, TST: O prazo para recurso da parte que, intimada, não comparecer à audiência em prosseguimento para a prolação da sentença conta-se de sua publicação.

17 As reformas processuais trabalhistas são absolutamente tímidas. Haveria necessidade de confecção de um Código do Trabalho e de um Código de Processo do Trabalho. Não houve, até o momento, vontade política para se proceder tais reformas, o que é lastimável, considerando a importância e fluxo de ações desta natureza.

18 Parece incoerente que o termo sumaríssimo, que deveria ser menos que o sumário, permita ações de valor maior. Ocorre que, não se quis revogar a Lei nº 5.584/1970, tampouco se podia dar o mesmo nome a ritos diferentes. Daí a razão de ser da nova nomenclatura.

O **procedimento sumaríssimo** tem por fim a concentração das causas em única audiência. Os critérios para que a causa corra por este rito são dois, quais sejam: **(a)** o valor da causa que não poderá exceder a 40 vezes o salário mínimo vigente na data do ajuizamento da ação; e **(b)** as pessoas envolvidas na lide, sendo vedado, quer no pólo ativo, quer no passivo, a participação da Administração Pública direta, autárquica e fundacional.

Forçoso reconhecer da leitura comparativa da CLT, em sua redação anterior à Lei nº 9.957/2000 e depois da publicação desta lei, que o rito sumaríssimo, ao menos em tese, não é mais rápido nem mais concentrado do que aquele que passou a ser chamado de ordinário. Para o rito ordinário, a lei prevê que a audiência deve ocorrer num prazo **mínimo** de cinco dias (art. 841, CLT); no rito sumaríssimo, tal audiência deverá ocorrer no prazo **máximo** de 15 dias (art. 852-B, III, CLT), sendo necessário o respeito pelo prazo mínimo de cinco dias, pois esse é o menor tempo que se presume suficiente para a elaboração da defesa, razão de ser daquela disposição. Observe-se que se se tratar de ação interposta contra a União, Estados, Distrito Federal, Municípios, Autarquias ou Fundações de Direito Público Federais, Estaduais ou Municipais que não explorem atividade econômica, o prazo estipulado neste artigo deverá ser contado em quádruplo (DL 779/1969, art. 1º, I).

Podemos, no entanto, assim sintetizar os procedimentos existentes nas leis trabalhistas para feitos sujeitos ao processo de conhecimento:

CLT RITO ORDINÁRIO	CLT RITO SUMARÍSSIMO	LEI Nº 5.584/1970 RITO SUMÁRIO
Cabimento: causas cujos valores sejam superiores a 40 salários mínimos vigentes na data da propositura da ação ou causas de maior complexidade, qualquer que seja o valor.	**Cabimento**: causas cujos valores sejam de até 40 salários mínimos da data da propositura da ação. O valor já deve vir com as atualizações para se determinar o rito.	**Cabimento**: causas cujos valores sejam de até 2 salários mínimos na data da propositura da ação. O valor já deve vir com as atualizações para se determinar o rito.

CLT RITO ORDINÁRIO	CLT RITO SUMARÍSSIMO	LEI Nº 5.584/1970 RITO SUMÁRIO
Legitimidade: qualquer pessoa, física ou jurídica, sociedades de fato ou pessoas formais, inclusive pessoas jurídicas de direito público interno ou externo.	**Legitimidade**: qualquer pessoa, física ou jurídica, sociedades de fato ou pessoas formais, **exceto** pessoas jurídicas de direito público interno ou externo (aplicação expressa do art. 852-A, parágrafo único e subsidiária da Lei nº 9.099 de 26/9/1995).	**Legitimidade**: qualquer pessoa, física ou jurídica, sociedades de fato ou pessoas formais, **exceto** pessoas jurídicas de direito público interno ou externo (aplicação subsidiária do rito sumaríssimo e da Lei nº 9.099 de 26/9/1995).
Procedimento: audiência una ou fracionada.	**Procedimento**: audiência una. O fracionamento deve constituir uma exceção, somente sendo possível em ausência justificada de testemunhas, prova pericial ou cumprimento de diligência externa.	**Procedimento**: audiência una. O fracionamento deve constituir uma exceção, somente sendo possível em ausência justificada de testemunhas, prova pericial ou cumprimento de diligência externa.
Prazos: não há prazo máximo para a solução do processo, mas a audiência não pode se realizar em período inferior a cinco dias da data em que o réu recebe a citação.	**Prazos**: prazo máximo de 15 dias para a solução do processo e a audiência não pode se realizar em período inferior a cinco dias da data em que o réu recebe a citação (art. 841, c/c art. 852-B, III, CLT).	**Prazos**: prazo máximo de 15 dias para a solução do processo e a audiência não pode se realizar em período inferior a cinco dias da data em que o réu recebe a citação (aplicação subsidiária do art. 841, c/c art. 852-B, III, CLT).

CLT RITO ORDINÁRIO	CLT RITO SUMARÍSSIMO	LEI Nº 5.584/1970 RITO SUMÁRIO
Pedido: pode ser certo e determinado, ou certo e genérico (art. 286, CPC).	**Pedido**: tem de ser certo e determinado; não tem cabimento pedido genérico (art. 852-B, CLT).	**Pedido**: tem de ser certo e determinado; não tem cabimento pedido genérico (aplicação subsidiária do art. 852-B, CLT).
Prova: cabe todo o tipo de prova, mas a testemunhal está limitada a no máximo três testemunhas para cada parte.	**Prova**: cabe todo o tipo de prova, mas a testemunhal está limitada a no máximo duas testemunhas para cada parte (art. 852-H); a intimação da testemunha só será feita pelo Judiciário caso a parte comprove que a convidou e ela não compareceu; a prova pericial poderá ser oferecida oralmente pelo perito e constar da ata.	**Prova**: cabe todo o tipo de prova, mas a testemunhal está limitada a no máximo duas testemunhas para cada parte (art. 852-H); a intimação da testemunha só será feita pelo Judiciário caso a parte comprove que a convidou e ela não compareceu; a prova pericial poderá ser oferecida oralmente pelo perito e constar da ata (aplicação subsidiária do procedimento sumaríssimo).
Citações e intimações: cabem todos os tipos.	**Citações e intimações**: não se admitem por edital (art. 852-B, II).	**Citações e intimações**: não se admitem por edital (aplicação subsidiária do (arts. 852-B, II, CLT e 18, § 2º, Lei nº 9.099/1995).
Incidentes e exceções: não serão necessariamente decididos na audiência, podendo provocar a abertura da fase de saneamento.	**Incidentes e exceções**: serão resolvidos obrigatoriamente na audiência una, salvo se, para a decisão, for necessário alguma diligência externa.	**Incidentes e exceções**: serão resolvidos obrigatoriamente na audiência una, salvo se, para a decisão, for necessário alguma diligência externa

CLT RITO ORDINÁRIO	CLT RITO SUMARÍSSIMO	LEI Nº 5.584/1970 RITO SUMÁRIO
Defesa: cabe todo tipo de defesa e exceções.	**Defesa:** cabe somente contestação e exceções. Não cabe Ação Declaratória Incidental, nem Reconvenção, mas cabe pedido contraposto (aplicação subsidiária do arts. 278, § 1º, e 280 do CPC).	**Defesa:** cabe somente contestação e exceções. Não cabe Ação Declaratória Incidental, nem Reconvenção, mas cabe pedido contraposto (aplicação subsidiária do art. 31, da Lei nº 9.099/1995).
Intervenção de terceiros: cabem todos os tipos.	**Intervenção de terceiros:** não cabem todos os tipos, mas tão-somente a assistência (art 50, parágrafo único, CPC), intervenção fundada em contrato de seguro (art. 280, CPC) e nomeação da autoria, por provocar a correção do pólo passivo da ação.	**Intervenção de terceiros:** não cabem todos os tipos, mas tão somente a assistência (aplicação subsidiária do arts. 10, Lei nº 9.099/1995).
Sentença: deve conter relatório, fundamentação e dispositivo.	**Sentença:** dispensa-se o relatório, podendo o juiz expor um resumo dos fatos relevantes ocorridos em audiência (art. 852-I)	**Sentença:** dispensa-se o relatório, podendo o juiz expor um resumo dos fatos relevantes ocorridos em audiência, sendo lícito ao juiz fazer um resumo dos depoimentos em vez de transcrevê-los (art. 2º, § 4º, da Lei nº 5.584/1970 e aplicação subsidiária do art. 852-I).

CLT RITO ORDINÁRIO	CLT RITO SUMARÍSSIMO	LEI Nº 5.584/1970 RITO SUMÁRIO
Recurso: admitem-se todos.	**Recurso**: admitem-se o ordinário e o de revista por contrariedade à súmula de jurisprudência uniforme do Tribunal Superior do Trabalho e violação direta da CF (art. 896, § 5º, CLT).	**Recurso**: somente se admitem os embargos de declaração. Admitem-se o ordinário e a revista se houver violação direta da CF (§ 4º, do art. 2º, da Lei nº 5.584/1970).

O procedimento ordinário se caracteriza por apresentar quatro **fases processuais** distintas, **(a)** postulatória, que vai da apresentação da inicial até a defesa; **(b)** saneador, em que o juiz, tendo aquelas duas peças, pode ter um melhor conhecimento da relação que se formou e corrigir os erros, se houver, e julgar as preliminares, se existirem, para que possa determinar que os autores caminhem sem irregularidades e vícios ao julgamento do mérito; aqui as provas são especificadas; **(c)** instrutória, em que as partes produzem todas as provas que se destinam ao convencimento do juiz; **(d)** decisória, vem representada pela sentença.

No processo do trabalho, como se disse, objetivou-se que todas estas fases estivessem concentradas numa só audiência. Com a complexidade das relações, aumento de número de processos e diversidade de temas e procedimentos, poder-se-á verificar processos que seguirão todos estes trâmites e outros que, ao contrário, terão todas estas fases concentradas numa só. Importa ressaltar que feitos submetidos e ritos sumários e sumaríssimos são incompatíveis com tais fracionamentos, salvo se houver necessidade de cumprimento de diligências externas.

Outra observação que é prudente fazer é que, não obstante aparentemente as fases anteriormente mencionadas parecerem absolutamente separadas, isso não ocorre de fato. O que se faz naquela divisão é informar o intérprete que, em cada uma delas há concentração de determinados atos. Assim, por exemplo, desde a inicial, o autor deve apresentar provas; o juiz analisa o processo tão logo tenha o primeiro contato com ele a fim de concluir pela presença de pressupostos processuais e condições da ação, numa primeira análise; o julgamento pode se dar antecipadamente, por exemplo, se se verificar a revelia, e assim sucessivamente.

II) Procedimento de Execução. O procedimento executório vem disposto nos arts. 876 e seguintes da CLT, aplicando-se subsidiamente todas as regras com ele compatíveis previstas no CPC. Caracteriza-se como um rito em que há constrição patrimonial e diversas medidas de força para obrigar ao cumprimento da obrigação exposta num título judicial ou extrajudicial. Remetemos o leitor ao segundo volume desta obra, em que a matéria é tratada por inteiro.

III) Procedimento Cautelar. Não há previsão expressa na CLT, sendo necessária a aplicação de todas as nomas previstas no Livro III do CPC relativas ao procedimento cautelar e medidas cautelares, cujo estudo mais aprofundado se fará a partir do Capítulo 17 desta obra.

IV) Procedimentos Especiais. Vêm previstos no CPC e em legislações extravagantes. A CLT tem poucos procedimentos especiais, mas todos mereceram a inclusão no segundo volume desta obra em Parte específica que lhes foi destinada.

V) Procedimento Coletivo. Previsto na CLT para solução de lides que envolvam pessoas coletivas (sindicatos, federações e confederações) ou entes coletivos e um determinado empregador. Tem por objeto a formação de instrumentos normativos que vão reger, por tempo limitado, a relação aplicável a um determinado grupo de trabalhadores **(dissídios de natureza econômica)**, ou a interpretação de normas existentes em um instrumento normativo já existente **(dissídios de natureza jurídica).**[19]

19 *Ver*, de autoria de Yone Frediani, o Tomo II desta obra.

Capítulo 5
Sujeitos processuais

5.1. DO JUIZ – GARANTIAS, VEDAÇÕES, INVESTIDURA, PRINCÍPIOS E IMPARCIALIDADE

Órgão do Poder Judiciário, o juiz é um dos sujeitos principais do processo que, com a CF de 1988 e início da democracia no país, tem por função não só decidir as lides que lhe são postas ou zelar pela regularidade dos feitos que lhe são submetidos, seja de jurisdição contenciosa ou voluntária, mas também adequar os valores constitucionais ao momento em que aplica o direito ao caso concreto. Por intermédio do processo se realiza a cidadania, e o juiz deve zelar para que todos os direitos sociais e individuais fundamentais sejam respeitados.

Em razão da nobreza da função que possuem e, principalmente, no intuito de permitir que possam cumprir a guarda da Constituição Federal, é que esta mesma Carta de Direitos lhes dá as seguintes garantias (art. 95):

1. **Vitalicidade** – é **atributo do cargo** que possuem, e somente se adquire depois de dois anos de efetivo exercício, sendo o respectivo Tribunal a quem estiver vinculada a decisão quanto à aquisição ou não desta prerrogativa. Após este período e adquirida a vitalicidade, somente podem perder o cargo após o trânsito em julgado de uma sentença proferida pelo Tribunal competente para julgar a questão.
2. **Inamovibilidade – atributo do cargo** que possuem, e diz respeito a não serem removidos de local de trabalho sem que haja fundamento relevante para tanto (art. 93, VIII, CF).
3. **Irredutibilidade de vencimentos – atributo do cargo**, os juízes não poderão sofrer reduções salariais e devem receber remuneração digna, suficiente para garantir o exercício da função.

Observe-se que todas essas garantias visam à segurança da imparcialidade e independência do Judiciário, constituindo uma garantia da própria sociedade e permitindo, inclusive, a isenção de ânimo em julgamentos que o próprio Estado seja interessado e, até mesmo, membros do Poder Judiciário.

Ainda para se garantir a isenção e independência dos juízes, é que o parágrafo único do art. 93 da CF lhes veda:

> *I – exercer, ainda que em disponibilidade, outro cargo ou função, salvo uma de magistério;*
>
> *II – receber, a qualquer título ou pretexto, custas ou participação em processo;*
>
> *III – dedicar-se à atividade político-partidária;*
>
> *IV – receber, a qualquer título ou pretexto, auxílios ou contribuições de pessoas físicas, entidades públicas ou privadas, ressalvadas as exceções previstas em lei;*
>
> *V – exercer a advocacia no juízo ou tribunal do qual se afastou, antes de decorridos três anos do afastamento do cargo por aposentadoria ou exoneração.*

O ingresso na carreira se dá por concurso público para o cargo de juiz substituto, por meio de provas e títulos. O candidato deverá comprovar a prática de três anos de **atividade jurídica**. O Tribunal Superior do Trabalho publicou a Resolução Administrativa nº 1.046/2005, atualizando a Resolução[1] anterior e adequando a matéria à norma da Emenda Constitucional nº 45/2004. Assim dispõe aquele documento:

> *§ 5º. Considera-se atividade jurídica o efetivo exercício, por prazo não inferior a 3 (três) anos, ainda que não consecutivos:*
>
> *a) da advocacia, sob inscrição na Ordem dos Advogados do Brasil;*
>
> *b) de cargo, emprego ou função pública, ou magistério jurídico, privativos de bacharel em Direito, sejam efetivos, permanentes ou de confiança; e*
>
> *c) na condição de bacharel em Direito, de cargo, emprego ou função pública de nível superior, com atividades eminentemente jurídicas.*
>
> *§ 6º A atividade jurídica, como advogado, sem contar estágio, será comprovada mediante certidão expedida por cartórios ou secretarias judiciais relativamente aos processos em que haja funcionado o candidato, ou por cópia autenticada de atos privativos, e, em qualquer caso, acompanhada de certidão de inscrição na OAB, relativa a todo o período.*
>
> *§ 7º Considera-se efetivo exercício da atividade de advocacia a participação anual mínima em cinco atos privativos de advogado (Lei nº 8.906, de 04/07/1994, art. 1º), em causas distintas.*
>
> *§ 8º A comprovação de exercício de atividade jurídica, nos demais casos, dar-se-á mediante apresentação de cópia do respectivo ato de nomeação, contratação ou designação acompanhada da norma legal ou ato normativo outro que discipline os requisitos do cargo, emprego ou função, ou mediante certidão ou declaração fornecida pelo órgão ou entidade competente, sob as penas da lei.*

1 A resolução que trata da matéria é a de nº 907/2002, que foi atualizada pelas de nºs 965/2003 e 1.046/2005.

Concursado e, após o ato de posse, diz-se que o **juiz está investido** para exercer as funções jurisdicionais que lhe competem.

O CPC regula a matéria quanto a este sujeito processual nos arts. 125 a 133. A CLT não traz normas semelhantes ou idênticas, de modo que se aplicam subsidiariamente às normas do diploma processual civil.

Os juízes têm por função dirigir o processo, competindo-lhe (art. 125, CPC):

> *I – assegurar às partes igualdade de tratamento;*
> *II – velar pela rápida solução do litígio;*
> *III – prevenir ou reprimir qualquer ato contrário à dignidade da Justiça;*
> *IV – tentar, a qualquer tempo, conciliar as partes.*

A função de conciliar é inerente ao juiz trabalhista, dando-lhe a reforma processual de 1994[2] especial importância ante os benefícios que a conciliação pode trazer, tanto para as partes como para o Estado. Em nenhuma hipótese poderá deixar de sentenciar ou decidir sobre determinada questão sob alegação de que a lei é lacunosa ou obscura, pois pode se valer da analogia, princípios gerais do direito e costume (art. 126, CPC e 4º da LICC). Poderá, ainda julgar com fundamento na eqüidade, todas as vezes que a lei lhe permitir fazê-lo (art. 127, CPC). Julgar com fundamento na eqüidade é aplicar a mesma solução a casos análogos[3].

---

2 Nos referimos à grande reforma do CPC ocorrida naquele ano e que deu nova redação ao art. 331 tornando a designação de audiência de conciliação um dever e um procedimento obrigatórios.

3 Recurso de Revista. Responsabilidade Subsidiária São Paulo Transporte S.A. Gerenciamento e fiscalização dos serviços prestados pelas concessionárias de Transporte Coletivo. Ausência de Terceirização de mão-de-obra. Tratando-se de empresa cujo objetivo social é a gestão e fiscalização de serviços de transporte coletivo, prestados por empresas concessionárias, a hipótese não se confunde com a figura do tomador de serviços, eis que ausente terceirização de mão-de-obra, situação que afasta a incidência da Súmula nº 331, IV, do TST. Recurso de revista conhecido e provido. Vistos, relatados e discutidos estes autos de Recurso de Revista nº TST-RR-566/2002-035-02-00.4, em que é recorrente São Paulo Transporte S.A. e recorridas Maria da Conceição Freitas e Viação Vila Formosa Ltda. O Tribunal Regional do Trabalho da 2ª Região, pelo acórdão de fls.647/649, deu provimento ao recurso ordinário da Reclamante, para incluir a São Paulo Transporte S.A. no pólo passivo da lide e condená-la, subsidiariamente, ao pagamento dos créditos trabalhistas. A demandada recorre de revista, pelas razões de fls. 652/664, com fulcro no do art. 896 da CLT. Admitido o recurso, pelo despacho de fls. 667/668. Contra-razões a fls. 672/678. Os autos não foram encaminhados ao Ministério Público do Trabalho (RI/TST, art. 82). É o relatório.

Voto: Tempestivo o apelo (fls. 651/652), regular a representação (fl. 126), efetuado o depósito recursal (fl. 665) e pagas as custas (fl. 666), estão preenchidos os pressupostos Genéricos de admissibilidade. 1 – Responsabilidade Subsidiária São Paulo Transporte S.A. – Gerenciamento e Fiscalização dos Serviços Prestados Pelas Concessionárias de Transporte Coletivo – Ausência de Terceirização de Mão-De-Obra. 1.1 Conhecimento. O Regional deu provimento ao recurso ordinário da Reclamante, para incluir a São Paulo Transporte S.A. no pólo passivo da lide e condená-la, subsidiariamente, ao pagamento dos créditos trabalhistas. Eis os fundamentos adotados no acórdão (fls. 647/649): 1. Da responsabilidade subsidiária: pretende a reclamante que a segunda reclamada seja mantida no pólo passivo da lide, como responsável subsidiária pelos créditos trabalhistas deferidos judicialmente. Prospera o seu inconformismo. Isso porque embora lícita a

Deverá, ainda, o juiz se ater àquilo que foi pedido, pois a jurisdição é inerte e, portanto, se a parte não formulou um determinado pedido ou lhe fez referência a causa de pedir, não pode o juiz valer-se de seu poder de direção do processo e decidir aquilo que não está posto. Há algumas exceções a esta regra relacionadas a medidas urgentes e autorizadas pelo legislador e que vamos estudar na parte destinada ao processo cautelar e tutela antecipada. Dessa afirmação, vem o questionamento relacionado aos limites do poder do juiz em face da estipulação do art. 131 do Código de Processo Civil. Estamos a falar, assim, do **princípio inquisitivo e dispositivo.**

---

contratação de prestadora de serviço, se esta vier acarretar lesão a outrem, o contratante (tomador) responde, subsidiariamente, pelas obrigações inadimplidas pela primeira (a prestadora). A imposição decorre da responsabilidade na *culpa in eligendo* e na *culpa in vigilando*, isto é, na escolha da contratada e na administração e acompanhamento do contrato firmado. A incidência do inciso IV, da Súmula nº 331 do C. TST é aplicável, porque consiste na uniformização das decisões dos Tribunais sobre a mesma matéria e espelha a função integrativa das normas. Essa integração das normas jurídicas se faz pelos elementos apontados no art. 8º da CLT: analogia, eqüidade, direito comparado. Nenhuma ofensa à norma constitucional traz a aplicação da súmula de jurisprudência editada pela Corte Superior Trabalhista. É bom lembrar que o § 6º, do art. 37 da Constituição Federal responsabiliza os agentes públicos pelos danos que causarem a terceiros. Embora consideradas todas as razões expostas pela recorrida, aplicável à hipótese dos autos o inciso IV, da Súmula nº 331 do C. TST: 331 – Contrato de Prestação de Serviços. Legalidade. (alterado pela Resolução nº 96/2000).

...

IV – O inadimplemento das obrigações trabalhistas, por parte do empregador, implica a responsabilidade subsidiária do tomador dos serviços quanto àquelas obrigações, inclusive quanto aos órgãos da administração direta, das autarquias, das fundações públicas, das empresas públicas e das sociedades de economia mista, desde que este tenha participado na relação processual e conste também do título executivo judicial. (Artigo 71 da Lei nº 8.666/1993). Referência: DL nº 200/1967, artigo 10, § 7º, Lei nº 56, artigo 3º, parágrafo único; Lei nº 6.019/1974 e Lei nº 7.102/1983, Constituição Federal/1988, artigo 37, inciso II. Desta feita, a segunda ré deve integrar o pólo passivo da ação, porquanto é responsável pelo gerenciamento e fiscalização das empresas de transportes coletivos que obtiveram êxito na licitação e, também, pela contratação de terceiros para serviços e atividades diversas. E, assim a jurisprudência da Corte Superior tem decidido, inclusive no que diz respeito aos ditames da Lei nº 8.666/1993: responsabilidade subsidiária entidade pública contrato de prestação de serviços o sistema da terceirização de mão-de-obra, em sua pureza, é importante para a competitividade das empresas e para o próprio desenvolvimento do País. Exatamente para a subsistência deste sistema de terceirização é que é fundamental estabelecer a responsabilidade subsidiária do tomador de serviços, quando a prestadora de serviços é inidônea economicamente. Naturalmente, estabelecendo-se a responsabilidade subsidiária do tomador de serviços, este se acautelará, evitando a contratação de empresas que não têm condições de bem cumprir suas obrigações. Isto evitará a proliferação de empresas fantasmas ou que já se constituem, mesmo visando a lucro fácil e imediato às custas de direitos dos trabalhadores. Os arts. 27 a 56 da Lei nº 8666/1993 asseguram à Administração Pública uma série de cautelas para evitar a contratação de empresas inidôneas e para se garantir quanto a descumprimento de obrigações por parte da empresa prestadora de serviços, inclusive a caução. Se, no entanto, assim não age, emerge clara a culpa *in eligendo* e *in vigilando* da Administração Pública. E, considerando o disposto no § 6º do art. 37 e no art. 193 da Constituição Federal, bem poder-se-ia ter como inconstitucional o § 2º do art. 71 da Lei nº 8666/1993 se se considerasse que afastaria a responsabilidade subsidiária das entidades públicas, mesmo que houvesse culpa *in eligendo* e *in vigilando* na contratação de empresa inidônea para a prestação

O **princípio inquisitivo** caracteriza-se pela ampla liberdade de iniciativa conferida ao juiz tanto na instauração como desenvolvimento da relação processual. O juiz procura descobrir a verdade real, independentemente da colaboração das partes. Por sua vez, o chamado **princípio dispositivo** atribui às partes toda a iniciativa relativa à instauração da relação processual e probatória, limitando-se o juiz à função de telespectador. Tal separação faz parte da doutrina processual clássica, a qual a doutrina moderna não mais tem aceitado, entendendo-se, por todas as transformações que o direito processual tem passado, que o sistema deve ser **misto**.

---

de serviços. Por isto a conclusão no sentido de que o § 1º do art. 71 da Lei nº 8666/1993 refere-se à responsabilidade direta da Administração Pública, ou mesmo a solidária, mas não à responsabilidade subsidiária, quando se vale dos serviços de trabalhadores através da contratação de uma empresa inidônea em termos econômico-financeiros, e ainda se omite em bem fiscalizar. Neste sentido se consagrou a jurisprudência desta Corte, tendo o item IV do Enunciado nº 331 explicitado que "o inadimplemento das obrigações trabalhistas, por parte do empregador, implica a responsabilidade subsidiária do tomador dos serviços, quanto àquelas obrigações, inclusive quanto aos órgãos da administração direta, das autarquias, das fundações públicas, das empresas públicas e das sociedades de economia mista, desde que hajam participado da relação processual e constem também do título executivo judicial (artigo 71 da Lei nº 8666/1993). Recurso de embargos não conhecido. (TST ERR 346.331/1997.0, TRT da 12ª Região, Ac. SBDI1, Rel. Min. Vantuil Abdala, DJ, seção 1, p. 304, de 27/4/2001). Além disso, os contratos firmados com as concessionárias ou permissionárias, também, contêm disposição expressa quanto à supervisão e fiscalização pela segunda ré no que concerne ao cumprimento das obrigações e normas trabalhistas. Destarte, a responsabilidade da segunda reclamada quanto à escolha e ao cumprimento das normas trabalhistas, atrai-lhe a culpa quando ocorrem inadimplementos das obrigações pelas contratadas, em relação aos seus empregados. Evidencia-se a culpa *in eligendo* e *in vigilando*. Logo, o posterior inadimplemento do contratado deve conduzir à responsabilidade subsidiária da contratante, em decorrência da culpa *in vigilando*, uma vez admitida a regularidade de procedimento do contratado. Por essas razões, merece reforma a sentença de origem, a fim de incluir no pólo passivo da lide a segunda reclamada, como responsável subsidiária pelos créditos trabalhistas do reclamante.

Inconformada, a Recorrente interpõe recurso de revista (fls. 652/664), apontando violação dos arts. 5º, II, 30, V, e 173, § 1º, II, da Constituição Federal, 71, § 1º, da Lei nº 8.666/1993, 1º e 9º, parágrafo único, da Lei nº 8.242/1976, 3º da Lei nº 11.037/1991 e contrariedade à Súmula 331, IV, do TST, em face do acórdão regional que reconheceu a sua responsabilidade subsidiária. Colaciona arestos. Com efeito, como reconhecido no acórdão, a Reclamada é empresa concessionária de serviços públicos, cujo objetivo social é a gestão e fiscalização de serviços de transporte público. Assim sendo, não se confunde com a figura do tomador de serviços, situação que afasta a incidência da Súmula 331, IV, desta Corte. Neste sentido, reporto-me aos seguintes precedentes desta Eg. Turma: "São Paulo Transporte S.A. Responsabilização Subsidiária Súmula nº 331/TST Inaplicabilidade. 1. Restou demonstrado que a Reclamada São Paulo Transporte S.A. atua apenas como gestora dos serviços de transporte público na Capital, não interferindo na relação empregatícia mantida entre o Autor e a primeira Reclamada (empresa Masterbus), e que seu objeto social é a coordenação, fiscalização e supervisão dos serviços de transporte de passageiros. 2. Dessa forma, não há falar em aplicação da Súmula nº 331, do Eg. TST, porquanto não há intermediação de mão-de-obra, visto que o Reclamante prestava serviços exclusivamente à operadora da linha, não se relacionando com a empresa concedente, responsável pela fiscalização e gerenciamento do serviço público. Recurso de Revista conhecido e provido. (TST-RR- 87/2003-055-02-00; Rel. Min. Maria Cristina Irigoyen Peduzzi; in DJ 20/4/2006 Responsabilidade Subsidiária)". A Súmula 331 do TST não poderia ter sido aplicada à hipótese.

O juiz deverá julgar a lide nos termos em que foi proposta, sendo-lhe defeso conhecer questões não suscitadas pelas partes e que somente a elas cabe a iniciativa (art. 129 do CPC); deverá, de ofício ou a requerimento da parte, determinar as provas necessárias à instrução da causa (art. 130 do CPC); e, quando da prolação da sentença, deverá indicar todos os motivos que lhe formaram o convencimento, apreciando livremente os fatos e circunstâncias constantes nos autos (art. 131 do CPC).

A questão que se coloca, e que tem grande importância, pois a cada dia se engendram mais esforços para que se tenha uma prestação jurisdicional efetivamente eficaz, é a de saber até onde o juiz pode determinar produção de provas *ex officio*, isto é, até que ponto o juiz pode perscrutar a respeito dos fatos que lhe são trazidos, a fim de descobrir a verdade dos fatos. Sabemos que o juiz deve ser imparcial. O **princípio da imparcialidade** está relacionado à total isenção no manuseio processual. O juiz deve agir sem qualquer interesse no objeto da lide ou no auxílio de qualquer das partes no processo. Mas, como conciliar tal afirmativa com o poder que o legislador lhe dá na investigação dos fatos e na avaliação das provas? Nelson Nery Junior e Rosa Nery entendem, a respeito da letra do art. 130 do CPC, que "o juiz pode determinar, de ofício, a realização de provas de fatos que sejam importantes para o deslinde da causa".

A doutrina moderna vem apontando no sentido de se ampliar a iniciativa do juiz na busca da verdade. O processo se inicia por provocação da parte mas, no seu desenvolvimento não está à mercê do autor e do réu, pois, instaurada a relação processual predomina o interesse público de colocar fim aos conflitos de interesses. Daí dizer-se que predomina no processo **o impulso oficial**. E, paralelo a este princípio, as partes mantêm os ônus das afirmações que fazem das provas

A São Paulo Transporte não é uma empresa exploradora do serviço de transporte público, mas gerenciadora mediante contratos de permissão resultantes de processo de licitação. Dessa forma, não se há falar em culpa *in eligendo* ou *in vigilando*. O reconhecimento da responsabilidade subsidiária da entidade que exerce atividade de gerenciamento e fiscalização dos serviços prestados pelas concessionárias de transporte público, quando não usufruiu dos serviços prestados pelo Reclamante por meio de terceirização, para a consecução de suas atividades, contraria o teor do item IV da Súmula nº 331 desta Corte, porque, neste caso, não é possível identificar-se a existência de intermediação de mão-de-obra. Recurso conhecido e desprovido. (TST- RR – 66956/2002-900-02-00; Rel. Min. Carlos Alberto Reis de Paula; in DJ 31/3/2006). Conheço do recurso de revista, por contrariedade à Súmula nº 331, IV, do TST. 1.2 – Mérito. Caracterizada contrariedade ao verbete sumular em questão, dou provimento ao recurso de revista, para absolver a Recorrente da responsabilidade subsidiária que lhe foi atribuída, quanto a ela, julgando improcedente a reclamação. Isto posto, acordam os Ministros da Egrégia Terceira Turma do Tribunal Superior do Trabalho, por unanimidade, conhecer do recurso de revista, por contrariedade à Súmula 331, IV, do TST, e, no mérito, dar-lhe provimento, para absolver a Reclamada da responsabilidade subsidiária que lhe foi atribuída, quanto a ela, julgando improcedente a reclamação. (Processo nº TST-RR-566/2002-035-02-00.4, Acórdão, 3ª Turma, AB/lpo/AB/rm, Brasília, 29 de novembro de 2006, Rel. Min. Alberto Bresciani).

que irão produzir, destinadas ao convencimento do juiz, e sobre todos estes aspectos a decisão proferida deverá se assentar.

O juiz não será um mero espectador, mesmo porque, no processo do trabalho, há normas que desigualam as partes contando justamente com a posição mais fraca do trabalhador na relação jurídica, seja de direito material ou processual. Assim, poderíamos entender que os poderes do juiz se assentam na busca pela verdade a fim de que o pronunciamento judicial possa chegar o mais próximo possível da chamada verdade real. O juiz terá o poder de investigar, mas os fatos devem ter sido trazidos pelas partes e ter início de prova por elas produzido, sem o quê haveria quebra do princípio da imparcialidade, o que tornaria o processo nulo por ausência de um dos **pressupostos processuais**. A ação do magistrado irá esbarrar **no princípio dispositivo e na vedação de se ter um juiz parcial no processo**.

O CPC traz normas relativas à suspeição e impedimento do julgador para atuar em processos. O critério legislativo permite-nos ter um entendimento mais objetivo do que resultará na quebra da imparcialidade. Desta forma, o art. 135 reputa suspeito:

> *I – amigo íntimo ou inimigo capital de qualquer das partes;*
> *II – alguma das partes for credora ou devedora do juiz, de seu cônjuge ou de parentes destes, em linha reta ou na colateral até o terceiro grau;*
> *III – herdeiro presuntivo, donatário ou empregador de alguma das partes;*
> *IV – receber dádivas antes ou depois de iniciado o processo; aconselhar alguma das partes acerca do objeto da causa, ou subministrar meios para atender às despesas do litígio;*
> *V – interessado no julgamento da causa em favor de uma das partes.*
> *Parágrafo único. Poderá ainda o juiz declarar-se suspeito por motivo íntimo.*

E o art. 134 diz que o juiz está impedido de atuar nos feitos nas seguintes situações:

> *I – de que for parte;*
> *II – em que interveio como mandatário da parte, oficiou como perito, funcionou como órgão do Ministério Público, ou prestou depoimento como testemunha;*
> *III – que conheceu em primeiro grau de jurisdição, tendo-lhe proferido sentença ou decisão;*
> *IV – quando nele estiver postulando, como advogado da parte, o seu cônjuge ou qualquer parente seu, consangüíneo ou afim, em linha reta; ou na linha colateral até o segundo grau;*
> *V – quando cônjuge, parente, consangüíneo ou afim, de alguma das partes, em linha reta ou, na colateral, até o terceiro grau;*
> *VI – quando for órgão de direção ou de administração de pessoa jurídica, parte* na causa.

Parágrafo único. No caso do nº IV, o impedimento só se verifica quando o advogado já estava exercendo o patrocínio da causa; é, porém, vedado ao advogado pleitear no processo, a fim de criar o impedimento do juiz.

A CLT, no art. 801, elenca as causas de suspeição, não podendo ser olvidado que a omissão do legislador a outras causas de suspeição e a referência às de impedimento não autorizam que as normas supramencionadas do CPC não sejam aplicadas, pois atingem diretamente a validade da relação processual. São as seguintes as situações trazidas pelo legislador trabalhista:

Art. 801 – O juiz, presidente ou vogal, é obrigado a dar-se por suspeito, e pode ser recusado, por algum dos seguintes motivos, em relação à pessoa dos litigantes:
a) inimizade pessoal;
b) amizade íntima;
c) parentesco por consangüinidade ou afinidade até o terceiro grau civil;
d) interesse particular na causa.

As causas de suspeição estabelecem uma presunção relativa da falta de imparcialidade do julgador. Todavia, se a causa for fundada no impedimento, estamos diante de uma situação de presunção absoluta. Desta forma, se o juiz for acusado de suspeito, incumbirá a parte provar o fato. Ao contrário, se a alegação for com fundamento em uma causa de impedimento, tem-se que, de modo algum, poderá o juiz atuar naquele caso.

A fim de se garantir o melhor resultado e, observando-se que o juiz que acompanha a produção da prova conheceria melhor a lide para proferir o julgamento, é que o art. 132 do CPC traz a regra quanto à vinculação do juiz que iniciou a instrução ao julgamento do feito. Permite o dispositivo que este juiz somente não profira a sentença caso tenha sido convocado (ex.: está substituindo no Tribunal); licenciado ou afastado por qualquer motivo (ex.: doença ou licença maternidade); promovido (ex.: de substituto passou a titular) ou aposentado. Antes da EC nº 24/1999, entendia-se que tal dispositivo não se aplicava ao processo do trabalho, pois os juízes classistas ocupavam o cargo temporariamente e não havia como vincular-se julgadores à decisão. Desta forma, como a sentença final era proferida pela *junta*,[4] não se podia vinculá-la ao julgamento do feito, pois dois de seus membros eram temporários.

Entendemos que, após a extinção de representação classista, não há como não se aplicar o art. 132, CPC, ao Processo do Trabalho, pois o juiz que concluir a

4 Nomeavam-se Juntas de Conciliação e Julgamentos e não Varas do Trabalho, expressão essa que foi inserida no ordenamento jurídico pela EC nº 24/1999.

instrução do feito estará, certamente, mais apto ao julgamento da causa, podendo fazê-lo de forma mais próxima da verdade real. O juiz que realizou a audiência, ouviu as partes e as interrogou certamente poderá proferir um julgamento mais fiel à realidade do que aquele que, pela primeira vez, toma contato com o processo unicamente para proferir um julgamento. O mesmo pode-se falar daquele juiz que, no julgamento da causa, decide por reabrir a instrução processual e determinar a produção de outra prova que entenda necessária para seu convencimento. Os Tribunais não são unânimes e, em geral, não se aplica ao processo do trabalho tal regra, mesmo sabendo-se da utilidade jurídica que tenha esse princípio, pensamos que isso se dá por uma questão de costume forense, pois desde sua criação até 1999 o entendimento sobre a não aplicação deste dispositivo era pacificada em âmbito nacional.

Cumpre ressaltar que o legislador prevê a responsabilidade pessoal do juiz que (art. 133, CPC):

> *I – no exercício de suas funções, proceder com dolo ou fraude;*
> *II – recusar, omitir ou retardar, sem justo motivo, providência que deva ordenar de ofício, ou a requerimento da parte.*
> *Parágrafo único. Reputar-se-ão verificadas as hipóteses previstas no nº II só depois que a parte, por intermédio do escrivão, requerer ao juiz que determine a providência e este não lhe atender o pedido dentro de 10 (dez) dias.*

Há decisões já proferidas pelos Tribunais aplicando tal condenação.[5]

5.1. COMPETÊNCIA

Por fim, resta-nos estudar a **competência**, pois para atuar no feito, o juiz ou Juízo deve ser **competente**.

Sujeito da relação processual e órgão do Judiciário, ao juiz é atribuída competência por meio de critérios de distribuição entre os órgãos judiciários. Todo juiz tem jurisdição, mas nem todos se apresentam competentes para julgar determi-

5 Responsabilidade Civil. Estado. Atuação. Magistrado. Reparação. Danos. O Tribunal *a quo*, lastreado na prova dos autos, concluiu que a ora recorrente, injustamente, acusou o ora recorrido de crime gravíssimo, porque, por ofício, informou à autoridade policial que ele seria autor de um delito, quando jamais poderia fazê-lo ante as provas existentes. A Turma, ao prosseguir o julgamento, por maioria, entendeu que a magistrada responde pelos danos causados quando, por meio de ofício, afirma o cometimento de crime por outra pessoa sem qualquer resquício de prova, respaldo fático ou jurídico. Na espécie, não são admitidos os danos materiais, pois não comprovados, efetivamente, os prejuízos patrimoniais. Quanto aos danos morais, a Turma fixou-os em 50 mil reais. Assim, por maioria, conheceu em parte do recurso e, nessa parte, deu-lhe parcial provimento. (REsp 299.833-RJ, Rel. Min. Castro Meira, j. 14/11/2006.)

nadas lides: só o juiz competente tem legitimidade para fazê-lo e, pode-se dizer assim que o juiz é o primeiro a julgar sua própria competência. **Assim, antes de apreciar qualquer outra questão na lide que lhe é colocada, o juiz deve analisar, primeiramente, se tem competência para fazê-lo, pois, caso lhe falte a competência, sequer poderá concluir pela existência ou não de outros pressupostos processuais ou condições da ação.**

Podemos assim sintetizar o raciocínio do legislador para determinar a competência:

1. legislador nacional seleciona abstratamente as lides que serão atribuídas à Justiça brasileira (competência internacional – arts. 88 a 90 do CPC);
2. encarrega-se de estabelecer qual o órgão Judiciário que poderá conhecer e solucionar a questão posta em Juízo;
3. determina a competência legislativa apontando os juízes e Tribunais competentes em certas situações **(princípio da especialidade);**
4. o que restar será atribuído ao Juízo ou Tribunal comum **(competência residual).**

Critérios a ser utilizado pelo intérprete (diante do caso concreto, o intérprete deverá utilizar o seguinte raciocínio para concluir a quem dirigir a reclamação):

1. definir se a competência é interna ou internacional;
2. definir se a competência é originária dos Tribunais;
3. definir se a competência é de uma das Justiças Especiais mencionadas na CF;
4. não sendo da Justiça Especial, será da Justiça comum – sem olvidar que a comum Federal precede a comum Estadual;
5. definir o foro ou comarca e, havendo mais de um juiz na mesma localidade para conhecer e julgar da mesma matéria, a determinação será feita pela distribuição, observada a lei de organização Judiciária daquela localidade.

O intérprete deverá utilizar como critério definidor a relação de direito material entre as partes ou entre a parte e a coisa, a fim de determinar qual o Juízo que deverá propor a ação.

Primeiramente cumpre-nos definir os critérios relacionados à competência interna e internacional. Tal critério determinará em que país a lide deverá ser julgada. Nosso sistema parte de duas regras: (1) *cumulativa* (arts. 88, CPC e 12, *caput*, LICC); (2) *exclusiva* (arts. 89, CPC, e 12, § 1º, LICC).

A relação de trabalho decorre de contrato de trabalho e, portanto, é de natureza obrigacional. Isso implica excluir, desde logo, qualquer aplicação quanto ao critério exclusivo de competência da autoridade nacional, implicando dizer que as partes podem optar pelo foro em que eventual ação a ser proposta terá que ser decidida. Todavia, o contrato regido pela CLT é de natureza especial e pressupõe a desigualdade das partes no momento, no curso e na final da contratação, de modo que há regras que são estabelecidas a favor do empregado, justamente para protegê-lo (*princípio protetivo* inerente aos pactos relativos à relação subordinada), o que levou o legislador trabalhista a definir que a competência para conhecer e julgar a relação de trabalho será definida pelo local da prestação de serviços (art. 651, *caput*) extensiva às agências ou filiais situadas no estrangeiro, desde que o empregado seja brasileiro e não haja convenção internacional prevendo outra regra (§ 2º, art. 651). O TST sumulou[6] a matéria entendendo que a relação de trabalho se rege pela lei do **local da prestação** de serviços e **não** por aquela do **local da contratação**, o que está em harmonia com a lei trabalhista nacional. Isso não retira das partes o direito de eleger o foro judicial desde que tal cláusula não traga prejuízos ao trabalhador, pois, caso contrário, aplica-se a regra geral.

A competência exclusiva traçada no art. 89 do CPC não terá qualquer aplicação ao processo do Trabalho, pois trata de situações jurídicas relacionadas a imóveis (direito real), inventário e herança, matéria essa estranha às lides trabalhistas.

A competência será determinada no momento da propositura da ação, sendo irrelevantes eventuais modificações ocorridas posteriormente, salvo se houver supressão do órgão Judiciário ou for alterada a competência em razão da matéria ou da hierarquia – **princípio da *perpetuatio jurisdictionis*,** que nada mais quer dizer que, uma vez firmada a competência, deve prevalecer aquela fixação em todo o curso do processo.

Os critérios para se definir a competência interna podem assim ser representados (o intérprete fará os seguintes questionamentos):

---

6 Súmula nº 207 – Conflitos de leis trabalhistas no espaço. Princípio da *lex loci executionis.* "A relação jurídica trabalhista é regida pelas leis vigentes no país da prestação de serviço e não por aquelas do local da contratação." (Res. 13/1985, DJ 11/7/1985).

- A causa é originária do Tribunal? = funcional
- Qual o juiz que tomará conhecimento da ação no momento da propositura? = Utilizar critério em razão do grau
  - 1ª instância
  - 2ª instância
  - Instância constitucional extraordinária

- Estabelece-se por estarem os juízes distribuídos em diversas circunscrições territoriais[7] e se quer saber qual a comarca para propositura? Usar critérios:
  - geral = (art. 651, CLT)
  - especial = (art. 651, CLT)
  - objetivo ou de Juízo = art. 114, CF

Em razão da matéria	Em razão das pessoas	Em razão do valor da causa
A relação jurídica material em lide	Condição especial da pessoa	Refere-se ao valor atribuído à causa
Por exemplo, relação de trabalho	Por exemplo, embaixadas	Por exemplo, procedimento sumaríssimo

7 Distingue-se competência de foro ou de juiz. Foro é o local onde o juiz exerce suas funções. Dependendo do tamanho da comarca haverá diversos juízes com iguais atribuições no mesmo foro. Quando isso ocorrer, deve-se determinar qual deles será o competente para conhecer e julgar as ações, o que se dá pela distribuição do processo.

A competência da Justiça do Trabalho se define para ações que tenham por causa de pedir e pedido relacionados à **relação de trabalho** ou em alguma das hipóteses dos incisos do art. 114 da CF que **considera a pessoa envolvida na lide**, lei esta que estabelece quais as causas que estarão afetas a esta Justiça Especial. Diz-se, assim, que a competência aqui é determinada **em razão da matéria** ou **em razão das pessoas**. A divisão legislativa permite, ainda, utilizarmos os critérios sugeridos, em razão da matéria, da pessoa, funcional e de foro. Cabe-nos, agora, o exame do dispositivo Constitucional após a EC nº 45/2004, pelo que nos propomos a separar as diversas lides adequando-as aos critérios norteadores da competência. A redação daquele dispositivo é a seguinte:

> *I. as ações oriundas da relação de trabalho, abrangidos os entes de direito público externo e da administração pública direta e indireta da União, dos Estados, do Distrito Federal e dos Municípios;*
> *II. as ações que envolvam exercício do direito de greve;*
> *III. as ações sobre representação sindical, entre sindicatos, entre sindicatos e trabalhadores, e entre sindicatos e empregadores;*
> *IV. os mandados de segurança,* habeas corpus *e* habeas data *, quando o ato questionado envolver matéria sujeita à sua jurisdição;*
> *V. os conflitos de competência entre órgãos com jurisdição trabalhista, ressalvado o disposto no art. 102, I,* o;
> *VI. as ações de indenização por dano moral ou patrimonial, decorrentes da relação de trabalho;*
> *VII. as ações relativas às penalidades administrativas impostas aos empregadores pelos órgãos de fiscalização das relações de trabalho;*
> *VIII. a execução, de ofício, das contribuições sociais previstas no art. 195, I,* a, *e II, e seus acréscimos legais, decorrentes das sentenças que proferir;*
> *IX. outras controvérsias decorrentes da relação de trabalho, na forma da lei.*
> *§ 1º – Frustrada a negociação coletiva, as partes poderão eleger árbitros.*
> *§ 2º – Recusando-se qualquer das partes à negociação coletiva ou à arbitragem, é facultado às mesmas, de comum acordo, ajuizar dissídio coletivo de natureza econômica, podendo a Justiça do Trabalho decidir o conflito, respeitadas as disposições mínimas legais de proteção ao trabalho, bem como as convencionadas anteriormente.*
> *§ 3º – Em caso de greve em atividade essencial, com possibilidade de lesão do interesse público, o Ministério Público do Trabalho poderá ajuizar dissídio coletivo, competindo à Justiça do Trabalho decidir o conflito.*

Por sua vez, a CLT nos arts. 652 e 653 estabelece critérios para se fixar a competência, tais dispositivos não foram revogados pela CF e sua EC nº 45/2004.

5.1.1. Competência em Razão da Matéria

A competência da Justiça do Trabalho é delimitada **em razão da matéria** e, portanto, abarca causas que sejam fundadas em relações jurídicas de natureza trabalhista e o que define isso é a descrição da causa de pedir e pedido relatada pelo autor no momento da propositura da ação. Cumpre-nos fazer referência a questões de ordem penal, uma vez que há alguns julgados proferidos por juízes do Trabalho relativos a crimes contra a organização do trabalho, entendendo tais julgadores que a competência ampliada teria abrangido esta matéria. Sempre entendemos que o alcance da norma Constitucional não chegaria a tanto, em face da redação do art. 114 e da legislação infraconstitucional. Desta forma também entendeu o STF em recente julgado que proferiu. Ante a importância da notícia, forçosa se torna sua transcrição para melhor compreensão do leitor:

> O plenário do Supremo Tribunal Federal (STF) deferiu, por unanimidade, liminar na Ação Direta de Inconstitucionalidade (ADI) 3.684, ajuizada pelo procurador-geral da República contra os incisos I, IV e IX do art. 114 da Constituição Federal, introduzidos pela Emenda Constitucional (EC) nº 45/2004. Esses dispositivos, ao tratarem da competência da Justiça do Trabalho para solucionar conflitos entre trabalhadores e empregadores, teriam atribuído jurisdição em matéria criminal à Justiça do Trabalho. De acordo com a ADI, o texto da Reforma do Judiciário aprovado pela Câmara foi alterado posteriormente no Senado. O procurador-geral sustenta que, após a alteração feita no Senado, a matéria deveria ter retornado a Câmara dos Deputados, o que não teria ocorrido, configurando a inconstitucionalidade formal do inciso I do art. 114. Aponta ainda que o dispositivo afronta os arts. 60, § § 2º e 4º, inciso IV, e o art. 5º caput e inciso LIII da Constituição Federal.
>
> O PGR alega que, em decorrência da EC nº 45, o Ministério Público do Trabalho e a Justiça do Trabalho estão praticando atos relativos à matéria penal. Diante dos argumentos, o procurador-geral requer, na ADI, a suspensão da eficácia do inciso I do art. 114 ou que seja dada interpretação conforme a Constituição. Pede também o afastamento de qualquer entendimento que reconheça a competência penal da Justiça do Trabalho e a interpretação conforme o texto constitucional dos incisos IV e IX do art. 114, acrescentado pela EC nº 45/2004. No mérito, que seja declarada a inconstitucionalidade dos dispositivos impugnados. Voto. Em seu voto, o relator da ação, ministro Cezar Peluso, afirmou que o inciso IV do art. 114 determina a competência da justiça do trabalho para julgar Habeas Corpus, Habeas Data e Mandados de Segurança, "quando o ato questionado envolver matéria sujeita a sua jurisdição". Ele lembra, porém, que o pedido de habeas pode ser usado "contra atos ou omissões praticados no curso de processos de qualquer natureza", e não apenas em ações penais. Se fosse a intenção da Constituição outorgar à justiça trabalhista competência criminal ampla e inespecífica, não seria preciso prever, textualmente, competência para apreciar *habeas*. O relator ressalta que a

> Constituição circunscreve o objeto inequívoco da competência penal genérica, "mediante o uso dos vocábulos 'infrações penais' e 'crimes'. No entanto, a competência da Justiça do Trabalho para o processo e julgamento de ações oriundas da relação trabalhista se restringe apenas às ações destituídas de natureza penal. Ele diz que a aplicação do entendimento que se pretende alterar violaria frontalmente o princípio do juiz natural, uma vez que, segundo a norma constitucional, cabe à Justiça comum - estadual ou federal - dentro de suas respectivas competências, julgar e processar matéria criminal. Quanto à alegada inconstitucionalidade formal, Peluso argumenta que nada alterou o âmbito semântico do texto definitivo", por isso não haveria a violação ao § 2º, art. 60 da Constituição. Assim, por unanimidade, foi deferida a liminar na ADI, com efeitos *ex tunc* (retroativo), para atribuir interpretação conforme a Constituição, aos incisos I, IV e IX de seu art. 114, declarando que, no âmbito da jurisdição da Justiça do Trabalho, não está incluída competência para processar e julgar ações penais.[8]

Diante do exposto, outra não pode ser a conclusão que não a de reconhecer que nosso entendimento está harmonioso com o do TST. Parece-nos indiscutível que a matéria deve ser tratada à luz da legislação interna, Constitucional e Infraconstitucional, divorciando-se de discussões apaixonadas e doutrinárias com fundamento no Direito Comparado que, aliás, não se coaduna com o nacional.

Didaticamente, podemos estudar a questão relativa à competência em razão da matéria da forma que passamos a articular e que se segue.

1) Relação de Trabalho ➔ O que importa saber é o que é uma relação jurídica de direito material de natureza trabalhista, pois isso é que vai indicar se a causa deve ser dirigida ou não ao Juízo trabalhista.

A entrada em vigor desta nova redação causou grande euforia no mundo jurídico, pois havia uma forte expectativa quanto ao alargamento da competência da Justiça do Trabalho, uma vez que se chegou a cogitá-la nas discussões sobre a reforma do Poder Judiciário acerca da possibilidade de se extinguir esta Justiça Especial ou agregá-la ao Judiciário Federal ou à Justiça Estadual. Ocorre que o legislador não deixou absolutamente clara as intenções da reforma legislativa no que diz respeito à "relação de trabalho".

Três posições se formaram e ainda estão em discussão nos Tribunais: (a) a competência da Justiça do Trabalho não foi alterada para as causas relativas ao contrato de trabalho;[9] (b) a competência foi amplamente alargada, incluindo

8 www.stf.gov.br, Notícias 1/2/2007 – 19h15 – Justiça do Trabalho não tem competência para julgar ações penais.

9 *Ver* artigo de Salvador Franco de Lima Laurino, "A Competência da Justiça do Trabalho: o significado da expressão 'relação de trabalho' no art. 114 da Constituição da República." *Revista LTR*, maio de 2005.

todo relacionamento em que haja relação de trabalho, seja ela de natureza civil, trabalhista ou consumeirista;[10] (c) a competência foi amplamente alargada, incluindo toda relação em que haja a de trabalho, seja ela de natureza civil ou trabalhista excetuando-se as relações de natureza consumeirista.[11]

Relação de trabalho é gênero que se destina a abarcar toda espécie de prestação de serviços realizada em favor de um terceiro, que negociam por meio de um contrato de natureza civil, comercial, de consumo ou de emprego. A nota que caracteriza a relação de trabalho é a subordinação do prestador, pessoa necessariamente física, ao tomador, pessoa física, jurídica, formal ou de fato. Tal situação jurídica deve ser realizada, ainda, à conta do tomador e sob suas expensas. O empregado é a parte mais frágil na relação de trabalho, tanto no momento em que o negócio é firmado, como no seu curso e ao final, de modo que a lei trabalhista veio proteger-lhe assegurando, assim, que as partes possam manter a mesma condição nesta relação jurídica.

Diferente, portanto, dos demais tipos contratuais é o contrato de trabalho em que o favorecimento econômico é gerado em benefício do tomador de serviços, ou seja, o empregador. Nas demais relações em que há prestação de serviços, qualquer favorecimento que houver será em favor do prestador de serviços. A prestação de serviços subordinados, regulada entre nós pelo contrato de trabalho (art. 442 da CLT), tem importância ímpar no cenário mundial, pois é a mola que impulsiona o mercado. Foram precisos anos de discussões e lutas para que os trabalhadores pudessem ver seus direitos tutelados a ponto de, modernamente, ter sido este direito levado às principais Cartas de Tratados Internacionais e tutelado como direito fundamental.

Portanto, o fato de se manter um órgão Judicial para conhecer e solucionar conflitos oriundos dessa relação não pode ser confundido com outras discussões de caráter político. A organização Judiciária depende unicamente do exercício da soberania de cada país. Não se pode deixar de reconhecer que no Brasil são muitas as questões que chegam ao Judiciário, o número de acidentes de trabalho não pode ser ignorado, estimando-se que 70 milhões de trabalhadores tenham se acidentado, mas só 33% deste número estaria sob os cuidados da Previdência Social, uma vez que os demais não possuem registro em Carteira de Trabalho. Observe-se que "essas estatísticas apresentadas registram a metade do que é real de trabalhadores com carteira assinada, que corresponde a um terço do mercado total de trabalhadores do País.

10 *Ver* artigo de Alexandre Ramos, "A competência da JT e as relações de consumo", *em* http://www.anamatra.org.br/opiniao/art.s/ler_Art.s.cfm?cod_conteudo=5941&descricao=Art.s (pesquisa realizada em 9/1/2007).

11 *Ver* artigo de Paulo Gustavo de Amarante Merçon, "Relação de trabalho – contramão dos serviços de consumo", em http://www.anamatra.org.br/opiniao/art.s/ler_Art.s.cfm?cod_conteudo=6546&descricao=Art.s, pesquisa realizada em 9/1/2007).

No mercado informal, a atenção com o acidente do trabalhador praticamente inexiste e, nas microempresas, os dados também são falhos".[12] Vejamos, tão-somente, a título de exemplo, o quadro estatístico do Ministério do Trabalho sobre os dados da fiscalização do trabalho no ano de 2006 (janeiro a novembro):[13]

SECRETARIA DE INSPEÇÃO DO TRABALHO – SIT

DEPARTAMENTO DE FISCALIZAÇÃO DO TRABALHO – DEFIT[14]

<table>
<tr><td>EMPRESAS/LOCAIS FISCALIZADOS</td><td colspan="2">330.565</td></tr>
<tr><td>TRABALHADORES ALCANÇADOS</td><td colspan="2">27.959.781</td></tr>
<tr><td>TRABALHADORES REGISTRADOS SOB AÇÃO FISCAL</td><td colspan="2">621.662</td></tr>
<tr><td>TRABALHADORES APRENDIZES CONTRATADOS SOB AÇÃO FISCAL – DE 14 A 24 ANOS</td><td colspan="2">41.565</td></tr>
<tr><td>TRABALHADORES ADOLESCENTES (não aprendizes)
16 A 18 ANOS, REGISTRADOS SOB AÇÃO FISCAL</td><td colspan="2">2.619</td></tr>
<tr><td>CRIANÇAS DE 0-16 (excluídos aprendizes)
ENCONTRADOS TRABALHANDO (setor formal e informal)</td><td colspan="2">11.230</td></tr>
<tr><td>EMPRESAS AUTUADAS</td><td colspan="2">56.718</td></tr>
<tr><td>AUTOS DE INFRAÇÃO LAVRADOS</td><td colspan="2">105.534</td></tr>
<tr><td>TREF (*)</td><td colspan="2">86,53%</td></tr>
<tr><td rowspan="4">RESULTADOS DAS OPERAÇÕES DE FISCALIZAÇÃO MÓVEL SIT/DRT</td><td>Operações</td><td>92</td></tr>
<tr><td>Fazendas Fiscalizadas</td><td>180</td></tr>
<tr><td>Trabalhadores Libertados</td><td>2.804</td></tr>
<tr><td>Pagamento de Indenizações em reais</td><td>5.594.588,58</td></tr>
</table>

12 *"Estatísticas de Acidente do Trabalho no Brasil"*, em http://ram.uol.com.br/materia.asp?id=303, em 9/1/2007.

13 http://www.mte.gov.br/geral/estatisticas.asp#fisca_trab, em 9/1/2007.

14 Fontes: SFIT/DEFIT/SIT/MTE; relatórios Grupos Móveis de Fiscalização do Trabalho Escravo e relatórios Delegacias Regionais do Trabalho sobre a retirada de crianças/adolescentes do trabalho.

* TREF – Taxa de Regularização em Estabelecimentos Fiscalizados – Relação percentual entre nº de itens da legislação trabalhista irregulares na ação fiscal/nº de itens da legislação trabalhista encontrado em situação irregular. Atualização em 14/12/2006.

Portanto, parece-nos absolutamente necessária a existência de um órgão jurisdicional especializado para conhecer e julgar relações de trabalho, de modo que não se justificava o receio que se instaurou acerca da extinção deste órgão Judiciário e tampouco a ânsia de se permitir a inserção no âmbito jurisdicional da Justiça do Trabalho da discussão de todo e qualquer tipo de relação de trabalho, inclusive as prestações de serviços subordinadas ao CDC.

Entendemos, assim como Salvador Laurindo, que a expressão relação de trabalho não tem um sentido tão amplo quanto parece, ensina o jurista, que se a locução em exame tivesse um significado tão amplo, alcançando qualquer forma de prestação de serviços, seria ociosa a ressalva contida no inciso IX do art. 114, que define a competência da Justiça do Trabalho para julgar *"outras controvérsias decorrentes da relação de trabalho, na forma da lei"*. Todas as controvérsias derivadas da prestação de serviços já estariam abrangidas pela fórmula do inciso I, e o dispositivo do inciso IX seria desprovido de qualquer utilidade jurídica, porquanto não sobrariam "outras" controvérsias a ser objeto de disciplina por esta norma (2005).

A Constituição Federal não traz qualquer conceito terminológico sobre relação de trabalho e nem competia ao legislador Constitucional fazê-lo. A um, porque esta função não é dele; a dois porque a Constituição Federal tutela o trabalho em qualquer das suas formas, posto que é um direito fundamental.

Os direitos tratados no art. 7º da CF são tipicamente da relação contratual subordinada, ou seja, contrato de trabalho regulado pela CLT, com partes definidas nos arts. 2º e 3º e regras que lhe são próprias nos arts. 442 e seguintes, todos da CLT.

Assim, sabendo-se que a parte geral da Constituição Federal assegurou o trabalho como um direito fundamental e comprometeu-se a protegê-lo, não poderia o legislador ter se preocupado com certas minúcias no art. 114, no qual seu objetivo era delimitar a competência da Justiça Especializada pela matéria. Então, preferiu dizer que a Justiça do Trabalho tinha competência para apreciar matérias relativas à relação de trabalho, decorrentes, obviamente do contrato de trabalho (CLT) e, no que tange a outras controvérsias decorrentes da relação de trabalho, serão trazidas, como sempre foram, na lei ordinária, dentro da função que lhe cabe – posição esta que já sustentamos anteriormente (Nahas, 2006).

2) Dano Moral e Acidente do Trabalho → muitas foram as discussões acerca da competência do juiz do Trabalho para processar e julgar ações relativas a dano moral, mesmo que a causa de pedir se fundasse numa relação de emprego. Tanto é verdade que muitas causas desafiaram recursos extraordinários, levando o STF e o TST a firmarem o entendimento de que o fato de ser o pedido de indenização por dano moral ou material era indiferente para se fixar a competência da Justiça do Trabalho, pois o delineamento da matéria para se fixar a competência do juiz trabalhista deveria ser feito pela existência ou não de contrato de trabalho de natureza subordinada. Por outras palavras, a causa de pedir e pedidos deveriam ter por fundamento a relação de emprego. Assim o TST firmou a OJ nº 327 da SDI-1, posteriormente, convertida na Súmula nº 392. Ocorre que, apensar após a EC nº 45/2004 é que, de fato, as ações passaram a ser propostas diretamente na Justiça do Trabalho, acarretando, inclusive, a modificação de competência, pois os juízes estaduais passaram a declinar de sua competência remetendo as ações à Justiça do Trabalho. Tal alteração causou algumas injustiças principalmente com relação à aplicação do prazo prescricional, pois o previsto para relações de trabalho é de dois ou cinco anos, conforme o empregado esteja ou não trabalhando; e o civil, de 20 anos, pela aplicação do CC antigo, ou de 15 anos, pela aplicação do CC de 2002. Isso levou o STF a firmar o seguinte entendimento:

> Agravo Regimental no Recurso Extraordinário. Acidente de Trabalho. Ação de Indenização. Competência. Justiça do Trabalho. 1. O Plenário do Supremo Tribunal Federal, ao julgar o CC nº 7.204, Relator o Ministro Carlos Britto, DJ de 9/12/05, decidiu que a competência para processar e julgar ação de indenização por danos morais e patrimoniais decorrentes de acidente de trabalho é da Justiça do Trabalho. 2. As ações que tramitam perante a Justiça comum dos Estados, com sentença de mérito anterior à promulgação da EC no 45/04, lá continuam até o trânsito em julgado e correspondente execução. 3. Agravo regimental a que se nega provimento". (RE-AgR 465808/SP – São Paulo – Ag. Reg. no Recurso Extraordinário – Rel. Min. Eros Grau – j. 14/11/2006 – Órgão Julgador: Segunda Turma).

Seguindo a mesma linha de discussão que já se disse acerca das ações em que o autor formulava o pedido de dano moral, a questão atinente ao acidente do trabalho foi, pode-se dizer, a matéria que teria originado o debate. Necessário aqui fazer um parêntesis. O pedido de dano moral pode ter por causa de pedir, tanto um acidente do trabalho como qualquer outra matéria capaz de provocar o direito a receber a respectiva indenização; como ocorre nos pedidos de rebaixamento funcional que cause humilhação ao empregado, nas questões ligadas a assédio sexual e moral. As questões relativas ao acidente de trabalho são específicas e podem gerar o direito à percepção de uma indenização a ser paga pelo empregador ou pela Previdência Social.

Se a ação for proposta em face da Previdência Social, a competência é da Justiça comum ou Federal nos termos dispostos no arts. 109 da CF e 99 do CPC.[15] Interessa-nos a questão relativa à competência da Justiça do Trabalho, conforme excepcionado pelo art. 109 da CF.

O legislador Constitucional não trouxe um tópico especial para ações decorrentes de acidentes de trabalho. Limitou-se a dizer que a competência do juiz trabalhista emergiria nas situações em que o pedido de indenização por dano moral ou material tivesse por causa de pedir o acidente de trabalho e fosse fundada numa relação de trabalho. A partir daí já podemos excluir toda e qualquer ação proposta em face do órgão Previdenciário, cuja competência permanece com as instâncias ordinárias.

A norma Constitucional acaba com a discussão anterior com relação à interpretação do art. 643 da CLT. Desta forma, as ações relativas a acidentes de trabalho continuam afetas à Justiça comum, desde que o pedido **não** seja de verba indenizatória pretendida em face do empregador. Em sendo o pedido formulado em face do empregador, apontado como o pretenso condenado ao cumprimento da obrigação decorrente de um contrato de trabalho, a competência é da Justiça do Trabalho.

Restam, portanto, revogados a Súmula nº 15 do STJ que já havia pacificado o entendimento quanto a tal matéria e o art. 13 do Decreto nº 24.637/1934.[16]

Não obstante as diferenças trazidas por muitos doutrinadores[17] quando comentam a matéria relativa a dano moral, material e acidente de trabalho, o legislador constitucional não faz qualquer distinção. Sendo o pedido de dano moral ou material que tenha como causa remota um contrato de trabalho e como causa próxima um dano material ou moral, decorrente de qualquer violação ao direito do trabalhador (acidente de trabalho, assédio sexual ou moral, violação à cláusula de contrato de trabalho ou outra qualquer), a competência será do juiz do Trabalho, nos termos do inciso VI do art. 114 da CF. Frise-se, indenização decorrente de acidente de trabalho (dano) é espécie do gênero dano material e/ou moral.

Com relação à competência da Justiça do Trabalho para apreciar questões relacionadas a indenizações por acidentes do trabalho em que sejam partes os dependentes do trabalhador subordinado, o STJ recentemente publicou Acórdão

15 Observe-se que se o pedido contra a Previdência for fundado em acidente de trabalho a competência passa à Justiça comum em razão da exceção do art. 109 da CF.

16 *Art. 13 – A indenização devida pelo empregador não exclui o direito da vítima, seus herdeiros ou beneficiários de promover, segundo o direito comum, ação contra terceiro civilmente responsável pelo acidente.*

17 Bezerra Leite trata do tema em tópicos separados, por exemplo. *Ver opus cit.*, p. 165-69.

onde retrata o que, certamente, será sua posição pacificada. Não obstante nos parecer lógico que os herdeiros deveriam conservar os mesmos direitos processuais que o trabalhador falecido em relação a esta matéria, o tema não é absolutamente pacífico, o que levou a questão àquele Tribunal, que assim decidiu:

> Agravo Regimental em Recurso Extraordinário. Constitucional. Competência em razão da matéria. Indenização por danos morais e patrimoniais, decorrentes de acidente do trabalho. Ação ajuizada ou assumida pelos dependentes do trabalhador falecido. Competência da Justiça Especial. Compete à Justiça do Trabalho apreciar e julgar pedido de indenização por danos morais e patrimoniais, decorrentes de acidente do trabalho, nos termos da redação originária do artigo 114 c/c inciso I do artigo 109 da Lei Maior. Precedente: CC 7.204. Competência que remanesce ainda quando a ação é ajuizada ou assumida pelos dependentes do trabalhador falecido, pois a causa do pedido de indenização continua sendo o acidente sofrido pelo trabalhador. Agravo regimental desprovido. (STF. 1ª Turma, RE-AgR 503043/SP Relator Ministro Carlos Ayres Britto, DJ 01/06/2007).

Entendemos que a posição do STJ está a corroborar as normas Constitucionais sobre a matéria, de modo que ratificamos a posição demonstrada neste julgado.

3) Exercício do Direito de Greve ➔ a greve é direito de trabalhadores subordinados, assegurado constitucionalmente e estendido aos servidores públicos (arts. 9º e 37, VII CF). O legislador deixa a critério dos trabalhadores o momento oportuno para declarar a greve, bem como é deles, trabalhadores, o direito de limitar e decidir quais os direitos e interesses que visam por meio dele defender, daí o sindicato ser mero "porta voz" dos trabalhadores, cabendo-lhe tão-somente declarar a greve que for decidida pelos trabalhadores. Podemos sintetizar alguns aspectos sobre a greve: (a) constitui a suspensão da prestação de trabalho; (b) é um ato coletivo, não cabendo falar-se em greve individual; (c) importa em paralisação temporária do serviço; (d) a paralisação deve ser pacífica; (e) há que restar frustrada a negociação coletiva.

Por isso, e tratando-se de matéria absolutamente regulada pelo Direito do Trabalho, é que qualquer questão que surgir decorrente do exercício, ou impedimento de exercício, do direito de greve deve ser solucionada na Justiça do Trabalho.

A Justiça do Trabalho tem competência para "criar" normas, pois possui poder normativo, por muitos criticado por ter origem fascista, mas que permanece até hoje na CF. Este poder é conferido à Justiça do Trabalho para criar ou modificar normas relativas ao contrato de trabalho, sempre que for chamada a se pronunciar sobre o tema. O processo é de competência do Tribunal Regional. O dissídio de greve, igualmente, tramita originariamente no Tribunal Regional ou no TST, dependendo da situação jurídica e local em que a empresa está localizada, e somente poderá ser instaurado em sendo frustrada a negociação coletiva ou se as partes decidirem por não se submeterem à arbitragem.

Observe-se que há ações que podem envolver o direito de greve e que deverão ser proposta na 1ª instância, como por exemplo, se o empregador promover dispensas arbitrárias em razão da deflagração da greve; se rebaixar empregado de cargo por ter dela participado, entre outras situações.

Questão de alta indagação diz respeito ao foro competente para julgar greve deflagrada por funcionários públicos.

A Administração Pública divide-se em administração direta, integrada pelos próprios poderes que compõem as pessoas jurídicas de direito público; nesse caso a prestação dos serviços é realizada direta e exclusivamente pelo órgão público; já a Administração Pública indireta é caracterizada pela realização dos serviços públicos através de terceiros, quais sejam: autarquias, fundações públicas, empresas públicas e sociedades de economia mista.

Para o exercício das funções públicas realizadas pela administração são contratados, na expressão do legislador Constitucional, servidores públicos civis. Considerando que o legislador utiliza a expressão servidor público para designar todas as pessoas que prestam serviços à administração (direta e indireta), com ou sem vínculo de emprego, preferimos utilizar a expressão mais ampla, ensinada por Maria Silvia di Pietro,[18] de agente público. Tal categoria divide-se em: 1) agentes políticos – são os componentes do Governo nos seus primeiros escalões e que exercem tais cargos por designação, delegação, concurso, eleição, comissão ou mandato. São servidores que estão em *cargos-chaves* da Administração Pública; 2) servidores públicos – todas as pessoas físicas que prestam serviços ao Estado e às entidades da administração indireta, com vínculo empregatício e mediante remuneração paga pelos cofres públicos. Tais servidores compreendem: (a) servidores estatutários; (b) empregados públicos; (c) servidores temporários; 3) particulares em colaboração com o Estado – prestam serviços ao Estado sem vínculo de emprego com ou sem remuneração (ex.: concessionários, jurados, voluntários etc.).

Feitas tais considerações e diante dos expressos termos das regras insertas nos incisos VI e VII, do art. 37, da CF, constata-se, desde logo, que o exercício do direito de greve no denominado "serviço público", refere-se tão-somente à primeira

18 *Ver* Zanella, Maria Sylvia DiPietro, *Direito Administrativo*. 20. ed. São Paulo: Atlas, 2007.

categoria apontada, ou seja, aos servidores estatutários. Isso porque os agentes políticos fazem parte da própria estrutura estatal e não seria razoável que se admitisse a aplicação de tais incisos a eles, sob pena de se permitir o enfraquecimento da estrutura estatal e sua vulnerabilidade. A categoria dos servidores públicos empregados (incluídos aqui os empregados das sociedades de economia mista e empresa pública) está submetida ao regime privado e, portanto, à Lei nº 7.783/1989. A categoria dos particulares em colaboração com o Estado não está vinculada de forma subordinada a ele e, por isso, não se sujeita a qualquer regime.

Os integrantes das Forças Armadas foram excluídos da regra do art. 37, segundo a regra contida no art. 142, § 3º , IV da CF.

O legislador constitucional assegurou aos servidores públicos civis o direito à associação e à greve. Não assegurou o direito à negociação.

O que se poderia questionar é se o direito de greve, então assegurado, seria um corpo sem alma, já que aquele pressupõe este. Parece-nos que não. O que quis o legislador foi permitir que a negociação se desse unicamente com relação à paralisação dos serviços, mesmo porque é a essência do instituto a negociação.

A norma constitucional que garante aos funcionários públicos o direito de greve não é auto-aplicável e depende de regulamentação. Todavia, muitas vezes os funcionários paralisam suas atividades e as discussões jurídicas iniciam. Entendemos que a competência para julgar qualquer questão relativa à greve de funcionários públicos, em qualquer de seus graus, é da Justiça do Trabalho, que poderá declarar inclusive a legalidade ou não da greve. Isso porque, deflagrada a greve em qualquer setor, não se pode ignorar o fato social somente porque até o momento não se aprovou qualquer lei que regulamente este direito do servidor e, nos termos das normas constitucionais que estabelecem regras sobre competência, a melhor conclusão que se pode ter é que o legislador atribuiu tal competência a esta Justiça, que é especial e federal.

4) Mandados de Segurança, *Habeas Corpus* e *Habeas Data*[19] ➔ Tais ações são constitucionais e não representam qualquer novidade trazida pela EC nº 45/2004. Assim prescreve o art. 5º da CF:

> *LXVIII – conceder-se-á* "habeas corpus" *sempre que alguém sofrer ou se achar ameaçado de sofrer violência ou coação em sua liberdade de locomoção, por ilegalidade ou abuso de poder;*
> *LXIX – conceder-se-á mandado de segurança para proteger direito líquido e certo, não amparado por* "habeas corpus" *ou* "habeas data", *quando o responsável pela ilegali-*

19 A respeito do procedimento destas ações, *ver* Tomo II desta obra, de autoria de Yone Frediani.

dade ou abuso de poder for autoridade pública ou agente de pessoa jurídica no exercício de atribuições do Poder Público;
LXXII – conceder-se-á "habeas data"*:*
a) para assegurar o conhecimento de informações relativas à pessoa do impetrante, constantes de registros ou bancos de dados de entidades governamentais ou de caráter público;
b) para a retificação de dados, quando não se prefira fazê-lo por processo sigiloso, judicial ou administrativo.

A Lei nº 7.701/1988 e o art. 678 da CLT já traziam regulamentação quanto ao processamento do mandado de segurança na Justiça do Trabalho. Cumpre esclarecer que a competência será originária do TRT ou TST, ou da Vara do Trabalho, dependendo de quem seja a autoridade coatora. Em geral, nos *habeas corpus* a competência será sempre originária dos Tribunais, pois as hipóteses em que se poderá restringir a liberdade de ir e vir em regra são muito limitadas.

5) Conflitos de Competência ➔ Havendo conflito de competência positivo (dois ou mais juízes se dão por competente para conhecer e julgar a mesma ação) ou negativo (dois ou mais juízes se dizem incompetentes para conhecer e julgar a mesma ação) entre juízes subordinados a Tribunais do Trabalho, por uma questão de respeito à ordem da jurisdição, a competência para solucionar o conflito é da Justiça do Trabalho. Isso não ocorre quando o conflito se dá entre juízes subordinados a Tribunais distintos, caso em que o Tribunal chamado a falar sobre o caso deverá ser o STJ (art. 102, I, *o*, CF).

6) Penalidades Administrativas ➔ Antes da EC nº 45/2004 os processos relativos a multas impostas por autoridades administrativas eram processadas e julgadas na Justiça Federal, uma vez que são aplicadas por órgãos integrantes da Administração Federal, notadamente, pela Delegacia Regional do Trabalho. A emenda modificou aquela competência e determinou, acertadamente e atendendo às críticas doutrinárias, que passassem à Justiça do Trabalho.[20] Discussões

20 Conflito negativo de competência. Justiça Federal e Trabalhista. Execução Fiscal movida pela União. Multa Trabalhista aplicada ao empregador. Exegese do art. 114, VII, da Carta Magna de 1988, acrescido pela Ementa Constitucional nº 45/2004.1. O inciso VII do art. 114, da Carta Magna de 1988, prevê a competência da Justiça Trabalhista para processar e julgar as ações relativas às penalidades administrativas impostas aos empregadores pelos órgãos de fiscalização das relações de trabalho. 2. Ressoa inequívoco que as alterações engendradas no texto constitucional foram no afã de transferir à justiça Trabalhista a competência para processar e julgar os litígios envolvendo multas trabalhistas, aplicadas por autoridade administrativa vinculada ao Poder Executivo (Ministério do Trabalho); de sorte que as execuções fiscais se incluem no termo "ação", utilizado pelo legislador de forma genérica. 3. Exegese induzida pela inequívoca inviabilidade da execução fiscal ser ajuizada na Justiça Federal e os respectivos embargos, que se constituem como

vêm ocorrendo com relação àquelas multas aplicadas por Associações de Classe e Conselhos Regionais. Entendemos que nestas situações a competência se estabelece em razão da pessoa e é da Justiça Comum ou Federal, pois o inciso VII do art. 114 é claro ao determinar que a competência será da Justiça do Trabalho quando a ação proposta for relativa às penalidades administrativas impostas aos empregadores pelos órgãos de fiscalização das relações de trabalho. Portanto, delimitou aqui o âmbito de alcance da norma, de modo que não sendo multa imposta por órgão de fiscalização das relações de trabalho não se pode impor à Justiça do Trabalho a competência para decidir sobre tal questão.

7) Contribuições Sociais ➔ A ordem para que a Justiça do Trabalho passasse a executar as contribuições previdenciárias advindas de suas decisões veio com a EC nº 20/1998 que determinou a execução *ex officio* de valores relativos a contribuições sociais. Houve muitas discussões e a norma foi por muitos reputada de inconstitucional.[21] Parece que a EC nº 45/2004 pretendeu dar um basta às discussões quando, ratificando o teor da Lei nº 10.035/2000 que sofreu alteração em razão da Lei nº 11.457, de 16/3/2007. Esta última alterou a redação do parágrafo único do art. 876 para prever que *"serão executadas* ex officio *as contribuições sociais devidas em decorrência de decisão proferida pelos Juízes e Tribunais do Trabalho, resultantes de condenação ou homologação de acordo, inclusive sobre os salários pagos durante o período contratual reconhecido"*. A Lei nº 10.035/2000 havia tentado, em razão da extensão, resolver um problema de arrecadação de contribuições previdenciárias, criando-se diversos entraves à execução e discussões entre as partes e a Previdência que contribuem para sobrecarregar o Judiciário trabalhista com questões que, na verdade, não deveriam ter o *iter* que o legislador lhes previu, pois, realmente, violam o princípio do devido processo legal, ainda que estejam resguardadas pela norma constitucional invocada.

Sabendo-se da dificuldade que a Previdência estava passando para lograr fazer tais cobranças, mesmo porque não estava suficientemente aparelhada para

"ação" autônoma, tramitarem na Justiça Trabalhista." Precedentes: CC 57.291 – SP, Rel. Min. Castro Meira, Primeira Seção, DJ de 1º de agosto de 2006; CC 57.291 – SP, Rel. Min. Teori Albino Zavascki, Primeira Seção, DJ de 15 de maio de 2006; CC 45.607 – SP, Rel. Min. Denise Arruda, Primeira Seção, DJ de 27 de março de 2006. 4. Conflito negativo de competência conhecido para declarar a competência do Juízo da 82ª Vara do Trabalho de São Paulo – SP.(CC 62836/SP ; Conflito de Competência 2006/0086276-2 – Min. Luiz Fux – S1 – Primeira Seção – DJ 18/12/2006, p. 285).

21 *Ver* artigo com rico conteúdo sobre o tema de Salvador Laurino, "A execução da contribuição previdenciária: processo inquisitorial e violação a garantias elementares do devido processo legal", publicado no *Jornal Magistratura e Trabalho*, nº 40, abril/maio de 2001.

tanto, a Lei nº 11.457/2007 trouxe alterações pontuais com a extinção da Secretaria da Receita Previdenciária do Ministério da Previdência Social e atribuição à Secretaria da Receita Federal do Brasil para cobrança dos créditos sociais decorrentes da Lei nº 8.212/1991. Cabe, agora, à União fazer as cobranças dos créditos decorrentes de decisões homologatórias ou não proferidas pela Justiça do Trabalho e não mais a Autarquia Federal (INSS).

5.1.2. Competência em Razão da Pessoa

A competência da Justiça do Trabalho é fixada, ainda, em razão da pessoa envolvida na lide. Aqui o legislador observa as partes na relação negocial para fixar o Juízo competente para conhecer e julgar a matéria. Entendemos que a divisão que podemos apresentar é a que segue.

1) Relações de Trabalho Relativas a Funcionários Públicos ➔ Não se pode negar que a relação mantida entre o funcionário público e a Administração Pública é de natureza trabalhista. O trabalhador (funcionário público) é subordinado à Administração Pública e está a ela vinculado por um *contrato de emprego* regido, todavia, por normas de direito público e restritas ao interesse da Administração Pública. As normas jurídicas atinentes a este contrato encontram seu principal berço jurídico regulamentar no art. 37 da CF. Este contrato, no entanto, pode ser de duas espécies: estatutária, regida pelo Estatuto dos Funcionários Públicos, que pode ser Municipal, Estadual ou Federal; ou celetista, regida pela CLT.[22]

Sendo o contrato firmado com trabalhador celetista (ou seja, regido pela CLT), a competência para conhecer e julgar as questões advindas deste contrato será da Justiça do Trabalho, ainda que tenha havido a conversão do regime celetista para o estatutário em razão da previsão constitucional (art. 19, ADCT). O STF firmou, assim, seu entendimento, não procedendo qualquer discussão posterior a tal fixação:

> Justiça do Trabalho: competência: reclamação ajuizada antes da transição do regime celetista para estatutário: Competência da Justiça Trabalhista para processar a lide até o momento da referida conversão." Precedentes (AI-AgR 402635/RS – Rio Grande do Sul – Ag.Reg. no Agravo de Instrumento Relator (a): Min. Sepúlveda Pertence – j. 5/9/2006 – Órgão Julgador: Primeira Turma).

22 Estamos falando de relações subordinadas. É certo que a Administração Pública poderá contratar profissionais autônomos, pessoas jurídicas, enfim, pode negociar aquilo que for de seu interesse e necessidade.

Neste meso sentido o STJ pacificou o entendimento por meio da publicação das Súmulas n°s 97[23] e 137.[24]

A redação do inciso I do art. 114 da CF levou a uma primeira impressão de que aquele entendimento seria alterado, pois passaria à Justiça do Trabalho a competência para processar e julgar as causas entre servidor público estatutário e a Administração Pública. Todavia, não foi este o entendimento que prevaleceu no STF que assim vem decidindo:[25]

> Inconstitucionalidade. Ação Direta. Competência. Justiça do Trabalho. Incompetência reconhecida. Causas entre o Poder Público e seus servidores estatutários. Ações que não se reputam oriundas de relação de trabalho. Conceito estrito desta relação. Feitos da competência da Justiça Comum. Interpretação do art. 114, inc. I, da CF, introduzido pela EC nº 45/2004. Precedentes. Liminar deferida para excluir outra interpretação. O disposto no art. 114, I, da Constituição da República, não abrange as causas instauradas entre o Poder Público e servidor que lhe seja vinculado por relação jurídico-estatutária. (ADI-MC 3395/DF – Distrito Federal – Medida Cautelar na Ação Direta de Inconstitucionalidade – Rel. Min. Cezar Peluso – j. 5/4/2006 – Órgão Julgador: Tribunal Pleno)

Não se olvide que a interpretação feita pelo STF quanto a esta matéria se esteia, ainda, na liminar concedida em Ação Direta de Inconstitucionalidade pro-

---

23 Súmula nº 97: Compete à Justiça do Trabalho processar e julgar reclamação de servidor público relativamente a vantagens trabalhistas anteriores.

24 Súmula nº 137: Compete à Justiça comum estadual processar e julgar ação de servidor público municipal, pleiteando direitos relativos ao vínculo estatutário.

25 Veja, ainda, a notícia trazida no *site* do STF em 28/1/2005, às 17h07: (www.stf.gov.br): ***Supremo esclarece interpretação da Constituição quanto ao julgamento de estatutários.*** *No julgamento do pedido de liminar na Ação Direta de Inconstitucionalidade (ADI) nº 3395, ajuizada pela Associação dos Juízes Federais do Brasil (Ajufe), o presidente do Supremo, ministro Nelson Jobim, deu interpretação conforme a Constituição ao item da reforma do Judiciário (EC nº 45/04) que trata das competências da Justiça do Trabalho. Essa liminar será levada a Plenário para referendo. De acordo com a decisão, fica suspensa interpretação do inciso I do art. 114 da Constituição Federal – com a redação atualizada pela emenda – que atribua à Justiça do Trabalho competência para julgar causas instauradas entre poder público e servidores com vínculo estatutário, ou seja, regidos pela Lei nº 8.112/1990. Para esses casos, mantém-se a competência da Justiça Federal. A Ajufe contestou na ADI o texto promulgado, aprovado pela Câmara, suprimindo a parte da redação aprovada pelo Senado, que deixava clara a competência da Justiça Federal para julgar questões trabalhistas envolvendo estatutários. Segundo Jobim, as demandas relacionadas aos servidores, regidos pela Lei nº 8.112/1990 e pelo Direito Administrativo, são diversas dos contratos de trabalho instituídos com base na Consolidação das Leis do Trabalho (CLT). "Não há que se entender que Justiça trabalhista, a partir do texto promulgado, possa analisar questões relativas aos servidores públicos."* Assim, o ministro concedeu a liminar, com efeito "*ex tunc*" (retroativo), para dar interpretação conforme a Constituição ao inciso I do art. 114 da Constituição Federal, na redação da EC nº 45/2004. "Suspendo toda e qualquer interpretação dada ao inciso, que inclua na competência da Justiça do Trabalho a apreciação de causas que sejam instauradas entre o Poder Público e seus servidores, a ele vinculados por típica relação de ordem estatutária ou de caráter jurídico-administrativo."

posta pela Associação de Juízes Federais do Brasil – Ajufe[26] concedida em 27/1/2005 pelo presidente daquela Corte que assim entendeu:

> *(...) A não inclusão do enunciado acrescido pelo SF em nada altera a proposição jurídica contida na regra. (...) Não há que se entender que a justiça trabalhista, a partir do texto promulgado, possa analisar questões relativas aos servidores públicos. Essas demandas vinculadas a questões funcionais a eles pertinentes, regidos que são pela Lei nº 8.112/1990 e pelo direito administrativo, são diversas dos contratos de trabalho regidos pela CLT. (...) Em face dos princípios da proporcionalidade e da razoabilidade e ausência de prejuízo, concedo a liminar, com efeito "ex tunc". Dou interpretação conforme ao inciso do art. 114 da CF, na redação da EC nº 45/04. Suspendo, "ad referendum", toda e qualquer interpretação dada ao inciso do art. 114 da CF, na redação dada pela EC 45/04, que inclua, na competência da Justiça do Trabalho, a "... apreciação ... de causas que... sejam instauradas entre o poder público e seus servidores, a ele vinculados por típica relação de ordem... .*

O feito não julgado no mérito, até esta data, segue seu regular processamento. Podemos, portanto, concluir que a competência para processar e julgar servidores públicos celetistas é da Justiça do Trabalho. Sendo o regime do servidor estatutário, a competência será da Justiça comum, estadual ou Federal, dependendo a que esfera do poder estiver o servidor vinculado. A decisão mais recente, de 7/3/2007 proferida pelo STF, ratifica a posição daquele Tribunal sobre a questão. O ministro Gilmar Mendes, na apreciação de liminar sobre questão envolvendo esta matéria assim entendeu:[27]

> Medida Cautelar em reclamação 4.990-6 Paraíba, Rel. Min. Gilmar Mendes, Reclamante(s): Município de João Pessoa, Advogado(a/s): Gilberto Carneiro da Gama e outro(a/s), Reclamado(a/s): Juiz do Trabalho da 7ª Vara do Trabalho de João Pessoa (Processo nº 01385.2006.022.13.00-2) Reclamado(a/s): Relator da Medida Cautelar nº 00064.2007.000.13.00-4 do Tribunal Regional do Trabalho da 13ª Região interessado(a/s): Ministério Público do Trabalho Decisão: trata-se de reclamação, como pedido de liminar, ajuizada pelo Município de João Pessoa/PB contra decisões proferidas pelo Juiz do Trabalho da 7ª Vara do Trabalho de João Pessoa/PB nos autos da Ação Civil Pública nº 01385.2006.022.13.00-2, e pelo Tribunal Regional do Trabalho da 13ª Região (TRT-13ª) nos autos da Medida Cautelar nº 00064.2007.000.13.00-4. O reclamante narra que, na origem, o Ministério Público do Trabalho da Paraíba ajuizou Ação Civil Pública em face do Município de João Pessoa pleiteando, liminarmente, que este se abstivesse de demitir qualquer agente comunitário de saúde e de combate às endemias até o trânsito em julgado da sentença, sob pena de multa, e, no mérito, o reconhecimento

26 Ação Direta de Inconstitucionalidade nº 3.395.

27 http://conjur.estadao.com.br/static/text/53656,1.

da natureza jurídica celetista da relação estabelecida entre esses agentes e a municipalidade. O pedido cautelar foi deferido, mas posteriormente suspenso pelo TRT-13ª, tendo em vista o não-cumprimento do disposto no art. 2ª da Lei nº 8.437/1992 ("No mandado de segurança coletivo e na ação civil pública, a liminar será concedida, quando cabível, após a audiência do representante judicial da pessoa jurídica de direito público, que deverá se pronunciar no prazo de setenta e duas horas" – *grifei*). Apresentada a contestação pela municipalidade, o juízo da 7ª Vara do Trabalho de João Pessoa/PB proferiu nova decisão, reiterando os termos daquela anteriormente exarada. O Município de João Pessoa, então, requereu mais uma vez a suspensão da decisão de primeiro grau, no que foi novamente atendido pelo TRT-13ª, em decisão de sua Presidenta, que reconheceu a incompetência da Justiça do Trabalho para o feito, citando expressamente o entendimento fixado pelo Supremo Tribunal Federal na ADI-MC nº 3.395/DF. Essa decisão foi agravada pelo Ministério Público do Trabalho da Paraíba que, concomitantemente, ajuizou ação cautelar inominada incidental para conceder efeito suspensivo ao agravo. Tal pleito foi deferido pelo decano do TRT-13ª, em decisão da qual destaco o trecho a seguir (fls. 133-134): "As circunstâncias relatadas nos autos denotam a iminência de demissão imotivada de diversos agentes comunitários de saúde e de combate às endemias, em razão da suspensão da decisão antecipatória dos efeitos da tutela de mérito, proferida nos autos de Ação Civil Pública intentada pelo Ministério Público do Trabalho, que determinava ao Município de João Pessoa – PB o dever de abster-se de tal conduta até o trânsito em julgado da sentença de mérito. Da situação relatada, pois, colhe-se a existência de razoável receio de grave lesão a uma das partes envolvidas, que autoriza, no art. 798 do CPC, a concessão do provimento liminar ora pretendido, deferindo-se efeito suspensivo ao agravo ora proposto, como forma de resguardar o bem jurídico ameaçado de lesão até a prolação da decisão referente ao agravo. Demais disso, vislumbra-se presente o requisito da fumaça do bom direito. Com efeito, a decisão agravada, ao deferir a medida suspensiva, examinando-a à luz do disposto na Lei nº 8.437/1992, entendeu satisfeita a exigibilidade insculpida em seu art. 2º, bem como considerou inexistentes as hipóteses de lesão à ordem, à saúde, à segurança e à economia públicas, elencadas em seu art. 4º, culminando pelo deferimento daquele pleito em virtude da constatação da incompetência material da Justiça do Trabalho, em razão da natureza excepcional da relação havida entre as partes, de caráter jurídico-administrativo. Não obstante, os argumentos suscitados pelo Ministério Público do Trabalho manifestam a existência de legislação específica aplicável aos agentes comunitários em foco, consubstanciada na Emenda Constitucional nº 51/2006, Lei nº 11.350/2006, art. 17, e MP 16/2007, art. 2º, que, dispondo acerca da submissão dos mesmos ao regime da Consolidação das Leis do Trabalho, o que revelaria a competência desta Justiça Especializada para o exame da demanda, de modo que demonstrada a verossimilhança do direito invocado, exame que se leva a efeito, nesta oportunidade, mediante cognição superficial, como é próprio aos provimentos liminares. Diante do exposto, defiro a liminar pleiteada e determino a imediata suspensão dos efeitos do despacho proferido nos autos do Processo no 00034.2007.000.13.00-8, restaurando os efeitos da decisão proferida pela 7ª Vara do Trabalho de João Pessoa – PB, nos autos da Ação Civil Pública no 1385.2006.022.13.00-2, proposta pelo Ministério Público do Trabalho, nos exatos termos em que proferida. Intimem-se o Ministério Público do Trabalho, o requerido e o Juiz da 7ª Vara do Trabalho de João Pessoa – PB. João Pessoa, 2 de março de 2007." (fls. 133-134). É contra essa decisão, proferida na Medida Cautelar nº 00064.2007.000.13.00-4, e aquela por esta restaurada, proferida na Ação Civil Pública nº 01385.2006.022.13.00-2, que o reclamante se insurge. Afirma que os agentes comunitários de saúde e de combate às endemias foram contratados temporariamente, devido a excepcional interesse público, conforme prevêem o art. 37, IX, da Constituição Federal, e a Lei Municipal nº 9.584/2001.Tal relação teria, a seu ver, caráter jurídico-administrativo. Por essa razão, o reclamante argumenta que o ato impugnado teria afrontado a decisão proferida pelo Supremo Tribunal Federal na ADI-MC no 3.395/DF, Rel. Cezar Peluso, DJ 10/11/2006, cuja ementa é a seguinte: "Ementa: Inconstitucionalidade. Ação direta. Competência. Justiça do Trabalho. Incompetência reconhecida. Causas entre o Poder Público e seus servidores estatutários. Ações que não se reputam oriundas de relação de trabalho. Conceito estrito desta relação. Feitos da competência da Justiça Comum. Interpretação do art. 114, inciso I, da CF, introduzido pela EC nº 45/2004. Precedentes. Liminar deferida para excluir outra interpretação. O disposto no art. 114, I, da Constituição da República, não abrange as causas instauradas entre o Poder Público e servidor que lhe seja vinculado por relação jurídico-estatutária." Quanto à urgência da pretensão cautelar (*periculum in mora*), aduz que "a ACP multicitada está em pleno curso, cuja fase seguinte é a apresentação de alegações finais com a conseqüente sentença, ocasionando, fatalmente, um prejuízo tanto para o jurisdicionado como para a administração, já que a decisão será proferida por um Juiz absolutamente incompetente" (fl. 10). Dessa forma, requer a concessão de medida liminar para suspender os efeitos do ato reclamado. Passo a decidir o pedido de medida liminar. À primeira vista, sem adentrar na questão relativa à natureza do vínculo estabelecido entre o Município de João Pessoa e os agentes de saúde, entendo que é plausível a alegação de afronta à decisão proferida pelo Tribunal na ADI-MC nº 3.395/DF. Em situações semelhantes, a Corte, reconhecendo o possível desrespeito à decisão na ADI-MC nº 3.395/DF, tem concedido a medida liminar para suspender o curso de ações em trâmite na Justiça do Trabalho que tenham como objeto as causas instauradas entre o Poder Público e seus servidores. Cito os seguintes precedentes: Reclamada nº 4.912/GO, Rel. Carmen Lúcia, DJ 6/3/2007; Reclamada nº 4.948/MS, Rel. Ricardo Lewandowski, DJ 27.2.2007; Reclamada nº 3.183/PA, Rel. Joaquim Barbosa, DJ 15.4.2005; Reclamada nº 3.737/PA, Rel. Ellen Gracie, DJ 24/8/2005; Reclamada nº 3.303/PI, Rel. Carlos Britto, DJ 29.6.2005 e Reclamada nº 3.431/PA, Rel. Carlos Britto, DJ 8/8/2005. Ante o exposto, ressalvado melhor juízo, defiro a liminar para suspender, até o julgamento final desta reclamação, os efeitos das decisões proferidas na Ação Civil Pública nº 01385.2006.022.13.00-2, da 7ª Vara do Trabalho de João Pessoa/PB, e na Medida Cautelar nº 00064.2007.000.13.00-4, do Tribunal Regional do Trabalho da 13ª Região, bem como o andamento de ambos os processos. Comunique-se, com urgência. Solicitem-se informações. Após, abra-se vista à Procuradoria-Geral da República. Publique-se.

2) Pequeno Empreiteiro e Trabalhador Avulso ➔ Não obstante não faça parte do rol do art. 114 da CF, cumpre-nos tratar destas duas figuras, em razão da previsão inserta nos arts. 7º, XXXIV, da CF, e 652 da CLT.

A competência estabelecida a favor destes tipos de trabalhadores vem prevista nos arts. 652, III, e 643, respectivamente, da CLT. Constitucionalmente, tem fundamento no inciso IX do art. 114 que, como já nos referimos, abre espaço para a norma infraconstitucional permitir que a competência da Justiça do Trabalho abranja outros tipos de contratos em que há prestação de serviços de caráter não subordinado.

O pequeno empreiteiro deve ser qualificado como aquele que, por sua condição econômica, presta serviços sozinho ou auxiliado por um ou mais ajudantes. Cada caso concreto dirá, pois não se poderá valer-se desta exceção uma grande empresa, devidamente organizada e aparelhada. Será pequeno empreiteiro, *v.g.*, o pedreiro que se contrata para a pintura de uma sala ou construção de um muro.

O intuito do legislador aqui foi atingir o prestador de serviços em pequena empreitada que deixava muitas vezes de reclamar na Justiça comum (seu contrato é de natureza civil) em razão dos altos custos e adiantamento de custas do processo civil. Observe-se que, à época que esta regra foi promulgada, não havia Juizados especiais e, por isso, abriram-se a este tipo de trabalhador as portas da Justiça do Trabalho, em que não era necessário o adiantamento de custas e representação por advogado.

O trabalhador avulso é agregado em sindicatos. Ensinam Wagner e Cáudia Giglio que é o "trabalhador da orla marítima, como os estivadores, os conferentes de cargas, o vigia portuário, o ensacador de café, o classificador de grãos etc., que não têm empregador, mas trabalham em grupo por indicação de seu sindicato" (2006, p. 56). A CF estendeu os direitos dos trabalhadores subordinados (art. 7º, XXXIV) em razão da posição frágil e especial que ocupam na relação negocial, o que acabou por corroborar a norma celetista quanto à determinação da competência para conhecer e julgar conflitos em que sejam partes trabalhador avulso e o tomador de serviços.

Frise-se que tais trabalhadores não são subordinados, mas por política legislativa e considerando a semelhança de suas posições na relação negocial ao trabalhador subordinado é que se permitiu que pudessem postular eventuais pretensões na Justiça do Trabalho.

3) Entes Públicos de Direito Externo ➔ O inciso I do art. 114 da CF prevê que o juiz do Trabalho terá competência para processar e julgar processos em que seja parte os entes de direito público externo. Tal regra deve ser lida em consonância com as dispostas na Convenção de Viena,[28] aprovada pelo Congresso Nacional através do Decreto Legislativo nº 6, de 1967. Tal previsão constitucional não significa revogação ou incompatibilidade com a Convenção. Necessária a interpretação harmônica dos sistemas.

Os funcionários de carreira ou honorários bem como os entes públicos externos estão imunes à jurisdição nacional,[29] sendo lícito que o Estado renuncie a tal imunidade, desde que o faça expressamente. Observe que a imunidade é concedida ao funcionário consular em razão do exercício de suas funções, o que leva à conclusão de que, se o ato for praticado fora deste exercício, não há que se falar em imunidade de jurisdição.

Quanto aos familiares do funcionário ou empregado consular, a Convenção dispõe que *os privilégios e imunidades previstos na presente Convenção não serão concedidos aos membros da família de funcionário consular honorário nem aos da família de empregado consular de repartição consular dirigida por funcionário consular honorário* (art. 58, 3). E, se forem nacionais ou residentes permanentes do Estado receptor, o art. 71 dispõe:

> *1. Salvo se o Estado receptor conceder outras facilidades, privilégios e imunidades, os funcionários consulares que sejam nacionais ou residentes permanentes desse Estado somente gozarão de imunidade de jurisdição e de inviolabilidade pessoal pelos atos oficiais realizados no exercício de suas funções e do privilégio estabelecido no § 3º do art. 44. No que diz respeito a esses funcionários consulares, o Estado receptor deverá também cumprir a obrigação prevista no art. 42. Se um processo penal for instaurado contra esses funcionários consulares, as diligências deverão ser conduzidas, exceto no caso em que o funcionário estiver preso ou detido, de maneira a que se perturbe o menos possível o exercício das funções consulares.*

28 A Convenção de Viena versa sobre Relações Consulares e foi assinada na cidade de Viena em 24 de abril de 1963.

29 Art. 43, I, da Convenção de Viena.

2. Os demais membros da repartição consular que sejam nacionais ou residentes permanentes do Estado receptor e os membros de sua família, assim como os membros da família dos funcionários consulares mencionados no parágrafo 1º do presente art., só gozarão de facilidades, privilégios e imunidades que lhes forem concedidos pelo Estado receptor. Do mesmo modo, os membros da família de um membro da repartição consular e os membros do pessoal privado que sejam nacionais ou residentes permanentes do Estado receptor só gozarão das facilidades, privilégios e imunidades que lhes forem concedidos pelo Estado receptor. Todavia, o Estado receptor deverá exercer sua jurisdição sobre essas pessoas de maneira a não perturbar indevidamente o exercício das funções da repartição consular.

Os arts. 42 e 43 tratam da imunidade de jurisdição, com a seguinte redação:

Art. 42
Notificação em Caso de Detenção, Prisão Preventiva ou Instauração de Processo
Em caso de detenção, prisão preventiva de um membro do pessoal consular ou de instauração de processo penal contra o mesmo, o Estado receptor deverá notificar imediatamente o chefe da repartição consular. Se este último for o objeto de tais medidas, o Estado receptor levará o fato ao conhecimento do Estado que envia, por via diplomática.

Art. 43
Imunidade de Jurisdição
1. Os funcionários consulares e os empregados consulares não estão sujeitos à jurisdição das autoridades judiciárias e administrativas do Estado receptor pelos atos realizados no exercício das funções consulares.
2. As disposições do parágrafo 1º do presente art. não se aplicarão, entretanto, no caso de ação civil:
a) que resulte de contrato que o funcionário ou empregado consular não tiver realizado implícita ou explicitamente como agente do Estado que envia; ou
b) que seja proposta por terceiro como conseqüência de danos causados por acidente de veículo, navio ou aeronave, ocorrido no Estado receptor.

Considerando, então, a norma constitucional e as previsões da Convenção, podemos assim concluir que a regra consiste em que, se o funcionário ou empregado consular contratar empregado para prestar serviço no consulado, haver-se-á que perscrutar se aquele que foi contratado está a serviço do estado estrangeiro no exercício de sua missão diplomática dentro do País. Caso contrário, ou se o estado houver renunciado à jurisdição, a competência será do juiz nacional. Portanto, em regra, os empregados contratados para prestar serviços em consulados verão seus conflitos de interesses julgados pela Justiça Nacional. Em recente julgado, proferido após a EC nº 45/2004, o TST decidiu confirmar os entendimentos anteriores que vinha mantendo:

Ação Rescisória. Entes de Direito Público Externo. Justiça do Trabalho. Competência Material. Esta corte vem reiteradamente decidindo pela competência da Justiça do Trabalho para julgar demandas envolvendo organismos internacionais. Isso porque a Justiça do Trabalho tem competência para dirimir conflitos decorrentes de qualquer relação de trabalho, inclusive contra entes de direito público externo, nos termos do art. 114 da Constituição Federal (...) A presente ação rescisória foi ajuizada pela Organização das Nações Unidas com supedâneo no art. 485, incisos II e V, do CPC, pretendendo desconstituir a decisão proferida pelo Tribunal Regional do Trabalho da 23ª Região (fls. 231-244), nos autos da Reclamação Trabalhista no 70/2001, movida perante a 1ª Vara do Trabalho de Cuiabá. A Autora alega ter sido violado pela decisão rescindenda o art. 114 da Constituição Federal, pois afirma possuir imunidade de jurisdição e de execução, motivo pelo qual não poderia sofrer a condenação imposta por juiz trabalhista brasileiro. O Tribunal Regional do Trabalho da 23ª Região julgou improcedente o pedido de corte rescisório, sob o aspecto da competência da Justiça do Trabalho, assim asseverando (fls. 433-448): Não me parece que outra possa ser a conclusão senão a de admitir que a Constituição Federal ao instituir a inafastabilidade da jurisdição tenha orientado ao legislador a impossibilidade de restrição a esse direito fundamental, ou seja, o direito à jurisdição. O princípio da inasfastabilidade ou princípio do controle jurisdicional assegura a todos o acesso ao Poder Judiciário, não podendo este deixar de atender aos jurisdicionados. De qualquer sorte, repiso, por força do art. 114 da Carta Magna, competente o juiz do trabalho para dirimir as causas trabalhistas ajuizadas em face de pessoa jurídica de direito externo. A Recorrente busca a reforma da decisão recorrida, renovando a argüição de incompetência absoluta em razão da matéria, pois o pedido vindicado nos autos originários da decisão rescindenda voltava-se contra organismo internacional; assim, entende não ser possível a atribuição da competência jurisdicional ao Poder Judiciário brasileiro e, muito menos, à Justiça do Trabalho, porquanto alega não ser aplicável ao seu quadro de empregados a Consolidação das Leis Trabalhistas. Contudo, sem razão a Recorrente, pois esta Corte tem reiteradamente decidido pela competência da Justiça do Trabalho para julgar demandas envolvendo organismos internacionais. Isso porque a Justiça do Trabalho tem competência para dirimir conflitos decorrentes de qualquer relação de Trabalho, inclusive contra entes de direito público externo, nos termos do art. 114 da Constituição Federal, verbis: "Art. 114. Compete à Justiça do Trabalho processar e julgar: I as ações oriundas da relação de trabalho, abrangidos os entes de direito público externo e da administração pública direta e indireta da União, dos Estados, do Distrito Federal e dos Municípios (destaque não constante do texto original). Ademais, não se pode confundir competência material e imunidade de jurisdição. Isso porque a idéia de imunidade absoluta do Estado já não encontra ressonância na legislação brasileira, com a declaração expressa da atual Carta Magna de que os litígios trabalhistas contra os entes de direito público de direito externo serão processados perante a Justiça do Trabalho. A imunidade significa que o beneficiado, relativamente aos atos *jure imperii*, não pode ser constrangido, salvo renúncia expressa ao privilégio, à condição de parte perante um foro doméstico" (in J. F. Rezek, Direito Internacional Público – Curso Elementar, p. 175). Ocorre que, ao celebrar contrato de trabalho, o ente internacional se nivela ao particular, pois pratica ato negocial, acarretando, por conseqüência, a aceitação ao Direito Privado nacional, entendimento também sustentado pelo Ministro João Oreste Dalazen, no artigo publicado em 9/9/02, na Revista Consulex, verbis: 'De tal sorte que se pode asseverar, com segurança, que hoje a tendência no plano do Direito Comparado, assim como na doutrina e jurisprudência brasileiras, é no sentido de aplicar com temperamentos a imunidade de jurisdição do Estado estrangeiro, afastando-a quando a pessoa jurídica de Direito Público Internacional celebra negócios privados, tal como um contrato de emprego. Entendo que, efetivamente, não são alcançados pela imunidade de jurisdição os litígios de natureza trabalhista entre a missão diplomática ou consular, ou organismo internacional, e pessoas contratadas como empregadas em nosso país, por múltiplos fundamentos. Primeiro, porque evidentemente não há manifestação de soberania ou ato de império do Estado ao firmar um contrato de trabalho: ao revés, há um ato negocial privado, em que o Estado desce do pedestal, despe-se do *jus imperii* que o caracteriza como poder soberano e nivela-se ou ombreia-se com qualquer particular, aceitando a aplicação do Direito privado nacional. Enfim, pratica um ato de gestão, sob a égide das leis do país. Assim sendo, a questão da competência da Justiça do Trabalho, na hipótese dos autos, é matéria pacificada pela legislação interna. Diante do exposto, nego provimento ao recurso quanto a este aspecto.' (Número único processo: ROAR – 467/2002-000-23-40 Publicação: DJ– 17/03/2006.)

4) Ações sobre Representação Sindical entre Sindicatos; entre Sindicatos e Trabalhadores; e entre Sindicatos e Empregadores ➜ A EC nº 45/2004 nada mais fez do que corrigir uma anomalia que havia antes. É certo que a matéria relativa a relações sindicais não faz parte do estrito conceito de relação de trabalho, mas não menos correto é afirmar que não fazia sentido manter tal matéria nos foros cíveis, pois a matéria liga-se diretamente à relação de trabalho. Some-se a isso tudo a larga atuação dos Sindicatos em relações de emprego e toda a regulamentação sobre este instituto estar prevista em normas trabalhistas. Quiçá este seja o primeiro passo para a tão esperada reforma sindical que o Governo se propôs a fazer.

5.1.3. Outras Controvérsias Decorrentes da Relação de Emprego

Diversas são as relações que podem ser discutidas na Justiça do Trabalho. Umas tipicamente de natureza trabalhista, outras que, por extensão legislativa, foram admitidas neste Juízo. A pedra de toque, na verdade, é saber se a relação é de natureza trabalhista ou não e decidir-se pelo alcance dado pela EC nº 45/2004 ao conceito de relação de trabalho. Podemos enumerar outros casos, todos que gerarem grandes polêmicas e que foram pacificados pelos Tribunais Superiores.

1) Servidores de Serviços Notariais e de Registros (Servidores de Cartório Extrajudicial) ➜ O art. 236 da CF regulamentou que tais serviço serão exercidos em caráter privado por delegação do Poder Público. Tal norma foi regulamentada pela Lei nº 8.935/2004. O STF[30] já havia firmado entendimento de que a competência para decidir eventuais conflitos, era da Justiça do Trabalho, pois a relação não poderia ser equiparada a de funcionário público estatutário. O TST[31] já tinha posição firmada, de modo que a postura assumida pelo STF nada mais fez do que corroborar o entendimento daquele Tribunal. A discussão ocorria em razão do regime que era aplicado a tais servidores antes da CF de 1988. A redação do art. 236 da CF não deixou dúvidas quanto à intenção do legislador e, tampouco, a redação da lei regulamentadora que assim prevê:

30 Conflito de Jurisdição. Competência. Reclamação trabalhista movida por empregado de Ofício extrajudicial, não oficializado, do Distrito Federal contra o respectivo titular. Lei nº 6.750/1979 (Lei de Organização Judiciária do Distrito Federal e Territórios), arts. 81 e 82. A remuneração dos empregados das serventias não-oficializadas do Distrito Federal deve ser paga pelos titulares, únicos responsáveis pelas obrigações trabalhistas. Os direitos dos empregados não-remunerados pelos cofres públicos, vinculados ao titular da serventia, são os previstos na legislação do Trabalho. A intervenção da Corregedoria-Geral da Justiça do Distrito Federal, nos referidos contratos de trabalho (Lei nº 6.750/1979, art. 81, § 3º), é meramente de natureza fiscalizadora e disciplinar. Constituição, arts. 114 e 236. Competência da Justiça do Trabalho e não da Justiça Comum do Distrito Federal. Conflito de Jurisdição conhecido, declarando-se, no caso, a competência do Tribunal Superior do Trabalho." (CJ 6964 / DF – Distrito Federal – Conflito de Jurisdição – Rel. Min. Néri da Silveira – Julgamento: 19/6/1991 Órgão Julgador: Tribunal Pleno – DJ 10-04-1992 PP-04797 – Ementa Vol.-01657-02 PP-00189).

31 Recurso de Revista. 1) Contrato de Trabalho firmado com Cartório Extrajudicial. Competência. É a Justiça do Trabalho competente para julgar questões ligadas à relação de trabalho postuladas por funcionário de Cartório extrajudicial, nos termos do art. 114 da Constituição Federal. 2)Vínculo empregatício.Cartório de Registro de Imóveis. Fatos e Provas. A satisfação dos requisitos legais atinentes ao contrato de trabalho habitualidade, pessoalidade, subordinação mostraram-se presentes à luz dos elementos de prova consignados nos autos, cuja nova apreciação, nesta instância recursal, encontra óbice nas disposições da Súmula-TST nº 126. Revista não conhecida. Vistos, relatados e discutidos estes autos de Recurso de Revista no TST-RR-726.893/2001.9, em que é Recorrente 10º Cartório de Registro de Imóveis de São Paulo e Recorrida Marizilda De Moraes Diniz. Relatório. Competência. Sustenta o Recorrente que o Regional, ao afastar a preliminar de incompetência, violou de forma direta o disposto no art. 236 da Constituição Federal e a Lei nº 8.935/1994, como também divergiu da jurisprudência dominante em outros Regionais. As violações apontadas não se confirmam. Sobre o tema esta Corte cristalizou o entendimento no sentido de que a Justiça do Trabalho tem competência para dirimir ação relativa a pedido relativo a servidor de Cartório extrajudicial, com base em decisão firmada pelo Supremo Tribunal Federal. A referendar tal posicionamento, vale destacar os seguintes precedentes: Funcionário de Cartório Extrajudicial contratado antes da vigência da Lei nº 8.935/1994 – competência da Justiça do Trabalho. A jurisprudência deste colegiado Tribunal Superior do Trabalho, na esteira do entendimento consagrado pelo excelso STF, vem se inclinando no sentido de reconhecer a competência da Justiça do Trabalho para conhecer os litígios entre cartórios extrajudiciais e os respectivos funcionários, mesmo se a contratação ocorreu antes da vigência da Lei nº 8.935/1994.

Art. 20 – Os notários e os oficiais de registro poderão, para o desempenho de suas funções, contratar escreventes, dentre eles escolhendo os substitutos, e auxiliares como empregados, com remuneração livremente ajustada e sob o regime da legislação do trabalho

...

Art. 48 – Os notários e os oficiais de registro poderão contratar, segundo a legislação trabalhista, seus atuais escreventes e auxiliares de investidura estatutária ou em regime especial desde que estes aceitem a transformação de seu regime jurídico, em opção expressa, no prazo improrrogável de trinta dias, contados da publicação desta lei.

§ 1º. Ocorrendo opção, o tempo de serviço prestado será integralmente considerado, para todos os efeitos de direito.

§ 2º. Não ocorrendo opção, os escreventes e auxiliares de investidura estatutária ou em regime especial continuarão regidos pelas normas aplicáveis aos funcionários públicos ou pelas editadas pelo Tribunal de Justiça respectivo, vedadas novas admissões por qualquer desses regimes, a partir da publicação desta lei.

Inteligência dos arts. 114 e 236 da Constituição Federal de 1988. Recurso de Revista não conhecido. (RR 676.146/2000. 4º Turma. Rel. Min. Milton de Moura França. DJ de 28/11/2003.) Competência da Justiça do Trabalho – Empregado de Cartório Extrajudicial. O regime adotado pelos cartórios extrajudiciais para a contratação de auxiliares e escreventes, mesmo antes da Lei nº 8.935/1994, era o celetista. Isso porque o art. 236 da Constituição da República de 1988 encerrando norma auto-aplicável, que dispensa, pois, regulamentação por lei ordinária – dispõe em seu *caput* que "Os serviços notariais e de registro são exercidos em caráter privado, por delegação do Poder Público."A expressão "caráter privado" revela nitidamente a exclusão do Estado como empregador. O titular do cartório, no exercício de delegação estatal, contrata, assalaria e dirige a prestação laboral, equiparando-se ao empregador comum, ainda mais porque aufere renda decorrente da exploração do cartório. Assim, é competente esta Justiça do Trabalho para conhecer e julgar reclamação ajuizada por empregado de cartórios extrajudiciais, pois a relação jurídica existente entre as partes tem a natureza mencionada no art. 114 da Constituição da República, ou seja, foi estabelecida entre trabalhador e empregador. Recurso de Revista integralmente não conhecido. (RR 378.565/1997. 3º Turma. Rel. Min. Maria Cristina Irigoyen Peduzzi. DJ de 16/11/2001.) Recurso de Revista. Competência da Justiça do Trabalho. Cartório. Regime Jurídico. Art. 236 Da Constituição Federal. Lei Federal nº 8.935/1994. O *caput* do art. 236 da Carta Constitucional contém norma auto-aplicável ou auto-executável quanto ao exercício privado dos serviços notariais e registrais, dispensando regulamentação por Lei ordinária. A expressão "caráter privado" expressa no texto da Carta Mandamental revela a exclusão do Estado como empregador e não deixa dúvidas quanto à adoção do regime celetista, pelo titular do Cartório, quando contrata seus auxiliares e escreventes antes mesmo da vigência da Lei Regulamentadora nº 8.935/1994. Ocorre que, como pessoa física que é, o titular do Cartório equipara-se ao empregador comum, ainda mais quando é notório que a entidade cartorial não é ente dotado de personalidade jurídica. Assim, no exercício de uma delegação do Estado porque executa serviços públicos, é o titular quem contrata, assalaria e dirige a prestação dos serviços cartoriais, como representante que é da serventia pública. Convém destacar que o titular desenvolve também uma atividade econômica, uma vez que aufere a renda decorrente da exploração do cartório. Competente, pois, a Justiça do Trabalho para apreciar e julgar o presente feito, nos termos do art. 114, da Carta Magna. Recurso a que se nega provimento. (RR – 408.203/1997. 3a Turma. Rel. Min. Carlos Alberto Reis de Paula. DJ de 28/9/2001.) Dessa feita, não há como reconhecer violados o art. 267 da Constituição Federal bem como a legislação ordinária indicada. (Proc. nº TST-RR-726.893/2001.9 C: Acórdão 4ª Turma – Ano: 2001 Publicação: DJ – 26/8/2005.)

Observe-se que o intérprete deverá zelar pelo regime anterior e pelos funcionários que não optaram pela conversão de regime, situação que, parece-nos, competir à Justiça Comum, conforme já decidido pelo STF e STJ no que diz respeito à competência para conhecer e julgar causas em que a relação seja estatutária, típica do funcionário público.

2) Meio Ambiente → as questões relacionadas a meio ambiente do trabalho devem ser resolvidas na Justiça do Trabalho. Antes da edição da Súmula nº 736 do STF a discussão era mais acirrada, e a partir daí a matéria se pacificou. A Justiça do Trabalho sempre julgou causas relativas a meio ambiente do trabalho, pois as questões relativas à insalubridade e periculosidade, obviamente, englobam a matéria, pois relacionadas à saúde do trabalhador e ao local onde presta serviços. Devemos entender por meio ambiente, em sentido *lato*, "... a interação do conjunto de elementos naturais artificiais e culturais que propiciem o desenvolvimento equilibrado da vida em todas as suas formas" (Silva, 1997, p. 2). O meio ambiente deve ser entendido como um bem único, mas costuma-se fracioná-lo em aspectos que auxiliam no estudo e defesa do mesmo. São, portanto, aspectos do meio ambiente: (a) Meio ambiente artificial – aquele constituído por edificações e construções; (b) Meio ambiente cultural – constituído pelo "(...) patrimônio histórico, artístico, arqueológico, paisagístico, turístico, que, embora artificial, em regra, como obra do homem, difere do anterior (que também é cultural), pelo sentido de valor especial que adquiriu ou de que se impregnou" (Silva, 1997 p. 3); (c) Meio ambiente natural ou físico – corresponde àquele que não sofreu a interferência da ação humana, representado pela água, ar, solo, atmosfera, flora e fauna; (d) Meio ambiente do trabalho – relativo àquele local onde se desenvolve a atividade laborativa.

Portanto, sendo fundada numa relação de emprego, as questões ambientais devem ser decididas na Justiça do Trabalho.

3) Questões Ligadas ao FGTS[32] → Há duas situações a serem diferenciadas: as ações propostas em face da CEF, órgão fiscalizador do fundo, e aquelas propostas em face do empregador. Estas últimas devem ser processadas e julgadas na Justiça do Trabalho, pois decorrem da relação de trabalho. Aquela outra, não obstante pode-se dizer que está atrelada à relação de trabalho, não pode ser aqui resolvida, pois o fundamento jurídico não permite a relação de trabalho e sim o contrato de natureza civil entre o empregado (ou empregador) e a CEF. Se, por exem-

32 Sobre questões relativas ao FGTS, *ver Direito do Trabalho,* desta coleção, de Rodrigo Schwarz.

plo, o empregado pretende que o empregador deposite valores relativos ao FGTS incidentes sobre horas extras, a questão decorre da relação de emprego; se a pretensão volta-se contra a CEF porque não aplicou uma determinada taxa de juros, a questão funda-se num contrato de natureza civil, diverso daquele que mantém com seu empregador. Neste sentido, a Lei nº 8.036/1990 tratou da matéria, visando aos dois tipos contratuais e, daí ter o intérprete de fazer a distinção no momento que necessitar decidir onde a ação deverá tramitar. No mesmo diapasão, o TST firmou o seu entendimento na Súmula nº 176. Importa dizer ainda que, mesmo que a CEF ou Ministério do Trabalho figure como litisconsorte do trabalhador, sindicato ou sucessores do trabalhador nas ações que visem ao pagamento de valores devidos ao fundo, se esta ação for fundada no contrato de trabalho, a competência da Justiça do Trabalho prevalece, não havendo um deslocamento da ação (art. 26, da Lei nº 8.036/1990).

4) Questões Ligadas ao PIS/Pasep ➜ É obrigação do empregador cuidar do cadastramento do empregado junto ao Programa de Integração Social (PIS) ou Programa de Assistência ao Servidor Público (Pasep) nos termos da LC nº 8 de 3/12/1970 e art. 239 da CF. Ensina Bezerra Leite que

> tais programas têm natureza de contribuições sociais e consistem em um fundo formado por depósitos mensais calculado sobre o faturamento, folha de salários (entidade sem fins lucrativos) ou sobre receitas (Lei. nº 9.715/1998) e são destinados ao financiamento do programa do seguro desemprego e ao pagamento de abono pecuniário previsto no § 3º do art. 239 da CF.[33]

Não procedendo o empregador o registro do empregado junto a tais programas, comete ato ilícito e, por isso, cabe ao empregado, em face da relação de trabalho que mantém, acionar o empregador para que seja condenado a proceder seu cadastramento e pagar-lhe os prejuízos por não ter o empregador cumprido com sua obrigação. A pretensão incluirá perdas e danos além do relativo à indenização do salário anual previsto no art. 239 da CF. O TST firmou seu entendimento quanto à competência da Justiça do Trabalho na Súmula nº 300[34], findando com as discussões quanto ao tema.

33 *Opus Cit.*, p. 169.

34 Nº 300. Competência da Justiça do Trabalho. Cadastramento no PIS (mantida). "Compete à Justiça do Trabalho processar e julgar ações ajuizadas por empregados em face de empregadores relativas ao cadastramento no Programa de Integração Social (PIS)." (Res. 121/2003, DJ 19, 20 e 21/11/2003). Histórico: Redação original – Res. nº 10/1989, DJ 14, 18 e 19/04/1989. *Nº 300 Competência da Justiça do Trabalho – Cadastramento no PIS.* Súmula nº 84 *"Compete à Justiça do Trabalho processar e julgar ações de empregados contra empregadores, relativas ao cadastramento no Plano de Integração Social (PIS)."*

5) Seguro Desemprego ➔ Deixando o empregador de fornecer ao empregado as guias relativas ao seguro desemprego ou praticando qualquer ação ou omissão que possa frustrar a fruição desse direito pelo empregado, poderá ser acionado, na Justiça do Trabalho, para arcar com a indenização compensatória, podendo ser cumulados, ainda, perdas e danos que porventura o empregado houver sofrido. Igualmente o TST firmou seu entendimento quanto à matéria na Súmula nº 389.[35]

5.1.4. Competência de Foro – em Razão do Lugar

A CLT estabelece que a competência das Varas do Trabalho será determinada, via de regra, pelo local da prestação de serviços, mesmo que a contratação tenha ocorrido em outro local (art. 651). Tal dispositivo tende a resolver as diversas situações em que poderá se encontrar o intérprete no momento de decidir sobre o local onde deverá propor a ação.

Há dois elementos que o intérprete deverá ter em mente para decidir acerca da competência: (a) a regra legal é sempre estabelecida em favor do empregado e não do empregador; (b) em geral, a competência será estabelecida considerando o local da prestação de serviços.

Podemos sintetizar tais regras da seguinte forma:

a) Determina-se a competência em razão do local onde o trabalhador presta serviços, mesmo que a ação seja proposta pelo empregador.
b) Se o trabalhador for agente ou viajante comercial, a competência será do local em que estiver localizada a agência ou filial a que o empregado estiver subordinado, e não havendo Vara nesta localidade, onde o empregado tiver domicílio, ou não havendo Vara aqui, na localidade mais próxima ao domicílio do empregado.
c) A competência é fixada pelo local da prestação de serviços.
d) Não havendo Vara na localidade, a competência se estende ao Município mais próximo.

35 Nº 389. Seguro-Desemprego. "Competência da Justiça do Trabalho. Direito à indenização por não liberação de guias (conversão das Orientações Jurisprudenciais nos 210 e 211 da SBDI-1)" – Resolução nº 129/2005, DJ 20, 22 e 25/4/2005 I – Inscreve-se na competência material da Justiça do Trabalho a lide entre empregado e empregador tendo por objeto indenização pelo não-fornecimento das guias do seguro-desemprego. (Ex-OJ no 210 da SBDI-1 – inserida em 8/11/2000.) II – O não-fornecimento pelo empregador da guia necessária para o recebimento do seguro-desemprego dá origem ao direito à indenização. (Ex-OJ no 211 da SBDI-1 – inserida em 8/11/2000.)

e) A competência da Vara do local do trabalho é fixada mesmo que o trabalhador tenha sido contratado no estrangeiro, salvo se houver convenção internacional dispondo de forma contrária.
f) Prestando serviço em várias localidades, em razão da atividade do empregador, o trabalhador poderá propor a ação, tanto na localidade de sua contratação quanto no local da prestação de serviços, à escolha do trabalhador.

Na hipótese de o empregado iniciar a prestação de serviços numa localidade e ali exercer suas funções por algum tempo antes de passar a outra localidade diversa onde se dará o encerramento do seu contrato de trabalho, há três entendimentos: (a) a competência será da Vara em que o contrato se encerrou; (b) a competência será da Vara em que o contrato foi executado por mais tempo; e (c) a competência será do local em que o empregado residir.

Entendemos que a solução deve ser dada observando o que importar em menores custos para o empregado e para o processo. Se o empregado trabalhou, por exemplo, dez anos em um local e três meses no local em que seu contrato foi rompido, parece-nos que naquele primeiro a prova seria obtida com mais fidelidade e com custos menores ao processo. O juiz deverá ter bom senso no momento em que tiver que decidir sobre a eventual exceção de incompetência argüida pela parte contrária.

Com a nova redação dada pela EC nº 45/2004 é certo que outras ações passaram a ser processadas e julgadas na Justiça do Trabalho, que não decorrem, propriamente, de uma relação de trabalho. É o que ocorre, por exemplo, com os conflitos entre sindicatos. Nesta situação, pensamos que a competência deverá ser estabelecida pelas regras dispostas nos arts. 94 e seguintes do CPC, sem olvidar que, no caso de cobrança de dívidas de natureza fiscal, deverá ser respeitado o disposto na Lei nº 6.830/1980, reguladora da matéria. Desta forma, a competência será estabelecida:

a) Art. 94 CPC: Pelo foro de domicílio do réu;
b) Art. 99 CPC: O foro da capital do estado, sendo a União autora, ré ou interveniente;
c) Art. 100, IV do CPC: do lugar:
   I) onde está a sede, para a ação em que for ré a pessoa jurídica;
   II) onde se acha a agência ou sucursal, quanto às obrigações que ela contraiu;

III) onde exerce a sua atividade principal, para a ação em que for ré a sociedade que carece de personalidade jurídica;
IV) onde a obrigação deve ser satisfeita, para a ação em que se lhe exigir o cumprimento.

Considerando as ponderações feitas acerca das regras sobre competência estabelecidas na CLT e na CF, entendemos que as situações acima relatadas serão as mais comuns a se apresentar na Justiça do Trabalho.

5.1.5. Competência Absoluta e Relativa

Diz-se absoluta a regra de competência que não pode ser alterada sob pena de acarretar a nulidade do processo. Desta forma, o local estabelecido pelo legislador deverá ser respeitado, incumbindo ao juiz, logo que recebe o processo, decidir acerca de sua própria competência. Relativa, diz-se da competência que poderá ser alterada, seja por vontade das partes, seja por um critério de prevenção, e que não acarretará a nulidade do feito.

Assim dispõe o legislador (art. 111, CPC):

> *A competência em razão da matéria e da hierarquia é inderrogável por convenção das partes; mas estas podem modificar a competência em razão do valor e do território, elegendo foro onde serão propostas as ações oriundas de direitos e obrigações.*

A competência estabelecida a favor da Justiça do Trabalho é absoluta, de modo que conhecida e decidida uma ação de natureza trabalhista por um juiz civil, por exemplo, este processamento será nulo e, por isso, em tese não poderá produzir qualquer efeito[36]. A incompetência absoluta é insuscetível de prorrogação ou modificação. A relativa, não.

36 Dizemos em tese porque o art. 485, II, do CPC ao tratar da ação rescisória dispõe que poderá constituir objeto desta ação o fato de ter sido a decisão proferida por juiz absolutamente incompetente, de sorte que, se nada for alegado pelas partes ou pelo Ministério Público, a sentença proferida irá transitar em julgado e somente poderá ser reconhecida sua invalidade por decisão proferida na rescisória.

Pode-se assim representar (art. 111, CPC):

Competência Relativa

- Em razão do território, à exceção das causas que trate de ações imobiliárias (art. 95)
- Ações em que a União for interveniente (art. 99)
- Em razão do valor da causa

Competência Absoluta

- Funcional (ex.: ação rescisória)
- Em razão da matéria (ex.: dano moral decorrente da relação de trabalho)
- Processos de insolvência civil ou comercial (art. 748 e ss. CPC e Lei nº 11.101/2005, respectivamente)

Conforme já dissemos, a competência em razão da matéria estabelecida no art. 114 da CF é absoluta. As regras insertas no art. 651 da CLT são de competência relativa, fundadas num critério especial em face da posição fragilizada do trabalhador. Portanto, aqui o legislador tratou desigualmente as partes, para poder igualá-las (princípio da isonomia) e em respeito ao princípio do protetivo e da interpretação mais favorável ao trabalhador. É uma das poucas situações em que o processo cuida das partes de forma desigual, visando a colocá-las no mesmo "pé" de igualdade.

5.1.6. Modificações de Competência

O legislador estabeleceu a competência de vários órgãos do Poder Judiciário levando em conta o interesse público ou o interesse das partes. No primeiro caso, considera sua própria conveniência; no segundo a comodidade das partes. Conforme as partes tenham ou não a possibilidade de poder ou não sofrer alterações na fixação do Juízo que escolheram para tramitar suas ações, é que se poderá a competência ser absoluta ou relativa.

A **modificação da competência** poderá ocorrer por imposição da lei ou por vontade das partes.

Uma vez proposta a ação, é fixada a competência do juiz e este torna-se **prevento** para todas as ações que com ela forem conexas, desde que: (a) não se trate de competência absoluta, pois o juiz conhecerá de ofício e deverá remeter o feito a outro Juízo (art. 113, CPC); (b) não seja acolhida eventual a oposição de exceção declinatória de foro (art. 114, CPC).

Diz-se prevenção a prefixação da competência para todo o conjunto das diversas causas que forem propostas. O juiz que primeiro conheceu uma das lides deverá ser competente para as demais. O CPC estabelece duas regras que, aparentemente, são contraditórias trazidas nos arts. 106 e 219 do CPC. Todavia, a doutrina e a jurisprudência fixarão o seguinte entendimento quanto à regra naqueles dispositivos: (a) se correrem ações conexas ou continentes por **Juízos diversos que estejam localizados em comarcas diferentes**, será competente aquele que primeiro realizou citação válida **(art. 219)**; (b) se correrem ações conexas ou continentes **por Juízos diversos que estejam localizados na mesma comarca**, será competente aquele que primeiro despachou no processo **(art. 106)**. Sabendo-se que no processo do trabalho o juiz, em regra, só toma contato com o processo em audiência e que o ato de citação é de cartório, a regra do art. 106 deverá ser interpretada com a ressalva de que a competência será determinada para aquele juízo em que o processo foi primeiro distribuído.

Conexão e **continência** são formas de **modificação legal da competência**. O legislador autoriza a modificação da competência pela **conexão (art. 103, CPC)** em razão da: (a) comunhão de objeto das ações; **ou** (b) comunhão de causa de pedir. Quando o legislador diz que poderão correr em conjunto causas conexas, não exige que o objeto ou a causa de pedir sejam *idênticos*, mas simplesmente que sejam de tal ordem que tenham objeto ou causa de pedir semelhantes, autorizando aquela reunião, a fim de evitar decisões contraditórias sobre matérias que sejam próximas, o que causaria insegurança jurídica.

Dá-se a **continência (art. 104, CPC)** quando se verificar que entre duas (ou mais) ações entre os mesmos litigantes o pedido de uma é maior que o da outra. Esta figura aproxima-se da litispendência, mas com ela não se confunde. Na litispendência, falta ao autor pressuposto processual para dar continuidade à segunda ação proposta, justamente porque repete uma ação que já está em curso. Na continência **a causa de pedir e as partes** são idênticas, mas o **objeto** da segunda ação é maior que o da primeira.

O efeito prático de tais institutos é que, correndo em separado duas ações em que haja conexão ou continência, o juiz deverá determinar, imediatamente, de ofício ou através de provocação de qualquer das partes ou do Ministério Público, a reunião das ações a fim de que possam ser apreciadas e decididas num mesmo momento (art. 105, CPC). Todavia, tal decisão tem que correr num determinado lapso temporal, ou seja, antes da decisão. Se o juiz já proferiu sentença em um dos processos, não será mais possível determinar a reunião das ações, em razão da letra do art. 105 do CPC.

Por fim, a modificação da competência poderá ocorrer por vontade das partes, ou seja, desde que o réu oponha exceção de incompetência relativa. A incompetência absoluta, por ser regra de ordem pública, poderá ser argüida por qualquer das partes ou decidida de ofício pelo juiz.

Apontamos, ainda, outros dois casos em que poderá ocorrer a modificação de competência:

a) **AÇÕES ACESSÓRIAS** – são aquelas que resultam da decisão de um outro processo ou que se prestam a colaborar na eficácia de outro processo, *v.g.*, ações cautelares.
b) **AÇÕES INCIDENTES** – podem concernir a um terceiro interveniente ou a uma ação proposta pelo próprio réu dentro do mesmo processos, *v.g.* reconvenção, denunciação da lide.

5.1.7. Conflito de Competência

Como dissemos, o juiz deverá verificar se é ou não competente para julgar a causa (art. 86, CPC). Se o juiz recebe a ação e nela toma qualquer decisão sem nada falar a respeito da competência, é porque, de modo implícito, aceitou ser competente para aquela causa. Daí dizer-se que o juiz pode reconhecer sua competência de modo: (a) espontâneo ou (b) provocado.

Se houver controvérsia em torno da competência, é possível que se resolva: (a) exceção de incompetência relativa (arts. 112, 304 a 331, CPC, e 799, CLT); (b) argüição ou declaração de incompetência absoluta (art. 113, CPC); (c) conflito de competência (arts. 115 e 124, CPC).

As exceções de incompetência relativa serão tratadas no tópico sobre a defesa do réu. Cabe-nos, aqui, cuidar da questão atinente ao conflito de competência.

Há conflito de competência quando dois ou mais juízes se dão por competentes (conflito positivo) ou incompetentes (conflito negativo) para julgar a mesma ação (arts. 808, CLT e 115, CPC). Somente se falará em conflito quando o processo não foi julgado, pois, se o juiz se deu por incompetente e decidiu extinguir o feito, não cabe falar em conflito mas, sim, em recurso ordinário contra a sentença prolatada.[37]

37 Não nos parece a melhor solução se dar por incompetente para julgar uma lide e extinguir o feito, pois o legislador ordena que se o juiz se der por incompetente deverá, desde logo, remeter os autos àquele que entenda ser competente para tanto. A única hipótese em que entendemos ser isso possível é aquela em que há pedidos cumulados e o juiz se dá por incompetente para apreciar um deles e, por isso, é mais econômico que, com relação a ele, extinga o processo ante sua incompetência.

Terá **legitimidade** para suscitar o conflito: **(a)** juiz; **(b)** partes, pessoalmente ou através de seu representante; **(c)** Ministério Público (art. 805, CLT).

A competência para decidir o conflito será o Tribunal hierarquicamente superior aos juízes conflitantes. Se o conflito se der entre Tribunais do Trabalho, a competência será do TST, e se ocorrer entre um juiz do Trabalho (ou Tribunal do Trabalho) e um juiz da Justiça comum ou Federal comum (ou Tribunal de Justiça ou Tribunal Federal), a competência será do STJ. O STF terá competência originária para decidir conflitos de competência que se instalarem entre Tribunais Superiores (TST e STJ, *v.g.*).

Suscitado o conflito por qualquer das partes ou Ministério Público através de petição, este será instruído com as provas necessárias e remetido ao Tribunal competente. Se o conflito for suscitado pelo juiz, enviará ao Tribunal suas razões com as provas e peças necessárias. Após a distribuição, o relator mandará ouvir os juízes, ou somente o suscitado, caso o conflito tenha sido argüido pelo juiz. O relator deverá dar vista ao Ministério Público para que se manifeste, posto que a questão é de ordem pública e exige intervenção *do parquet*. Com as manifestações e estando o processo em termo, levará a julgamento. A Lei nº 9.756/1998 trouxe importante inovação, pois permitiu que o Relator pudesse decidir de plano o conflito se houver jurisprudência dominante no Tribunal. O incidente correrá no Tribunal obedecendo sempre às normas de organização judiciária (art. 124, CPC e 812, CLT).

O prazo de pronunciamento, seja do juiz suscitante ou suscitado, será fiado pelo Relator (art. 119, CPC). O prazo que o Ministério Público terá para se manifestar será de cinco dias. Frise-se que, mesmo que seja ele o suscitante, deverá haver participação também na qualidade de *custus legis* (art. 116, parágrafo único, CPC).

A decisão do Tribunal a respeito do conflito, além de declarar qual o juiz é competente, deverá declarar quais os atos que eventualmente serão atingidos pela decisão (art. 122, CPC).

O conflito, positivo ou negativo, produz alguns efeitos:

a) **NEGATIVO** – O processo estará paralisado e os autos ficarão retidos em poder do juiz suscitante. Os atos urgentes poderão ser decididos pelo juiz designado para fazê-lo.
b) **POSITIVO** – O processo, em regra, terá seguimento normal, podendo o Relator determinar a suspensão do processo, de ofício ou a requerimento das partes. Se houver paralisação do andamento processual, os atos urgentes poderão ser decididos pelo juiz designado para fazê-lo.

Por fim, cumpre esclarecer que o conflito de jurisdição entre juiz do trabalho e juiz civil somente será apreciado pelo Tribunal do Trabalho (art. 809, CLT) quando este último estiver atuando no feito investido de jurisdição Trabalhista, o que pode ocorrer, excepcionalmente, em comarcas em que jurisdição trabalhista seja exercida por juiz civil em razão de não haver na localidade Justiça do Trabalho. Caso contrário, se o conflito for gerado, por exemplo, em razão de dúvida quanto à natureza da matéria discutida – se civil ou trabalhista –, a competência será do STJ nos termos do art. 102, I, *o*, da CF.

Capítulo 6
Sujeitos processuais das partes e dos procuradores

Sujeitos principais da relação processual, *parte* corresponde a um estado processual, tanto que não se confunde com as pessoas físicas que compõem os pólos da relação processual. Tal posição sequer se confunde com o objeto do processo. São as partes que praticarão vários atos no processo e em razão dessa desvinculação que se deve fazer entre a parte e o direito material é que será possível entender as vezes em que, excepcionalmente, não coincide a posição de parte processual com o titular de direito material.

O **princípio da dualidade de partes** no processo explica porque, em regra, o processo é formado por duas partes, ou seja, aquela que formula uma pretensão e aquela em face de quem essa pretensão é formulada. Mas tal dualidade, como ensina Francisco Ramos Mendez, refere-se exclusivamente *"a las posturas subjetivas identificables en el proceso y no al número de personas que intervengan en el mismo"* (1986, vol. I, p. 227). Desta forma, por corresponder à postura subjetiva é que pode ocorrer a chamada pluralidade de partes, como acontece, por exemplo, no litisconsórcio, em que se tem uma comunidade de direitos, mas as partes mantêm-se autônomas, não obstante haja uma pluralidade de partes no início ou no curso da relação processual (*v.g.*, caso as ações sejam reunidas por conexão).

A parte será ativa ou passiva, conforme se encontre na posição de autor – aquele que formula a pretensão – ou réu – aquele em face de quem essa pretensão é formulada. A CLT agarra-se à expressão *reclamante* e *reclamado*, para designar autor e réu, respectivamente. No processo de execução é comum utilizar-se os termos *exeqüente* e *executado* para designar o credor e o devedor, respectivamente. No processo cautelar, *requerente* e *requerido*, no mesmo sentido dos dois anteriores. Vamos aqui optar pela designação *autor* e *réu*, sem que isso apresente ofensa a qualquer disposição legal ou posição em contrário, mas simplesmente por nos parecer tecnicamente mais coerente com a tradição do estudo processual, isenta de apegos a regimes ou épocas que marcaram uma ou outra preferência legislativa.

Outro *princípio* que se deve ter em mente no trato das partes é o da *igualdade*. Tal princípio parece sofrer certo enfraquecimento no processo do trabalho, diante de algumas regras que, claramente, beneficiariam o autor. Primeiro cumpre dizer que este princípio resulta da posição processual da parte, devendo o legislador assegurar-lhes as mesmas expectativas e as mesmas conseqüências pelas cargas processuais assumidas. Há, no entanto, duas regras no processo do trabalho que marcam esta diferença: (a) se o autor não comparece à primeira audiência (ou simplesmente a única audiência designada), o processo é arquivado, enquanto a ausência do réu resultará em revelia e confissão (art. 844, CLT); (b) a determinação da competência é fixada em favor do empregado, pois o legislador opta por determinar que a ação será proposta no local da prestação de serviços e, quando esta se der em diversos locais, a escolha pelo local de propositura da ação caberá ao empregado, sem que a eventual oposição do réu possa ser acolhida.

Tais diferenças explicam-se historicamente, pois, não se pode olvidar que o empregado é a parte mais fraca na relação jurídica de direito material, e daí a existência de diversos princípios que lhe socorrem. A Justiça do Trabalho foi criada, mirando resolver conflitos eminentemente rurais e, considerando a vulnerabilidade do trabalhador, quis o legislador facilitar seu acesso à Justiça. Todavia, tem-se que levar em conta que a primeira regra, quanto ao arquivamento, é um benefício que aproveitará, igualmente, o empregador, caso seja ele o **reclamante** (art. 844, CLT). A segunda regra, relacionada à determinação da competência, é uma regra que visa a atender a parte mais fraca na relação contratual, e isso não cria uma desigualdade processual necessariamente, mas busca dar cumprimento ao princípio do acesso à Justiça, devendo-se ter em mente, ainda, que o fato de se propor as ações no local da prestação de serviço representa, na verdade, nada mais que uma combinação daquele *princípio* constitucional de acesso à Justiça com o *princípio de economia processual*.

São **pressupostos relativos às partes no processo**: (a) capacidade de **ser** parte; (b) capacidade de **estar** em juízo – capacidade processual; (c) capacidade de **pedir** em juízo – capacidade postulatória.

6.1. CAPACIDADE DE SER PARTE

Refere-se à capacidade de ser sujeito de uma relação processual. O conceito nos dá o Código Civil quando diz que *toda pessoa é capaz de direitos e deveres na ordem civil* (art. 1º). Portanto, toda pessoa natural ou jurídica terá capacidade para ser sujeito de processo.

Como já dissemos, "pessoa, em princípio, é o *ser humano*, mas o direito permite criações artificiais, fundado no próprio interesse humano, de certos entes que se apresentam agrupados e outros que, sem ter corpo certo, são visíveis aos olhos sociais e que o jurista não podia ignorar. São os primeiros denominados *pessoas jurídicas* e os segundos *pessoas formais*" (Nahas, 2004, p. 38).

Este reconhecimento realizado pelo direito substantivo de pessoas jurídicas e de pessoas formais é que traz a dificuldade do intérprete quando analisa estas massas patrimoniais e uniões de pessoas. Surge a questão sobre quem é o sujeito de obrigações e de direito e quem é o sujeito da relação processual.

Parece-nos que com relação às pessoas jurídicas, a doutrina e jurisprudência já têm assentado que são elas próprias as legitimadas a serem partes e não os entes que as constitui ou as massas patrimoniais que as formam. Não se olvide que o conceito de parte processual é desvinculado do conceito de direito substantivo. Portanto, podemos assim representar aquelas pessoas que têm capacidade de ser parte:

1. **Ser humano, não se olvidando que a lei coloca a salvo o direito do nascituro (arts. 1º e 2º, CC).**
2. **As pessoas jurídicas de direito público interno, quais sejam (art. 41, CC):**
   a) a União;
   b) os Estados, o Distrito Federal e os Territórios;
   c) os Municípios;
   d) as autarquias;
   e) as demais entidades de caráter público criadas por lei.
3. **As pessoas jurídicas de direito público externo, quais sejam (art. 42, CC):**
   a) os estados estrangeiros;
   b) todas as pessoas que forem regidas pelo direito internacional público.
4. **As pessoas jurídicas de direito privado, quais sejam (art. 44, CC):**
   a) as associações;
   b) as sociedades;
   c) as fundações.
5. **Massas patrimoniais sem personalidade jurídica, mas que o direito não pode ignorar sua existência, como por exemplo:**
   a) Massa falida (art. 12, III, CPC);
   b) Herança (art. 12, IV, CPC);
   c) Espólio (art. 12, V, CPC).

A dúvida poderia surgir com relação às sociedades comerciais de fato, ou seja, união de pessoas que não registraram seus estatutos nos órgãos competentes, não adquirindo, assim, personalidade; mas negociam no mercado, e o fato da irregularidade na sua constituição não pode servir de escudo para isentá-la das obrigações negociadas. O CC de 2002 resolveu qualquer resquício de dúvida que pudesse surgir em relação à posição irregular dessas pessoas: elas existem, embora de forma irregular, e por isso são denominadas de sociedade em comum (art. 986). Desta forma, o legislador nada mais fez que reconhecer a possibilidade de poderem ser sujeitos de direitos e, portanto, de relação jurídico-processual. A sociedade irregular será designada na relação pelo nome ou rótulo que utilizar para o exercício de sua atividade comercial.

O que queremos frisar é que, quando estudamos a capacidade de ser parte, não podemos confundir tal questão com o instituto da responsabilidade. Por exemplo, a sociedade em comum tem capacidade de ser parte, assim como seus sócios também o têm para estarem no mesmo processo. O intérprete deverá atentar, no momento em que pretende definir quem será parte no processo, qual o fundamento jurídico e legal que utilizará para a formação da relação que pretende intentar.

Ex.: Manoel, 11 anos de idade, contratado para prestar serviços subordinados pela sociedade em comum XYZ. Função de entrega de panfletos; salário de R$200,00 por mês; período de trabalho: oito horas diárias; sem registro em CTPS.

PARTE PROCESSUAL:

Capacidade para **ser** parte ativa → Manoel (representado por seu responsável)

Capacidade para **ser** parte passiva → Empresa XYZ

OU

Capacidade para **ser** parte passiva → Empresa XYZ + sócios

Obs.: *Não importa, para se concluir quem tem capacidade para ser parte, discutir a relação de direito material, mas sim observar quem poderá ser sujeito da relação processual que será iniciada e que ocupará a posição de parte.*

RELAÇÃO DE DIREITO MATERIAL

Credor → Manoel

Devedor principal → empresa XYZ (art. 186, CC)

Responsável secundário → sócios (responsabilidade solidária – art. 990, CC).

Obs.: *Aqui discutem-se a eventual nulidade contratual e todas as demais questões ligadas ao direito obrigacional. A escolha na formação do pólo passivo da ação caberá ao autor. A lei lhe abre duas possibilidades, quais sejam, voltar-se contra o devedor principal, ou contra ele e seus responsáveis, ou somente contra os responsáveis.*

6.2. CAPACIDADE POSTULATÓRIA

Refere-se à capacidade de poder pedir pessoalmente em Juízo. No processo do trabalho, a regra é de que a parte tem a capacidade pessoal de vir a Juízo pedir, sem que haja necessidade de intervenção de um advogado.

Muitas são as vozes que se levantam contra esta possibilidade, o que gerou a ADI nº 1127-8 para se discutir alguns dispositivos da Lei nº 8.906/1994, entre eles o relativo à extensão da capacidade postulatória, em algumas situações específicas, a própria parte. O STF acabou por entender que tal regra deveria ser mantida e excepcionada, entre outras situações, a capacidade de postular na Justiça do Trabalho. Portanto, a regra do art. 839 e seus incisos da CLT, que permite ao autor e ao réu formular suas pretensões e defesas pessoalmente ou por intermédio de representante ou, ainda, pelo Sindicato de Classe, tem aplicabilidade e não fere a CF. O chamado *jus postulandi*, ou seja, direito de postular, direito de pedir em Juízo, poderá ser exercido pela própria parte, contrariando, assim, a regra do art. 36 do CPC e prevalecendo sobre ela.

Observe-se, contudo, que isso constitui uma opção da parte. Se para representá-la opta por constituir um advogado, estará sujeita a todos os ônus de sua escolha, aplicando-se as regras dos arts. 36 e seguintes do CPC e disposições da Lei nº 8.906/1994. Ao contrário, se optar por não estar representada por profissional habilitado, estará sujeita aos ônus de, provavelmente, não produzir uma defesa técnica, sendo vedado ao juiz fazer as vezes de seu representante ou lhe conceder tratamento diferenciado em razão de sua posição.[1] Desta forma, entendemos que o benefício de se ter um curador ou defensor público não pode lhe ser aplicado, pois o legislador lhe dá a opção de postular em causa própria. O que quere-

1 Pode-se discutir aqui a questão da condenação em honorários advocatícios à parte sucumbente. O entendimento, pode-se dizer pacificado nos Tribunais do Trabalho, é de que os honorários são indevidos por constituir uma opção da parte contratá-lo. Desta forma, inaplicável o art. 20 do CPC. Todavia, é altamente discutível a condenação em honorários advocatícios nos termos do art. 404 do CC. Entendemos que se a parte teve que propor a ação para ver reconhecido seu direito, deve ser ressarcida por tudo aquilo que perdeu e o que deixou de ganhar. Se contratou um advogado para fazer a defesa do seu direito, isso faz parte do prejuízo que teve e, por isso, tem direito ao ressarcimento. O CC prevê que a reparação por perdas e danos deve ser a mais completa possível e a condenação fundada no CC não decorre da sucumbência, mas sim da reparação de dano que merece ter em razão do ato ilícito praticado pela ré e que acarretou a sua necessidade de consultar profissional habilitado. Não se pode deixar de considerar que isso faz parte da reparação do dano que sofreu. Tanto assim que eventual pedido deve ter por fundamento jurídico o contrato de prestação de serviços e não se reverte para o advogado, à semelhança do que ocorre com a sucumbência, mas sim constitui parte da indenização que o autor, ou o réu, terá direito de receber. Neste diapasão, havendo procedência parcial da ação e, formulado pelo réu pedido contraposto ou reconvenção – dependerá do procedimento que o feito está submetido –, poderá ocorrer a condenação recíproca nesta verba, o que não ocorre no caso da sucumbência em matéria processual trabalhista.

mos dizer é que o juiz não pode suspender o curso do processo para ordenar o chamamento de um curador ou defensor público por estar a parte sem defesa técnica, de modo que, naturalmente, excepcionam-se as situações em que, por exemplo, a parte já vem representada por um defensor público.

A nomeação de **curador** ao revel citado por edital, corolariamente, não pode ser admitida (art. 9º, II, CPC). Todavia, entendemos que, ao réu preso, o juiz poderá fazer tal nomeação, mesmo porque muitas vezes independe da sua vontade o fato de lograr ou não a autorização para comparecer em juízo e se defender pessoalmente. Desta forma, a nomeação do curador assegura o contraditório e a ampla defesa.

Por fim, com a extensão da competência da Justiça do Trabalho e a possibilidade de surgirem novas ações, levou-se a discussão acerca da possibilidade ou não de se aplicar o procedimento especial inteiramente, ou adaptá-lo à CLT. Por exemplo, para a impetração do mandado de segurança ou ação de reintegração de posse, seria possível fazê-lo sem a intervenção de advogado?

Entendemos que o TST acabou resolvendo a questão com a publicação da Instrução Normativa nº 27/2005. Desta forma, os procedimentos especiais deverão seguir as regras a eles inerentes e não as existentes na CLT que sequer imaginou a existência de ações especiais. Portanto, necessária se faz a presença do advogado para que a parte possa cumprir com o preenchimento da capacidade postulatória.

EX.:[2] Cacau Produtos Alimentícios Ltda. é difamada e tem seu segredo industrial revelado por João Severino, ex-empregado e funcionário de confiança. Quer cobrar indenização por perdas e danos, cumulando dano material com dano moral. **AÇÃO A SER INTENTADA: COBRANÇA DE INDENIZAÇÃO POR DANOS MATERIAIS E MORAIS**

PARTE PROCESSUAL:

Capacidade para **postular** como parte ativa	→	Cacau Produtos Alimentícios Ltda. por si **ou** representada por advogado
Capacidade para **ser** (postular) parte passiva	→	João Severino por si **ou** representado por advogado

Se a empresa pretende a reintegração de posse dos documentos e segredos industriais que estão em poder de João Severino. **AÇÃO A SER INTENTADA: REINTEGRAÇÃO DE POSSE.**

2 A matéria, ainda, não é pacífica e, por isso, sugerimos a leitura do Tomo II deste livro, de autoria de Yone Frediani, sobre "Ação de reintegração de posse e outras ações de rito especial."

PARTE PROCESSUAL:

Capacidade para **postular** como parte ativa	→	Cacau Produtos Alimentícios Ltda. representada por advogado
Capacidade para **ser** (postular) parte passiva	→	João Severino representado por advogado

Obs.: *Não importa, para concluir-se quem tem capacidade para postular, discutir a relação de direito material, mas sim observar quem está legalmente habilitado (advogado) para tanto.*

6.3. CAPACIDADE DE ESTAR EM JUÍZO – CAPACIDADE PROCESSUAL

O fato de ter capacidade de ser parte não quer dizer que se tenha capacidade para realizar atos em Juízo de forma válida. A capacidade processual ou *legitimatio ad procesum* refere-se à capacidade de realizar de forma válida atos processuais, em nome próprio ou de outrem, que possam produzir efeitos jurídicos válidos. Considerando que um ato processual praticado de forma incompleta pode ser equiparado a uma disposição de direitos, o legislador, cautelosamente, exige que para estar em Juízo é necessário que a pessoa se encontre no exercício de seus direitos (art. 7º, CPC), exigindo-se que os incapazes sejam representados ou assistidos por seus pais, tutores ou curadores, na forma da lei civil (art. 8º, CPC).

Tais disposições nos remetem à lei material para que saibamos quem são os incapazes, sendo forçoso o estudo do CC e da CLT.

Dispõe o legislador civil:

> *Art. 3º – São absolutamente incapazes de exercer pessoalmente os atos da vida civil:*
> *I – os menores de dezesseis anos;*
> *II – os que, por enfermidade ou deficiência mental, não tiverem o necessário discernimento para a prática desses atos;*
> *III – os que, mesmo por causa transitória, não puderem exprimir sua vontade.*
> *Art. 4º – São incapazes, relativamente a certos atos, ou à maneira de os exercer:*
> *I – os maiores de dezesseis e menores de dezoito anos;*
> *II – os ébrios habituais, os viciados em tóxicos, e os que, por deficiência mental, tenham o discernimento reduzido;*
> *III – os excepcionais, sem desenvolvimento mental completo;*
> *IV – os pródigos.*
> *Parágrafo único. A capacidade dos índios será regulada por legislação especial.*
> *Art. 5º – A menoridade cessa aos dezoito anos completos, quando a pessoa fica habilitada à prática de todos os atos da vida civil.*
> *Parágrafo único. Cessará, para os menores, a incapacidade:*

I – pela concessão dos pais, ou de um deles na falta do outro, mediante instrumento público, independentemente de homologação judicial, ou por sentença do juiz, ouvido o tutor, se o menor tiver dezesseis anos completos;
II – pelo casamento;
III – pelo exercício de emprego público efetivo;
IV – pela colação de grau em curso de ensino superior;
V – pelo estabelecimento civil ou comercial, ou pela existência de relação de emprego, desde que, em função deles, o menor com dezesseis anos completos tenha economia própria.

E a CLT:

Art. 403 – É proibido qualquer trabalho a menores de dezesseis anos de idade, salvo na condição de aprendiz, a partir dos quatorze anos.

A única limitação que a CLT faz para contratação diz respeito à idade mínima do menor para trabalhar, o que torna imprescindível a remissão às normas do CC.

A incapacidade absoluta diz respeito à ausência total de capacidade para firmar negócios jurídicos, exigindo-se a *representação*. A incapacidade relativa pressupõe uma limitação média, de modo que a exigência do legislador à prática de atos jurídicos é mais amena, exigindo-se a mera *assistência*. E a capacidade absoluta indica que a pessoa pode agir sem qualquer assistência ou representação, e o ato jurídico praticado gerará todos os efeitos queridos pelas partes.

O problema que pode surgir nos processos trabalhistas é com relação ao menor, pois nos demais casos não vemos grandes problemas a serem solvidos. O fato é que o legislador civil dispôs que o menor com idade inferior a 18 anos até o limite de 16 anos completos que tenha economia própria decorrente de uma relação de emprego estaria emancipado e, por isso, deixaria de ser relativamente incapaz. As questões que se colocam são: estaria o menor, com 16 anos completos, emancipado por força de lei? E se gozar menos de 16 anos e mais de 14? E, por fim, se gozar menos de 14 anos? Se tiver idade entre 16 e 18 anos pode firmar contrato de trabalho?

A questão é polêmica. Primeiro porque o legislador incorre em equívoco quando restringe o alcance do contrato à relação de emprego. Melhor seria se se referisse ao contrato de trabalho, termo mais amplo e que pode abarcar inúmeras situações atuais, como, por exemplo, de jovens que criam sistemas de informática e recebem remunerações significativas que lhes permitem a manutenção de sua subsistência. Por isso, entendemos que o legislador certamente utilizou a expressão relação de emprego como sinônimo de relação de trabalho, como em tantas outras leis e oportunidades já o fez.

A idade-limite para aquisição da capacidade plena é de 16 anos, seja na legislação trabalhista, seja na civil. Portanto, o menor de 18 anos até o limite de 16 anos poderá firmar contrato de trabalho de qualquer espécie. Mas se contar com idade entre 14 e 16 anos incompletos, somente poderá trabalhar *exclusivamente* na condição de aprendiz.[3] Todavia, se porventura trabalhar na condição de empregado, adquirirá a capacidade plena, desde que sua remuneração permita-lhe manter a sua própria subsistência. Para a aquisição da capacidade plena, entendemos que não poderá prevalecer discussões sobre a validade ou não do tipo contratual. O legislador exige duas coisas para que o menor com 16 anos adquira a capacidade plena: (a) ter contrato de trabalho; e (b) ser remunerado com valor que permita a manutenção de sua subsistência. Harmonizando as duas leis, outra não pode ser a conclusão que não a de que o menor entre 16 e 18 anos será plenamente capaz, e isso decorre, simplesmente, do seu contrato de trabalho com remuneração que lhe permita manter sua subsistência e de nenhum outro fato a ele agregado, sendo prescindível qualquer pedido ou formalidade para a emancipação.

Se o menor contar com idade entre 14 e 16 anos, não obstante possa ser contratado na condição de aprendiz, entendemos que deverá ser considerado relativamente incapaz, pois a lei trabalhista garante que poderá prestar serviços subordinados, mas a lei civil impõe-lhe a incapacidade relativa entre 14 e 16 anos.[4] E o faz por critérios científicos, ou seja, o menor nesta faixa de idade, presumivelmente, não está psicológica e fisicamente desenvolvido por completo, não se intencionando que trabalhe como se adulto fosse, privando-lhe de estudos e atividades necessárias a seu desenvolvimento. Portanto, para estar em Juízo, deverá ser **assistido** por quem for responsável por sua educação. Daí o legislador trabalhista excepcionar para o contrato de aprendizagem.

3 "**Art. 1º.** O contrato de aprendizagem, conforme conceituado no art. 428 da CLT, é o contrato de trabalho especial, ajustado por escrito e por prazo determinado, em que o empregador se compromete a assegurar ao maior de 14 anos e menor de 18 anos, inscrito em programa de aprendizagem, formação técnico-profissional metódica, compatível com seu desenvolvimento físico, moral e psicológico, e o aprendiz a executar, com zelo e diligência, as tarefas necessárias a essa formação. § 1º. O prazo de duração do contrato de aprendizagem não poderá ser estipulado por mais de dois anos, como disciplina o art. 428, § 3º, da CLT. § 2º. O contrato deverá indicar expressamente o curso, objeto da aprendizagem, a jornada diária, a jornada semanal, a remuneração mensal, o termo inicial e final do contrato. § 3º. São condições de validade do contrato de aprendizagem, em observância ao contido no art. 428, § 1º, da CLT...." (Instrução Normativa SIT nº 26, de 20 de dezembro de 2001, do Ministério do Trabalho e Emprego).

4 O art. 404, CLT, considera menor o trabalhador entre 14 e 18, sem regular a questão da capacidade absoluta ou relativa. Podemos concluir que tal proteção é dada justamente para garantir-lhe normas relativas ao meio ambiente de trabalho (proibição de trabalho noturno, salubridade do ambiente, entre outros).

Se contar com menos de 14 anos, deverá ser considerado absolutamente incapaz, quer pela lei civil, quer pela lei trabalhista. Certamente há uma limitação física e psíquica (presumível), e a necessidade de ser protegido, assegurando-lhe uma infância e um início de adolescência saudável, critério esse que levou o legislador a estender-lhe uma proteção maior, exigindo que seja **representado** por aquele que for responsável por sua educação.

Graficamente, podemos assim sintetizar:

Trabalhador com 18 anos ou mais.	Absolutamente capaz	Arts. 5º, CC, e 403, CLT	Não há necessidade de assistência ou representação
Trabalhador com mais de 16 anos e menos de 18 anos que perceba salário que permita se manter.	Absolutamente capaz – emancipado por força de lei	Art. 5º, V, CC, e 403 CLT	Não há necessidade de assistência ou representação
Trabalhador com idade entre 14 e 16 anos, ainda que perceba salário que permita se manter.	Relativamente capaz	Art. 4º, CC c/c, art. 403 CLT	Necessita de assistência
Trabalhador com menos de 14 anos.	Absolutamente incapaz	Arts. 3º CC, e 403, CLT	Necessita de representação

Os menores serão assistidos ou representados, dependendo do grau de incapacidade que gozarem. Portanto, a indicação a se fazer, por exemplo, é "**fulano, menor com 15 anos, assistido por seu pai....**" ou "**fulano, menor com 12 anos, representado por seu pai**".

Observe que a capacidade processual para estar em Juízo é do menor, sendo necessária a **integração da sua capacidade** por quem é responsável por sua educação, sem o que lhe faltará um pressuposto processual, que é a capacidade para estar em Juízo.

Os demais casos de incapacidade, absoluta e relativa, elencados pelo legislador nos artigos anteriormente transcritos, devem subordinar-se às mesmas regras e mesmo padrão. Se, por exemplo, o autor da ação apresentar enfermidade mental que não lhe permita gerir os negócios de sua vida, deverá ser **representado** por seu tutor ou curador (art. 3º, CC).

As expressões *representação* e *assistência* aqui utilizadas têm o sentido de integração da capacidade, sendo fundamental que o leitor tenha ciência da terminologia. Isso porque o legislador prevê a representação, por exemplo, das pessoa jurídicas e formais não com este sentido, mas, sim, com o de dizer que eles estarão presentes em Juízo através das pessoas elencadas. Assim dispõe o art. 12 do CPC:

> *Art. 12 – Serão representados em Juízo, ativa e passivamente:*
> *I – a União, os Estados, o Distrito Federal e os Territórios, por seus procuradores;*
> *II – o Município, por seu Prefeito ou procurador;*
> *III – a massa falida, pelo síndico;*
> *IV – a herança jacente ou vacante, por seu curador;*
> *V – o espólio, pelo inventariante;*
> *VI – as pessoas jurídicas, por quem os respectivos estatutos designarem, ou, não os designando, por seus diretores;*
> *VII – as sociedades sem personalidade jurídica, pela pessoa a quem couber a administração dos seus bens;*
> *VIII – a pessoa jurídica estrangeira, pelo gerente, representante ou administrador de sua filial, agência ou sucursal aberta ou instalada no Brasil (art. 88, parágrafo único);*
> *IX – o condomínio, pelo administrador ou pelo síndico.*
> *§ 1º – Quando o inventariante for dativo, todos os herdeiros e sucessores do falecido serão autores ou réus nas ações em que o espólio for parte.*
> *§ 2º – As sociedades sem personalidade jurídica, quando demandadas, não poderão opor a irregularidade de sua constituição.*
> *§ 3º – O gerente da filial ou agência presume-se autorizado, pela pessoa jurídica estrangeira, a receber citação inicial para o processo de conhecimento, de execução, cautelar e especial.*

E o art. 843 da CLT:

> *Art. 843 – Na audiência de julgamento deverão estar presentes o reclamante e o reclamado, independentemente do comparecimento de seus representantes salvo nos casos de Reclamatórias Plúrimas ou Ações de Cumprimento, quando os empregados poderão fazer-se representar pelo Sindicato de sua categoria.* (Redação dada pela Lei nº *6.667, de 3/7/1979)*
> *§ 1º – É facultado ao empregador fazer-se substituir pelo gerente, ou qualquer outro preposto que tenha conhecimento do fato, e cujas declarações obrigarão o proponente.*
> *§ 2º – Se por doença ou qualquer outro motivo poderoso, devidamente comprovado, não for possível ao empregado comparecer pessoalmente, poderá fazer-se representar por outro empregado que pertença à mesma profissão, ou pelo seu sindicato.*

Por fim, o intérprete pode estar se perguntando o que seria um salário suficiente para manutenção e subsistência. Entendemos que o parâmetro deve ser a CF, ou seja, o salário mínimo. Nenhum trabalhador poderá receber menos que o mínimo, e não se pode imaginar outro teto salarial, pois isso criaria desigualdades no tratamento entre os trabalhadores. A CF prevê que o *salário mínimo fixado em lei, nacionalmente unificado, capaz de atender a suas necessidades vitais básicas e às de sua família com moradia, alimentação, educação, saúde, lazer, vestuário, higiene, transporte e previdência social, com reajustes periódicos que lhe preservem o poder aquisitivo, sendo vedada sua vinculação para qualquer fim* (art. 7º, IV). Fixado por lei o valor salarial e não declarada sua inconstitucionalidade, é esse o valor que, presumivelmente, servirá para a manutenção de todas aquelas condições asseguradas pelo legislador constitucional.

6.4. LEGITIMIDADE ORDINÁRIA, EXTRAORDINÁRIA E SUCESSÃO PROCESSUAL

Individualizados os sujeitos no processo, entende-se que estão **legitimados** àquela relação processual. Se a legitimidade a que se refere diz respeito à sua relação com o direito material discutido, diz-se que há legitimidade para a causa; em sendo esta legitimidade relacionada à sua condição de sujeito processual, diz-se que a legitimidade é para o processo. A **qualidade** que advém dessa individualização será denominada de legitimação, se, para a causa, **legitimatio ad causam**; se, para o processo, **legitimatio ad processum**. Observe-se que a legitimidade e a legitimação, tanto para a causa como para o processo, deverão estar presentes no pólo ativo e passivo da ação, sob pena de faltar a parte condição para a ação ou pressuposto processual (subjetivo com relação às partes).

Para a atribuição da legitimidade processual, o legislador tem em conta o direito material. Desta forma, quando houver coincidência entre o titular do direito reclamado e a parte processual, diz-se que esta legitimação é ordinária. Poderá, todavia, ocorrer uma não-coincidência entre o titular do direito material (direito de ação) e aquele que está na relação processual e, neste caso, tem-se um destacamento da legitimação do titular da relação jurídica e do sujeito processual. L. Pietro-Castro ensina que este fenômeno de "desplazamiento de la legitimación fue designado en la doctrina alemana originaria como 'facultad otorgada para estar em juicio por outro', y, por adaptación, los italianos vienen llamándole susitución procesal (*sostituzione processuale*), siendo, en consecuencia, sustituto el que ejercita en un proceso, en nombre propio, la acción por derechos ajenos como exclusivamente suyos. Ultimamente se le viene llamando *legitimación indirecta*".

Nosso ordenamento processual civil admite a legitimação extraordinária no art. 6º, dando-se o nome de substituição processual, justamente porque há autorização de alguém pleitear direito alheio em nome próprio, exatamente porque houve conveniência do direito material em assim ser feito. Não se confunde com a representação processual, em que admite-se que o representante está em Juízo em nome alheio e, por isso, a parte processual é o representado. Aqui a situação é de um terceiro pedindo em seu próprio nome o direito que não lhe pertence.

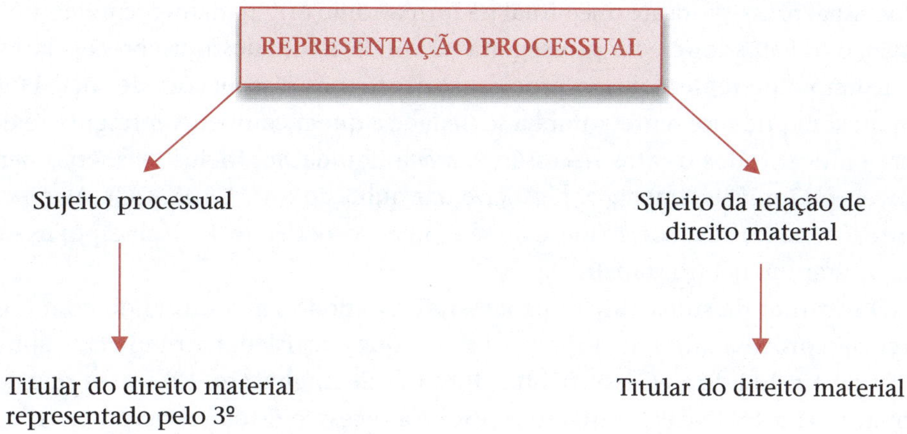

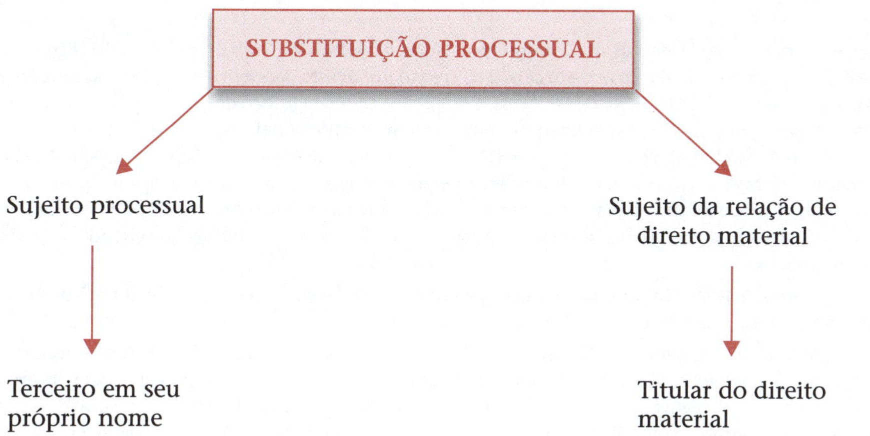

Há que se ressalvar que o raciocínio que se faz para concluir sobre a possibilidade ou não de se configurar a legitimidade extraordinária (ou substituição processual) é por exclusão: se a lei é silente, não se admite, tal é a inteligência da 1ª parte do art. 6º do CPC.

Exemplo de substituição processual é a regra do art. 42, 1º, do CPC. Imagine que um trabalhador tenha cedido seu crédito[5] para uma terceira pessoa no curso do processo. Instado a se manifestar sobre a sucessão de parte no processo, o réu se opõe e diz não concordar. Desta forma, estará o credor impossibilitado de *deixar* o pólo que ocupa da relação processual a fim de ceder o *espaço* ao cessionário. Como já houve a cessão de crédito através do negócio firmado entre o trabalhador (parte ativa na relação processual) e o terceiro (cessionário, terceiro estranho àquela relação), e o réu no processo recusa a *substituição (sucessão)* de um pelo outro, a relação processual prosseguirá até o seu final na forma como originariamente iniciou. Todavia, o trabalhador-credor prosseguirá na condição de substituto processual.[6]

Exemplo de representação processual ocorre nas dissolvições de sociedades em que o liquidante representará a sociedade a quem compete representar e deverá praticar todos os atos necessários à sua liquidação, inclusive alienar bens móveis ou imóveis, transigir, receber e dar quitação (art. 1.105, CC). Age, portanto, em nome dela, sociedade, e no seu interesse, podendo, inclusive, por exemplo, quitar um débito trabalhista.

O instituto da **substituição processual** não pode ser confundido com o da **sucessão processual**,[7] não obstante o nome que o legislador atribuiu ao Capítulo IV do Título I do CPC e os hábitos forenses de linguagem. Nos casos trazidos nos arts. 41 a 45 do CPC, o que se verifica é a sucessão de partes no processo. Sabe-se que, após a propositura da ação, em princípio deve ocorrer o que se chama

5 Insta observar o Provimentos da Corregedoria-Geral da Justiça do Trabalho *nº 6/2000 (Republicado DJ 21-02-2001):* Ementa. *Dispõe a respeito cessão de crédito trabalhista. Revoga o Provimento no 2/2000.* Texto. *O Ministro Francisco Fausto Paula de Medeiros, Corregedor-Geral da Justiça do Trabalho,* no uso de suas atribuições legais e regimentais, considerando a nova ordem constitucional originária da Emenda Constitucional nº 30, de 13/12/2000. Resolve: "1. A cessão de crédito prevista em lei (art. 1.065 do Código Civil) é juridicamente possível, não podendo, porém, ser operacionalizada no âmbito da Justiça do Trabalho, sendo como é um negócio jurídico entre empregado e terceiro que não se coloca em quaisquer dos pólos da relação processual trabalhista. 2. Fica revogado o Provimento nº 2, de 9/5/2000, da Corregedoria-Geral da Justiça do Trabalho."

6 Outro exemplo de substituição processual é o pedido de anulação de casamento do menor de 16 anos requerida pelo responsável legal (art. 1.552, II, CC).

7 Sucessão no Curso do Processo. Alteração do Pólo Passivo. Possibilidade. O art. 41 do CPC consagra a regra da *perpetuatio legitimationis*, que torna imutável a legitimação das partes, ante o princípio geral da estabilidade da instância que objetiva a estabilidade do processo. Onde o artigo diz substituição voluntária das partes, deve ser lido sucessão voluntária das parte, porque substituição é termo técnico adequado a outra hipótese processual. A sucessão voluntária das partes é autorizada nos casos expressos em lei. Um deles é o referido no § 2º do art. 42 do mesmo Código. O processo não limita o direito à disponibilidade no campo do Direito Material, evidentemente, desde que a alienação não ocorra em detrimento do resultado do processo, de forma que os atos de alienação em detrimento dos resultados do processo são ineficazes, porém a sucessão é possível e está prevista tanto pelo art. 41, quanto pelos 264 e 568-II do CPC. (TRT/SP – 01936199944302001 – RO – Ac. 5ª Turma 20060798119 – Rel. Manoel Antonio Ariano – DOE 27/10/2006.)

estabilização da demanda, isto é, ficam vedadas as alterações objetivas (causa de pedir e pedido) e subjetivas no curso processual (partes).

Por fim, frise-se que o Ministério Público poderá atuar como representante ou substituto do menor ou adolescente, nos termos do art. 201 da Lei nº 8.069/1990 (Estatuto da Criança e do Adolescente). E, o sindicato de classe, igualmente, pode representar ou substituir o empregado nas reclamações que visem ao pagamento ou acertamento da conta do fundo, conforme o disposto no art. 25 da Lei nº 8.036/1990.

Já vimos que a relação processual é dinâmica, sendo previsível que ocorra modificações no seu curso, o que observamos que pode ocorrer com o próprio juiz, substituído (sucedido) no processo ante, por exemplo, sua incompetência, sua aposentadoria ou sua promoção. Sabendo disso, o legislador tratou de casos em que as partes podem ser sucedidas no processo, isto é, a parte originária vem a falecer ou cede seu crédito, por exemplo, e outra pessoa passa a ocupar seu lugar naquela relação processual.

O legislador prevê que as partes poderão ser **sucedidas** nas seguintes situações:

1) morte;
2) cessão ou transferência de crédito ou débito;
3) revogação do mandato passado ao advogado ou renúncia de poderes feita pelo advogado.

Ex. de sucessão:

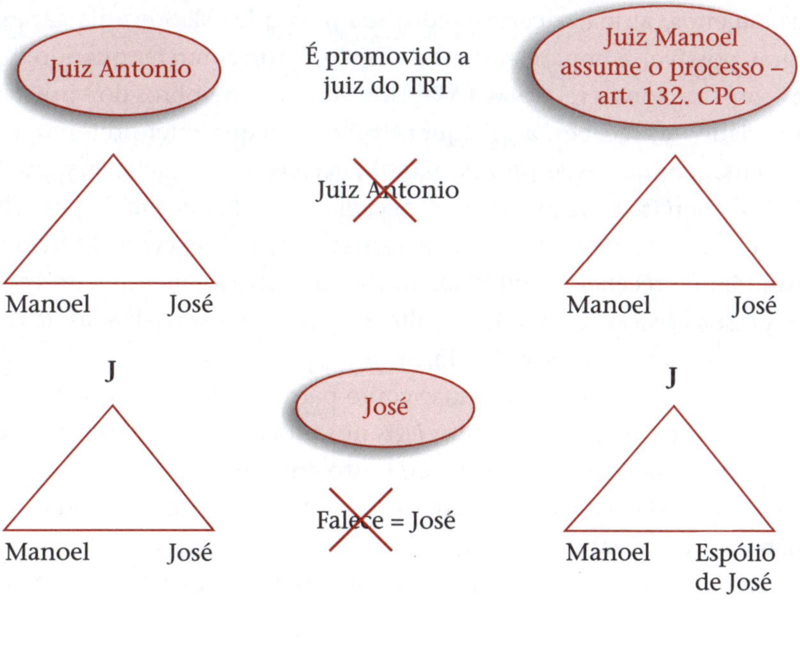

Em havendo renúncia de mandato feita pelo advogado, necessário observar o art. 45 do CPC: pode ser realizada a qualquer tempo, mas o advogado deverá provar que cientificou o mandante a fim de que este nomeie substituto e, nos dez dias subseqüentes, continuará a representá-lo a fim de evitar prejuízo.

Quanto à terminologia, insta dizer que o legislador processual civil utilizou o termo substituição para se referir à sucessão, o que não estaria inteiramente equivocado, pois quando alguém sai da relação e outro ocupa seu lugar, pode-se dizer que o substituiu. O que importa é que não se confunda tal substituição com a substituição processual prevista no art. 6º do CPC.

6.5. DO MINISTÉRIO PÚBLICO

Dispõe o art. 127 da CF que o Ministério Público é instituição permanente, essencial à função jurisdicional. Para tanto o Ministério Público deve gozar de garantias que lhe são necessárias para o exercício desta nobre função, tanto que não pode ser removido do local onde atua, nem ter reduzidos seus vencimentos, ocupando, assim como os juízes, cargo vitalício (art. 128, § 5º, I da CF). Todas as garantias são necessárias para dar segurança e viabilizar a atuação deste órgão na sua elevada incumbência de lutar sempre pela manutenção da ordem jurídica, do regime democrático e dos interesses sociais e individuais indisponíveis.

Estão sujeitos, ainda, a certas vedações, pois o legislador quis garantir, no maior grau possível, a imparcialidade do órgão, assim como fez quando traçou as normas constitucionais relativas à Magistratura. Aos membros do Ministério Público é vedado: (a) receber, a qualquer título e sob qualquer pretexto, honorários, percentagens ou custas processuais; (b) exercer a advocacia; (c) participar de sociedade comercial na forma da lei; (d) exercer, ainda que em disponibilidade, qualquer outra função pública, salvo a de magistério; (e) exercer atividade político-partidária; (f) receber, a qualquer título ou pretexto, auxílios ou contribuições de pessoas físicas, entidades públicas ou privadas, ressalvadas as exceções previstas em lei (art. 128, § 5º, I, CF).

O Ministério Público poderá atuar como parte, guardando os mesmos direitos, ônus e deveres que ela; ou *custus legis* nos processos, tendo por função zelar pelo direito indisponível que tiver sido posto em causa.

Organiza-se pela divisão Estadual e Federal. São órgãos do Ministério Público da União (LC nº 75/93):

Insta ressalvar que o Ministério Público tem por função institucional (art. 5º):

> *I – a defesa da ordem jurídica, do regime democrático, dos interesses sociais e dos interesses individuais indisponíveis, considerados, dentre outros, os seguintes fundamentos e princípios:*
> *a) a soberania e a representatividade popular;*
> *b) os direitos políticos;*
> *c) os objetivos fundamentais da República Federativa do Brasil;*
> *d) a indissolubilidade da União;*
> *e) a independência e a harmonia dos Poderes da União;*
> *f) a autonomia dos Estados, do Distrito Federal e dos Municípios;*
> *g) as vedações impostas à União, aos Estados, ao Distrito Federal e aos Municípios;*
> *h) a legalidade, a impessoalidade, a moralidade e a publicidade, relativas à administração pública direta, indireta ou fundacional, de qualquer dos Poderes da União;*
> *II – zelar pela observância dos princípios constitucionais relativos:*
> *a) ao sistema tributário, às limitações do poder de tributar, à repartição do poder impositivo e das receitas tributárias e aos direitos do contribuinte;*
> *b) às finanças públicas;*
> *c) à atividade econômica, à política urbana, agrícola, fundiária e de reforma agrária e ao sistema financeiro nacional;*
> *d) à seguridade social, à educação, à cultura e ao desporto, à ciência e à tecnologia, à comunicação social e ao meio ambiente;*
> *e) à segurança pública;*
> *III – a defesa dos seguintes bens e interesses:*
> *a) o patrimônio nacional;*
> *b) o patrimônio público e social;*
> *c) o patrimônio cultural brasileiro;*
> *d) o meio ambiente;*
> *e) os direitos e interesses coletivos, especialmente das comunidades indígenas, da família, da criança, do adolescente e do idoso;*
> *IV – zelar pelo efetivo respeito dos Poderes Públicos da União, dos serviços de relevância pública e dos meios de comunicação social aos princípios, garantias, condições, direitos, deveres e vedações previstos na Constituição Federal e na lei, relativos à comunicação social;*
> *V – zelar pelo efetivo respeito dos Poderes Públicos da União e dos serviços de relevância pública quanto:*
> *a) aos direitos assegurados na Constituição Federal relativos às ações e aos serviços de saúde e à educação;*
> *b) aos princípios da legalidade, da impessoalidade, da moralidade e da publicidade;*
> *VI – exercer outras funções previstas na Constituição Federal e na lei.*

Para o exercício de suas funções, a lei lhe assegura legitimidade para (art. 6º):

> *I – promover a ação direta de inconstitucionalidade e o respectivo pedido de medida cautelar;*
> *II – promover a ação direta de inconstitucionalidade por omissão;*

III – promover a argüição de descumprimento de preceito fundamental decorrente da Constituição Federal;
IV – promover a representação para intervenção federal nos Estados e no Distrito Federal;
V – promover, privativamente, a ação penal pública, na forma da lei;
VI – impetrar habeas corpus e mandado de segurança;
VII – promover o inquérito civil e a ação civil pública para:
a) a proteção dos direitos constitucionais;
b) a proteção do patrimônio público e social, do meio ambiente, dos bens e direitos de valor artístico, estético, histórico, turístico e paisagístico;
c) a proteção dos interesses individuais indisponíveis, difusos e coletivos, relativos às comunidades indígenas, à família, à criança, ao adolescente, ao idoso, às minorias étnicas e ao consumidor;
d) outros interesses individuais indisponíveis, homogêneos, sociais, difusos e coletivos;
VIII – promover outras ações, nelas incluído o mandado de injunção sempre que a falta de norma regulamentadora torne inviável o exercício dos direitos e liberdades constitucionais e das prerrogativas inerentes à nacionalidade, à soberania e à cidadania, quando difusos os interesses a serem protegidos;
IX – promover ação visando ao cancelamento de naturalização, em virtude de atividade nociva ao interesse nacional;
X – promover a responsabilidade dos executores ou agentes do estado de defesa ou do estado de sítio, pelos ilícitos cometidos no período de sua duração;
XI – defender judicialmente os direitos e interesses das populações indígenas, incluídos os relativos às terras por elas tradicionalmente habitadas, propondo as ações cabíveis;
XII – propor ação civil coletiva para defesa de interesses individuais homogêneos;
XIII – propor ações de responsabilidade do fornecedor de produtos e serviços;
XIV – promover outras ações necessárias ao exercício de suas funções institucionais, em defesa da ordem jurídica, do regime democrático e dos interesses sociais e individuais indisponíveis, especialmente quanto:
a) ao Estado de Direito e às instituições democráticas;
b) à ordem econômica e financeira;
c) à ordem social;
d) ao patrimônio cultural brasileiro;
e) à manifestação de pensamento, de criação, de expressão ou de informação;
f) à probidade administrativa;
g) ao meio ambiente;
XV – manifestar-se em qualquer fase dos processos, acolhendo solicitação do juiz ou por sua iniciativa, quando entender existente interesse em causa que justifique a intervenção;
XVI – (Vetado);
XVII – propor as ações cabíveis para:
a) perda ou suspensão de direitos políticos, nos casos previstos na Constituição Federal;
b) declaração de nulidade de atos ou contratos geradores do endividamento externo da União, de suas autarquias, fundações e demais entidades controladas pelo Poder Público Federal, ou com repercussão direta ou indireta em suas finanças;

c) dissolução compulsória de associações, inclusive de partidos políticos, nos casos previstos na Constituição Federal;
d) cancelamento de concessão ou de permissão, nos casos previstos na Constituição Federal;
e) declaração de nulidade de cláusula contratual que contrarie direito do consumidor;
XVIII – representar:
a) ao órgão judicial competente para quebra de sigilo da correspondência e das comunicações telegráficas, de dados e das comunicações telefônicas, para fins de investigação criminal ou instrução processual penal, bem como manifestar-se sobre representação a ele dirigida para os mesmos fins;
b) ao Congresso Nacional, visando ao exercício das competências deste ou de qualquer de suas Casas ou comissões;
c) ao Tribunal de Contas da União, visando ao exercício das competências deste;
d) ao órgão judicial competente, visando à aplicação de penalidade por infrações cometidas contra as normas de proteção à infância e à juventude, sem prejuízo da promoção da responsabilidade civil e penal do infrator, quando cabível;
XIX – promover a responsabilidade:
a) da autoridade competente, pelo não exercício das incumbências, constitucional e legalmente impostas ao Poder Público da União, em defesa do meio ambiente, de sua preservação e de sua recuperação;
b) de pessoas físicas ou jurídicas, em razão da prática de atividade lesiva ao meio ambiente, tendo em vista a aplicação de sanções penais e a reparação dos danos causados;
XX – expedir recomendações, visando à melhoria dos serviços públicos e de relevância pública, bem como ao respeito, aos interesses, direitos e bens cuja defesa lhe cabe promover, fixando prazo razoável para a adoção das providências cabíveis.

Órgão organizado e autônomo, está estruturado com a seguinte divisão no âmbito da União (art. 24, LC nº 75/1993):

I – o Ministério Público Federal;
II – o Ministério Público do Trabalho;
III – o Ministério Público Militar;
IV – o Ministério Público do Distrito Federal e Territórios.

Uma das funções mais importantes do Ministério Público é a legitimação autônoma que lhe confere o legislador constitucional para defesa de direitos difusos, coletivos e individuais homogêneos, o que permite que diversas microlesões, antes reprimidas, agora possam ser reclamadas sem altos custos individuais. O inquérito civil público[8] é um importante instrumento não só de repressão, mas, principalmente, de prevenção, obtendo-se com tais ações ótimos resultados.

O Ministério Público do Trabalho vem tendo importante atuação no combate ao trabalho escravo de menores, combate às irregularidades na administração

8 Sobre Ação Civil Pública e Inquérito Civil Público, ver o volume II desta obra, de autoria de Yone Frediani.

pública, defesa ao meio ambiente do trabalho, combate às fraudes nas relações trabalhistas, promoção de igualdade de oportunidade e combate à discriminação no trabalho.

A CLT traz regras sobre a Procuradoria do Trabalho nos arts. 736 a 739, as quais entendemos não poderem mais ser aplicadas em razão das normas constitucionais e das disposições da lei complementar anteriormente citada. As normas celetistas não concedem ao órgão a autonomia e a relevância que possui, de modo que não se pode ter tais dispositivos em vigor.

O Ministério Público do Trabalho é organizado da seguinte forma:

I – o Procurador-Geral do Trabalho;
II – o Colégio de Procuradores do Trabalho;
III – o Conselho Superior do Ministério Público do Trabalho;
IV – a Câmara de Coordenação e Revisão do Ministério Público do Trabalho;
V – a Corregedoria do Ministério Público do Trabalho;
VI – os Subprocuradores-Gerais do Trabalho;
VII – os Procuradores Regionais do Trabalho;
VIII – os Procuradores do Trabalho.

A carreira tem início no cargo de procurador do Trabalho, através de aprovação em concurso público de provas e títulos, e termina no grau de subprocurador-geral do trabalho.

Aplicam-se, ainda, aos órgãos do Ministério Público as disposições dos arts. 81 a 85 do CPC. Portanto, se em um determinado feito a intervenção do Ministério Público for obrigatória e não houver a formalização da sua intimação para participar do processo, haverá nulidade do processado (art. 84).

Agindo o procurador com dolo ou fraude, causando prejuízo à parte no processo, haverá sua responsabilização pessoal pelo ato (art. 85).

Os motivos de impedimento e suspeição já referidos quanto à pessoa do juiz ou ao Juízo (arts. 134 a 136, CPC) também serão oponíveis ao Ministério Público. Observa-se, todavia, que isso somente ocorrerá quando ele atuar como fiscal da lei, porque se estiver na condição de parte, logicamente não se lhe será oponível qualquer daquelas exceções.

6.6. DO ADVOGADO

O advogado, assim como o órgão do Ministério Público, é função essencial à Justiça, sendo inviolável por seus atos e manifestações no exercício da profissão, nos limites da lei (art. 133, CF).

Esta nobre profissão está regulamentada pela Lei nº 8.906/1994 tendo a Associação de Magistrados Brasileiros ingressado com Ação Direta de Inconstitucionalidade[9] rebatendo alguns artigos que, segundo entendia, estaria ferindo a norma constitucional.

O STF acolheu em parte, em liminar, algumas das alegações e, no mérito, acabou julgando a ação procedente em parte.

Com relação ao *jus postulandi*, no Processo do Trabalho, o STF entendeu, no julgamento da ação supramencionada, que a norma trabalhista que assegura que ele é da parte e não exclusivamente do advogado não é inconstitucional, ou seja, prevalece a possibilidade de a parte reclamar, ou se defender, pessoalmente nos processos de natureza eminentemente trabalhista, consoante permitido pela CLT. No julgamento, o STF considerou que "há determinadas causas que podem ser aforadas por qualquer do povo, sem necessidade de possuir o pergaminho universitário ou instrumento procuratório", diante da sua natureza e história já consagrada no desenvolvimento do processo em nosso País.

Portanto, como já dissemos, a parte no processo do trabalho, para ações tipicamente de natureza trabalhista e fundadas na CLT, tem o direito de preferir estar representada ou não por um advogado. Portanto, exercendo tal preferência é que se lhe há de aplicar os arts. 36 a 40 do CPC e na Lei nº 8.906/1994.

A parte deverá, então, juntar o instrumento de mandato que, se não estiver presente no ato do ingresso da ação ou no ato de apresentação da defesa, deverá vir aos autos no prazo de 15 dias prorrogáveis por mais 15, sempre autorizado por decisão judicial. Observe que somente se admite que tal ocorra nos casos em que o advogado tiver que intervir no processo, ou propor a ação, para evitar decadência ou prescrição ou praticar atos reputados urgentes. Caso o advogado não o faça, os atos que praticou serão reputados inexistentes e responderá por perdas e danos.

Os poderes *ad judicia* contidos na procuração habilitam o Advogado a praticar todos os atos do processo, salvo para receber citação inicial, confessar, reconhecer a procedência do pedido, transigir, desistir, renunciar ao direito sobre que se funda a ação, receber, dar quitação e firmar compromisso (art. 38, CPC). Quaisquer outros poderes que a parte desejar passar ao advogado deverá fazê-lo de forma expressa.

O advogado deverá comunicar as alterações de endereço e onde poderá receber as intimações, caso não o faça, reputar-se-ão válidas as intimações que forem enviadas ao local inicialmente indicado (art. 39).

9 Ação Direta de Inconstitucionalidade nº 1.127-8 de 6/10/1994, julgada procedente em parte pelo pleno em 17/5/2006.

O advogado tem direito, ainda, a (art. 40):

I – examinar, em cartório de justiça e secretaria de tribunal, autos de qualquer processo, salvo o disposto no art. 155;
II – requerer, como procurador, vista dos autos de qualquer processo pelo prazo de 5 (cinco) dias;
III – retirar os autos do cartório ou secretaria, pelo prazo legal, sempre que lhe competir falar neles por determinação do juiz, nos casos previstos em lei.

Quanto aos honorários, cumpre relembrar que o advogado, caso atue no processo do trabalho, não terá direito a receber a sucumbência, uma vez que, na Justiça do Trabalho, nas lides de natureza trabalhista pura, não se aplicam tais regras.

A questão relativa aos honorários ao advogado, regra que decorre da aplicação do art. 20 do CPC, encontra posicionamento firmado pelo TST[10] no sentido de que, mesmo a parte optando por se ver representada por advogado, tal valor não é devido, pois não há, no sistema jurídico trabalhista, condenação em sucumbência e, por isso, não se justificaria a aplicação daquele dispositivo.

A Lei nº 5.584/1970 trouxe uma exceção, no entanto, à condenação da parte em honorários advocatícios. Poderá ocorrer tal hipótese quando a parte, autor e/ou réu, estiver assistido por advogado do sindicato. Esta lei pretendeu regular, no processo do trabalho, os benefícios de assistência judiciária que estão previstos na Lei nº 1.060/1950. É devida, portanto, a assistência judiciária gratuita àquele que percebe salário igual ou inferior ao dobro do mínimo estabelecido em lei. O sindicato, neste caso, deverá prestar a assistência ao trabalhador que se encontre nesta situação. Se o trabalhador perceber salário superior, poderá fazer jus ao benefício, desde que declare a sua situação de miserabilidade nos termos da Lei nº 1.060/1950. Entendemos que não se faz necessária a formalidade de ates-

10 Súmula nº 219 – Honorários Advocatícios. Hipótese de Cabimento (incorporada a Orientação Jurisprudencial no 27 da SBDI-2). I – Na Justiça do Trabalho, a condenação ao pagamento de honorários advocatícios, nunca superiores a 15% (quinze por cento), não decorre pura e simplesmente da sucumbência, devendo a parte estar assistida por sindicato da categoria profissional e comprovar a percepção de salário inferior ao dobro do salário mínimo ou encontrar-se em situação econômica que não lhe permita emandar sem prejuízo do próprio sustento ou da respectiva família. (Ex-Súmula no 219 – Res. 14/1985, DJ 26/9/1985) II – É incabível a condenação ao pagamento de honorários advocatícios em ação rescisória no processo trabalhista, salvo se preenchidos os requisitos da Lei nº 5.584/1970. (ex-OJ no 27 da SBDI-2 – inserida em 20/9/2000) Histórico: Súmula mantida – Res. 121/2003, DJ 19, 20 e 21/11/2003 Redação original – Res. 14/1985, DJ 19/09/1985 e 24, 25 e 26/9/1985 *No 219. Honorários advocatícios. Hipótese de cabimento.* Na Justiça do Trabalho, a condenação em honorários advocatícios, nunca superiores a 15%, não decorre pura e simplesmente da sucumbência, devendo a parte estar assistida por sindicato da categoria profissional e comprovar a percepção de salário inferior ao dobro do mínimo legal, ou encontrar-se em situação econômica que não lhe permita demandar sem prejuízo do próprio sustento ou da respectiva família." (Res. 137/2005, DJ 22, 23 e 24/8/2005).

tados expedidos pelo Ministério do Trabalho (art. 14, § 2º, da Lei nº 5.584/1970) para comprovar a situação de pobreza. Basta a declaração da parte ou de seu advogado, pois deve-se presumir a boa-fé das declarações e, se a parte estiver mentindo, poderá sofrer a condenação de litigante de má-fé.

Estando a parte assistida por advogado nos termos daquela lei, desde que seja vencedora no processo, o juiz condenará ao pagamento de honorários advocatícios, que variarão de 1% a 15% (art. 11, Lei nº 5.584/1970), devendo ser levado em conta (art. 20, § 3º, CPC): (a) o grau de zelo do profissional; (b) o lugar de prestação do serviço; (c) a natureza e importância da causa; (d) o trabalho realizado pelo advogado e o tempo exigido para o seu serviço.

Não se pode aplicar aqui, na inteireza, a regra do art. 20 do CPC, pois a Lei nº 5.584/1970 é específica e direta quando faz referência à Lei nº 1.060/1950. Todavia, o juiz poderá usar tal parâmetro para fixar os honorários advocatícios na condenação da parte em litigância de má-fé.

Salvo a hipótese de estar a parte, autor ou réu, representada por advogado, se o processo for tipicamente de natureza trabalhista, não são devidos honorários da sucumbência.

Em outras causas, cuja natureza da ação não seja tipicamente de trabalho, entendemos que, se aplicável o procedimento civil, os honorários advocatícios serão devidos. Não pensamos que a Instrução Normativa nº 27/2005 publicada pelo TST seja inconstitucional,[11] pois se o feito tiver de correr segundo as normas civis a ele previstas, a regra é de que há necessidade de a parte ser representada por advogado e, daí, pensamos ser de inteira aplicação o art. 20 do CPC e todas as regras relativas à sucumbência previstas neste ordenamento. Portanto, o TST foi coerente com seu entendimento, e disciplina acerca da matéria.

6.7. AUXILIARES DO JUÍZO

São pessoas que não fazem parte diretamente da relação processual, mas, sem elas, o processo não se desenvolve de forma eficiente.

Os auxiliares de Justiça são funcionários concursados (art. 37, CF) e empossados nos cargos e funções, e responsáveis por todo o desenvolvimento do processo, desde o momento em que a petição inicial é protocolizada até ser autuada. É de sua incumbência a comunicação dos atos processuais, sendo que os funcionários de cartórios fazem, principalmente, a ligação entre o juiz e as partes e demais pessoas que acabam por colaborar com o desenvolvimento da relação proces-

11 Sustentando ser inconstitucional a NR, se encontram Giglio e Corrêa, 2006, p. 163.

sual. Levam ao juiz as petições e requerimentos, comunicam as decisões, promovem a juntada de peças ao processo, promovem os atos de apreensão e realizam as citações quando assim ordenados; enfim, promovem o andamento do processo, e sua importância é vital ao desenvolvimento regular dele. Na CLT suas funções vêm reguladas nos arts. 710 a 712, e o CPC destina-lhes um capítulo próprio (Capítulo V, do Livro I, do Título IV – arts. 139 a 153), estabelecendo, além das atribuições que lhes destinou, a responsabilidade pelos atos e omissões que eventualmente contrariarem o disposto no Código.

Os peritos, intérpretes, depositário e administrador são, em geral, pessoas externas à estrutura judiciária, mas que servirão à prática de atos específicos todas as vezes que houver a necessidade de sua participação no processo. O perito é um profissional que tem conhecimento científico e técnico de determinada matéria, como, por exemplo, o engenheiro do trabalho que deve analisar se o ambiente de trabalho é sadio ou não (insalubre, *v.g.*). O intérprete é aquele que possui o conhecimento de uma língua estrangeira e é chamado a traduzir documentos para que conste nos autos em idioma nacional (art. 156, CPC). E o administrador e depositário, que é aquele que fica incumbido de guardar e conservar bens apreendidos por força de determinação judicial. Tal profissional poderá ser um funcionário público ou um terceiro, pois não há este tipo de serviço judiciário em todas as localidades e, nas que não houver, a prestação de serviços poderá ser feita por um profissional estranho aos quadros.

Todos estes auxiliares detêm responsabilidades e estão sujeitos a eventuais ações de reparação de danos, caso venham a praticar atos dolosamente em prejuízo de alguma das partes. Mas, atente-se que são pessoas de confiança do Juízo e, em princípio, reputa-se que sejam isentas e imparciais no exercício de suas funções.

A parte que tiver algum motivo de impedimento ou suspeição, poderá argüí-lo contra todos estes auxiliares, devendo fazê-lo por simples petição, gerando um incidente processual a ser decidido pelo próprio juiz da Vara, após o processamento regular e sem suspensão do feito (art. 135, § 1º, CPC).

6.8. RESPONSABILIDADE DAS PARTES POR DANO PROCESSUAL

A litigância de má-fé regulada nos arts. 16 e seguintes do CPC decorre de uma conduta omissa ou comissiva da parte e/ou seu procurador quando infrinja qualquer dos deveres dispostos nos arts. 14 e 15 do mesmo diploma. O legislador estabeleceu um dever de lealdade, honestidade e boa-fé processual, que se estende à conduta da parte e não somente do advogado. Tais conceitos são empíricos e ganham maior ou menor rigor dependendo da sociedade que os aplica. Quem vai dar o significado do que é uma conduta honesta, leal e de boa-fé é o Judiciário de acordo com o caso concreto. Os dispositivos supramencionados trazem deveres das partes: (1) expor os fatos em Juízo conforme a verdade; (2) proceder com lealdade e boa-fé; (3) não formular pretensões, nem alegar defesa, cientes de que são destituídas de fundamento; (4) não produzir provas, nem praticar atos inúteis ou desnecessários à declaração ou defesa do direito; (5) cumprir com exatidão os provimentos mandamentais e não criar embaraços à efetivação de provimentos judiciais, de natureza antecipatória ou final; (6) não proferir expressões injuriosas, quer na palavra escrita quer na oral.

Observando a ordem processual, infere-se que o legislador primeiro tratou dos deveres para, logicamente, só depois tratar do enquadramento das condutas processualmente ilícitas e suas conseqüências, as quais serão aplicadas ao autor, réu ou interveniente.

Impõe-se, assim, a condenação da parte ou terceiro interveniente que agir com má-fé, ou dolo processual, no ressarcimento de sua conduta ou omissão quando se verificar que infringiu um dever processual ou: (I) deduzir pretensão ou defesa contra texto expresso de lei ou fato incontroverso; (II) alterar a verdade dos fatos; (III) usar do processo para conseguir objetivo ilegal; (IV) opuser resistência injustificada ao andamento do processo; (V) proceder de modo temerário em qualquer incidente ou ato do processo; (Vl) provocar incidentes manifestamente infundados; (VII) interpuser recurso com intuito manifestamente protelatório.

Entendemos, assim, que o rol do art. 17 do CPC, não obstante seja taxativo, é aberto, pois o juiz poderá enquadrar aí qualquer conduta ou omissão que importe na violação daquele dever de lealdade. Como ensinam Nelson e Rosa Nery, o litigante de má-fé

> é a parte ou interveniente que, no processo, age de forma maldosa, com dolo ou culpa, causando dano processual à parte contrária. É o *improbus litigator*, que se utiliza de procedimentos escusos com o objetivo de vencer ou que, sabendo ser difícil ou impossível vencer, prolonga deliberadamente o andamento do processo procrastinando o feito. As condutas aqui previstas, definidas *positivamente*, são exemplos do descumprimento do dever de probidade estampado no CPC 14 (1997, p. 288).

O fato de o trabalhador postular em causa própria não o isenta de agir com lealdade processual, daí se infringir qualquer dos deveres relativos à boa-fé ou conduta ilibada, deverá responder pelas conseqüências do seu ato ou omissão. Neste mesmo diapasão, o fato de o trabalhador ter sido beneficiado pela Justiça gratuita não o isenta de arcar com as indenizações para reparar o dano que causar por estar litigando (ou ter litigado) de má-fé.[12]

A CLT não traz norma semelhante, e o CPC terá que ser aplicado na sua inteireza quanto a este tema. A penalidade prevista para o litigante de má-fé consiste no pagamento de multa no valor de 1% calculado sobre o valor dado à causa, indenização por perdas e danos, ressarcimento das despesas processuais e honorários advocatícios.

Algumas ponderações se fazem necessárias com relação a estes valores.

A condenação prevista pelo legislador não se confunde com o dano que está sendo reclamado na ação, de sorte que poderá ocorrer de o autor ser condenado por estar litigando de má-fé e, ao mesmo tempo, ser vencedor no seu pleito. Igualmente, nada tem a ver com os ressarcimentos por ter ingressado com a ação. Quando o legislador se refere a despesas processuais, são despesas não-previstas no âmbito do CPC ou da CLT. O que se quis foi reconhecer que a parte poderá ter outras despesas e/ou sofrer um dano que decorrem daquela ação ou omissão desleal e, em decorrência disso, tem o direito de ser ressarcida, regime este, portanto, que independe daquele reservado às custas e despesas processuais. Imagine que, por um ato desleal do autor, o réu necessitou contratar um advogado em outra comarca para acompanhar o andamento de uma carta precatória ou uma vistoria. O fato de o processo do trabalho possibilitar que possa acompanhar pessoalmente aquele ato não implica o impedimento de a parte contratar um profissional para representá-la. Concluindo-se pela má-fé na execução daquele ato originado por ação da parte contrária, caber-lhe-á ser ressarcido pelas despesas que efetuou, inclusive o pagamento dos honorários do profissional contratado (art. 404, CC).

Não se olvide que o advogado integra a capacidade da parte e, se ela optou por se fazer representar por advogado, verá o valor que despendeu devolvido. O ressarcimento do dano não se confunde com a sucumbência, essa sim não aplicável ao processo do Trabalho e tampouco com a condenação resultante da atuação por ter a parte agido com má-fé processual.

A reparação do dano é um fato objetivo. Se houve litigância de má-fé, o dano é presumido. Se o juiz tem como quantificá-lo no momento em que profere a decisão, poderá fixá-lo em até 20% sobre o valor da causa; caso contrário, fixará *a posteriori* em liquidação de sentença por artigos ou arbitramento. A vítima aqui precisa provar, somente, o que perdeu e o que deixou de ganhar com o ato desleal.

---

12 Wagner Giglio e Claudia G. W. Corrêa têm posicionamento contrário e entendem que pode haver condenação, porém não pode haver cobrança. *Ver, Direito Processual do Trabalho,* p. 159-60.

A grande inovação que esta matéria vem tendo é a possibilidade de se condenar solidariamente a parte e seu patrono pelo ato ou omissão desleal. Isso possibilita que a parte não fique à mercê de ações irresponsáveis e desleais e vice-versa. Aconselha-se, assim, que o advogado tenha o maior zelo possível para se ver isento de alterações de fatos que, por vezes, os clientes lhes trazem. Em certos tipos de causas, principalmente aquelas de danos morais decorrentes de assédio sexual e moral, é prudente que o cliente assine a peça inicial ou de defesa em conjunto, pois assim haveria uma presunção de que os fatos que foram relatados estão fielmente descritos pelo profissional, não sendo lícito que, posteriormente, o cliente atribua ao advogado a culpa pela descrição de fatos que ele próprio narrou.

A condenação em litigância de má-fé poderá decorrer de um pedido da parte prejudicada ou de ato de ofício do juiz, uma vez que se destina esta norma a resguardar ao próprio Estado o respeito que se deve ter pelas decisões judiciais.

Capítulo 7
Litisconsórcio

Há litisconsórcio quando se verificar no mesmo processo um cúmulo de pessoas no pólo ativo **(litisconsórcio ativo)**, passivo **(litisconsórcio passivo)** ou nos dois pólos **(litisconsórcio misto)**. Diz-se do liame que une no mesmo processo vários autores e/ou vários réus. Daí falar-se em **litis (lide) + consórcio (unido, associado)**. Fonte para formação do litisconsórcio é a lei, sendo vedado que decorra da vontade das partes ou de ordem judicial

É possível que se verifique a situação de litisconsorte logo que a relação processual seja formada **(litisconsorte inicial)**, ou no curso do processo **(litisconsorte ulterior ou incidental)** como ocorre, por exemplo, nas vezes em que há determinação para reunião de causas pela conexão.

O legislador prevê que o litisconsorte poderá ser necessário ou facultativo, dependendo da natureza da relação jurídica material que une os litigantes. Naquele primeiro caso, a não-formação do litisconsorte importará em nulidade absoluta do processado; neste segundo se estabelecerá pela vontade das partes, de modo que a não-formação não trará qualquer prejuízo ao direito dos litigantes ou da parte contrária.

O art. 46 do CPC cuida das hipóteses de **litisconsórcio facultativo**, estabelecendo o legislador hipóteses de comunhão de direitos e obrigações ou mera conexão total ou parcial. A comunhão de direitos e obrigações se verifica quando os consortes possuem o mesmo bem jurídico ou têm a mesma obrigação a ser cumprida; há um único direito com diversos titulares. Quando o legislador trata da conexão parcial (art. 46, II), há parcialidade na causa de pedir, uma vez que o fundamento do direito é o mesmo; e a total (art. 46, III) é aquela já referida no art. 103 do CPC. O inciso mais intrigante é o IV, que admite o litisconsorte em razão de mera afinidade de questões por um ponto comum de fato ou de direito. As causas são independentes, mas a situação jurídica permite que haja união de pessoas.

O **litisconsorte necessário** está previsto no art. 47 do CPC e sua formação decorre de imposição legal em razão da natureza da relação jurídica de direito material entre as partes. Ocorrerá, por exemplo, na denunciação da lide, quando, em razão dela, houver a necessidade de se formar, na lide principal, o litisconsorte entre o denunciante e o denunciado.

A jurisprudência e a doutrina divergem acerca da situação do art. 10 do CPC. Para alguns, se trata de integração de capacidade e, para outros, de formação de litisconsorte necessário. Aqui o legislador ordena que, nas ações ali discriminadas, haverá necessidade de consentimento do outro cônjuge. Entendemos que a situação do art. 10 não é de litisconsorte e tampouco de integração da capacidade. Isso porque o legislador exige o mero consentimento do outro cônjuge. Na integração de capacidade, estamos diante de um fato em que a parte é incapaz, relativa ou absolutamente, e por isso há a necessidade de um *plus* que completará a sua capacidade. Aqui nem sempre isso ocorre. Pois em ações onde se discutem direitos reais (ex., propriedade sendo discutida no processo executivo trabalhista, situação muito comum na prática), o que ocorre é a necessidade de se dar conhecimento ao outro cônjuge acerca da discussão jurídica sobre, possivelmente, um direito seu também. A hipótese se aproxima do litisconsorte necessário, mas não se confunde com ele porque o outro cônjuge precisa tão-somente do consentimento e não que, necessariamente, faça parte do pólo ativo ou passivo da ação. Daí o legislador exigir a citação dos dois cônjuges para que ambos tenham conhecimento do processo e possam dele se defender quando assim o desejar. Trata-se, pois, de ato de mero consentimento e cientificação.

Quanto à **sentença** o litisconsorte poderá ser **unitário**, quando a decisão do processo tiver de ser uniforme em relação a todos os consortes; ou **simples**, quando não houver necessidade de a decisão ser coincidente para todos os consortes.

A **relação jurídica processual**, não obstante a pluralidade de lides e sujeitos que a compõe, é única. Ocorre o que se chama de **fenômeno das lides autônomas** e, corolariamente, os litisconsortes têm autonomia própria e não obstante se submetam à unidade processual. Diz-se, assim, do **princípio da autonomia dos litigantes**: serão considerados litigantes distintos em relação à parte adversa cabendo-lhes promover o andamento do processo e praticar atos que lhes convier. Este princípio sofre, no entanto, algumas restrições dependendo do tipo de litisconsorte e da sentença a ser proferida. No simples, o princípio é quase absoluto. O reconhecimento do direito, a confissão e a transação operados por um consorte, por exemplo, só produzem efeitos para aquele que o fizer; quanto à conciliação e à transação. Se o litisconsórcio for simples, porém necessário, poderá haver uma maior ou menor autonomia dependendo da relação litigiosa.

Podemos concluir, com fundamento no art. 48 do CPC que, em regra e independentemente do tipo de litisconsorte ou da natureza da sentença a ser proferida, os atos e ações praticados por um consorte aproveitarão todos os demais, mas os atos de disposições de direito (ex., renúncia, transação, desistência) não se comunicam, não podendo prejudicar aquele que não se manifestou neste sentido. Tudo aquilo que for fato comum será aproveitado na defesa ofertada apenas por um deles, situação está que ocorre com freqüência nas hipóteses em que um dos consortes é revel.

Há duas observações a fazer com relação a este instituto:

Uma é que não se admitem as intervenções ***iussi iudicis***, ou seja, o chamado consorte por ordem do juiz. Este tipo de situação fere o princípio da inércia e da imparcialidade e vai contra a letra do parágrafo único do art. 47. Se o juiz entende que se trata de litisconsorte necessário, deve determinar que a peça inicial seja emendada, determinando, somente depois da emenda, a citação do consorte. Caso o autor não cumpra a ordem de emenda, deverá determinar a extinção do feito sem julgamento de mérito. Caso entenda que é facultativo, não se pode determinar o chamamento do consorte, porque, como diz o legislador, é facultativo e depende da vontade das partes ele estar presente ou não.

E a outra, prevista pelo art. 842 da CLT consiste em que se várias forem as reclamações, se houver identidade de matéria, poderão os autores proceder a cumulação de todas elas num único processo, o que se admitirá se se tratar de empregados da mesma empresa ou estabelecimento. Tal previsão é típica para casos de litisconsórcio facultativo, devendo ser observado que o instituto, todavia, não se limite à exigência de serem os empregados da mesma empresa, não havendo qualquer impedimento para que empregados de empresas diversas possam formular pedidos em litisconsórcio, desde que isso seja viável e coerente com o que se pede. Tal a inteligência do instituto estudado.

Em 1994, numa das grandes reformas operadas no processo civil, o legislador previu a hipótese de litisconsórcio **multitudinário** (art. 46, parágrafo único). Buscou-se com tal previsão uma medida que fosse capaz de preservar o equilíbrio entre os litigantes. Não é uma norma que venha privilegiar o réu, mas sim manter o equilíbrio processual. **Multitudinário**, refere-se a multidão; ou seja, lides com um número muito grande de pessoas podem tornar inviável o bom andamento processual. Desta forma, concede-se ao juiz o poder de, verificando que o número de litigantes possa **comprometer a rápida solução do litígio ou dificultar a defesa**, suspender o andamento e ordenar o fracionamento do processo, dividindo-se para cada processo um número razoável de litigantes. O prazo para defesa é interrompido, ou seja, devolvido inteiramente ao réu.

Por fim, havendo formação de litisconsortes, estarão sujeitos a regras especiais, justamente pela formação diferenciada da relação processual. Os prazos que lhes serão destinados, são sempre dobrados, exceto se se tratar de prazo recursal no qual um dos consortes tenha sido vencedor (art. 191, CPC e Súmula nº 641, STF[1]); tratando-se de ação trabalhista típica, o prazo de cinco dias para ocorrência da audiência somente será contado a partir da última citação (art. 241, CPC c/c, art. 786, parágrafo único, CLT); o recurso interposto por um dos consortes aproveita a todos, salvo se seus interesses colidirem ou se estes forem opostos (art. 509, CPC).

1 Súmula nº 641, STF: Não se conta em dobro o **prazo** para recorrer quando só um dos litisconsortes haja sucumbido.

Capítulo 8
Intervenção de terceiros

As partes processuais, como já dissemos, são aquelas que estão nos pólos ativo e passivo da relação processual. Portanto, quando se fala em intervenção de terceiros, deve-se entender que terceiro, no sentido jurídico processual, é aquele que não está no processo na condição de parte e, por isso, chega-se a tal noção por negação.

Para que seja possível um terceiro intervir numa relação processual instaurada, será necessário que haja obediência a determinados pressupostos legais inerentes a cada instituto previsto na lei, nomeado de intervenção de terceiros, pois nem toda modificação subjetiva no processo quer dizer que tenha ocorrido intervenção típica, como acontece, por exemplo, com a sucessão por morte e no caso de interposição de embargos de terceiro. Aquele primeiro é caso de sucessão de partes no processo. Este tipo de ação autônoma provoca a intervenção de um terceiro na relação jurídica para defesa de sua posse ou propriedade em razão da interferência indevida que a ação em andamento fez ocorrer em seu patrimônio, sem se confundir com o instituto que estamos tratando.[1]

Na relação processual individual, a sentença proferida atinge aqueles que são partes, e somente em relação a eles se opera a coisa julgada. Todavia, dependendo da matéria discutida, pode ocorrer de a situação jurídica se estender ou refletir na esfera de um terceiro, fato este que autorizará o terceiro intervir naquela relação, seja para atenuar os efeitos desta decisão, seja para discutir o seu próprio direito, o que é permitido ante a **finalidade** do instituto que vem coberta pelos **princípios da segurança jurídica e da economia processual**. Evitam-se, assim, decisões contraditórias em processos que seriam conexos atenuando os efeitos que a **extensão subjetiva da sentença**[2] possa vir a produzir.

1 Sobre embargos de terceiro, ver o Tomo II, desta obra, de autoria de Yone Frediani.

2 A extensão subjetiva da sentença refere-se às pessoas que a decisão irá atingir, ao contrário da extensão objetiva, relativa esta ao objeto do processo.

Duas questões que devem ser colocadas. Primeiro, se é admissível a intervenção de terceiros no processo do trabalho; e, segundo, em quais tipos de procedimento ela caberia.

A primeira questão devemos, principalmente após a reforma constitucional de 2004 (EC nº 45), responder afirmativamente. O que o intérprete terá de analisar é se o juiz do Trabalho será competente para julgar todas as lides que estiverem sendo discutidas na relação processual, caso contrário, terá de se dar por incompetente e deixar de apreciar eventual pedido que lhe tenha sido feito. Há que se ter em mente que a intervenção de terceiros provocará uma cumulação de pedidos ou de demandas e, por isso, é imprescindível que o juiz tenha competência para apreciar todas elas.

Com relação aos tipos de procedimento, devemos observar que, em regra, somente se pode aceitar as intervenções de terceiro em processo de conhecimento cujo rito seja ordinário. Isso porque a intervenção provocará uma dilatação da matéria a ser decidida e os processos de execução e cautelar não se compadecem de tais extensões, indo contra a natureza desses procedimentos a demora que o incidente irá provocar. Igualmente e pelas mesmas razões, não se poderia aceitar que isso ocorresse em processos de conhecimento que assumissem a forma de ritos sumários e sumaríssimos, pois o objetivo desse ritos especiais é possibilitar uma prestação jurisdicional mais rápida.

Todavia, cumpre lembrar que a nomeação à autoria, tipo de intervenção que visa à correção do pólo passivo da ação, deve ser aceita em todos os procedimentos e processos, pois a economia de tempo e dinheiro que representará é maior do que o lapso temporal gasto para se decidir a questão.

A assistência, outro instituto de intervenção de terceiros, que também estudaremos a seguir, é admitida em todos os procedimentos por força de lei (arts. 50, parágrafo único, e 280, CPC).

E, por fim, por força do art. 280 do CPC admite-se a intervenção fundada em contrato de seguro; por outras palavras, o legislador admite a denunciação da lide neste procedimento somente na hipótese de se pretender chamar a seguradora – garante da prestação.

A hipótese é de difícil aplicação no processo do trabalho. Isso porque o juiz do Trabalho não tem competência para julgar a lide secundária que se forma entre o réu e a seguradora. Imaginemos um **exemplo**: o empregador é acionado em razão de pedido de indenização por dano moral e material, decorrente de acidente de trabalho em ação cujo valor é equivalente a 40 vezes o salário mínimo vigente na data do ajuizamento da reclamação (art. 852-A). O empregador possui seguro para tais tipos de situações e, em razão deste contrato de seguro, a seguradora seria sua garante (art. 70, III, CPC), de forma que o empregador, réu na ação, poderia denunciar a lide à seguradora para, caso venha a ser vencido na ação, possa se ver ressarcido nesta mesma relação pela seguradora, com quem mantém o contrato de seguro. Ocorre que a relação jurídico-processual entre ele e o empregado, autor da ação, é de natureza trabalhista; mas a relação que se forma entre ele, empregador, e a seguradora, lide secundária, é de natureza civil. Portanto, a primeira, o juiz do Trabalho tem competência para apreciar e julgar; mas a segunda, não. Por isso, seria incabível aqui a denunciação da lide.

Portanto, cada caso deve ser analisado individualmente para se concluir pelo cabimento ou não da intervenção suscitada.

A intervenção de terceiros poderá ser voluntária ou provocada, dependendo da vontade daquele que intervém na relação processual. De acordo com a previsão legal, poderemos assim dividir:

PROVOCADA (a parte chama o terceiro)
- nomeação da autoria (arts. 62/69, CPC)
- denunciação da lide (arts. 70/76, CPC)
- chamamento ao processo (arts. 77/80, CPC)

ESPONTÂNEA (o terceiro intervém voluntariamente)
- assistência (arts. 50/55, CPC)
- oposição (arts. 56/61, CPC)

8.1. ASSISTÊNCIA

O legislador quando sistematizou a matéria acerca da intervenção de terceiros não tratou da assistência no mesmo capítulo, fazendo num imediatamente anterior, o que levou a doutrina a discutir se seria ou não um tipo de intervenção de terceiros. A matéria se pacificou, e não mais se discutiu sobre ser a assistência caso típico de intervenção de terceiros (Carneiro, 2003, p. 165).

Por este instituto, o terceiro insere-se na relação jurídica entre as partes para coadjuvar (ajudar, auxiliar) uma delas, em razão do **interesse jurídico** em que a sentença venha a lhe ser favorável. Importa ressaltar que o assistente não se torna parte na relação processual primitiva, pois nada pede a seu favor. É sujeito processual que auxilia e que pode ingressar na relação para auxiliar o autor ou o réu em face do interesse jurídico que possui na demanda. É possível que se verifique a assistência nos dois pólos, mas, obviamente, o mesmo terceiro não poderá assistir, ao mesmo tempo, autor e réu, pois os interesses são colidentes.

É imprescindível que para assistir qualquer das partes, o assistente tenha **interesse jurídico** e não meramente econômico. "O interesse jurídico é aquele que resulta do nexo de interdependência entre a relação jurídica, de que seja titular o terceiro, e a relação jurídica deduzida no processo, por força da qual precisamente a decisão se torna capaz de causar prejuízo àquele".[3] Necessário, ainda, que haja uma causa pendente, pois não se justifica a intervenção em processos findos. Sabendo-se dessas *características* da assistência e do fato de o assistente não guardar a condição de parte processual, é que o legislador admite o cabimento em qualquer tipo de procedimento e qualquer grau de jurisdição (art. 50, CPC).

A **assistência** pode ser (a) **simples** ou (b) **litisconsorcial**. Diz-se simples nas hipóteses em que o terceiro é mero coadjuvante da parte que adere. O interesse que o move não se confunde com o seu interesse particular, e sua intenção é que a parte contrária sucumba porque a sentença proferida poderá interferir de forma desfavorável na relação que mantém com o adversário do assistido. O terceiro jamais poderia ter sido parte na relação processual, mas a relação jurídica da qual é titular o autoriza a intervir a fim de provocar uma sentença que seja favorável ao assistido e, por via reflexa, que também lhe será favorável. Tal assistência é chamada, ainda, de **ad adjuvandum** ou **assistência adesiva**, porque o assistente auxilia, ajuda, o assistido na defesa dos direitos dele, assistido (art. 50, CPC).

Diz-se **assistência litisconsorcial** aquela em que o terceiro interveniente poderia ter sido autor ou réu na ação em conjunto com o assistido, formando, assim, litisconsórcio. Todavia, tal situação não se verificou e, considerando a relação jurídica existente entre ele, assistente, e o adversário do assistido (primeira condição), e sabendo-se que esta relação jurídica será normada pela sentença (segunda condição), ele adere à parte assistida a fim de impedir que a sentença lhe estenda os efeitos. Perceba-se que a situação é, na verdade, regulada para proteger o interesse daquele que deveria ter ocupado a posição de litisconsorte, mas como a situação é de litisconsorte facultativo, a parte contrária, ou mesmo a parte assistida, pôde optar por constituir a relação processual de forma simples, ou seja, sem a formação de consortes. Todavia, o fato de ter a parte optado por esta constituição da relação processual quer dizer que a sentença não estenderá seus efeitos reflexos sobre as demais pessoas que possuam interesses relacionados

3 *RJTJRS*, 61:163.

com os da parte processual, fundamento este que autoriza sua participação no processo naquela qualidade. O laço entre o assistente litisconsorcial, a parte assistida e o seu adversário é mais forte do que aquele existente na relação havida com o assistente simples.

O assistente litisconsorcial, frise-se, não será litisconsórcio real, nem parte principal. Todavia, a lei o considera litisconsorte porque os efeitos da sentença lhe vai atingir e *"sus actos producen el mismo efecto de los de una parte, incluso aunque se hallen en contradición con los de la principal y las alegaciones de ésta"* (Pietro-Castro y Fernándiz, p. 398.)

Quando o legislador se refere ao verbo influir, quis se referir à possibilidade de extensão maior ou menor da coisa julgada em face do terceiro. A sentença deve atingir, de forma direta, somente aqueles que participam da relação processual como sujeitos principais, mas, se se verificar que estes efeitos reflexos influenciaram a relação entre o assistente e o adversário do assistido de forma absoluta, estaremos diante da assistência litisconsorcial (também chamada de autônoma ou qualificada). Caso se verifique que esta influência dos efeitos da sentença seja relativa, isto é, não convém estender os efeitos de coisa julgada sobre a relação entre o assistido e o seu adversário mas, simplesmente, interferir na relação jurídica do assistente para melhorá-la ou piorá-la; estaremos diante da assistência simples ou adesiva.

Assim, podemos sintetizar a posição do assistente na relação processual:

a) atua em benefício do assistido para que a sentença seja favorável a ele;
b) recebe o processo no estado em que se encontra;
c) assistente simples é mero auxiliar da parte assistida. Todavia, em face dos poderes processuais que está investido, terá os mesmos poderes que a parte assistida e se sujeitará aos mesmos ônus processuais que o assistido; mas não pode inovar na lide, alterando, restringindo ou ampliando o pedido ou a causa de pedir e nem formular pedidos para si próprio. Não pode reconvir ou praticar atos que conflitem com os praticados pelo assistido, tendo de se conformar com os atos de disposição que o assistido pratique, como, por exemplo, a confissão. Mas, tratando-se de assistência, a revelia do réu dará ao assistente a possibilidade de assumir a função de gestor dos seus negócios. Entenda-se, no entanto, que tal função é meramente processual, não ampliando seus poderes e nem fazendo com que se torne parte principal.
d) sendo o assistente litisconsorcial, o legislador acabou por tratá-lo como se litisconsorte fosse e é esta posição que assumirá perante a parte assistida. Não podemos, no entanto, confundir, pois não se trata de alterar a relação proces-

> sual para, em razão da intervenção espontânea, fazer com que assuma a posição de parte principal. Sua posição é de assistente e, por isso, seu objetivo primeiro é atuar em favor do assistido para que a sentença lhe seja favorável. Todavia, em razão da natureza da relação jurídica discutida, o tratamento que receberá é de **litisconsorte facultativo**, possuindo, além dos poderes e ônus processuais que tem o assistente simples, aqueles que são destinados ao litisconsorte e recebendo o mesmo tratamento a ele destinado.

Aquele que desejar intervir no processo como assistente, independentemente do tipo de assistência, **deverá peticionar** ao juiz da causa, expondo os fatos e fundamentos do seu interesse jurídico e especificando a sua pretensão. Não se olvide que poderá ser formalizado o pedido em qualquer momento do processo e, por isso, desnecessário que o terceiro aguarde eventual ocorrência de audiência para tanto. O juiz analisará o pedido e poderá deferi-lo ou não. **Se o pedido for indeferido**, a decisão tem natureza interlocutória e não cabe contra ela qualquer recurso. Caso seja deferido, o juiz ordenará a intimação dos litigantes para se manifestarem no prazo de cinco dias comuns. Em não havendo impugnação e se o juiz considerar a pretenção do terceiro legítima, este assume a posição de assistente e, daí por diante, passa a acompanhar o desenrolar do processo.

Se, **qualquer das partes impugnar o pedido** sob alegação de que falece interesse jurídico ao requerente, o juiz ordenará o desentranhamento da petição e documentos, determinando que sejam autuados em apenso a fim de instruir e decidir o **incidente de assistência**. Observe que isso não causa a suspensão do feito, pois o fato de o legislador ter admitido que a assistência tem cabimento em todo tipo de processo e procedimento, tem razão de ser na impossibilidade de causar qualquer prejuízo às partes e ao procedimento em si. Qualquer que seja a decisão proferida no incidente, não se admitirá contra ela recurso, pois em processo do trabalho não se admite revisão de decisões interlocutórias, em outra fase que não de recurso interposto contra decisão final.[4]

A sentença proferida no processo estenderá seus reflexos sobre o assistente de forma mais ou menos contundente dependendo do tipo de assistência. Assim, os efeitos da sentença atingirão o assistente que somente poderá desfazê-los ou reduzi-los sem discutir a justeza da decisão, caso tenha motivos relevantes para tanto. Tais motivos são aqueles elencados no art. 50 do CPC que permite a dis-

4 Cumpre lembrar que se houver violação a direito líquido e certo na decisão interlocutória proferida, caberá mandado de segurança que, no entanto, não é recurso, mas ação própria, cujo resultado poderá interferir no resultado da interlocutória, causando sua eventual reforma.

cussão da extensão dos efeitos sem prejudicar a apreciação de fatos e fundamentos feita pelo juiz na sentença do processo principal. Tais são os motivos: **(a)** se o terceiro provar que, pelo estado em que recebeu o processo, ou pelas declarações e atos do assistido fora impedido de produzir provas que influíssem na sentença; ou **(b)** se provar que o assistido, por dolo ou culpa, não se valeu de alegações ou provas das quais desconhecia a existência.

Assistência:

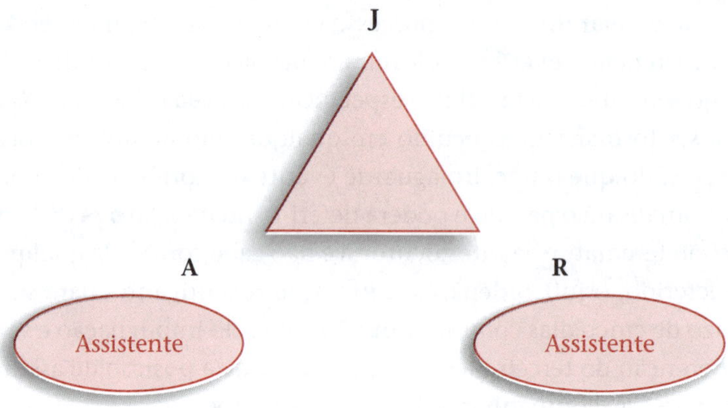

8.2. OPOSIÇÃO

Diz-se opoente, o terceiro que ingressa voluntariamente no processo pendente, apresentando uma pretensão própria e, formando, assim, uma lide secundária. Diante da natureza da intervenção e do elastecimento que causará o objeto a decidir (*thema decidendum*), deverá ser **admitida apenas no processo de conhecimento de rito ordinário**. No sumário e sumaríssimo não se deve admitir ante a vedação, senão pelas razões jurídicas e econômicas, pela letra dos arts. 280 do CPC e art. 10 da Lei nº 9.099/1995, aplicáveis subsidiariamente ao processo do trabalho.

A oposição é uma ação em que os **opostos** (réus da intervenção) serão o autor e o réu da ação principal, em litisconsórcio necessário; e o **opoente** (autor da intervenção), o terceiro interveniente. A intenção do opoente é excluir as pretensões do autor e do réu sobre o bem litigioso que se discute no processo principal, formando-se, assim, uma lide secundária.

O terceiro interessado em interpor oposição deverá formular seu pedido até que a sentença seja proferida (art. 56, CPC). Proferida a sentença, ainda que não tenha sido publicada,[5] não tem cabimento a oposição.

5 Poderá ocorrer de o juiz proferir a sentença e decorrer certo lapso de tempo entre sua redação e publicação, por isso o intérprete deverá estar atento a este fato.

O terceiro interessado em ingressar com a oposição deverá redigir a petição inicial, observando todos os seus requisitos (arts. 282 e 283, CPC) e promover a distribuição por dependência. O autor e réu da ação principal serão, necessariamente, os réus da ação de oposição e serão citados na pessoa de seus patronos que terão prazo comum de 15 dias para contestar (art. 57, CPC). A citação somente se realizará na pessoa do próprio réu-oposto da oposição, caso ele seja revel na ação principal (art. 57, parágrafo único, CPC).

A suspensão ou não do processo principal dependerá da fase em que se encontra quando a oposição é oferecida. Caso a audiência de **instrução já tenha se realizado**, não haverá a suspensão do processo principal e a oposição será processada, instruída e julgada separadamente (art. 60, CPC). Caso o juiz entenda necessário, poderá determinar a suspensão do processo principal a fim de julgar ação e oposição num mesmo momento. Isso dependerá do prejuízo que se entenda que possa ocorrer ao processo principal em razão daquilo que estiver sendo deduzido na oposição e com fundamento no art. 265, IV *a* ou *c*, CPC.

Caso a oposição seja oferecida **antes** da sessão de instrução, o processo principal deverá ser suspenso, agora por força do art. 59 do CPC, para que possa ser instruído e julgado juntamente com a ação principal. O legislador impõe a suspensão do processo por prazo nunca superior a noventa dias, mas o fato de isso não ser respeitado não acarretará a nulidade do processo. O que poderá se configurar é uma mera irregularidade capaz de gerar a responsabilização do órgão jurisdicional pelo descumprimento dos prazos legais ou a condenação de qualquer das partes em litigância de má-fé, caso se verifique qualquer dos atos ou omissões que justifiquem tal condenação. Observe que as circunstâncias processuais e a necessidade de se evitar decisões contraditórias poderão justificar o elastecimento do prazo legal, o que não representa qualquer tumulto na ordem do processo.

Uma hipótese interessante poderá ocorrer no que diz respeito à manifestação dos opostos. Concerne a situação de um deles reconhecer a procedência do pedido, ocasião em que a ação prosseguirá somente contra o oposto que a contestou . Não se olvide que os atos e omissões relativos à disposição de direitos não prejudicam nem aproveitam os consortes, de modo que o art. 58 nada mais faz que confirmar o princípio da autonomia dos litigantes já exposto anteriormente no art. 48 do CPC.

Impõe-se que, se a decisão da oposição e da ação forem conjuntas, o juiz deverá conhecer primeiro daquela e depois dessa. Isso quer dizer que o fará na mesma sentença e por presumir o legislador que seja mais lógico, pois deverá decidir a quem pertence o objeto litigioso.

Assemelha-se a oposição aos embargos de terceiro, mas dele se distingue, principalmente porque nos embargos o proprietário ou possuidor tem um bem ou direito constrito em virtude de decisão judicial. Na oposição, as partes discutem a titularidade do bem. É de cabimento mais restrito no processo do trabalho, pois pouco se discute sobre titularidades de bem, salvo em processo executivo em que há determinação judicial de apreensão de bem ou direito. Todavia, as novas espécies de lides que são admitidas no âmbito da jurisdição trabalhista poderão fazer nascer o direito ao terceiro de defender seu patrimônio.

Em regra, a oposição deverá ser admitida. Mas poderá o juiz verificar, desde logo, que o opoente carece da ação ou não preenche os pressupostos processuais adequados para tanto. Neste caso, poderá indeferir de plano a oposição e, não obstante seja ela uma ação tecnicamente autônoma e a decisão proferida seja uma sentença, contra tal decisão não caberá recurso, sendo forçoso que se dê a esta situação o mesmo tratamento das decisões interlocutórias. Isso porque haveria um prejuízo processual muito grande caso se permitisse a separação de processos, pois existiria um grande risco de se ter decisões contraditórias, o que vai contra o instituto de intervenções, cujo fundamento maior é se evitar decisões contraditórias. Apenas numa hipótese se permite desde logo o recurso ordinário contra aquela decisão: caso o opoente tenha ingressado com a oposição depois de o juiz ter proferido a sentença no processo principal. Aqui, por razões óbvias, pois a oposição é, na verdade, uma ação autônoma e terá trâmite em separado da ação principal.[6]

Oposição:

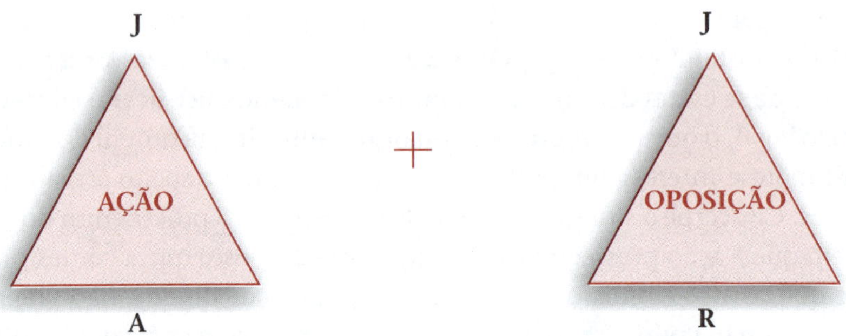

Opoente
(terceiro)

Opostos
(autor + réu da ação principal)

6 A matéria é pouco discutida em processo trabalhista em face da sua escassa existência. Mas o Juízo Cível já pacificou tal entendimento, principalmente quando decidiu questões ligadas à reconvenção. Assim se pronuncia o STJ: "Reconvenção. Indeferimento Liminar. Recurso Cabível. Cabe Agravo, e não Apelação, do Provimento Judicial que indefere liminarmente a Reconvenção, ainda que por equívoco haja sido o pedido reconvencional autuado em apartado. Recurso Especial não conhecido" (REsp. 20.313/MS; Recurso Especial 1992/0006552-0 – Min. Athos Carneiro – 4ª T – DJ 8/6/1992 – p. 8.623 – RT vol. 698 – p. 221).

8.3. NOMEAÇÃO À AUTORIA

Dirige-se exclusivamente ao réu que pretende, até o momento da apresentação da defesa, ver-se excluído do processo, por se considerar parte ilegítima. Portanto, é uma forma de economizar processualmente e acertar as condições da ação. O réu, sendo parte ilegítima, em vez de contestar, pois muitas vezes nem tem condições para isso, indica quem seria parte legítima para estar no pólo passivo da ação.

O CPC disciplina duas figuras relativas à nomeação à autoria: **(a)** uma, extraída do modelo clássico de origem romana (art. 62), em que o possuidor ou detentor da coisa demandada (móvel ou imóvel) nomeia ao autor o proprietário ou possuidor indireto da mesma a fim de afastar de si as conseqüências da demanda. O objeto do processo poderá ser coisa móvel ou imóvel. Por esta via, o réu, que possui, ou meramente detém, uma coisa que não é sua, para livrar-se da ação que lhe foi proposta, nomeia à autoria o proprietário ou o possuidor indireto. Cabe não só ao detentor como também ao possuidor direto e funda-se, basicamente, num direito real; **(b)** por analogia (art. 63, CPC), em ações de indenização intentadas pelo proprietário ou pelo titular de um direito sobre a coisa prejudicada sempre que o responsável pelo prejuízo alegar que praticou o ato por ordem ou cumprimento de instruções de terceiros.

Considerando que a nomeação à autoria tem por fim o acertamento do pólo passivo da ação, deve ser admitida em todo tipo de procedimento, salvo naqueles em que o legislador vedou de forma expressa (art. 280, CPC, e art. 10, Lei nº 9.099/1995, aplicáveis subsidiariamente ao processo do trabalho). Assim, pensamos que cabe, inclusive no processo cautelar e de execução, uma vez que isso significa medida de economia processual.

O réu, citado, deve, no prazo que tem para se defender[7] nomear a autoria. Poderá fazê-lo, caso assim entenda e por não haver qualquer incompatibilidade ou vedação, na própria defesa e antes de apresentada a preliminar. Pode o intérprete entender que isso seria contraditório, pois se o réu não é parte, como poderia contestar a ação? Ocorre que a contestação deve trazer articulada toda a matéria de defesa, sob pena de precluir o momento para tanto. O legislador não exige que a defesa seja juntada no mesmo momento que o chamamento, mas isso demonstraria a intenção do réu em não procrastinar o feito e evitaria a interpretação – a nosso ver, equivocada – que às vezes se tem do art. 64 do CPC. Quando o legislador diz que se o juiz aceitar a nomeação o processo terá seu andamento

7 No processo do trabalho isso se dá, em regra, na audiência, no momento em que a defesa deva ser apresentada.

suspenso, uma interpretação a *contrario sensu* poderia levar à conclusão de que, se indeferir a nomeação, o feito não se suspenderia e o prazo para defesa, corolariamente, teria transcorrido.

De toda sorte, **a nomeação poderá ser ofertada até o momento da defesa** (poderá sê-lo antes): **(a)** em peça autônoma; **(b)** na mesma peça que a contestação, mas antes da preliminar.

O juiz poderá indeferir de plano o pedido de nomeação à autoria. Tal decisão tem natureza interlocutória e, por isso, não se admitirá contra ela qualquer recurso no âmbito do processo do trabalho.

Caso o juiz entenda por indeferir desde logo o pedido de nomeação à autoria, ordenará a intimação do autor da ação para que se manifeste no prazo de cinco dias. A determinação de intimação do autor, ainda que nada conste em contrário, suspende o andamento do feito, o que nos parece lógico, pois se fosse manifestamente incabível o juiz já teria indeferido o processamento do pedido sem maiores atrasos processuais. Se ordenou que a parte contrária se manifestasse, é porque há indício de que possa haver procedência nas razões do réu.

Se o **autor aceita** a nomeação, seja de forma expressa – pela juntada de manifestação neste sentido – ou de forma tácita – pela omissão de manifestação –, o nomeado deverá ser citado primeiro para responder aos termos da nomeação. Caso também aceite a nomeação, haverá a sucessão processual (art. 41, CPC). Observe que no processo do trabalho a citação é ato da secretaria, de modo que é ela quem deverá promover a citação do nomeado, não sendo necessário que o autor se incumba de tal mister como ocorre no processo civil (art. 65, CPC).

Se o autor recusar a nomeação ou se o nomeado não a aceitar, o processo correrá contra o nomeante que, se não apresentou a defesa, o prazo lhe será devolvido por inteiro pois, não obstante o legislador se referir no art. 64, CPC, à suspensão do processo, no art. 67 do CPC determina a assinalação de novo prazo para tanto.

A nomeação é ato em benefício do processo em si e, caso não seja feita, o réu poderá responder por perdas e danos, devendo indenizar o autor dos prejuízos que sofrer em razão de sua negligência ou intenção dolosa de causar atrasos na decisão judicial. A mesma responsabilidade terá, caso nomeie pessoa diversa.

Chama-se **extromissão da parte** o fenômeno que ocorre quando o nomeado ingressa no pólo passivo no lugar do nomeante e este se afasta em razão da ocorrência de sucessão processual.

O fato de o réu ver rejeitada a nomeação à autoria ofertada não o desautoriza a argüir, em preliminar de contestação, a carência de ação, nos termos dispostos no art. 301 do CPC, pois a matéria é de ordem pública e contra ela não corre preclusão.

Nomeação à autoria:

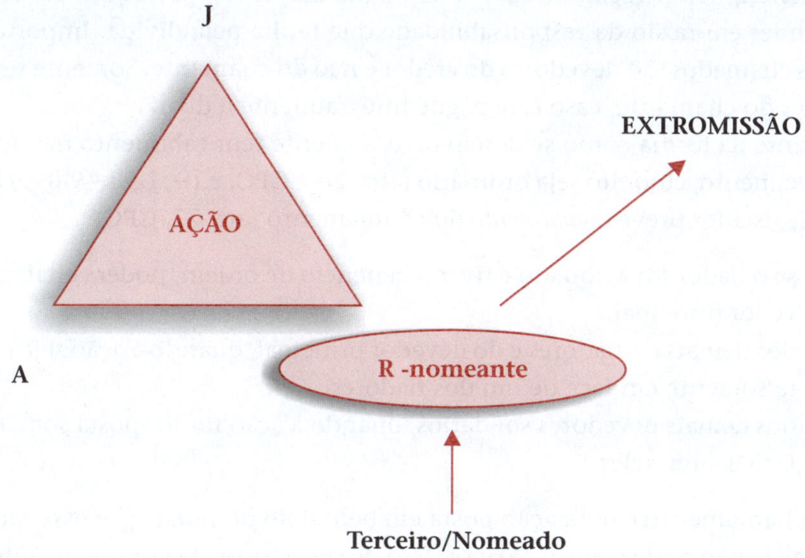

8.4. CHAMAMENTO AO PROCESSO

O chamamento ao processo é ação autônoma em que o réu, acionado para pagar a totalidade de uma dívida da qual é solidário com outros devedores, pretende acertar a responsabilidade de cada um dos devedores solidários, exatamente na proporção da cota de cada um. Os demais devedores poderiam ter sido acionados em conjunto, e o credor optou por não fazê-lo. O legislador, então, pensando na economia processual, permite que se chame ao processo os outros devedores. Desta forma, o chamamento causa uma ampliação no pólo passivo da ação principal, ao mesmo tempo em que faz nascer uma nova ação, qual seja, do réu contra os demais co-devedores, pois a sentença proferida declarará a responsabilidade de cada um dos devedores e, caso somente o réu originário pague a dívida decorrente da sentença, tem, a favor de si, um título executivo judicial para cobrar a cota parte dos demais devedores.

A **legitimidade**, para propor o chamamento é do **réu**, que ocupa a posição de **chamante**. Os chamados serão os demais devedores solidários, terceiros, portanto, na relação processual.

São *pressuposto do chamamento*: **(a)** a existência de uma relação de direito material entre o chamante e o chamado que os coloque na posição de devedor em relação à pessoa do credor, autor da ação; e **(b)** a possibilidade, em razão do direito material, de ser reembolsado, total ou parcialmente, por aquilo houver que despender em razão da responsabilidade que tenha pela dívida. Importa frisar que os chamados são devedores do credor e não do chamante. Somente serão devedores do chamante, caso este pague integralmente a dívida.

Diante da forma como se desenvolve, somente tem cabimento nas ações de conhecimento, cujo rito seja ordinário (arts. 280, CPC, e 10 , Lei nº 9.099/1995).

O legislador prevê o *cabimento* do chamamento (art. 77, CPC):

a) se o fiador for acionado e tiver o benefício de ordem, poderá chamar o devedor principal;
b) dos demais co-fiadores e do devedor principal, quando a ação seja proposta somente em face de um dos fiadores;
c) dos demais devedores solidários, quando a ação for proposta somente em face de um deles.

O chamamento é uma ação posta em benefício do réu, e, por esse motivos, contra ela não pode o autor se opor. Isso de certa forma faz impor ao autor-credor a existência de um litisconsorte passivo facultativo, o que, à primeira vista, pode parecer um contra-senso. Não entendemos, assim, todavia, pois a possibilidade de se chamar os demais devedores acaba por ser uma garantia a mais ao próprio credor, que se verá garantido, caso o réu que escolheu deixe de cumprir a sentença de condenação; bem como permite que o devedor acionado veja declarada a responsabilidade dos demais, prescindindo depois de nova ação regressiva.

O réu que for acionado e pretender chamar os demais devedores deverá formular seu pedido na própria contestação, articulando-o antes das preliminares e da defesa de mérito. O juiz poderá rejeitar de plano, caso entenda que não tenha cabimento, e por ser esta decisão interlocutória, contra ela não cabe qualquer recurso.[8] Observe-se que o juiz somente poderá indeferir o pedido se visivelmente não se enquadrar em qualquer das hipóteses do art. 77, ou se vislumbrar que a hipótese é de litisconsórcio multitudinário.

Se o juiz receber o pedido, determinará a suspensão do processo para que se proceda a citação do chamado. O chamado, ingressando no processo, tomará a condição de litisconsorte e poderá aditar a defesa (art. 74, CPC). Caso o chamante tenha optado por não juntar a defesa no mesmo momento em que promove o

8 Salvo o mandado de segurança. Ver Nahas, 2004, p. 38.

chamamento, terá seu prazo para contestar devolvido, pois o processo fica suspenso até que se efetive a citação (art. 72, CPC).

O fato de o terceiro não concordar com o chamamento não interferirá em nada, seja no processo principal, seja no chamamento, pois fica vinculado à relação processual, de sorte que sendo a sentença condenatória para o réu, vinculará também o terceiro. Em princípio, a sentença é título executivo a favor do autor. Todavia, comprovado o pagamento ao autor pelo réu originário, constituirá título executivo em favor dele contra os demais co-devedores. Na mesma sentença, o juiz poderá entender pela condenação do réu originário e, conseqüentemente, definir a responsabilidade de cada um dos consortes (art. 78, CPC).

Interessa ter em mente que o art. 80 do CPC traz uma espécie de **sentença condicional**, pois aquele que foi condenado só poderá voltar-se contra aqueles que foram seus consortes em razão do chamamento quando – e se – satisfizer a dívida por inteiro. Esta *condicionalidade* decorre do império da lei e representa uma eficácia natural da sentença, de modo que não será necessário que o juiz o declare por sentença.

Chamamento ao Processo:

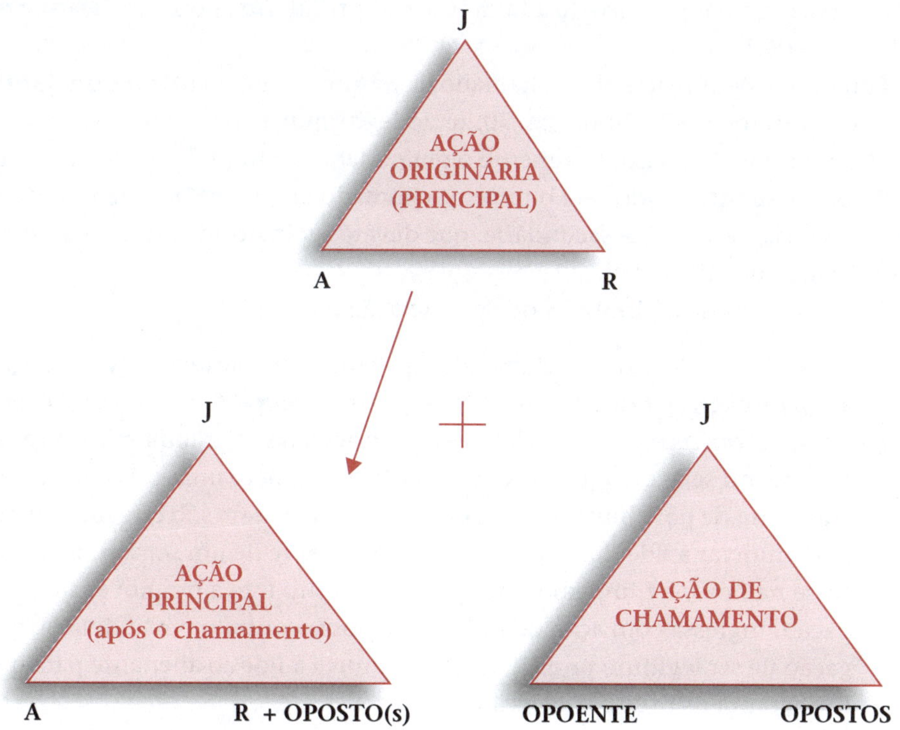

8.5. DENUNCIAÇÃO DA LIDE

No CPC de 1939, o instituto era conhecido por **chamamento à autoria** em razão de suas origens romanas. No direito romano, o transmitente de uma coisa denominado *autor da ação*. Era necessário, pois, que se imputasse àquele que transfere o direito o dever de garantir a sua existência, e, por isso, se o adquirente, de uma coisa fosse acionado por um terceiro a entregá-la, era permitido que se *chamasse à autoria* o transmitente para que pudesse garantir a sua existência. No CPC de 1973, houve a revisão daquela terminologia, principalmente para diferenciá-la do chamamento ao processo e evitar confusões terminológicas e conceituais.

Chama-se, pela denunciação da lide, o garante a fim de que responda pelos riscos da evicção da coisa ou, simplesmente, chama-se o garante para resguardar a parte, caso seja vencida na demanda em que se encontra.

O legislador utiliza a expressão *obrigatória* quando diz que a denunciação da lide deve ser feita. Todavia, somente o será quando se tratar de evicção, sob pena de se perder o direito de regresso e em razão do art. 447, do CC. Nos demais casos, não obstante a expressão legal, não se pode condicionar a perda do direito da parte à denunciação, pois o direito material não o faz e o direito processual não poderia agir em prejuízo do adquirente ou contratante, pois não lhe cabe regular tal matéria.

Aquele que denuncia a lide é chamado de **denunciante** ou **litisdenunciante**. Nos casos dos incisos I e III do art. 70, terão legitimidade para tanto o autor e o réu. Na hipótese do inciso II, somente o réu poderá assumir tal posição. **Denunciado** ou **litisdenunciado** será o terceiro chamado ao processo. A denunciação da lide faz nascer uma lide secundária, que deverá ser instruída e decidida juntamente com a lide principal.

São as seguintes as **hipóteses** de denunciação da lide:

I) o adquirente deve denunciar a lide ao alienante na ação de reivindicação, a fim de exercer o direito que da evicção lhe resulta. Incluem-se na proteção não somente as ações relativas a propriedades, mas também as ligadas a posse, ou seja, qualquer ação que tenha por objeto uma coisa ou direito real, a fim de possibilitar que o **autor ou o réu** possam sob este fundamento denunciar a lide. Exemplo: autor – adquirente de um imóvel quer imitir-se na posse e é impedido porque um terceiro está a promover sua ocupação. Ingressa com ação de imissão de posse contra o possuidor sob alegação de ser legítimo proprietário e denuncia a lide ao alienante para que lhe garanta os riscos da evicção.

II) quando o réu exercer a posse direta da coisa demandada por força de obrigação ou direito, e é citado em nome próprio deverá denunciar a lide ao proprietário ou possuidor indireto – Intenciona-se a defesa da transferência da posse ou uso. Exemplo: autor ingressa com ação de reintegração de posse contra ato de usurpação de sua posse. O réu, no entanto, é arrendatário e diz que, na verdade, quem o está fazendo é o arrendante, o que permite que denuncie a lide para defender a sua posse indireta e eventual prejuízo que venha a sofrer se perder a ação em que foi demandado.

III) a parte que por lei ou contrato tenha ação regressiva contra terceiro, para se ver indenizada do prejuízo que vier a sofrer no caso de perder a demanda – a condição para esta hipótese é que haja lei ou contrato que imponha ao terceiro o dever de indenizar eventual prejuízo causado à parte. Exemplo: contrata-se um seguro de automóvel e, em razão de sinistro, a seguradora tem o dever de garantir o pagamento da vítima.

A denunciação da lide somente será admitida nos procedimentos ordinários em processos de conhecimento. Isso porque contraria o rito célere dos demais tipos processuais. A **exceção** fica por conta do art. 280 do CPC, desde que a denunciação seja fundada em contrato de seguro, hipótese esta do inciso III do art. 70 do CPC. Seu cabimento no processo do trabalho será, ainda que com o aumento de lides que podem ser processadas na Justiça do Trabalho, limitada, pois, à exceção do inciso III, os outros dois são muito específicos. Tudo dependerá do alcance que o intérprete der ao termo relação de trabalho trazida no art. 114 da CF.[9] Além do que, não se pode olvidar que o procedimento faz nascer a lide secundária e o juiz do Trabalho deverá ter competência para apreciá-la, sob pena de não poder conhecer a lide secundária ante a sua incompetência absoluta.

Temos dois procedimentos, dependendo de quem proporá a denunciação da lide:

I) **Denunciação promovida pelo autor:** o autor formulará o pedido na petição inicial, devendo ser realizada, primeiro, a citação do denunciado e, só depois, do réu. A interposição da denunciação de lide suspende o processo contra o réu. Caso o denunciado não seja citado, o processo prossegue unicamente contra o réu, não se formando a lide secundária. O denunciado, citado, assumirá, no processo principal, a posição de li-

9 Remetemos o leitor para o capítulo em que tratamos da competência.

tisconsorte do autor, aplicando-se-lhe todas as regras desse instituto. Poderá, inclusive, aditar a petição inicial, uma das razões por que o legislador garante, primeiro, seu ingresso no processo para, só depois, prever que a relação processual principal seja completada pela citação do réu. Pode, todavia, somente se defender, o que deverá fazer no prazo de 15 dias. Caso não se defenda, será revel. Decorridos os prazos para a regularização da ação secundária, o processo principal retoma seu curso, realizando-se, agora, a citação do réu, prosseguindo-se normalmente o processo.

II) **Denunciação promovida pelo réu**: o requerimento é feito na contestação. Com a interposição da denunciação, o processo fica suspenso para que seja citado o denunciado, o qual ocupará a posição de litisconsorte do réu na ação principal. Todos os deveres, ônus e direitos de consorte, serão conferidos ao denunciado, podendo aditar a defesa. Se o denunciado não contestar a denunciação será revel. Transcorrido o prazo para a defesa do denunciado ou, após a juntada dela, o processo retoma seu curso normal.

Portanto, os momentos para a denunciação consistem na inicial para o autor ou na defesa para o réu. Fora destas oportunidades, não caberá a denunciação ante a extemporaneidade. O que quis o legislador foi permitir a instrução e julgamento conjunto da ação e denunciação.

A petição inicial da denunciação deverá ser oferecida em peça separada, não havendo vedação alguma para que seja apresentada no corpo da contestação ou da inicial, antes de se discutir a demanda principal. É possível, ainda, que haja *denunciações sucessivas* (art. 75, CPC) e, não obstante o legislador tenha previsto tal hipótese somente para denunciação, é possível que isso ocorra com todo e qualquer tipo de intervenção de terceiros, cabendo ao juiz limitar o número daquelas que são apresentadas.

Com relação à **sentença**, o legislador tratou somente das hipóteses da procedência de caráter condenatório em que o juiz declara o direito do evicto ou a responsabilidade por perdas e danos, conforme o caso, atribuindo-lhe eficácia de título executivo. Todavia, a mesma regra deve ser aplicada quando o denunciante for vencido na ação, havendo a responsabilidade por perdas e danos decorrentes daquela derrota.

Denunciação da lide:

a) pelo autor:

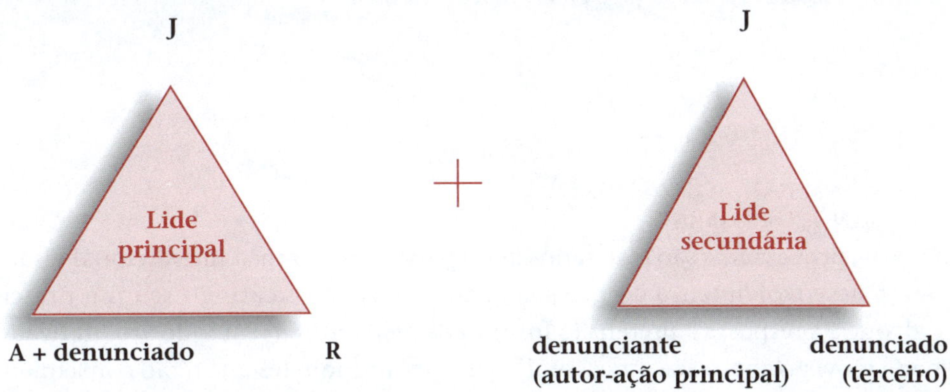

a) pelo réu:

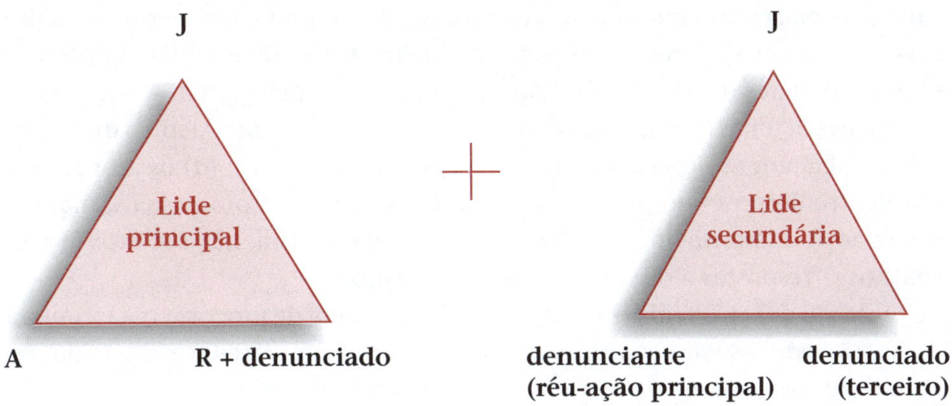

Capítulo 9
Atos e termos processuais – Parte I

9.1. NOÇÕES GERAIS

Os **atos processuais** são realizados pelas partes e pelo órgão jurisdicional visando ao desenvolvimento do processo para que ele possa atingir seu fim principal, que é a resposta à pretensão formulada pelo autor. Nem todo ato praticado pode ser visto como ato processual, mas somente aqueles que terão conseqüência na relação processual. Por isso, há alguns equívocos que devem ser evitados quando se fala em ato processual: (a) nem sempre são dirigidos de uma parte para a outra e, por isso, não se deve limitar a compreensão do tema a ato praticado pela parte; (b) nem todo ato de procedimento praticado pelo sujeito processual será um ato processual (*v.g.*, se o instrumento de mandato confere ao patrono poderes para transigir, isso não será um ato processual, se a transação não ocorrer); (c) os atos não jurídicos praticados pelo sujeito, dentro do processo, não será um ato processual (*v.g.*, citações doutrinárias); (d) os atos realizados dentro do processo por pessoas que não são sujeitos processuais, mas que visam ao andamento do feito para que ele atinja seu fim, não são atos processuais (*v.g.*, respostas a ofícios expedidos pelo juiz).

O estudo dos atos tem tanta importância que, além de provocar o nascimento da relação processual, a ausência de sua prática poderá acarretar a morte do processo, situação, por exemplo, prevista no art. 267, II, CPC.

A técnica utilizada pelo legislador refere-se ao ato, ora com o significado de ato em si, ora ao escrito, ora à forma que ostenta. Não se pode confundir, no entando. A "reprodução gráfica" (Giglio e Côrrea, 2006, p. 97) dos atos quer dizer **termo**. Atos processuais são todos aqueles praticados visando à conseqüência imediata a

> (...) constituición, conservación, desarollo, modificación o definición de una relación procesal, esto es: a) acros de parte, b) actos de los órganos jurisdiccionales. El principal acto procesal de parte es el constitutivo de la relación (demanda judicial) y el principal acto procesal de los órganos públicos es el que define la relación (sentencia): pero entre el primero y el segundo media una serie de variadísimos actos procesales (Chiovenda, 1977, p. 244).

Diante desse entendimento, podemos fixar algumas **características dos atos**, ou seja: (a) são praticados uns em seguida aos outros, pois não podem se isolar, e a validade e a finalidade serão avaliadas dentro do processo e sempre com vistas a atingir seu fim, respeitando os princípios processuais constitucionais e infraconstitucionais para se atingir o devido processo legal; (b) a prática dos atos tem em vista, portanto, a resposta final do órgão jurisdicional, prestando, assim, a sua função principal.

O legislador estabelece que a forma de prática dos atos e termos processuais, em princípio, é livre – **princípio da liberdade das formas** (art.154, CPC, primeira parte). Havendo forma estipulada na lei, assim deverá ser praticado o ato, mas, caso seja realizado por outra forma, mesmo assim o legislador lhe emprestará validade, caso o ato atinja sua finalidade – **princípio da instrumentalidade das formas** (art. 154, segunda parte c/c art. 244, CPC). Sem fugir deste princípio, a inserção do § 2º no art. 154 nos dá conta de que todos os atos e termos do processo podem ser produzidos, transmitidos, armazenados e assinados por meio eletrônico, regra esta que, até o momento, depende de regulamentação legal para sua aplicabilidade (Lei nº 11.419/2006).

Os atos e termos deverão ser praticados em idioma nacional (**princípio da obrigatoriedade do uso do vernáculo**) e, se houver necessidade de juntada de documentos em língua estrangeira admite-se que seja inserido aos autos, desde que venham traduzidos (arts. 156 e 157, CPC). É vedado às partes, ainda, lançar cotas marginais ou interlineares às petições e documentos juntados e, assim fazendo, o juiz poderá mandar riscar e impor multa à parte negligente, o que não exclui a condenação em litigância de má-fé, caso se verifique qualquer das situações autorizadoras da penalidade (art. 161 c/c art. 17 CPC).

Por fim, os atos processuais serão **públicos (princípio da publicidade)**, somente podendo haver restrição em questões ligadas: **(a)** ao interesse público; **(b)** que dizem respeito a casamento, filiação, separação dos cônjuges, conversão desta em divórcio, alimentos (art. 155, CPC); **(c)** caso o interesse social o determinar (art. 770, CLT). Tais normas estão agasalhadas pelo art. 5º, LX, da CF. Tem-se permitido a decretação de segredo de Justiça em situações que possam causar constrangimentos à parte, já vitimada pela situação que traz à resolução judicial.

Os atos e termos processuais (art. 771, CLT) no processo trabalhista poderão ser escritos de forma manuscrita a tinta, datilografados ou firmados com carimbo. O fato de não constar na CLT de 1943, que poderiam ser digitados e impressos, não quer dizer que haja omissão da lei, sendo que os próprios Tribunais já se informatizaram; o art. 170 do CPC prevê a possibilidade de se utilizarem estenotipia, taquigrafia ou qualquer outro meio idôneo à documentação do ato; e, por fim, a Lei nº 11.419/2006 regula a informatização do processo digital, cuidando de inserir no art. 154, do CPC, o parágrafo único que dispõe ser admitida a prática de atos e termos por meio eletrônico desde que *atendidos os requisitos de autenticidade, integridade, validade jurídica e interoperabilidade da Infra-Estrutura de Chaves Públicas Brasileira – ICP – Brasil* . Tais atos e termos devem ser sempre assinados pela parte interessada que, se não puder fazê-lo por motivo justificado, o fará a rogo na presença de duas testemunhas. É lícito, ainda, que o procurador constituído possa falar pela parte, observando-se que, se esta for incapaz, absolutamente ou relativamente, deverá outorgar a procuração por instrumento público (art. 654, CC).

Os termos de movimentação do processo serão feitos pelos serventuários de Justiça, respeitadas as disposições da lei orgânica de cada TRT, e poderão constar de notas simples, rubricadas e datadas (art. 773, CLT). Os auxiliares de Justiça terão, ainda, por responsabilidade a autuação do processo, e, em geral, os termos de juntada[1], vista[2] e conclusão[3] (art. 168, CPC) são realizados através de carimbos, nada impedindo que possa ser realizado por outra forma, respeitados os princípios já mencionados. O serventuário deve rubricar as folhas e termos que documenta, podendo proceder de igual modo o perito intérprete, as partes, o juiz e o membro do Ministério Público, nas páginas das peças que são de sua autoria (art. 167, CPC).

Não obstante o § 1º do art. 169 do CPC prever que **não** se admitem **abreviaturas** na documentação de atos processuais, há algumas que já fazem parte do costume forense e o fato de elas existirem não invalida o ato, constituindo mera irregularidade. São exemplos, entre outros: Exmo. (Excelentíssimo); Cls (conclusão); MPt (Ministério Público do Trabalho); fls. (folhas).

---

1 Documentação do ato que declara que houve a juntada de uma petição ou documento. Em geral é procedido pelo carimbo na folha imediatamente anterior (de regra do verso) a que precede tal documento:

JUNTADA (identifica o documento ao número de protocolo) Em __/__/__ (rubrica do serventuário)

2 O termo "vista" refere-se à hipótese em que a parte ou Ministério Público poderá falar nos autos. Se não houver, é sinal de que não é o momento adequado para manifestação (salvo exceções quanto a atos emergenciais que independem de vista):

a (autor/réu/MP) **VISTAS** em __/__/__ (rubrica do serventuário)

3 Quer dizer que o juiz deve se manifestar:

Em__/__/__ faço os autos conclusos. ao Dr. (Juiz) (rubrica do serventuário)

Um parêntesis deve ser feito para um importante ato processual relativo à distribuição de feitos e inerente à inovação trazida pela Lei nº 10.358/2001 que alterou o art. 253 do CPC. Com a informatização do sistema de distribuição tornou-se possível a **distribuição** para a mesma vara de ações de qualquer natureza, em que:

> *I – quando se relacionarem, por conexão ou continência, com outra já ajuizada;*
> *II – quando, tendo sido extinto o processo, sem julgamento de mérito, for reiterado o pedido, ainda que em litisconsórcio com outros autores ou que sejam parcialmente alterados os réus da demanda;*
> *III – quando houver ajuizamento de ações idênticas, ao juízo prevento.*

Tal medida é de extrema importância e visa a evitar que ações em que haja conexão, prevenção ou repropositura em razão de extinção sem julgamento de mérito, seja distribuída a outro Juízo, evitando-se, assim, decisões contraditórias. Não sendo uniforme para todo o território nacional o sistema de distrbuição, é evidente que não se poderá impedir em todas as situações que haja distribuição para Juízos diferentes, mas representa importante medida de economia e celeridade processuais e de grande importância para a distribuição em processos que corram na mesma comarca (parágrafo único, art. 253, CPC).

Tratando-se de propositura de **reconvenção**, **ação declaratória incidental** e **intervenção de terceiros**, o juiz ordenará a respectiva anotação no Distribuidor.

Por fim, a distribuição do feito em que a parte estiver representada por advogado, somente se fará se estiver acompanhada do **instrumento de mandato**, exceto (art. 254, CPC):

> *I – se o requerente postular em causa própria;*
> *II – se a procuração estiver junta aos autos principais;*
> *III – no caso previsto no art. 37.*

É importante ressaltar a Lei nº 11.419/2006 que inseriu no sistema processual o processo eletrônico. Diversos são os atos que esta lei prevê que poderão ser praticados de forma eletrônica, tornando lícita a prática, entre outros atos, da assinatura digital e da procuração, bem como o armazenamento de todas as informações e atos em sistema eletrônico. Todavia, as disposições desta lei, relativas à prática de atos eletrônicos, dependem de regularização por outra lei que especificará a forma de digitalização, de modo que, salvo aquilo que já vem sendo produzido de forma eletrônica e já possui o reconhecimento dos Tribunais, o processo eletrônico em si, depende de lei que o regule. Aquela lei, no entanto, representa um importante avanço em termos processuais e já indica o que vem por aí acenando para as novas formas de atos processuais.

9.2. ATOS DAS PARTES – *ÔNUS DA PROVA*

São atos das partes todos aqueles que forem por elas praticados e que tiverem relevância no desenvolvimento da marcha processual. Podemos classificá-los, de forma abreviada, em três tipos:

1) atos de impulso oficial, relativos a todos aqueles que constituem pedidos e requerimentos e, por isso, podem ser escritos ou orais;
2) deduções relativas à existência e validade de própria relação processual, em geral atos unilaterais praticados pelo réu traduzidos nas exceções que apresenta;
3) deduções relativas ao fundamento da demanda, representado pela apresentação de documentos para fundar a ação e a defesa.

Há atos, ainda, que as partes praticam chamados de negócios jurídicos. São, em geral, declarações bilaterais ou unilaterais de vontade admitidas para constituir, modificar ou extinguir direitos processuais. Ocorre, por exemplo, com a transação[4] e a renúncia.[5]

As afirmações feitas pelas partes constitui um dos mais relevantes atos processuais. Nem sempre quem afirma tem de provar; e nem toda afirmação, deve ser provada. A carga da afirmação e a da prova são paralelas e não se confundem, nem coincidem totalmente. É certo que, em razão do princípio do dispositivo, a parte tem o ônus de afirmar, mas nem tudo que afirma deve ser provado por ela. Observe-se a regra trazida pelo art. 334 do CPC:

> *Não dependem de prova os fatos:*
> *I – notórios;*
> *II – afirmados por uma parte e confessados pela parte contrária;*
> *III – admitidos, no processo, como incontroversos;*
> *IV – em cujo favor milita presunção legal de existência ou de veracidade.*

Estamos a nos referir a uma das matérias mais marcantes e difíceis do direito processual que se refere ao **ônus da prova**. Para se entender a quem incumbe o ônus de provar a afirmação trazida a juízo, temos de dividir os fatos em três grandes grupos: (a) constitutivos, são aqueles que "*dan vida a una voluntad concreta de*

4 Transação é negócio jurídico pelo qual as partes, mediante concessões recíprocas, extinguem o litígio (arts. 840 e ss, CC).

5 Pela renúncia, a parte "abre mão do seu direito". É ato unilateral de vontade, devendo obedecer aos requisitos para a validade em geral dos negócios jurídicos (arts. 104 e ss, CC) e merece interpretação restritiva (art. 13, LICC).

la ley y la expectación de un bién por parte de alguién" (Chiovenda, 1977, p. 335, vol. I); (b) extintivos, são aqueles que fazem cessar *"una voluntad concreta de la conseguiente expectación de un bién"* (Chiovenda, 1977, p. 335, vol. I); c) impeditivos, *"es una categoria intermedia de hechos jurídicos fundada en la relación en que se encuentran entre sí las diversas circunstancias que se requierem para que nazca un derecho. Todo derecho nace de ciertas circunstancias que tienen la función específica de dar vida propia a derecho, pero para que produzcan el efecto que les es propio, normal, deben concurrir otras circunstancias"* (Chiovenda, 1977, p. 336, vol. I).

A CLT e o CPC estabeleceram que o ônus da prova será do autor para fatos constitutivos, e do réu, para os extintivos, impeditivos e modificativos (arts. 333, CPC e 830, CLT). É compreensível que a regra sobre a atribuição do ônus da afirmação seja do autor, por duas razões lógicas, pois: (a) é ele quem inicia o processo; e (b) presume-se seja ele o maior interessado em excluir as razões do réu. O tema torna-se difícil porque, quando se diz que o autor deve provar o fato afirmativo, pode parecer à primeira vista uma contradição, pois todo fato afirmativo na verdade é uma negação; uma vez que, se afirmo, na verdade estou negando. Assim, por exemplo, se digo que sou um trabalhador maior, estou dizendo que não sou menor; se digo que sou credor, é porque não me foi pago o que tinha direito. O direito romano fixou alguns princípios para tentar estabelecer regras à questão, mas todas se mostraram com o passar do tempo insuficientes. Eram elas: (a) *necessitas probandi incumbi ei qui agit* (não é suficiente porque nem sempre é do autor o ônus da prova); (b) *reus excipiendo fit actor* (também não satisfaz, por ser um princípio ligado à exceção, e as exceções em direito romano tinham um significado bem mais amplo do que o que se tem no direito atual); (c) *ei imcumbit probatio qui dicit non qui negat e per rerum naturam factum negatis probatio núlla est* (somente fazem sentido quando analisados caso a caso, nada dizendo de forma genérica).

Diante da diversidade de questões, direitos e interesses que levam às afirmações de deduções postas em Juízo, é que se torna difícil estabelecer regras que sejam idênticas e completas a todos os casos relativos à distribuição do ônus da prova. Mas encarregar toda ela ao autor é injusto e fere o princípio da igualdade de tratamento das partes no processo. Assim, cada uma das partes deverá preparar suas razões e levá-las com toda a prova que tiverem para que o juiz possa delas conhecer. A prova é dirigida ao juiz e, quando não for possível a ele definir a distribuição do ônus em falta de normas jurídicas particulares, deverá aplicar as regras de experiência comum subministradas pela observação do que ordinariamente acontece e ainda as regras da experiência técnica, ressalvado, quanto a esta, o exame pericial (art. 335, CPC).

Se o autor não provar o fundamento do direito que alega ter, o réu pode simplesmente se limitar a negá-lo, pois nada terá necessidade de provar. O réu deve se preocupar em provar a inexistência do direito do autor quando este houver provado a sua existência, ou seja, o fato constitutivo. Chama-se isso de **contraprova** ou **prova contrária**. Também poderá fazê-lo sem excluir o direito do autor, como ocorre quando afirma e prova outro fato capaz de excluir aquele afirmado e provado pelo autor, o que acontece, *v.g.*, nas ocorrências de exceções (prescrição e decadência).

Estamos dizendo – o leitor deve ter observado – *que o que incumbe à parte provar são fatos*. O direito independe de prova e deve o juiz conhecê-lo. Todavia, poderá o juiz exigir que a parte lhe traga a prova do direito municipal, estadual, estrangeiro ou consuetudinário, hipótese em que deverá provar-lhe o teor e a vigência (art. 337, CPC). Em direito do trabalho é muito comum, ainda, que a parte deva trazer as normas coletivas negociadas entre os mais diversos sindicatos, pois nem sempre o juiz terá conhecimento de tais normas, por mais diligente que seja, uma vez que a variedade de tais instrumentos é imensa.

Os requerimentos e petições protocolizados pelas partes devem sê-lo em duas vias, devendo uma ficar nos autos e a outra ser-lhe devolvidas como recibo (art. 159, CPC). Os autos suplementares não são de confecção comum nos diversos foros, de modo que os parágrafos do art. 159 do CPC não são usualmente invocados.

Em geral, as partes poderão tirar os autos do cartório, mas desde que tenham deles vista para tanto ou haja autorização para tanto através de decisão judicial. Caso contrário, a consulta deve ser feita no próprio balcão da secretaria.[6]

9.3. ATOS DO AUTOR – PETIÇÃO INICIAL

O principal ato que o autor pratica no processo é a sua instauração do processo, o que está agasalhado pelo princípio dispositivo que, estritamente, quer dizer a liberdade que o autor tem de iniciá-lo. A disponibilidade de solicitar a tutela jurisdicional é um ato tipicamente do autor, não sendo lícito que o Judiciário o substitua através do impulso oficial. Somente a partir da propositura da ação é que poderá haver atos de impulso oficial, sem que isso retire das partes alguns "ônus de impulso subseqüente" (Freitas, p. 123).

O autor deverá instaurar a instância por meio do protocolo da petição inicial (arts. 783-785 da CLT), ato este introdutório do processo e que resultará no início

6 Há um expediente comum nos foros, chamado de **carga rápida,** que se refere às hipóteses em que a parte, deixando um documento em Cartório, faz carga do processo por algumas horas e o devolve no mesmo dia. Em geral isso é feito para extração de cópias xerográficas.

da formação da relação processual, estabelecendo o elo entre o autor e o Judiciário. Pela inicial, o autor manifesta em concreto sua pretensão, invocando a tutela jurisdicional do Estado por meio da dedução de sua pretensão. Toda inicial deve conter um pedido a que corresponderá a providência jurisdicional solicitada. A ação trabalhista poderá ser deduzida de forma verbal ou escrita (arts. 786 e 787, CLT). Entendemos – não obstante o dispositivo da CLT não faça menção expressa, o que se explica pelo momento histórico em que foi promulgada – que a ação verbal deverá ser reservada àqueles que optam por reclamar sem a representação de advogado, uma vez que a redução da ação verbal a termo escrito será feita por funcionário do cartório, e isso deve ser reservado a casos excepcionais. Entendemos, não obstante o dispositivo da CLT não faça menção expressa (o que se explica pelo momento histórico em que aquele diploma foi promulgado), que a ação verbal deverá ser reservada àqueles que optam por reclamar pessoalmente. Não se coaduna com a modernidade do processo e a luta da Ordem dos Advogados do Brasil pela exigência de presença de advogado habilitado em todos os feitos, que se possa admitir a reclamação verbal feita pelo Advogado contratado para defender os interesses da parte que optou por não agir pessoalmente. Presume-se que aquele que contrata advogado tem a intenção de que sua peça seja por ele redigida e seus interesses por ele administrados, nos termos e limites do mandato.

A **reclamação verbal** deverá ser feita no Cartório do Distribuidor nas comarcas em que haja mais de uma Vara. Após a distribuição do feito, o autor terá o prazo de cinco dias para comparecer ao Cartório para o qual será direcionado, a fim de reduzir sua pretensão a termo, sob pena de não o fazendo sem motivo justificado ver sua ação arquivada (art. 786 c/c 840, CLT). O escrivão que a reduzir a termo deverá providenciar tantas vias quantas forem os réus a serem citados, pois estes receberão a respectiva cópia (contrafé), entregando uma cópia ao autor. A exposição dos fatos será suscinta, e eventual defeito na fundamentação jurídica não terá o condão de provocar a rejeição da inicial ante a simplicidade que cerca este ato processual.

Em sendo **escrita a inicial**, deverá ser confeccionada de acordo com o que prevê o art. 282 do CPC, aplicável subsidiariamente ao art. 840, § 1º da CLT. Aquele dispositivo traz **requisitos intrínsecos** que concernem à regularidade do processo em si (incisos nºs I, II, VI e VII) e ao mérito (incisos nºs III e IV); e **extrínsecos ou externos**, que dizem respeito à forma de apresentação da peça e não propriamente ao seu conteúdo, assim entendido a apresentação deve ser de forma escrita e estar assinada pelo procurador ou, caso esteja a advogar em causa própria, estar assinada pela própria parte (art. 36, CPC).

Passemos à análise dos requisitos de ordem **intrínseca**:

1) Juiz ou Tribunal para conhecer da ação ➔ por este requisito se identifica a quem a inicial é dirigida e se estabelece a competência do Juízo,[7] segundo as normas dispostas na legislação constitucional e infraconstitucional que tratam da matéria. Em localidades onde haja mais de uma Vara não se saberá em qual delas irá ser distribuído o feito, de forma que não poderá indicá-lo, devendo somente fazer referência ao Juízo.

2) Partes ➔ diz respeito à individualização do autor e réu, tornando-se indispensável as respectivas identificações, seja para se atestar a definição dos elementos e condições da ação e dos pressupostos processuais, bem como para garantia do direito da ampla defesa. Se o autor não conhecer a individualização exata do réu, deverá fornecer elementos que o distinga das demais pessoas e o torne certo ou identificável.

3) Fatos e fundamentos jurídicos do pedido ➔ a *causa petendi* faz transparecer a presença ou não das condições da ação. A inicial deve ser clara e precisa e a maneira como o autor a redigirá (de forma articulada ou expositiva) irá depender unicamente do seu estilo, desde que o faça de modo a ser compreendido. Quando o legislador previu a narração dos fundamentos como requisitos da inicial, o fez com base na **teoria da substanciação**, impondo-se, assim, que haja a transcrição das **causas próxima e remota**. Aquela diz respeito ao fundamento do direito, não necessariamente à indicação do dispositivo legal, pois o juiz deve conhecê-lo.[8] A causa remota diz respeito àquilo que gerou o direito que está sendo pleiteado.

Fundamento jurídico do pedido corresponde, portanto, à afirmação pelo autor sobre a natureza do direito que vem pleitear.

Exemplo: em razão de contrato de trabalho (causa remota) tenho direito à percepção da indenização ou ordem para que meu empregador me conceda férias que me foram negadas na época própria (causa próxima).

Os **fatos**, tecnicamente, correspondem àquilo que constitui o direito que se vai pleitear, ou seja, a causa remota, geradora do direito que entendo possuir. Portanto, aqui, devo fazer a descrição, por óbvio, a conduta ou omissão do réu que contraria o estatuto sob o qual fundo meu pedido.

4) Pedido e suas especificações ➔ pedido é o objeto da ação e do processo. Na tradicional e irrebatível forma de dizer de Moacir Amaral (1998, p. 147) é o

7 Sobre as alterações de competência, ver capítulo sobre jurisdição e competência.

8 A exceção está no art. 337, CPC.

bem da vida pleiteado pelo autor. O pedido é o coração da inicial e vai refletir na própria sentença. Por isso, deve ser conciso e concludente e estar de acordo com a causa de pedir. O pedido apresenta dois aspectos: (a) pedido imediato, dirigido ao Estado e diz respeito ao tipo de provimento jurisidiconal que o autor pretende receber (ou seja, qual a resposta), que poderá ser de declaração, de constituição ou de condenação; (b) pedido mediato, dirigido diretamente ao réu e corresponde ao bem jurídico que se pretende ou a tutela que se busca.

O pedido deve ser certo e determinado e, nas ações de rito sumário ou sumaríssimo, deverá ser líquido (Lei nº 5.584/70 e art. 852-B, CLT).

Pedido certo é aquele expresso, explícito e delimitado; **pedido determinado** corresponde àquele definido na sua quantidade e qualidade. Admite-se que se formule **pedido genérico**, ou seja aquele que é certo mas que não pode ser determinado no momento da propositura da ação, nas seguintes situações (art. 286, CPC):

> *I – Nas ações universais, se não puder o autor individuar na petição os bens demandados, tais ações são de aplicação quase inexistente no processo do trabalho, exemplo delas são as relativas a processos de inventário e insolvência.*
>
> *II – Quando não for possível determinar, de modo definitivo, as conseqüências do ato ou do fato ilícito, tais ações serão muito comuns, pois o autor não tem condições no momento da propositura de uma ação de indenização por dano material e moral como, por exemplo, saber qual a gravidade da lesão causada por uma doença profissional ou acidente de trabalho.*
>
> *III – Quando a determinação do valor da condenação depender de ato que deva ser praticado pelo réu, estas são as mais comuns no dia-a-dia forense, pois em geral os documentos e registros relativos à prestação de serviços estão em poder do empregador e o autor depende deles para poder quantificar o que vem pedir. Ex., pedido de horas extras.*

Os pedidos são *interpretados* restritivamente, sendo vedado ao autor alterá-lo, modificá-lo ou a ele acrescentar novo pedido. Depois da propositura da ação tudo deve se estabilizar e eventuais alterações objetivas somente se admitirão por ação distinta, salvo as exceções legais.[9] A compreensão do que foi pedido estará limitada ao alcance que a inicial lhe deu (art. 293, CPC). Sendo a ação de condenação em dinheiro, os juros e a correção monetária estão contidos no pedido, tornando-se desnecessário o autor formular tais pretensões expressamente, pois o juiz deverá, *independentemente da formulação*, considerar tais parcelas. Tal se configura como **pedido implícito**, devendo o intér-

9 Ver arts. 264 e 294, CPC.

prete estar atento que, somente nos casos previstos em lei, é que serão admitidas tais situações.[10]

Os pedidos poderão ser:

a) **simples** ➔ identifica-se quando o autor formula apenas uma pretensão, *v.g.*, indenização por dano moral;
b) **complexo** ➔ diz-se da formulação de dois ou mais pedidos numa mesma ação; estes podem ser:
   b.1. **cumulativos** ➔ os pedidos são independentes e a intenção do autor é ver a procedência de todos eles. Ex.: horas extras e horas noturnas com reflexos em DSRs, férias, décimo terceiro e FGTS. Cada uma dessas pretensões constituem um pedido.
   b.2. **sucessivo** ➔ o autor formula dois ou mais pedidos de modo que o juiz somente apreciará os demais, caso afaste o primeiro (art. 289, CPC). Ex.: o autor quer ver-se reintegrado por ter direito à estabilidade acidentária; **em não sendo possível** proceder a reintegração, deseja ver-se indenizado pelo período estabilitário.
   b.3. **alternativo** (art. 288, CPC) ➔ o autor formula dois ou mais pedidos, sem preferência por nenhuma situação, pois a lei material lhe confere mais de uma possibilidade de ver satisfeita a obrigação. Ex.: o empregado vê vencido o período de concessão de suas férias sem que o empregador as conceda. Ingressa com a ação pedindo a fixação do período de férias **ou** a rescisão do contrato de trabalho por justa causa do empregador. Em geral, tais pedidos vêm especificados pela conjunção **ou.** Caso a escolha caiba ao réu, ainda que o autor não tenha formulado esta informação e pretensão na inicial de lhe assegurar a forma e prazo para cumprir a obrigação, o juiz fará constar em sua decisão (**pedido implícito**, que decorre do parágrafo único do art. 288 do CPC.)

   Exige-se para a cumulação de pedidos que alguns requisitos sejam respeitados (art. 292, CPC), quais sejam: (a) a compatibilidade dos diversos pedidos cumulados; (b) a competência do Juízo para conhecer

10 O fato de o legislador não ter trazido de forma expressa que a correção monetária está contida nos pedidos não desautoriza que assim se considere, pois esta correção é uma forma de se manter o valor da moeda e não forma de enriquecimento. Só existe tal situação em razão dos índices inflacionários que causam a desvalorização da moeda e, por isso, o autor não pode ser prejudicado com o tempo do processo e medidas governamentais e econômicas capazes de causar tais alterações.

todos eles; (c) a adequação do procedimento. Nesta última hipótese poderá haver a cumulação, mesmo sendo diversos os procedimentos, caso seja possível e o autor opte pelo procedimento ordinário. Não se pode, por exemplo, cumular um pedido sujeito ao processo de conhecimento com outro cujo rito seja o executivo, uma vez que a incompatibilidade aqui se mostra insuperável.

A **cumulação** poderá ocorrer nas seguintes situações jurídicas processuais: 1) no início do processo – no bojo da petição inicial; 2) posteriormente, sendo resultado de uma ação incidental proposta pelo autor (arts. 5º e 325); e 3) posteriormente em razão da propositura de ações com pedidos autônomos e independentes entre si e que são reunidas pela conexão ou continência (art. 105, CPC);

c) **prestações periódicas** ➜ este tipo de pedido tem fundamento no princípio da economia processual e no fato de ser a principal finalidade do processo a pacificação social. Assim, permite-se que em situações em que a obrigação do réu consiste em prestações periódicas, entendendo-se como incluídas no pedido, independentemente de declaração expressa do autor, todas aquelas que se forem vencendo no curso do processo e não forem adimplidas pelo réu. Nesta situação o juiz deverá considerar todas elas na sentença determinando que assim se faça enquanto durar a obrigação. Parece-nos aqui que, pela letra do dispositivo, será desnecessário ao autor propor novas ações estando seu processo no Tribunal em grau de recurso ou tendo sobre a decisão se operado a coisa julgada, pois a redação do dispositivo é isenta de enganos e se refere ao final da obrigação. Situação que não se confunde com essa será o caso, por exemplo, de haver alteração na situação de fato discutida e julgada, parecendo-nos aí que o devedor deverá se valer de ação revisional, pois se trata de nova ação, com pretensão diversa, em que se pretende a revisão do que foi estatuído naquela primeira ação. Não obstante possa ser a distribuição livre, entendemos que melhor seria fazê-lo por prevenção do Juízo que julgou a ação, pois estaria mais bem aparelhado para decidir a questão com economia de custos e tempo processual. Mas atente-se, não se trata de competência absoluta e por isso a distribuição é livre;

d) **ação de preceito cominatório (art. 287, CPC)** ➜ é aquela em que o autor formula pedido para que o réu se abstenha da prática de algum ato, tolere alguma atividade, preste ato ou entregue coisa sob pena de não o fazendo, seja-lhe cominada pena pecuniária, que poderá ser determinada em decisão sobre pedido de tutela antecipada ou sentença final.

Uma vez proposta a ação, seus elementos se estabilizam (**princípio da estabilização da demanda**), de modo que, em regra, não será lícito ao autor alterar seja o pedido ou a causa de pedir. O legislador, no entanto, visando à economia processual, prevê que em duas hipóteses o autor poderá lograr tal alteração. Isso será possível desde que: (a) a citação não tenha sido realizada, ocasião que poderá promover a alteração do pedido ou a causa de pedir, sem o consentimento do réu e desde que promova nova citação (art. 294, CPC); ou (b) o réu consinta de forma expressa ou tácita, caso já tenha sido citado (art. 264, CPC). Ser o réu for revel, deverá o autor promover nova citação para que possa realizar tais alterações (art. 321, CPC).

Por fim, cumpre-nos observar o art. 291 do CPC que, apesar de estar contido na seção que trata do pedido, não tem qualquer relação com esta matéria. O dispositivo trata da obrigação entre credores solidários e do fato de ter apenas um deles ingressado com a ação. Neste caso, recebendo a procedência total, isso atingirá o crédito dos demais solidários que, em vez de ingressarem com nova ação, devem se *habilitar* nos autos para receber a sua parte. Desta forma, o autor da ação fará o levantamento do seu crédito, sendo-lhe lícito, no entanto, deduzir as despesas que comprovadamente houver realizado com a ação.

4. Meios de prova ➔ mais um requisito que deverá vir contido na petição inicial; a indicação dos meios de prova que o autor pretende produzir deve vir expressa na inicial e decorre do seu ônus de provar aquilo que alega. Entendemos que há a necessidade de individuar a prova, pois a regra no processo do trabalho é que esta deverá ser produzida na audiência designada após a rejeição da proposta de conciliação e a apresentação da defesa. Em regra, não há no processo do trabalho a fase de saneamento do processo e nem de especificação de provas, de modo que nos parece que o momento mais adequado seja a inicial. Caso o juiz entenda por bem abrir a fase de saneamento e especificação de provas, dará ao autor a oportunidade de mencionar, além do que já especificou, outras que lhe parece devam ser produzidas.

5. Requerimento para citação do réu ➔ é um requisito específico do procedimento civil, pois no trabalhista este ato é de Cartório e independe de pedido expresso do autor.

6. Valor da causa (arts. 258/261, CPC) ➔ a toda causa, qualquer que seja o procedimento, será atribuído um valor, ainda que ela não não tenha conteúdo econômico. Tal exigência se justifica para que se possa: (a) determinar a competência do Juízo nas Comarcas que tenham esta divisão para fixação do critério da competência; (b) para se determinar o procedimento; (c) para se fixar o valor das despesas judiciais (caráter fiscal). O autor deve fixar o valor no momento em que propõe a ação, correspondendo, em regra, ao valor daquilo que se pede e não o que se deve, ou que o réu eventualmente seja condenado a pagar. O art. 259 do CPC traz algumas regras de fixação: (a) na ação de cobrança de dívida, a soma do principal da pena e dos juros vencidos até a propositura da ação; (b) se os pedidos forem cumulados, corresponderá à soma do valor de todos eles; (c) se os pedidos forem alternativos, corresponderá ao de maior valor; (d) se os pedidos forem sucessivos, o valor do pedido principal; (e) se a lide tiver por objeto a existência, validade, cumprimento ou rescisão de negócio jurídico, o valor do contrato; (f) nas ações de alimentos, a soma de 12 prestações mensais que o autor pedir; (g) nas ações de divisão, demarcação e reivindicação, a estimativa oficial para lançamento do imposto desde que seja relativa a bem imóvel; se o bem for móvel, o valor que o autor lhe atribuir; (h) se o pedido for de prestações vencidas e vincendas, serão considerados o valor de ambas, mas se a obrigação for por tempo indeterminado ou superior a um ano, as prestações vincendas serão iguais a uma anual; se por tempo inferior a um ano, corresponderá à soma de todas as prestações; (i) se o objeto for exclusivamente moral, o autor estimará o valor.

7. Documentos ➜ o autor deverá juntar à inicial os documentos que forem indispensáveis à propositura da ação. Diz-se **substanciais** os documentos que deverão ser juntados porque a lei expressamente exige que o sejam, como, por exemplo, o instrumento de mandato passado ao advogado (art. 37, CPC); e, **fundamentais** serão aqueles a que o autor refere na inicial e que farão prova do fato constitutivo alegado.

Sendo a inicial uma peça vital à existência de uma relação jurídica processual válida, cumpre ao juiz zelar pela regularidade do procedimento, evitando que o processo se arraste indefinidamente com ônus para as partes e para a Justiça. A inicial, assim, deve mostrar-se apta para alcançar seu objetivo principal, qual seja, a resposta do Estado, que será exposta na sentença. Busca-se, assim, a sentença de mérito. Por isso, a inicial não pode apresentar-se viciada, e se isso ocorrer, o juiz poderá indeferi-la por mostrar-se inepta (art. 295, CPC). Caso o juiz entenda ser possível o remendo, ordenará que o autor a emende. Todavia, se o vício que vier estampado na inicial for grave, a ponto de causar maiores custos ou desgaste de tempo desnecessário, posto que não se pode corrigi-la, deverá indeferir, provocando assim a extinção do processo sem julgamento de mérito (art. 295 c/c art. 267, I, CPC).

Caso o juiz entenda pela emenda da inicial, deverá conceder ao autor um prazo de dez dias (art. 284, CPC). Se o autor não promover a emenda ou não a fizer a contento, a inicial será indeferida.

A decisão que indefere a inicial é sentença e, por isso, recorrível (recurso ordinário). O art. 296 do CPC trouxe uma regra que nos parece perfeitamente compatível com o processo do trabalho, que é a possibilidade que o juiz tem de rever a decisão de indeferimento da inicial. Medida que visa à economia processual e possibilita que o juiz, quando receba o recurso, entenda que sua decisão foi equivocada. O recurso não é aquele hábil para a emenda, mas sim aquele que viabiliza o Juízo de retratação. Se o juiz se retratar, designará audiência e ordenará a citação do réu (caso ele ainda não tenha sido citado), iniciando-se o procedimento regular. Entendendo pela manutenção do julgado, processará o recurso que seguirá o procedimento que lhe for próprio.

Outra questão de grande interesse é a relativa à inovação trazida pela Lei nº 11.277/2006 que previu a possibilidade de o juiz desde logo julgar o processo, dispensando-se o ato citatório do réu e a apresentação da defesa. Para que o juiz possa desde logo proferir o julgamento, será necessário que (art. 285-A, CPC): (a) a matéria debatida seja unicamente de direito; (b) já houver proferido sentença de improcedência em outros casos idênticos, repetindo a decisão anteriormente proferida.

Este dispositivo, inserido na seção que trata do indeferimento da inicial, merece aplausos e representa uma medida de economia processual sem limites. Se o juiz já possui sua posição sobre a matéria que o autor pretende discutir, já se tendo pronunciado em outros casos idênticos, não faz o menor sentido chamar as partes a juízo, criar falsas expectativas para o autor e atrasos na solução da lide. Dizer que o Juiz poderia se retratar é falacioso, pois o legislador, também aqui, admite que em recebendo o recurso ordinário exerça o juízo de retratação. Dizer que estaria violando o princípio da conciliação do processo de trabalho também não procede, pois as partes, se tiverem intenção, poderão se conciliar a qualquer momento, com ou sem a presença do juiz e, em questões de direito, dificilmente há esta intenção. Permite-se, pois, o julgamento antecipado da lide, antes mesmo da realização da citação. O autor será intimado da sentença e o réu será dela citado para que possa apresentar contra-razões de recurso ordinário e acompanhar o feito.

Por fim, outro ato específico que será praticado pelo autor vem previsto no art. 326 do CPC e se denomina **réplica**. Tal se dá nas hipóteses em que o réu, em defesa, reconhece o pedido do autor, mas lhe opõe outros que possam modificá-lo, extingui-lo ou impedir seu reconhecimento. Nestas hipóteses o legislador lhe assegura a oportunidade de falar sobre eles, facultando ao autor a possibilidade de juntada de documento. Observe que se tratará de documento novo propriamente dito em face dos novos fatos que foram alegados pelo réu e que o autor deverá rebater. A figura da **tréplica** não foi prevista no nosso ordenamento jurídico e, de fato, é equivocado falar-se dela. O que poderá ocorrer é que, em juntando o autor documentos novos, tem o réu possibilidade de se manifestar em relação a eles (princípio da ampla defesa), assegurando-lhe o direito de impugná-los, caso assim entenda por fazer (art. 390, CPC). Importa ressaltar que apenas nestas hipóteses será aberto ao autor e ao réu prazo para manifestação, pois o princípio dispositivo e da eventualidade ordenam que autor e réu, respectivamente, aleguem tudo aquilo que lhes competir nas respectivas peças de defesa dos direitos que dizem possuir, sendo-lhes vedado, em razão da estabilidade da instância, fazê-lo.

9.4. ATOS DO RÉU – DEFESA

Para toda ação há uma reação. Portanto, a resposta é a reação do réu à ação proposta pelo autor e, por isso, deve subordinar-se a todos os princípios constitucionais inerentes à ação. As modalidades de respostas do réu estão disciplinadas no art. 297 do CPC e, aparentemente, tal rol é taxativo. Todavia, há outras formas pelas quais o réu pode se defender e que estão em outros dispositivos do Código, como, por exemplo, as intervenções de terceiro e a ação declaratória incidental.

As respostas que o réu tem à sua disposição podem ou não ter caráter defensivo. É possível que em vez de rebater o pedido do autor, simplesmente o reconheça, ocasionando, assim, a extinção do feito com julgamento de mérito (art. 269, II, do CPC).

O prazo para a apresentação da defesa coincide com o momento em que o ato citatório realizado se finda. Nos procedimentos afetos ao processo de conhecimento, a defesa deverá ser apresentada em audiência, após a negativa proposta de conciliação. Caso o feito seja sujeito a outro tipo de procedimento, especial ou cautelar, a defesa deverá ser protocolizada em cartório no prazo destinado a este tipo de ação; se o processo for executivo, a defesa somente poderá ser juntada com a segurança do Juízo pela apreensão de bens.[11] Deverá ser observado que a audiência não poderá ocorrer em prazo inferior a cinco dias da data em que o

11 Os procedimentos especiais são de diversas ordens e, por isso, há uma variação de prazo na lei especial, seja dispositivo constante no CPC ou em lei extravagante (ver Yone Frediani, no volume II desta obra). No cautelar, salvo as hipóteses de prazo em dobro concedido em razão de uma particular condição do réu, a defesa deverá ser apresentada em cinco dias.

réu recebe a citação (art. 841, CLT). Entendemos que, havendo pluralidade de réus, deverá aquele prazo ser contado em dobro, em razão da aplicação subsidiária do art. 191 do CPC. Atente-se que tal contagem, dobrada ou simples, se faz necessária em razão de presumir o legislador que este é o prazo mínimo para se elaborar a defesa. A dobra não incidirá em casos que a lei prevê prazo específico, mesmo tendo o legislador a consciência de que haveria, necessariamente, formação de litisconsorte, o que se dá, *v.g.*, com a oposição.

Mas a defesa é um ônus, de forma que, se o réu deixa de se defender, ocorre a sua revelia, que significa a falta de apresentação de defesa. Aqui, necessário se faz uma observação. O art. 844 da CLT e o art. 319 do CPC tratam da matéria da contumácia[12] do réu.

O legislador da CLT prevê que o não comparecimento do réu em audiência importará em revelia e confissão. Pensamos que o entendimento quanto a tais questões não pode ser estudado ignorando-se a natureza destes institutos que são diversos. Por isso, se faz necessária a leitura deste dispositico com o art. 319 e seguintes do CPC. Confissão quer dizer um meio de prova ou um efeito decorrente da revelia, falta de apresentação de contestação.

Se o réu não comparece à audiência, mas comparece seu **advogado** e entrega a defesa, o juiz deve recebê-la, pois não há revelia; todavia, a ausência do réu causa a confissão, em razão da aplicação do art. 844 da CLT. Mas, frise-se, o réu não está indefeso.

Outro questionamento que se faz é se a revelia deve ser entendida como falta de apresentação de contestação ou falta de apresentação de defesa. A defesa é um gênero e a contestação uma das espécies. Por isso, a doutrina se dividiu. Dinamarco (2001, p. 533-534, vol. 3) entende que o art. 319 do CPC refere-se à defesa em geral, de sorte que, se o réu reconvir e não contestar, não poderá ser revel, pois pela juntada daquela peça demonstra seu ânimo de se defender. Não podemos concordar, pois o dispositivo legal é cristalino e se refere à ausência de juntada de contestação. É certo que se o réu junta reconvenção, demonstra sua intenção em se defender, mas não em **contestar** e, por isso, não se pode considerar aquele ato como extensivo a este. A inércia, segundo entendemos, persiste.

Revelia, assim, é a ausência de contestação, ou seja, o réu é citado para que tenha conhecimento da ação e venha se defender e, no prazo que lhe é conferido deixa de apresentar a contestação. Produz os seguintes efeitos:

12 **Contumácia** é um termo que se refere à negligência das partes, de modo que pode ser do autor ou do réu, sendo diferentes os efeitos que ela irá produzir dependendo do andamento do feito e do ato que deva ser praticado. Quando a contumácia é do réu e relativa à sua omissão em apresentar a contestação, diz-se que ela é revel.

1) presumem-se verdadeiros os fatos afirmados pelo autor na inicial (arts. 319, CPC e 844, CLT);
2) se não tiver procurador constituído nos autos, os prazos correrão independentemente de intimação (art. 322, CPC);
3) poderá ingressar no processo a qualquer momento, mas o receberá no estado em que estiver (art. 322, parágrafo único, CPC);
4) o revel deverá ser intimado do julgamento, possuindo ou não procurador nos autos (art. 852, CLT).

O intérprete tem de estar atento à letra da lei, pois a presunção de veracidade decorrente da ausência de juntada de contestação, volta-se somente para a matéria de fato alegada na inicial. Contra matéria de direito não se operam os efeitos da revelia no que diz respeito à presunção de veracidade dos fatos. Também não há de se operar tais efeitos em se tratando de (art. 320, CPC):

> *I – litisconsórcio, algum deles contestar a ação;*
> *II – se o litígio versar sobre direitos indisponíveis;*
> *III – se a petição inicial não estiver acompanhada do instrumento público, que a lei considere indispensável à prova do ato.*

O revel, no entanto, poderá ingressar no processo a qualquer momento, mas o acompanhará na fase em que esteja, inclusive sendo-lhe permitida a produção de prova, caso haja ainda oportunidade para tanto.[13]

A **defesa** a ser apresentada pelo réu poderá ser referente[14] ao: (a) **processo**, ocasião em que terá oportunidade de impugnar a ação ou processo que se vale o autor para fazer a defesa do seu direito. Diz-se, por isso, que ela é **indireta**, pois não se discute o mérito; ou (b) **substancial ou material**, que poderá ser articulada pela oposição de fatos impeditivos, modificativos ou extintivos do direito do autor, e, por isso, diz-se **indireta**; ou poderá atacar a própria pretensão, negando-a, chamando-se assim de defesa **direta**.

9.4.1. Contestação

O direito de acesso à Justiça não reside apenas no autor, mas se estende ao réu, parte na relação processual. Vem regulado nos arts. 300 a 303 do CPC e está regido pelo princípio da eventualidade, ou seja, o réu deve alegar tudo aquilo que

13 Súmula nº 231, STF: O revel, em processo cível, pode produzir provas, desde que compareça em tempo oportuno.

14 É defesa de mérito (material ou substancial) a contestação; são defesas processuais: a contestação (alegação de preliminares); a exceção; e forma de contra-ataque: reconvenção e ação declaratória incidental.

houver em relação ao autor, seja matéria de fato ou de direito, bem como as exceções que contra ele puderem ser opostas.

A contestação é o veículo à disposição do réu para que possa alegar matérias de ordem processual, ou discutir o mérito da causa, seja de forma direta (atacando diretamente o pedido do autor) ou indireta (alegando fato impeditivo, modificativo ou extintivo, sem atacar diretamente o mérito da ação). Nesta peça, o réu poderá ainda reconhecer o direito do autor, o que comprova que a extensão da defesa vai além da noção empírica de simplesmente rebater de forma direta as alegações do autor.

O art. 301 do CPC traz as matérias que deverão ser argüidas antes de se passar à discussão do mérito. Entende-se por preliminares tudo aquilo que deve ser argüido pelo réu e que irá prejudicar o julgamento do mérito da causa, atingindo o processo ou a ação. Tudo que está elencado naquele dispositivo diz respeito à defesa indireta, destinando-se a impedir (teor peremptório da defesa) ou retardar (teor dilatório) o julgamento do mérito da causa. O legislador trabalhista refere-se a estas preliminares como exceção – noção esta oriunda do direito romano que entendia exceção em sentido *lato*, considerando tal toda a matéria que pudesse impedir o julgamento do mérito. De toda forma, o art. 799, da CLT, deve ser lido em consonância com o art. 301, do CPC, mesmo porque, quando trata das exceções em sentido estrito, o legislador trabalhista o faz nos termos da lei processual civil.

São tipos de defesa indireta:

a) **inexistência ou nulidade da citação** ➔ para que a relação processual se constitua de forma válida, necessário se faz que o réu tenha ciência da ação a fim de que possa vir a exercer seu direito de defesa. Se esta cientificação é realizada de forma irregular ou, simplesmente, não é realizada, o processo é nulo.[15] Tal preliminar poderá ter caráter peremptório ou dilatório, cabendo ao juiz analisar se poderá ou não aproveitar o procedimento para que o processo tenha continuidade.
b) **incompetência absoluta** ➔ já dissemos que o juiz deve ter competência para conhecer e julgar o feito, sob pena de ser nula a decisão.[16] A argüição tem teor dilatório ou peremptório, dependendo da forma como o pedido foi formulado. Se o autor cumulou pedido e o juiz é incompetente para

15 Sobre citação e nulidade, ver capítulo próprio neste volume.

16 Sobre o tema, ver capítulo neste volume em que tratamos da competência.

um deles, haverá a extinção do processo com relação a este pedido e, para os demais, o processo prossegue; caso seja pedido simples, duas posições se abrem: ou (a) a extinção do feito sem julgamento de mérito e, aí, terá caráter peremptório; ou (b) terá caráter dilatório, em razão da decisão do juiz em determinar a remessa dos autos àquele que for competente para julgar a ação.[17]

c) **inépcia da petição inicial** ➜ a inicial deve ser apta para os efeitos que tem de produzir; caso apresente algum defeito, isso prejudicará o direito de defesa e, portanto, resultará na ausência de um pressuposto processual. Tem teor peremptório se, porventura, a inicial não possa ser emendada; ou dilatório, se viável a emenda da inicial com a correção das imperfeições.[18]

d) **perempção** ➜ ocorre quando o autor repete a ação proposta e, negligentemente, deixa de dar andamento, não obstante seja intimado, ocasionando a extinção do processo sem julgamento de mérito, por três vezes. Neste caso, perde o direito a repropor a ação. Tem teor peremptório, pois implicará a extinção do feito sem julgamento de mérito.[19]

e) **litispendência e coisa julgada** ➜ o autor repete ação idêntica que está em andamento (litispendência) ou da qual já não caiba mais recurso algum (coisa julgada). Tem teor peremptório, pois implicará na extinção do feito sem julgamento de mérito.[20]

f) **conexão** ➜ importará na reunião de ações e, por isso, tem caráter dilatório.[21]

g) **incapacidade da parte, defeito de representação ou falta de autorização** ➜ diz respeito a pressuposto processual. Caso o juiz verifique tal defeito, deverá ordenar que o autor o corrija no prazo que lhe parecer razoável, sob pena de extinção do feito (art. 13, I, CPC). Por isso, à primeira vista, tem caráter dilatório, mas poderá tornar-se peremptória.[22]

17 Ver tópico sobre exceção e incompetência, neste volume.

18 Ver tópico sobre atos do autor – petição inicial, neste volume.

19 Ver tópico sobre atos do juiz – extinção do feito sem julgamento de mérito, neste volume.

20 Ver tópico sobre atos do juiz – extinção do feito sem julgamento de mérito, neste volume.

21 Ver tópico sobre competência, neste volume.

22 Ver tópico sobre atos do juiz – extinção do feito sem julgamento de mérito, neste volume.

h) **convenção de arbitragem** ➔ acarretará a extinção do feito e, por isso, é dilatório, em razão de existir no contrato cláusula de convenção de arbitragem.[23]

i) **carência de ação** ➔ diz respeito à ausência de uma das condições da ação. Caso o juiz verifique tal defeito, poderá ser corrigido e determinará a emenda da inicial; se, ao contrário, o vício não puder ser sanado, determinará a extinção do feito sem julgamento de mérito. Por isso, poderá ter caráter dilatório ou peremptório.[24]

j) **falta de caução ou de outra prestação, que a lei exige como preliminar** ➔ a existência desta obrigação importará, na verdade, em um pressuposto processual. A caução, que importa em garantia, pode ter sido ajustada em contrato pelas partes ou decorrer de uma obrigação legal, *v.g.*, a ordem para prestar caução a fim de que seja deferida uma liminar. Nesta hipótese, caso não haja a garantia, o feito será extinto sem julgamento de mérito, por ausência de um pressuposto processual de ordem objetiva interna, ou seja, o respeito ao procedimento.[25]

Caso o réu deseje argüir alguma outra preliminar que se identifique com um pressuposto processual ou condição da ação, poderá fazê-lo neste tópico, ou seja, em preliminar da defesa. A exceção fica por conta das argüições relativas a intervenções de terceiro no corpo da defesa, caso em que deverá trazer, primeiramente, a intervenção para, só depois, confeccionar a contestação. Podemos, assim, dizer que a contestação pode ser dividida em *três partes*: (a) preliminar, uma das matérias do art. 301, CPC; (b) intervenções de terceiro ou argüição de prescrição e decadência; e (c) mérito (defesa direta ou indireta).

9.4.2. Exceção

A exceção é um tipo de defesa voltada à correção de um pressuposto processual relativo à competência ou imparcialidade do juiz. Por isso, a exceção poderá ser de Juízo ou de juiz.

O CPC traz a previsão quanto a tais exceções nos arts. 304 a 314; e na CLT nos arts. 799 a 802.

O réu poderá alegar a incompetência absoluta ou relativa. Se for absoluta, deverá fazê-lo como preliminar da contestação (art. 301, CPC); se relativa, deverá argüir em peça própria indicando a qual juiz deverá ser declinada.

23 Ver tópico sobre atos do juiz – extinção do feito sem julgamento de mérito, neste volume.

24 Ver tópico sobre atos do juiz – extinção do feito sem julgamento de mérito, neste volume.

25 Ver tópico sobre pressupostos processuais, neste volume.

Considerando que a exceção de incompetência absoluta é matéria de ordem pública e, inclusive, pode gerar a nulidade absoluta da decisão, o réu deverá argüi-la na contestação ou a qualquer momento; podendo dela, o juiz conhecer de ofício.

A incompetência relativa deverá ser argüida, em regra, no mesmo prazo que a contestação. Se o processo for de conhecimento, a peça deverá ser apresentada em audiência, oportunidade que o réu terá para se defender. Sendo, todavia, subordinado a outro tipo de procedimento, o prazo que terá é de 15 dias, por aplicação do art. 305 do CPC. A interposição de qualquer das exceções importará na suspensão do feito, até que seja solucionado o incidente.

Tal será o procedimento das exceções:

1) Exceção de incompetência absoluta → alegada, em regra, como preliminar de contestação, poderá gerar a extinção do feito sem julgamento de mérito, caso o juiz acolha a exceção em pedidos cumulados (art. 799, § 2º da CLT). Tratando-se de pedido simples, há dois entendimentos, quais sejam: o juiz acolhe e: (a) ordena a remessa dos autos ao Juízo competente; ou (b) extingue o processo sem julgamento de mérito. O STJ vem decidindo desta forma em todas as situações que verifica a manifesta incompetência para julgar o feito.[26] Ao juiz, se incompetente, não é dado julgar o processo, pois não teria competência sequer para promover a extinção sem mérito. A exceção que se admite é fundada em princípio do aproveitamento dos atos processuais e da economia, pois é mais eficaz para a parte repropor a ação do que provocar seu desmembramento ou ter de aguardar o trânsito em julgado da decisão final. Sendo absoluta, poderá o juiz dela conhecer de ofício, sem que isso retire do réu o ônus de argüi-la sob pena de responder pelas custas de retardamento (art. 113, CPC).

2) Exceção de incompetência relativa → vinculada ao critério da competência relativa, deve ser oposta em peça separada e apresentada em audiência. O juiz dará vista ao excepto pelo prazo de 24 horas e, nesta mesma sessão, o juiz já de-

26 Agravo em medida cautelar de arresto. Incompetência. Extinção sem julgamento de mérito. Deve ser extinto o processo sem julgamento de mérito quando constatada manifesta incompetência deste Tribunal para processar e julgar medida cautelar originária de arresto. Negado provimento ao agravo. (AgRg na MC 9030/SP; Agravo Regimental na Medida Cautelar 2004/0141786-, publicado no DO em 12/6/2006, Rel. Min. Nancy Andrighi) "Processual Civil. Recurso Especial. Agravo Regimental. Ação Rescisória. FGTS. Incompetência Absoluta do Tribunal de Origem. Extinção do Processo sem Julgamento do Mérito. 1. Proposta a ação rescisória perante Tribunal incompetente, descabe a remessa dos autos a esta Corte para seu processo e julgamento, pois não é possível a alteração do pedido formulado pela parte. Mostrava-se imperativa a extinção do processo sem julgamento do mérito. Precedentes. 2. Agravo regimental improvido." (AgRg no REsp 733722/PR ; Agravo Regimental no Recurso Especial 2005/0044077-4, publicado no DO em 12/12/2005- Rel. Min. Castro Pereira.)

signará a sessão onde se prosseguirá o julgamento da exceção. Entendendo o juiz pelo acolhimento, determinará a remessa dos autos ao Juízo competente; caso contrário, a rejeitará e ordenará a continuidade do processo. Na prática, é comum o juiz dar vista à parte na própria sessão e promover o julgamento também nesta ocasião, representando tal procedimento economia e celeridade ao processo. Havendo necessidade de produção de provas, o juiz as deferirá, devendo tudo ser realizado na audiência em continuação. Tratando-se de feito que corra sob o rito sumário ou sumaríssimo, a exceção deverá ser conhecida, instruída e decidida na mesma sessão em que for argüida (art. 852-G, CLT).

Sujeito o processo a rito especial, executório ou cautelar, o réu deverá argüir a exceção em petição fundamentada no prazo de 15 dias a contar da citação (fato que ocasionou o conhecimento da incompetência relativa – art. 315, CPC). O juiz dará vista ao excepto pelo prazo de dez dias, e em seguida decidirá. Se acolher, determinará a remessa ao Juízo competente; se rejeitar, determinará o prosseguimento do feito, cessando o motivo que gerou a suspensão do processo, qual seja, a oposição de exceção (art. 113).

Em qualquer das situações, a decisão é interlocutória e não suscetível a recurso algum.

Importa frisar que a **legitimidade para argüir a incompetência relativa** é exclusivamente do réu,[27] e o fato de não invocar a incompetência relativa no prazo que a lei lhe destina importará em preclusão, prorrogando-se a competência do Juízo (art. 114, CPC). A incompetência absoluta, ao contrário, por ser matéria de ordem pública pode ser argüida também pelo autor.[28]

3) Exceção de impedimento e suspeição ➔ poderá ser argüido de suspeito, ou impedido, não só o juiz, mas também o membro do Ministério Público, o serventuário de Justiça, o intérprete e o perito (arts. 134, 135 e 137, CPC, e 801, CLT). A CLT não dispõe de prazo para a interposição, sendo necessário interpretar as duas leis em conjunto, também aqui. A legitimidade para argüir a exceção é de qualquer das partes e do Ministério Público. Deverá ingressar com petição fundamentada dirigida ao juiz da Vara por onde corre o processo, seja ele o recusado ou não. O prazo que dispõe é de 15 dias a contar do conhecimento do fato. Observe que se o réu pretende argüir a exceção contra o juiz da Vara por onde

27 O autor manifesta sua intenção de ver a causa correr pelo juízo onde a ação foi distribuída no momento em que propõe a ação.

28 Observe que isso ocorre, em geral, nos casos em que uma lei posterior altera a competência, como aconteceu com as novas situações e discussões trazidas pela EC nº 45/2004.

corre sua ação, deverá apresentá-la no momento da audiência; caso seja o rito ordinário ou sumário, salvo se não tinha conhecimento de quem seria o juiz que presidiria a sessão. Apresentada a exceção, designando audiência para julgamento. Na prática tais exceções nem sempre são julgadas em audiência e o fato de isso ocorrer não acarretará nulidade processual, estando tal solução acobertada pelo princípio da celeridade e economia processuais, pois nem sempre é possível a designação no prazo de 48 horas da apresentação da peça.

É o próprio juiz da Vara quem julga a exceção, mesmo aquela alegada contra si próprio. Se o juiz entender por acolher a exceção argüida contra si, enviará ao Tribunal respectivo ofício requisitando substituto; caso rejeite, continuará atuando no feito. Caso a exceção seja argüida contra serventuário, perito ou intérprete ou membro do Ministério Público, e as razões do excipiente forem acolhidas, o juiz determinará o afastamento do impugnado do feito e sua respectiva substituição; caso rejeite, manterá o recusado no processo, seguindo este seu curso normal.

Se for a exceção seja oposta contra membro do Tribunal, o procedimento seguirá o Regimento Interno; mas sendo acolhida, deverá ser convocado a substituir o recusado, suplente ou juiz substituto.

9.4.3. Reconvenção

É uma forma de contra-ataque. O réu, valendo da relação instaurada pelo autor e tendo uma pretensão contra ele, em vez de distribuir uma ação autônoma por dependência, o faz dentro dos próprios autos já instaurados tornando-se na reconvenção autor (chamado de **autor-reconvinte**), e o autor da ação originária passa a ser réu (**réu-reconvindo**). Isso faz com que o réu extravase a defesa ofertada, pois pela reconvenção visa ao reconhecimento de um direito seu. A finalidade, portanto, da reconvenção é permitir a reunião da ação intentada pelo réu com aquela já proposta pelo autor em uma única relação processual. Ocorrerá um inchaço daquela relação com o aumento do **thema decidendum**. Para que tal seja possível, necessário se faz que haja conexão entre as causas a fim de se evitarem sentenças contraditórias e com uma diminuição de custos para as partes e para o Estado.

Não há que se confundir a **reconvenção** com o instituto da **compensação**. A compensação é um instituto de direito material privado, que corresponde a um dos meios liberatórios e extintivos das obrigações. Prevista no art. 767 da CLT e 368 e seguintes do CC, só se opera sobre dívidas líquidas, vencidas e de coisas fungíveis. A compensação implicará na extinção da obrigação até o momento em que as dívidas recíprocas se compensarem. Pressupõe que o credor e o devedor sejam, ao mesmo tempo, credor e devedor um do outro, a ponto de permitir a extinção recíproca das obrigações, sem que isso acarrete qualquer condenação. Por isso, somente se verifica onde haja débitos recíprocos entre duas ou mais pessoas e, conseqüentemente, depende do reconhecimento que o réu deva fazer do crédito que lhe é cobrado. O legislador trabalhista exige, para a viabilidade da compensação, que o réu a argua como matéria de defesa e não em todo e qualquer momento do processo. Não se confunde com a determinação de redução daquilo que eventualmente tenha sido pago a fim de evitar o enriquecimento ilícito. Assim, se, por exemplo, o autor recebeu algumas horas extras, independentemente de pedido expresso do réu, se o juiz infere que esses pagamentos já aconteceram, deverá determinar o abatimento do valor da condenação, justamente para evitar o pagamento dobrado.

A reconvenção é um instituto de direito processual e, na forma como está estebelecida, é uma ação capaz de ampliar o *thema decidendum* e sua propositura independe da concordância do autor. Admite-se a argüição em todo tipo de ação de conhecimento, cujo rito seja ordinário,[29] sendo que o réu poderá negar o pedido do autor em contestação e reconvir ao mesmo tempo, pois a reconvenção é uma ação independente, não havendo qualquer contradição que assim o faça. Não se admite na execução e no processo cautelar, por ser incompatível com os respectivos ritos. Não se admite nos processos de conhecimento sujeitos a rito sumário e sumaríssimo, pois para eles o legislador permite o **pedido contraposto** (aplicação subsidiária do art. 278, § 1º, CPC, e art. 31 da Lei nº 9.099/1995). Este se refere a um pedido do autor contra o réu, confeccionado no bojo da contestação e que pode implicar ou não a compensação de dívidas ou outra forma qualquer de extinção de obrigações, ou mesmo a pretensão ao reconhecimento de um alegado direito. A extensão do pedido contraposto, pode-se dizer, é a mesma que a da reconvenção, mas a maneira como é formulada é mais simples, uma vez que se trata de mero pedido.

Não cabe nas ações de rito especial, pois elas têm natureza dúplice.[30] Não cabe nas execuções fiscais por força do art. 16, § 3º, Lei nº 6.830/1980.

A **natureza jurídica da reconvenção** é de ação e deve ser apresentada no mesmo prazo que a defesa; isto é, no mesmo momento, sob pena de preclusão.

São **pressupostos** da reconvenção: (a) os processuais e condições da ação, comuns a todos os outros processos e ações; (b) que haja uma causa pendente entre as partes, de forma que o réu da ação será o único legitimado ativo para a recon-

---

29 Súmula nº 258 STF: É admissível reconvenção em ação declaratória.

30 Sobre o tema, *ver* Yone Frediani, no volume II desta obra.

venção, e o autor o único legitimado passivo; (c) a propositura tem de se dar junto com a apresentação da contestação; (d) deve haver a compatibilidade de ritos para se admitir a cumulação de ações (art. 292, CPC).

O procedimento na Justiça do Trabalho tem variado dependendo do entendimento do juiz, já que não há previsão do instituto na CLT. Para uns, (a) quando apresentada – o que é feito em audiência o que é feito em audiência inicial ou una –, determina-se a suspensão do feito principal para que seja distribuída por dependência à reconvenção; após autuada, o autor reconvindo é intimado a replicar, se for o caso, a ação principal e contestar a reconvenção. O prazo para tanto tem variado de 10 a 15 dias, dependendo do julgador. Com tais respostas, ou após o decurso do prazo, é designada audiência de instrução e julgamento, seguindo ambas as ações o rito próprio. Para outros, (b) é determinada a juntada da contestação e reconvenção na mesma autuação, e concedido prazo ao autor para réplica, caso seja oportuno, bem como vista para contestar a reconvenção, variando o prazo de 10 a 15 dias, dependendo de decisão judicial.

Segundo entendemos, o **procedimento** especificado no CPC, já adaptável ao procedimento trabalhista, seria o que segue: (a) a reconvenção é oferecida juntamente com a contestação, sendo aceitável que seja formulada na mesma peça, desde que preceda a própria contestação e se faça a referência para distingui-la daquela peça. Não nos parece que seja o mais técnico, de modo que, sugerimos que seja apresentada em peça distinta; (b) não se faz necessária a citação do reconvindo, pois ele já se encontra nos autos, de modo que basta a sua intimação para que possa se defender; (c) o juiz poderá entender que a reconvenção está inepta e determinar sua emenda, se possível, ou sua extinção sem julgamento de mérito. No primeiro caso, dará prazo para o reconvinte emendar, caso não o faça ou a emenda não corrija os equívocos, determinará a extinção da reconvenção e o prosseguimento da ação. A decisão que extingue a reconvenção sem julgamento de mérito, não obstante tenha natureza de sentença, guardará as características da interlocutória, somente sendo impugnável no recurso final da ação principal. Isso se dá para que não haja risco de decisões contraditórias e não haja tumulto processual; (d) se o juiz entender por recebê-la, abrirá prazo de 15 dias para o autor reconvindo contestar, fazendo necessário aqui o fracionamento da audiência; (e) com a apresentação da contestação, esgota-se a fase postulatória e seguem juntas ação e reconvenção.

31 O STF, apreciando questões que lhe chegavam relativas à matéria civil, publicou a Súmula nº 342, determinando o cabimento de agravo das decisões que indeferem o processamento da Reconvenção: cabe agravo no auto do processo, e não agravo de petição, do despacho que não admite a **reconvenção**.

A reconvenção e a ação são independentes, de forma que a desistência de uma delas não trará prejuízo a outra, sendo que o objetivo legislativo é julgar ação e reconvenção numa só sentença (art. 318, CPC).

Por fim, importa dizer que o legitimado extraordinário somente pode reconvir em relação a direito do substituído e não com relação a direito seu (art. 315, parágrafo único, CPC).

9.5. IMPUGNAÇÃO AO VALOR DA CAUSA

Já dissemos que toda ação deverá ter um valor que lhe corresponda e que deverá ser fixado, observando-se os parâmetros previstos no art. 259, CPC, que remete ao valor do pedido, em geral. Caso o autor não atribua o valor correto à causa intentada, três situações podem se abrir, quais sejam (Lei nº 5.584/1970, art. 2º): (a) o juiz fixa o valor, tratando-se de ação de alçada, nas causas de valores indeterminados, ato este de ofício; ou (b) o réu impugna o valor da causa atribuído pelo autor ou pelo juiz, o que pode ser feito até o momento das razões finais, antes do julgamento da ação; ou (c) o autor pode impugnar a fixação atribuída pelo juiz, atentando-se que sua legitimidade se esgota nas hipóteses em que ele, autor, não atribuiu o valor e, por isso, o juiz o fez. Entendemos aqui que, se o autor atribuiu o valor à causa na inicial, falece legitimidade para que ele possa impugnar o valor fixado à causa pelo juiz, mas cabe-lhe, caso o juiz altere o valor que ele atribuiu à causa, pedir a reconsideração da decisão e manutenção do valor inicial.

Recebendo o pedido de impugnação ou de reconsideração, o juiz poderá corrigir ou manter o valor fixado. Em qualquer situação, a lei permite que a parte inconformada ingresse com recurso de revisão, no prazo de 48 horas, a ser dirigido ao presidente do Tribunal, devendo o Tribunal julgar o pedido de revisão no prazo de 48 horas. O pedido será instruído com cópias da inicial e da ata de audiência autenticada pela Secretaria, e não terá efeito suspensivo.

Na prática esse recurso de revisão quase não vem sendo utilizado, pois a parte usa a figura do protesto a fim de evitar a preclusão da questão e relega ao recurso ordinário todas as impugnações que tem, inclusive a relativa à impugnação ao valor dado à causa. O réu também termina por impugnar o valor dado à causa ou em petição separada, mas entregue junto com a contestação em audiência; ou formula sua pretensão na própria contestação, o que não representa qualquer irregularidade e vem sendo aceito como um ato processual regular.

9.6. PROTESTO

Tecnicamente a figura do protesto não existe na lei trabalhista – e nem na processual civil – da forma como vem sendo utilizada. Todavia, o costume forense tornou este ato processual tão popular que os Tribunais cuidaram de reconhecê-lo, atribuindo-lhe o poder de evitar a preclusão das impugnações. Insta lembrar que, no processo do trabalho, à diferença do que ocorre no processo civil, as decisões interlocutórias não são impugnáveis via agravo, seja de instrumento ou retido. Aquele primeiro tem uma função específica relativa ao destrancamento do recurso, e as questões que forem decididas devem, todas elas, ser impugnadas em razões finais, caso o juiz lhes abra o prazo para tal, ou em recurso interposto contra a sentença que houver sido proferida.

O desconhecimento deste fato e o receio que a parte tem de que, eventualmente, o Tribunal venha a entender que suas impugnações estão preclusas, levam ao "protesto" de tudo, até daquilo que não se tem necessidade de protestar. Além do que, o protesto sem qualquer fundamentação sequer deveria ser reconhecido, porque não se conhece a razão do inconformismo. Mas tem-se admitido o protesto alicerçado no fundamento do princípio da ampla defesa, tenha ou não a parte exposto as razões de seu inconformismo. Vai aqui nosso repúdio a esta figura, sem qualquer utilidade e absolutamente contrária à boa técnica processual, obviamente, com o mais profundo respeito que se deve ter às opiniões em contrário.

De toda forma, admite-se como ato processual a ser praticado por qualquer das partes e em qualquer momento do processo, desde que esteja inconformada com alguma questão. O abuso e tumulto processual na utilização da medida não excluirão a responsabilidade da parte em responder por litigância de má-fé.

9.7. AÇÃO DECLARATÓRIA INCIDENTAL

É um ato processual que pode ser praticado pelo autor ou pelo réu. Não obstante tenha o legislador previsto no art. 325, CPC, que seria ato do autor, é voz corrente da doutrina e na jurisprudência que o réu também guarda esta legitimidade. Uma posição mais ultrapassada entendia que o réu não teria legitimidade para tanto, uma vez que já tinha a seu dispor a reconvenção. O entendimento quanto à aplicação do instituto evoluiu para a corrente mais moderna entender que a legitimidade, também, poderá ser dele, réu.

Ação declaratória incidental (ADI) é uma "espécie de ação declaratória, inserida em processo que tinha outro objeto, o qual se amplia para que o juiz declare, com força de coisa julgada, a existência ou inexistência da relação jurídica da qual depende o mérito da causa" (Costa, 1959, vol. II, p. 165).

É requisito essencial para a propositura de ação declaratória incidental que a questão discutida seja prejudicial ou aquela que vem estabelecida como premissa lógica da decisão de mérito da ação instaurada pelo autor, e somente se torne prejudicial em razão das alegações do réu em matéria de defesa, de forma que o juiz terá necessariamente de conhecê-la e decidi-la para que seja possível julgar o mérito da ação. Se o autor ou o réu nada alegar ou requerer, a prejudicial não passará de uma questão incidental no processo. Todavia, pode ser que haja o interesse de ver se estender sobre tal questão o manto da coisa julgada, e é para isso que serve tal ação, para fazer com que a questão incidente se torne indiscutível em razão da decisão que gerará coisa julgada.

Não se confunde tal questão com a preliminar; esta, como vimos, impede o julgamento de mérito e vem especificada numa das causas elencadas no art. 301 do CPC ou em qualquer outra causa que vá implicar a extinção do feito sem julgamento de mérito. Aqui, na prejudicial, a questão é necessariamente de mérito. O autor poderia ter trazido tal pedido na inicial, mas não o fez por, talvez, considerar desnecessário, vislumbrando a necessidade de fazê-lo após a apresentação da defesa. O réu terá necessidade de fazê-lo porque está a discutir tal questão como fundamento da sua defesa.

Na reconvenção, o réu intenciona discutir um direito e uma pretensão sua; na ADI a questão que se quer ver discutida tem de ser, necessariamente, premissa lógica para a decisão do pedido do autor e importar num pedido de declaração, isto é, somente por ação de declaração poderia fazê-lo. Assim, o **objeto** da ADI é limitado, só podendo coincidir com a questão prejudicial, enquanto na reconvenção, poderá estar ligado a qualquer questão conexa com a causa principal.

O ponto em comum da ADI e da reconvenção é que ambas ampliam o *thema decidendum*.

Admite-se a argüição em todo tipo de ação de conhecimento[32] sendo que, apresentada pelo réu, este poderá negar o pedido do autor, em contestação, e ingressar com a ADI ao mesmo tempo, pois a ADI é uma ação independente, não havendo qualquer contradição que assim o faça. Não se admite na execução e no processo cautelar, por ser incompatível com os respectivos ritos. Não é admitida

32 Ação declaratória incidental em processo de execução. Impossibilidade. O diploma de rito em seu artigo 5º prevê a ação declaratória incidental, que é, tipicamente, uma ação de conhecimento e só aplicada a esse procedimento. Logo impossível interpô-la em processo de execução que – por si só – não admite o contraditório. Recurso improvido. (Processo no TRT RO 1117/1999; órgão julgador: Primeira Turma; Juiz Rel. Marcos Antônio Pinto de Moraes; Recorrente: Emlurb – Empresa de Manutenção e Limpeza Urbana- Advogado: Thiago de Freitas Coutinho Correa de Oliveira; Recorrido: José Prazeres Barreto da Silva. Procedência: 4ª JCJ de Recife-PE; DOE/PE 11/08/1999; Ação Declaratória Incidental – Execução – Impossibilidade).

nos processos de conhecimento sujeitos a rito sumário e sumaríssimo, pois, para eles o legislador permite o **pedido contraposto** (aplicação subsidiária do art. 278, § 1º, CPC, e art. 31 da Lei nº 9.099/1995). Este se refere a um pedido do autor contra o réu, confeccionado no bojo da contestação e que pode implicar ou não a compensação de dívidas ou outra forma qualquer de extinção de obrigações, ou mesmo a pretensão ao reconhecimento de um alegado direito. A extensão do pedido contraposto, pode-se dizer, é a mesma que a da ADI, observando-se que irá se limitar à pretensão declaratória e à simplicidade da forma como vem formulada.

Não cabe nas ações de rito especial, pois elas têm natureza dúplice.[33] Não cabe nas execuções fiscais por força do art. 16, § 3º, Lei nº 6.830/1980.

São requisitos para o cabimento da ADI: (a) que haja uma ação pendente; (b) que o objeto da ADI seja uma **questão prejudicial** de natureza declaratória; (c) que o juiz tenha competência para conhecer e julgar ambas as ações; (d) que a questão prejudicial constitua pressuposto para o julgamento da lide e tenha natureza declaratória, merecendo julgamento em conjunto com a ação.

Se a **ADI for instaurada pelo réu**, aplicam-se, subsidiariamente, as normas que regulam a reconvenção. Assim, a propositura deverá ser realizada juntamente com a contestação, abrindo-se ao autor prazo de dez dias para resposta. Considerando a ausência de norma específica no processo do trabalho e da diversidade de entendimentos quanto ao rito que deve seguir na interpretação de adequação de procedimentos, duas podem ser as posições: (a) suspende-se o processo principal e se ordena a distribuição por dependência da ADI. Após a regular autuação, abre-se ao réu da ADI (autor da ação principal) prazo para contestá-la, e, em seguida, havendo oportunidade, abre-se ao autor da ADI (réu na ação principal) prazo para réplica (art. 326, CPC). Após, a ADI e o processo principal tomam o rito regular, prosseguindo a ação principal cumulada com a ADI. (b) Ao se aplicar integralmente o rito do CPC, ordena-se a juntada da ADI nos mesmos autos que a ação principal e sem que haja suspensão do processo principal. Abre-se prazo para o réu da ADI (autor da ação) contestar a ADI, prazo este que coincidirá com o que tem para replicar nos termos do art. 326 do CPC. Dependendo da matéria argüida na contestação da ADI, o prazo para réplica é devolvido à parte contrária, para, só depois, o juiz sanear o feito, ou, se assim entender, designar, desde logo, audiência de instrução e julgamento. Observe que, não obstante encontrem-se autuadas no mesmo processo, a ADI e a ação principal seguem de forma cumulada. Ambas as ações serão

33 Sobre o tema, ver Yone Frediani, no Tomo II desta obra.

instruídas e julgadas no mesmo momento, independentemente da posição escolhida pelo intérprete. Isso só não ocorrerá, em algumas das situações que implicarem julgamento antecipado da lide de uma das ações.

Se a **ADI for instaurada pelo autor,**[34] deverá fazê-lo no prazo de dez dias, contados do momento em que tiver ciência do conteúdo da contestação. Este prazo é preclusivo e, em geral, coincide com o prazo que tem para replicar (art. 326, CPC). Se o autor perder esta oportunidade, somente por nova ação poderá ver sua pretensão discutida. No processo do trabalho, a juntada de defesa do réu ocorrerá em audiência, de forma que o juiz, necessariamente, terá de garantir ao autor, verificando-se a situação legal, o prazo para replicar e, eventualmente, oferecer a ADI, o que implica se ver fracionada a sessão, mesmo que ela tenha sido designada como audiência una. Aqui também o procedimento poderá ser um dos dois anteriormente relatados para os casos em que a ADI é oferecida pelo réu. Repita-se, não há um entendimento unânime no processo do trabalho sobre a forma como o feito deverá correr, variando conforme a interpretação que o juiz do Trabalho der para adaptar o procedimento civil ao trabalhista.

A defesa a ser apresentada pelo réu não se restringe somente à contestação, podendo ser qualquer dos tipos aqui estudados, inclusive outra ADI. A interposição de sucessivas ações, em razão da necessária alteração de posição das partes na relação processual, poderá ser restringida pelo bom senso do julgador, que deverá decidir se é possível ou não o novo pedido que se pretende fazer. Caso decida pelo não cabimento da ação, poderá rejeitar de plano, indeferindo a inicial e ordenando que o processo principal prossiga com os incidentes já existentes.[35] O mesmo poderá se verificar na reconvenção.

A ação e a ADI serão instruídas e julgadas num mesmo momento processual, salvo se o juiz entender pelo indeferimento liminar de uma das ações. Observe que o fato de a ADI ter por objeto, necessariamente, uma questão prejudicial, não a torna dependente da ação principal. É ação autônoma e pode ter

34 Não se pode deixar de reconhecer que o legislador deu uma oportunidade para que o autor, de certa forma, emendasse a sua inicial, pois com a instauração da ação, a instância deve estabilizar-se, não se permitindo qualquer alteração de pedido e causa de pedir, salvo se houver autorização do réu e, mesmo assim, após o encerramento da fase de saneamento, não poderá fazê-lo, ainda que tenha seu consentimento (arts. 264 e 294, CPC). Desta forma, o fato de se permitir que após a juntada da defesa o autor possa ingressar com a ADI torna forçado o reconhecimento de que a opção legislativa representa uma exceção àquela regra.

35 É interessante notar que, igualmente, abre-se ao réu na ADI (autor na ação principal) a possibilidade de apresentar intervenção de terceiros que podem ser arguíveis pelo réu, o que torna a relação cada vez mais complexa.

prosseguimento independentemente da sorte da principal. Se uma das ações forem extintas sem julgamento de mérito antes da outra, não obstante esta decisão tenha natureza de sentença, contra ela não cabe qualquer recurso, devendo a parte impugnar tal decisão no momento em que recorrer do julgamento final.[36]

9.8. ATOS DO JUIZ – *SENTENÇA E COISA JULGADA*

A atividade jurisdicional corresponde ao exercício de atos inerentes à jurisdição com o fim de cumprir o dever que o Estado tem de se pronunciar sobre a ação. Para tanto o juiz deve realizar alguns atos que vão desde a simples movimentação do processo até o provimento final, que é a **sentença**. Com ela o juiz de primeiro grau coloca fim à sua atividade (art. 463, CPC). As decisões finais dos Tribunais chamam-se **acórdão.**

O art. 162 do CPC elenca quais são os atos que o juiz irá praticar e os conceitua. A primeira diferença que fazemos são quanto aos **despachos** e às **decisões interlocutórias.** Os primeiros são atos que visam ao mero andamento do processo, e pela segunda, o juiz decidirá alguma questão que irá interferir na esfera do direito das partes, sem que isso implique a solução final da demanda. Com a reforma processual de 1994 (Lei nº 8.952), o legislador incluiu o § 4º àquele dispositivo para trazer a previsão de outros atos que poderão ser praticados pelo juiz ou pelo servidor de cartório, e os chamou de atos meramente ordinatórios. Tais atos devem ser entendidos como atos de mero andamento processual sem interferência alguma na esfera de direito de qualquer das partes. São assim, por exemplo, a ordem para juntada de uma carta precatória cumprida, a abertura de vistas às partes para alguma manifestação que desejem fazer, entre outros. Antes da previsão legal, estes atos já eram praticados no dia-a-dia forense pelos serventuários, mas como não encontravam previsão legal eram, muitas vezes, impugnados causando uma série de recursos que, na verdade, serviriam mais para retardar o andamento do processo do que, na verdade, para resolver a lide. Buscou-se, assim, com tal previsão reconhecer a legalidade da prática desses atos que servem à agilização do procedimento e a sua desburocratização. Observe que tais atos são menos que simples despachos, pois não apresentam qualquer carga decisória.

36 Aplica-se aqui tudo aquilo que já foi dito quanto aos julgamentos antecipados de ações cumuladas e conforme entendimento já pacificado nos Tribunais Civis, onde a discussão da matéria foi esgotada acarretando a publicação da Súmula nº 342, STF. Neste sentido: "ação declaratória incidental. Se o incidente é suscitado nos autos do processo principal e indeferido sem qualquer instrução, não extinguindo aquele, a decisão admite apenas agravo de instrumento e não apelação. recurso não conhecido." (RE 112586/SP – São Paulo. Recurso Extraordinário. Rel. Min. Carlos Madeira; j. 3/4/1987; 2ª T)

A **sentença** é a resposta do juiz à demanda proposta. Pode ou não decidir a lide e, uma vez proferida, encerra a atividade do juiz de primeiro grau no feito, o qual somente poderá revê-la caso haja interposição de embargos de declaração,[37] ou para corrigir inexatidões materiais, ou retificar erros de cálculo (art. 463, I e II CPC). O legislador trabalhista admite que até antes do início da execução o juiz possa promover a correção de erros ou enganos de escrita, de datilografia ou de cálculo que sejam evidentes. Isso poderá ser feito, portanto, a qualquer momento, de ofício, ou a requerimento da parte ou da Procuradoria do Trabalho (art. 833, CLT).

A Lei nº 11.232/2005 alterou a redação do § 1º do art. 162 para constar que a sentença implica algumas das situações dos arts. 267 ou 269 do CPC. O *caput* desses dois artigos, igualmente alterados pela mesma lei, vieram prever que *extingue-se o processo, sem resolução de mérito* e *haverá resolução de mérito,* respectivamente. A tentativa do legislador foi de corrigir um equívoco cometido pela redação anterior, que dizia que a sentença seria ato do juiz que coloca fim ao processo, quando na verdade, a decisão proferida tão-somente esgota a atividade do juiz de primeiro grau, sem que isso importe no fim do processo. Não se pode ignorar que, na maioria das situações, o processo continua em razão da interposição do recurso oposto pela parte vencida. Parece-nos, assim, que o conceito e entendimento do que seja o ato do juiz chamado sentença já estão fixados pelo legislador, independentemente das críticas que se faça, quer na redação anterior, quer na nova.

A CLT traz a previsão do ato decisório do juiz nos arts. 831 e seguintes, referindo-se tão-somente à decisão final do processo que deverá ser proferida em audiência após a rejeição da proposta de conciliação. Compreende-se tal ordem, uma vez que as audiências trabalhistas foram pensadas para serem única, onde a defesa deve ser apresentada, as provas produzidas e a questão decidida. Não se pensou que as relações trabalhistas pudessem ser mais complexas do que eram à época da promulgação daquele diploma, por isso, necessária se faz a aplicação das normas do CPC para complementar aquelas disposições.

A sentença tem uma estrutura lógica. Deve conter (arts. 458, CPC, e 832, CLT): o **relatório**, que se refere aos principais fatos do processo; o **fundamento (ou motivação)**, concerne aos motivos que levaram o juiz à conclusão que irá apresentar e importa num raciocínio lógico de enquadrar os fatos discutidos ao direito existente e a ele aplicável; e a **decisão (ou dispositivo)**, ou seja, a solução para a questão dada. Aqui o juiz irá fazer a correspondência ao pedido imediato

37 Recurso que visa esclarecer dúvidas, corrigir erros e que pode, dependendo do que for impugnado, até causar a revisão do julgado pelo próprio juiz (arts. 535, CPC, e 833 da CLT).

formulado pelo autor, ou seja, a resposta que o Estado dará à pretensão formulada (procedente, improcedente ou procedente em parte, por exemplo); e ao pedido mediato, a ordem destinada ao réu para que cumpra a decisão que lhe for imposta (condenação, declaração ou constituição, por exemplo). Concluindo pela procedência do pedido, o juiz deverá determinar o prazo que o réu terá para cumprir a ordem de condenação; caso não o faça na forma estabelecida, incorrerá na aplicação do art. 471 e seguintes do CPC que se aplica aqui subsidiariamente ante a inexistência específica na CLT de regras sobre o cumprimento da sentença, devendo o intérprete atentar para a harmonização das regras sobre execução dos dois diplomas.[38]

Nos **procedimentos sumário** (Lei nº 5.584/1970) e **sumaríssimo** (art. 852-A), o juiz estará dispensado de apresentar o relatório, o que se permite ante presumível ausência de complexidade que a causa apresenta.

O juiz deve julgar a causa exatamente nos limites em que o autor formulou o pedido (art. 460, CPC), sendo-lhe vedado proferir julgamento **extra petita** (fora do que foi pedido), **ultra petita** (além do que foi pedido) ou **citra petita** (aquém do que foi pedido). Ainda que a relação jurídica de direito material em litígio seja condicional ou dependa de termo, a decisão deve ser certa (parágrafo único, art. 460, CPC).

Nas ocasiões em que entender pela extinção do feito sem julgamento de mérito, poderá proferir sentença de forma concisa o que, segundo entendemos, não dispensa a forma lógica de se referir aos fatos e fundamentos da decisão (art. 459, CPC).

O art. 836 da CLT dispõe ser vedado que o juiz de 1ª instância ou mesmo os Tribunais possa conhecer e julgar questões que já tenham sido decididas, ou seja, aquelas sobre a qual já se tenha operado a coisa julgada. O legislador não diz expressamente que as decisões que não podem sofrer revisões são aquelas sobre as quais tenha se operado a coisa julgada, mas deixa isso absolutamente claro quando prevê que somente se admite a revisão por intermédio da interposição de ação rescisória, a qual tem por objeto a rescisão de sentença com trânsito em julgado material, ou seja, em decisões de mérito nas quais não caiba mais recurso ou todos os que a lei havia previsto para impugnação tenham sido extintos. A novidade deste dispositivo foi trazida pela Lei nº 11.495, de 22 de junho de 2007, com *vacatio legis* de noventa dias, prevendo o legislador que para a propositura dessa ação será necessário o depósito prévio no montante de 20% calcula-

38 Sobre processo de execução, *ver* Yone Frediani, no Tomo II desta obra.

dos sobre o valor dado à rescisória, salvo se o autor da ação comprovar que não possui meios de manter a sua subsistência, caso em que será isento do depósito com direito a concessão da gratuidade da justiça. Entendemos, aqui, que se aplicará tudo o que se entende sobre esta matéria com fundamento nas Leis n°s 1.060/1950 e 5.584/1970. Isso quer dizer que, a partir da entrada em vigor da lei, não se admitirá mais a propositura da rescisória e, portanto, a rediscussão de decisões com trânsito em julgado, caso não se proceda ao depósito ou se comprove a situação de miserabilidade do autor da ação, ratificando o legislador a posição que, apenas por exceção permite a revisão de decisões.

Por fim, a Lei nº 1.1419/2006 prevê que a assinatura da sentença poderá ser digital, regra esta que está na dependência, para ser aplicada, de regulamentação legal (art. 164, parágrafo único, CPC).

9.8.1. Extinção do Processo sem Julgamento de Mérito

Prevê o legislador que o processo será extinto sem resolução do mérito nas hipóteses que menciona no art. 267, CPC. Tal decisão é chamada de sentença terminativa, porque simplesmente põe termo ao processo sem decidir o mérito da causa. São, portanto, situações que permitem tal resposta:

I – quando o juiz indeferir a petição inicial → o juiz poderá indeferir a petição inicial quando não respeitar as prescrições legais para a sua confecção e mostrar-se inapta ao fim que se destina. Este inciso deve ser lido em conjunto com o art. 295 do CPC que trata, justamente, do indeferimento da inicial. A petição inicial, salvo nos casos de reclamação trabalhista verbal, em que é feita pela própria parte sem a assistência de um profissional habilitado (advogado), deve preencher algumas formalidades que vêm dispostas no art. 282 do CPC. Se, todavia, esta peça vier defeituosa a ponto de não ser possível o seu conserto, o juiz poderá indeferi-la nas seguintes hipóteses:

a) **Quando for inepta** → o que se considera quando o autor deixar de apresentar o pedido ou a causa de pedir; se da narração dos fatos ocorridos e descritos na inicial não decorrer logicamente a conclusão; nas hipóteses em que o pedido formulado for juridicamente impossível; se contiver pedidos incompatíveis entre si; se a parte for manifestamente ilegítima.
b) **Quando a parte for manifestamente ilegítima** → a legitimidade para a causa é uma condição da ação e provoca a extinção do feito sem julgamento de mérito, podendo o juiz, verificada a situação, desde logo extinguir o feito sem julgamento de mérito indeferindo a inicial.

c) **Quando o autor carecer de interesse processual** ➔ a carência de ação se refere à ausência de uma das condições para a ação (interesse processual, legitimidade para agir e possibilidade jurídica do pedido). Observe que a possibilidade jurídica do pedido é causa de extinção da ação pelo indeferimento da inicial, simplesmente, ou pelo indeferimento em razão da verificação de inépcia conforme acima narrado. Igualmente, o legislador se mostrou repetitivo, pois bastaria a previsão de que a carência de ação provoca a inépcia da inicial ou a extinção do feito, mas preferiu repetir tal disposição dentro do próprio corpo do art. 295, CPC.

d) **Quando o juiz verificar, desde logo, a decadência ou a prescrição** ➔ o legislador causou uma pequena confusão quanto a este tema. A prescrição e decadência são causas de extinção do feito com julgamento de mérito. Não obstante a regra do art. 269, IV, do CPC assim o diga, o art. 295, IV, do CPC previu que o juiz poderá indeferir a inicial quando ocorrer qualquer daquelas causas. O indeferimento da inicial, nos termos do art. 267 , I, do CPC, importa na extinção do feito sem julgamento de mérito. Portanto, ante estas aparentes contradições legislativas, necessário se faz que harmonizemos a solução e, por uma interpretação sistemática, entendamos que, em se verificando qualquer daquelas causas (prescrição ou decadência), o juiz deverá indeferir a inicial, mas promover a extinção do feito com julgamento de mérito, inteligência esta que decorre da interpretação dos diversos dispositivos acima citados.

e) **Quando o tipo de procedimento, escolhido pelo autor, não corresponder à natureza da causa, ou ao valor da ação; caso em que só não será indeferida, se puder adaptar-se ao tipo de procedimento legal** ➔ hipótese de condição da ação na modalidade interesse processual. O princípio básico é o aproveitamento dos atos processuais, em qualquer situação, e não somente aqui; se o juiz verificar que o defeito pode ser corrigido sem que isso importe em extinção sem julgamento de mérito, deverá, imediatamente, aproveitar o procedimento e ordenar seu conserto (art. 284, CPC).

f) **Quando não atendidas as prescrições dos art. 39, parágrafo único, primeira parte, e 284** ➔ o art. 39, CPC, se refere ao dever imposto às partes e ao advogado de comunicar seus endereços e atualizá-los quando necessário. Se o autor não informa o Juízo quanto ao endereço onde receberá suas intimações e não proceder as alterações caso haja mudança, o juiz, verificando que não pode sanar o defeito da inicial, poderá indeferir a petição. Esta situação é de extrema importância para a causa, pois o autor é o maior interessado em receber todas as comunicações da ação que ele próprio interpôs, não se coadunando com a boa-fé processual as alterações havidas e não comunicadas, muitas vezes com desperdício de dinheiro público e tempo processual. Verificando que as intimações enviadas são devolvidas porque o endereço informado não confere, o juiz deverá perscrutar se é possível a correção do defeito, antes de promover a extinção.

II – quando ficar parado durante mais de 1 (um) ano por negligência das partes ou quando, por não promover os atos e diligências que lhe competir, o autor abandonar a causa por mais de 30 (trinta) dias ➜ as hipóteses são semelhantes e, quiçá, poderão confundir o intérprete. Uma vem prevista no inciso II e a outra no inciso III do art. 267. No primeiro caso, a omissão em dar andamento ao feito é das partes e se verifica pela paralisação do processo por período superior a um ano; a segunda, a negligência é do autor que abandona o processo por mais de 30 dias. Em ambas as situações, verifica-se uma atitude objetiva – não dar andamento ao feito; e subjetiva – o não atendimento à intimação judicial, ordenando que se promova o andamento do feito, faz presumir a intenção da parte em abandonar a causa. Daí o § 1º daquele dispositivo prever que a parte será intimada pessoalmente (não na pessoa do advogado, ainda que esteja representada nos autos) a dar andamento ao processo, devendo fazê-lo no prazo de 48 horas. Caso não dê andamento neste prazo, o juiz promoverá a extinção do feito sem julgamento de mérito. Neste sentido, sumulou o STF (nº 216): para decretação da absolvição de instância pela paralisação do processo por mais de 30 dias, é necessário que o autor, previamente intimado, não promova o andamento da causa.

III – quando se verificar a ausência de pressupostos de constituição e de desenvolvimento válido e regular do processo, ou quando não concorrer qualquer das condições da ação, como a possibilidade jurídica, a legitimidade das partes e o interesse processual ➜ tais situações são relativas aos pressupostos processuais e às condições da ação que, conforme vimos, devem estar presentes desde o nascimento da relação processual até a entrega definitiva da prestação jurisdicional com a realização concreta da sentença que for proferida. Assim, *v.g.*, a capacidade da parte deverá estar presente do início ao fim do processo bem como o juiz deve ser competente do início ao fim; a parte deve manter o interesse processual e o pedido deve ser juridicamente possível. Verificada a ausência de qualquer dos pressupostos processuais ou de qualquer das condições da ação, o feito será extinto sem julgamento de mérito, o que poderá ser apurado independentemente de provocação da parte (§ 3º, art. 267, CPC). Não se olvide que a ausência de qualquer das condições da ação poderá acarretar o indeferimento da inicial, ou mesmo a sua inépcia. Em qualquer dessas situações, o resultado é o mesmo, qual seja, extinção sem julgamento de mérito.

IV – quando o juiz acolher a alegação de perempção, litispendência ou de coisa julgada; e arquivamento injustificado da ação trabalhista ➔ diz-se perempção a perda do direito de propor a ação por ter o autor dado causa a três extinções do feito em que pleiteou o mesmo objeto. Atente-se que a extinção deve ser fundada no inciso III do art. 267, ou seja, é necessário que tenha sido intimado a dar andamento ao processo no prazo de 48 horas e que tenha se mantido inerte. Desnecessário que haja identidade entre as ações anteriores e a que agora se propõe, pois o legislador prevê que o que deve ser idêntico é o pedido, o que, a *contrario sensu*, leva à conclusão de que os fatos e a causa de pedir possam ser diferenciados (art. 268, parágrafo único, CPC).

Entende-se por **coisa julgada** a imutabilidade da qualidade dos efeitos da sentença. Ensina Liebman que a autoridade da coisa julgada é a

> (...) imutabilidade do comando emergente de uma sentença. Não se identifica ela simplesmente com a definitividade e intangibilidade do ato que pronuncia o comando; é, pelo contrário, uma qualidade mais intensa e mais profunda, que reveste o ato também em seu conteúdo e torna, assim imutáveis, além do ato em sua existência formal, os efeitos, quaisquer que sejam, do próprio ato. A coisa julgada pode ser **formal** ou **material**.

A **coisa julgada formal** se caracteriza pela imutabildiade da qualidade da decisão internamente (dentro do processo), daí ocorrer nas hipóteses de extinção do feito sem julgamento de mérito. Como não se reflete externamente, permite que o autor, corrigidos os vícios que a ação anterior esteve eivada, possa repeti-la (art. 268, CPC). As exceções à repetição da ação são justamente relacionadas à extinção fundada em perempção, coisa julgada ou litispendência, o que sabiamente fez o legislador nestas matérias, uma vez que, de fato, quando o juiz extingue o processo por qualquer destas causas não está a apreciar o mérito, pois observa a inexistência de um pressuposto processual objetivo de ordem externa, qual seja, verifica que ocorre uma situação impeditiva ao nascimento e desenvolvimento de uma relação processual saudável. Daí não se pode permitir a repetição da ação, porque em hipótese alguma o vício poderia se convalidar.

Mas a **coisa julgada formal** também se verifica como um degrau antecedente à formação da coisa julgada material, pois antes mesmo da sentença produzir externamente seus efeitos, ela se torna imutável dentro da relação processual em que foi proferida. Às vezes, torna-se imperceptível a verificação da coisa julgada formal para a material, mas ela se faz presente em toda sentença de mérito.

A **coisa julgada material**, ao contrário, reflete todos os seus efeitos para fora do processo e é também chamada de **coisa julgada substancial**. Refere-se, exatamente, à eficácia específica e, propriamente, à autoridade da coisa julgada, e estaria condicionada à formação da coisa julgada formal. Todas as sentenças são suscetíveis da formação da coisa julgada formal, mas somente as de mérito são suscetíveis de formação da material.

Podemos, a fim de sintetizar, esclarecer que a coisa julgada formal é a imutabilidade da sentença como ato processual e a coisa julgada material indica esta mesma imutabilidade, mas em relação ao seu conteúdo e aos seus efeitos.

Daí ter o legislador no art. 467 do CPC ter se equivocado em tentar conceituar a coisa julgada, pois a sentença proferida produz desde logo todos os seus efeitos, inclusive, admite-se seu cumprimento e execução em inúmeros casos, sendo regra no processo trabalhista que a interposição do recurso não causa a suspensão do processo, sendo lícito ao autor iniciar o cumprimento da sentença independentemente do trânsito em julgado (art. 876, CLT).[39]

A coisa julgada opera nos **limites** demarcados pelos elementos da ação, limites estes objetivos, relacionados ao objeto da ação, e subjetivos, concernentes às pessoas que serão atingidas pela sentença (art. 472, CPC). Portanto, a fim de resguardar interesses outros, o legislador impõe que a coisa julgada somente atingirá a parte dispositiva da sentença, de sorte que os motivos que fundaram a decisão não transitarão em julgado, ainda que na parte dispositiva o juiz se refira aos termos e limites da fundamentação. O que será atingido é somente aquilo que diz respeito ao objeto e às partes (art. 469, CPC).

Questão interessante é a relativa à **relação jurídica continuativa**. O art. 471 do CPC prevê que, nesta hipótese, é lícito ao juiz decidir novamente a lide. Na verdade, a relação a ser discutida é distinta e não estaria ele apreciando questão sobre a qual já se pronunciou. Trata-se, na verdade, de nova ação em razão da alteração do estado de fato ou de direito, próprio destes tipos de relações, o que faz com que não se confunda com a relação jurídica originária, já discutida e decidida.

Por fim, não se opera a coisa se a decisão foi proferida contra a Fazenda Pública Federal, Estadual ou Municipal, Autarquias e Fundações Públicas e se elas não foram remetidas ao Tribunal em razão do duplo grau de jurisdição que estão su-

39 No CPC as causas em que o recurso é recebido no efeito devolutivo e suspensivo estão previstas no art. 520

jeitas (art. 475, CPC). Nas hipóteses em que a decisão proferida no processo de qualquer natureza for contrária à Fazenda Pública, o juiz deverá ordenar a remessa dos autos ao Tribunal, sob pena do presidente os avocar. Tal regra somente não se aplica se: (a) a condenação for líquida, em valor não superior a 60 salários mínimos; (b) se estiver fundada em jurisprudência do Pleno do STF ou Súmula deste Tribunal, do TST ou do STJ[40] (§§ 1º, 2º e 3º, art. 475, CPC).

Convém não confundir coisa julgada formal com **preclusão**. Esta é uma situação processual em que a parte perde a faculdade de realizar um ato no processo. A **preclusão** (art. 473, do CPC) poderá ocorrer de três formas: (a) temporal – se verifica quando o ato não pode mais ser praticado em razão do decurso do prazo, *v.g.*, art. 183, do CPC; (b) lógica, se verifica quando o ato não pode mais ser praticado pelo fato de se ter realizado outro ato que, pela lei, é definido como incompatível com o já levado a efeito; ou, se se verificar que esta circunstância deflua inequivocamente do sistema; *v.g.*, quem aceitou a sentença sem interposição de recurso não poderá recorrer novamente; (c) consumativa ocorrerá quando se pratica um ato e, por isso, não é mais possível realizá-lo novamente, *v.g.*, o réu é revel e esta questão já foi decidida, não sendo mais possível discuti-la ou apresentar defesa.

V – pela convenção de arbitragem ➔ é possível que as partes estipulem em seu contrato que eventual conflito havido entre elas será submetido ao Juízo arbitral. Para tanto, a questão a ser solvida deverá dizer respeito a direito disponível, e as partes deverão ser capazes de contratar (Lei nº 9.307/1996). É possível que tal convenção exista no contrato de trabalho, e a validade desta cláusula, caso seja questionada, deverá ser apreciada caso a caso, mesmo porque o contrato de trabalho não é um bem indisponível, embora alguns direitos do trabalhador o sejam por sua própria natureza. Não há que se confundir, pois, a validade desta estipulação com os direitos em si. Havendo tal cláusula, as partes, em ocorrendo conflito de interesses, devem submeter tal conflito ao Juízo arbitral, salvo se quiserem discutir a validade da cláusula, ocasião em que deverão trazer como objeto da inicial esta questão, a qual será prejudicial às demais matérias.

VI – quando o autor desistir da ação ➔ a desistência da ação é ato que importa no intento em não prosseguir na relação processual instaurada. É ato típico a ser praticado pelo autor que, para tanto, deverá obter o consentimento do réu caso este já tenha sido citado. Isso ocorre porque, com a citação, a relação processual se completa e passa a interessar bastante ao réu que pode ter a intenção de ver o resultado final do processo. Portanto, passado o prazo para a resposta, o autor so-

40 Não se olvide que em matéria trabalhista o STJ somente julga casos de conflitos de jurisdição.

mente poderá desistir da ação, caso o réu consinta. A *contrario senso* da regra trazida no § 4º do art. 267, antes disso, poderá fazê-lo sem a oitiva do réu.

VII – quando a ação for considerada intransmissível por disposição legal ➔ tais ações são de existência escassa no processo do trabalho, pois concernentes a um direito personalíssimo. Mesmo nas situações em que o trabalhador reclame dano moral, por exemplo, a indenização decorrente do dano se transmite, e, por isso, o evento morte não teria qualquer interferência no resultado do feito.

X – quando ocorrer confusão entre autor e réu ➔ aqui o autor e o réu tornam-se credores e devedores um do outro a ponto de não se poder concluir quem tenha a qualidade de credor e de devedor. A previsão no direito material quanto ao instituto está nos arts. 381 a 384 do CC.

XI – nos demais casos prescritos neste Código ➔ o legislador pode trazer outras previsões quanto à extinção do feito sem julgamento do mérito, como ocorre no art. 13 quando dispõe que, se o autor não regularizar sua representação processual, o feito será extinto sem julgamento de mérito. A análise mais cuidadosa das hipóteses levará à conclusão de que na verdade o que ocorre é a ausência de pressupostos processuais, carência de ação ou negligência da parte em dar andamento ao processo; mas o juiz, ao decidir, poderá aplicar a extinção com base unicamente no dispositivo que prevê tal hipótese, sem a necessidade de voltar-se ao art. 267, CPC.

9.8.2. Extinção do Processo com Julgamento de Mérito

Diz-se que, quando o juiz extingue o processo analisando o mérito, está proferindo uma decisão definitiva, pois sobre aquela questão não poderá mais controverter nova lide. Decidir o mérito significa apreciar e julgar a relação de direito material que foi trazida pelo autor para que o Judiciário sobre ela se pronunciasse. A extinção do feito sem julgamento de mérito deve ser uma exceção e, sempre que possível, o juiz deverá ordenar a correção e emendas que se fizerem necessárias, e julgar o mérito da causa.

A CLT não prevê o julgamento do feito sem apreciação do mérito, pois trata das hipóteses de procedência e improcedência da ação e da transação (acordo). A única referência que a CLT faz quanto à prolação de sentenças terminativas é a do art. 836, que dispõe ser vedado ao juiz proferir sentenças sobre causas já decididas, hipótese em que estaríamos diante dos institutos da litispendência e da coisa julgada. Passamos à análise de cada uma das hipóteses elencadas nas duas leis processuais (CPC e CLT):

I – quando o juiz acolher ou rejeitar o pedido do auto ➔ a rejeição e o acolhimento do pedido do autor dizem respeito à procedência ou improcedência da sua pretensão. Pode ocorrer de o juiz entender pela procedência parcial, o que é muito comum nos processos trabalhistas que, em geral, apresentam pedidos cumulados. Esta forma de julgamento é a buscada pela parte, pois, de maneira favorável ou não, a expectativa que se tem é que o Judiciário se pronuncie sobre o que veio pedir. O art. 832 da CLT dispõe que, nestas decisões, o juiz deverá fixar o prazo para cumprimento da decisão, bem como o valor das custas e a natureza de cada uma das parcelas que se condenou o réu a pagar; nesta última hipótese, em ocorrendo procedência total ou parcial.

II – quando o réu reconhecer a procedência do pedido ➔ o reconhecimento da procedência do pedido gera, na verdade, a procedência da ação, de forma que todas as ponderações feitas no item anterior deverão ser consideradas aqui.

III – quando as partes transigirem ➔ a transação é uma forma de contrato (art. 840, CC). No processo do trabalho um dos objetivos mais importantes é a tentativa de conciliação, dando o legislador importância muito acentuada à solução do processo pela concessão recíproca, tanto que prevê o dever do juiz tentar aproximar as partes para um acordo em pelo menos três momentos: antes da juntada da defesa e antes de se proferir o julgamento, mas após o encerramento da instrução processual.

Em princípio, o juiz não pode se opor à vontade das partes, pois a transação é uma forma de contrato. Todavia, poderá deixar de homologar esta vontade, caso infira da hipótese de vício social, devendo alertar a parte se suspeitar que há vício de consentimento. Observe que o juiz nada julga, não obstante o legislador tenha trazido esta hipótese como de extinção com mérito. É simples política legislativa visando dar maior segurança jurídica aos negócios jurídicos. Firmada a transação, necessário se faz que se estabeleça a natureza das parcelas que estão sendo transacionadas, justamente para o efeito da incidência de Imposto de Renda e INSS sobre o valor acordado.

Considerando a entrada em vigor da **Lei nº 11.457 de 16/3/2007**, necessário se faz um parêntese para o regime anterior e o que agora se terá presente. A **Lei nº 10.035/2000** foi a primeira a tratar da matéria quanto à inserção posterior do órgão previndenciário no curso do processo trabalhista, para cobrança de contribuições sociais. Trouxe um problema a esta questão. Previa que o INSS deveria ser intimado de todas as decisões homologatórias de acordo e de procedência (total ou parcial) em ações cognitivas. Esta lei teve uma razão política muito profunda, pois era público e notório que a Justiça do Trabalho, em suas decisões, constituía um importante órgão de arrecadação. Todavia, o legislador não foi feliz na forma como o fez, pois, deteminando que o INSS intervenha no final do processo, retira dele e das partes a possibilidade de discutirem quanto à natureza das verbas que estão sendo deferidas ou acordadas. Em outras palavras, o INSS deveria intervir após as partes terem travado discussões sobre a questão e após o juiz já ter analisado todos os pontos de divergência e decidido a matéria. O intérprete deveria se perguntar, então, se o fato de o INSS poder discutir isso posteriormente não seria correto, já que é a autarquia a credora dos valores e não a parte ou o Judiciário.

Isso é certo desde que se admistisse, então, a presença do INSS na qualidade de litisconsorte necessário ou caso a questão fosse resolvida no âmbito da Justiça Federal – órgão que teria competência para tais questões. Ocorre que a **EC nº 45/2004** acabou com a discussão sobre a matéria da competência, pois atribuiu ao Judiciário trabalhista esta parcela de jurisdição para tais questões. Só que não solucionou a questão quanto ao desrespeito ao devido processo legal, pois após toda a atividade judicial se desenvolver, o credor corre o risco de ver sua execução truncada e morosa, em razão de discussões por crédito que não é seu e pela interferência de uma terceria pessoa no curso do processo.

Recentemente, tivemos publicada a Lei nº 11.457 de 16/3/2007 que parece não ter resolvido a questão quanto à inversão processual da presença do órgão fiscalizador. Esta lei alterou o art. 832, CLT, ordenando que a partir daí a União passe a ser intimada das decisões homologatórias de modo que contenham parcelas de natureza indenizatória, conferindo-lhe legitimidade para recorrer tanto das decisões homologatórias quanto daquelas proferidas em processo de conhecimento, caso não esteja de acordo com os valores. Atente-se que o juiz, obrigatoriamente, deverá discriminar a natureza das verbas, seja da condenação, seja da homologação, indicando os respectivos valores. Se o acordo for celebrado após o trânsito em julgado da decisão, mesmo que as partes alterem os valores e verbas que transacionam, ou transacionem valores além daqueles previstos no título executivo, isso não irá refletir no eventual crédito da União retratado no título trânsito em julgado.

Isso quer dizer que a sentença fará coisa julgada entre as partes e, em hipótese alguma, vai ter influência nos créditos da União, salvo, entendemos nós, que ela participe de alguma forma da relação processual desde seu início, como pode acontecer se participar da relação processual na condição de litisconsorte ou assistente litisconsorcial.

Enfim, a jurisprudência é a única forma de se solucionar a matéria, pois não se vê vontade legislativa para fazê-lo e, tampouco, a autarquia perder esta via que lhe garante, ao menos, um mínimo de controle sobre a arrecadação.

A validade das decisões proferidas em face da União – principalmente em processos em que se homologam transações e que se estabelece que todo o valor transacionado terá natureza indenizatória sem a incidência de recolhimentos previdenciários e fiscais – tem correntes distintas e, até o momento, não se pacificou, parecendo-nos que, com esta nova lei, haja uma tendência em se pacificar questões relativas a transações realizadas após o trânsito em julgado da decisão. Isso quer dizer que, após a transação e a sua homologação com o respectivo pagamento, as partes que intencionaram terminar o litígio podem se ver em continuidade dele mas, agora, com a União como parte autora.[41]

Medida de extrema utilidade nos parece é a inserta no § 7º do art. 832, CLT que possibilita o ministro de Estado da Fazenda, mediante ato fundamentado, dispensar a manifestação da União nas decisões homologatórias de acordos em que o montante da parcela indenizatória envolvida ocasionar perda de escala decorrente da atuação do órgão jurídico. Tal regra deve ser aplaudida, pois às vezes o processo de cobrança gera mais gastos do que o crédito em si, esperando nós que tais atos sejam de fato baixados em tempo oportuno.

IV – quando o juiz pronunciar a decadência ou a prescrição ➜ ambos os institutos são de direito material. A decadência atinge o próprio direito, de modo que o não exercício pelo autor dentro do prazo faz com que ele deixe de ser titular do direito; pela prescrição, o autor deixa de intentar a ação no tempo que a lei lhe prevê e, por isso, não pode mas fazê-lo, embora conserve o direito, podendo alegá-lo, eventualmente, como matéria de defesa. Aqui, como na transação, o juiz não conhece o mérito da ação, mas o legislador, também por política legislativa de conceder segurança às relações jurídicas, admite que o processo seja extinto com julgamento de mérito, fazendo recair sobre a decisão a coisa julgada material e impedindo, assim, que o autor possa renovar a ação.

V – quando o autor renunciar ao direito sobre o qual se funda a ação ➜ a renúncia ao direito é instituto de direito material e reflete diretamente sobre o direito material. Nem todo direito trabalhista pode ser renunciado, aliás, a grande gama de direitos trabalhistas são constitucionais e irrenunciáveis (art. 7º da

41 Contribuições Previdenciárias após a Sentença Trabalhista. Consoante dispõem os artigos 831, 832 e 879, § 3º da CLT, o INSS passou a ter efetivo e legítimo interesse jurídico e pecuniário quanto às contribuições previdenciárias referentes aos acordos e sentença. As partes podem transacionar direitos próprios, que detêm, mas não direitos alheios, de terceiros, na hipótese do INSS. Portanto, transitada em julgado a sentença, as contribuições previdenciárias devidas são aquelas incidentes sobre as verbas reconhecidas na decisão judicial e sujeitas, por lei, à incidência previdenciária. Recurso do INSS provido no tópico em questão. (TRT/SP 02564199831302000–AP–Ac. 3ª T 20060893910; Rel. Jonas Santana de Brito – DOE 10/11/2006.)

CF). O autor não poderá renunciar, caso o direito seja indisponível ou, se porventura ele não tiver capacidade para tanto. A extinção do processo aqui ocorre também sem que o juiz analise o mérito da ação, incumbindo-lhe, todavia, perscrutar se o direito é passível de renúncia. Caso seja, sua função é meramente homologatória. Por dizer respeito ao próprio direito material, a renúncia independe de ato de aceitação do réu e impede que o autor possa, posteriormente, repropor a ação em razão da ocorrência da coisa julgada material.

9.9.3. Custas

As **custas** no processo do trabalho não são adiantadas, ou seja, para se ingressar com a ação trabalhista, a parte não precisará dispender nenhum valor, somente devendo fazê-lo ao final da ação e nos termos disposto no art. 789, ou seja, incidirão sobre a base de 2% (dois por cento), observado o mínimo de R$ 10,64 e somente serão pagas pelo vencido, após o trânsito em julgado, salvo se houver interposição de recurso, ocasião em que deverão ser recolhidas dentro do prazo recursal (§ 1º). Caso a sentença proferida não seja líquida, incumbe ao juiz arbitrar-lhe um valor e fixar-lhe para efeito de cálculo e pagamento de custas (§ 2º).

A fixação do pagamento das custas e a responsabilidade pelo recolhimento serão procedidos da seguinte forma (art. 789, CLT).[42]

42 V. V. ainda, NR20/2002 (Resolução nº 112, de 27/09) do TST, Com redação dada pela RA no 902/2002 – DJ 13/11/2002, 21/11/2002 e 27/11/2002. **Ementa:** Dispõe sobre os procedimentos para o recolhimento de custas e emolumentos devidos à União no âmbito da Justiça do Trabalho. **Texto:** O Tribunal Superior do Trabalho, em sua composição Plena, sob a Presidência do Excelentíssimo Senhor Ministro Vantuil Abdala, considerando o disposto na Lei nº 10.537, de 27 de agosto de 2002, que alterou os arts.789 e 790 da Consolidação das Leis do Trabalho – CLT, sobre custas e emolumentos na Justiça do Trabalho, resolveu expedir as seguintes instruções:I – O pagamento das custas e dos emolumentos deverá ser realizado mediante Documento de Arrecadação de Receitas Federais (Darf), em 4 (quatro) vias, adquirido no comércio local, sendo ônus da parte interessada realizar seu correto preenchimento. II – As 4 (quatro) vias serão assim distribuídas: uma ficará retida no banco arrecadador; a segunda deverá ser anexada ao processo mediante petição do interessado; a terceira será entregue pelo interessado na secretaria do órgão judicante; a quarta ficará na posse de quem providenciou o recolhimento. III – É ônus da parte zelar pela exatidão do recolhimento das custas e/ou dos emolumentos, bem como requerer a juntada aos autos dos respectivos comprovantes. IV – As custas e os emolumentos deverão ser recolhidos nas instituições financeiras integrantes da Rede Arrecadadora de Receitas Federais. V – As custas e emolumentos da Justiça do Trabalho deverão ser recolhidos ao Tesouro Nacional mediante a utilização dos seguintes códigos de receita:8019 - Custas da Justiça do Trabalho – Lei nº 10.537/2002; 8168 – Emolumentos da Justiça do Trabalho – Lei nº 10.537/2002 a) para estes códigos de arrecadação, os pagamentos efetuados na rede bancária não estão submetidos à restrição de valores inferiores a R$ 10,00 (dez reais), de conformidade com a nota SRF/Corat/Codac/Dirar/No 174, de 14 de outubro de 2002. (Nova redação dada pela RA no 902/2002 – DJ 13/11/2002) VI – As secretarias das Varas do Trabalho e dos Tribunais Regionais do Trabalho informarão, mensalmente, aos setores encarregados pela elaboração da estatística do órgão, os valores de arrecadação de custas e de emolumentos, baseando-se nas guias Darf que deverão manter arquivadas. VII – Efetuado o recolhimento das custas e dos emolumentos mediante transferência eletrônica de fundos (Darf Eletrônico), na forma autorizada pela

a. quando houver extinção do processo, sem julgamento do mérito, ou julgado totalmente improcedente o pedido, o cálculo será procedido sobre o valor dado à causa e o autor deverá proceder ao pagamento;
b. no caso de procedência, total ou parcial, do pedido formulado em ação declaratória e em ação constitutiva, o valor das custas será fixado sobre o valor atribuído à causa e a responsabilidade pelo pagamento será do réu;
c. quando o valor da condenação for ilíquido ou indeterminado, sobre o que o juiz fixar, e a responsabilidade for do réu;
d. no caso de procedência em parte do pedido formulado em ação condenatória, se ilíquido ou indeterminado o valor, sobre o que o juiz fixar; sendo a responsabilidade pelo pagamento atribuída ao réu.

Portaria SRF nº 2.609, de 20 de setembro de 2001, o comprovante a ser juntado aos autos deverá conter a identificação do processo ao qual se refere, registrada em campo próprio, nos termos do Provimento no 4/1999 da Corregedoria-Geral da Justiça do Trabalho. VIII – O comprovante de pagamento efetuado por meio de transferência eletrônica de fundos deverá ser apresentado pela parte em duas vias: a primeira será anexada ao processo, a segunda ficará arquivada na secretaria. IX – Nos dissídios coletivos, as partes vencidas responderão solidariamente pelo pagamento das custas, não sendo permitido o rateio, devendo o pagamento ser feito no valor integral das custas (Provimento nº 2/1987 da Corregedoria-Geral da Justiça do Trabalho). X – Não serão fixadas, no processo de conhecimento, custas inferiores a R$ 10,64 (dez reais e sessenta e quatro centavos), ainda que o resultado do cálculo seja inferior a este valor. XI – As custas serão satisfeitas pelo vencido, após o trânsito em julgado da decisão. Em caso de recurso, a parte deverá recolher as custas e comprovar o seu pagamento no prazo recursal. XII – O preparo de recurso da competência do Supremo Tribunal Federal será feito no prazo e na forma do disposto no Regimento Interno daquela Corte e segundo a sua "Tabela de Custas". XIII – No processo de execução, as custas não serão exigidas por ocasião do recurso, devendo ser suportadas pelo executado ao final. XIV – a tabela de custas da Justiça do Trabalho, referente ao processo de execução, vigorará com os seguintes valores: a) – autos de arrematação, de adjudicação e de remição: 5% (cinco por cento) sobre o respectivo valor, até o máximo de R$ 1.915,38 (um mil, novecentos e quinze reais e trinta e oito centavos); b) atos dos oficiais de justiça, por diligência certificada: b1) em zona urbana: R$ 11,06 (onze reais e seis centavos); b2) em zona rural: R$ 22,13 (vinte e dois reais e treze centavos); c) agravo de instrumento: R$ 44,26 (quarenta e quatro reais e vinte e seis centavos); d) Agravo de Petição: R$ 44,26 (quarenta e quatro reais e vinte e seis centavos); e) Embargos à Execução, Embargos de Terceiro e Embargos à Arrematação:R$ 44,26 (quarenta e quatro reais e vinte e seis centavos); f) Recurso de Revista: R$ 55,35 (cinqüenta e cinco reais e trinta e cinco centavos); g) Impugnação à Sentença de Liqüidação: R$ 55,35 (cinqüenta e cinco reais e trinta e cinco centavos); h) Despesa de Armazenagem em Depósito Judicial: por dia: 0,1% (um décimo por cento) do valor da avaliação; i) Cálculos de Liqüidação realizados pelo Contador do Juízo: sobre o valor liqüidado: 0,5% (cinco décimos por cento) até o limite de R$ 638,46 (seiscentos e trinta e oito reais e quarenta e seis centavos). XV – A tabela de emolumentos da Justiça do Trabalho vigorará com os seguintes valores: a) Autenticação de Traslado de Peças Mediante Cópia Reprográfica Apresentada pelas Partes: por folha: R$ 0,55 (cinqüenta e cinco centavos de real); b) Fotocópia de Peças: por folha: R$ 0,28 (vinte e oito centavos de real); c) Autenticação de Peças por folha: R$ 0,55 (cinqüenta e cinco centavos de real); d) Cartas de Sentença, de Adjudicação, de Remição e de Arrematação: por folha: R$ 0,55 (cinqüenta e cinco centavos de real); e) Certidões: por folha: R$ 5,53 (cinco reais e cinqüenta e três centavos de real). XVI - Os emolumentos serão suportados pelo requerente. XVII – Os órgãos da Justiça do Trabalho não estão obrigados a manter serviços de reprografia para atendimento ao público externo, tampouco autenticar fotocópias apresentadas pelas partes. XVIII – As requisições de traslados serão atendidas sem o comprometimento das atividades normais das secretarias.

O juiz poderá, a pedido da parte ou de ofício, conceder os **benefícios da assistência gratuita**, isentando a parte do pagamento de custas e despesas. A concessão de ofício será feita sempre que a parte perceber salário igual ou inferior ao dobro do mínimo legal. Mesmo nestes casos, a parte pode confeccionar requerimento, declarando que não tem condições de arcar com as custas e despesas sem prejuízo do seu sustento e de sua família, caso em que entendemos, em razão da letra da lei, que o juiz deverá deferir o pedido.

São isentos dos pagamentos, além dos beneficiários da Justiça gratuita, exceto no que se refere à obrigação de reembolsar as despesas judiciais (art. 790-A, CLT):

> *i. a União, os Estados, o Distrito Federal, os Municípios e respectivas autarquias e fundações públicas federais, estaduais ou municipais que não explorem atividade econômica;*
> *ii. o Ministério Público do Trabalho.*

Esta isenção não alcança as entidades fiscalizadoras do exercício profissional, como, por exemplo, a OAB, Crea entre outros.

Importa ressaltar que o fato de ser o requerente do pedido de assistência gratuita pessoa jurídica, isso não poderá ser tido como fato impeditivo à concessão, pois o acesso à Justiça é garantido a todos, independentemente de ser pessoa física ou jurídica, sendo esta afirmação assegurada pelo Princípio Constitucional de acesso à Justiça. A interpretação literal da CLT e da Lei nº 1.060/1950 pode levar a equívocos e constituir negação ao acesso ao Judiciário. Neste sentido decidiu o STF:

> Benefício da gratuidade. Pessoa Jurídica de Direito Privado. Possibilidade de acordo: "Benefício da gratuidade – Pessoa Jurídica de direito privado – Necessidade de comprovação da insuficiência de recursos financeiros – Inexistência, no caso, de demonstração inequívoca do estado de incapacidade econômica – Conseqüente inviabilidade de acolhimento desse pleito – Recurso improvido. O benefício da gratuidade – que se qualifica como prerrogativa destinada a viabilizar, dentre outras finalidades, o acesso à tutela jurisdicional do Estado – constitui direito público subjetivo reconhecido tanto à pessoa física quanto à pessoa jurídica de direito privado, independentemente de esta possuir, ou não, fins lucrativos. Precedentes. Tratando-se de entidade de direito privado – com ou sem fins lucrativos –, impõe-se-lhe, para efeito de acesso ao benefício da gratuidade, o ônus de comprovar a sua alegada incapacidade financeira (RT 787/359 – RT 806/129 – RT 833/264 – RF 343/364), não sendo suficiente, portanto, ao contrário do que sucede com a pessoa física ou natural (RTJ 158/963-964 – RT 828/388 – RT 834/296), a mera afirmação de que não está em condições de pagar as custas do processo e os honorários advocatícios. Precedentes." (Rel. Min. Celso de Mello. RE 192715 AgR/SP).

Quanto à necessidade de se fixar a natureza das verbas da condenação, reside no fato de que, sobre aquilo que for deferido ao autor, poderá ou não sofrer a incidência de Imposto de Renda e INSS. Tudo aquilo que for salarial deverá importar em recolhimento aos cofres públicos e previdência. Não há um entendimento uniforme do que seja verba indenizatória e salarial. Todavia, um parâmetro que se poderá seguir é aquele estebelecido na Lei nº 8.212/1991 (art. 28, § 9º) e leis que regulamentam as contribuições ao Imposto de Renda. A jurisprudência tem se encarregado de dizer sobre quais as parcelas em que haverá ou não incidência destas contribuições.[43]

43 Quantia percebida em razão de rescisão sem justa causa de contrato de trabalho, por iniciativa do empregador, denominada "gratificação especial" tem natureza de reposição ou compensação pela perda do emprego, assim possui nítido caráter indenizatório e não sofre incidência do imposto de renda, pois não há acréscimo patrimonial algum. Precedentes citados: REsp 667.682-RJ, DJ 13/6/2005, e REsp 687.082-RJ, DJ 13/6/2005. , Relator. Ministro. João Otávio de Noronha, julgado em 14/11/2006. Prosseguindo o julgamento, a Turma decidiu que incide a contribuição previdenciária sobre a folha de salários devida pelo empregador nos serviços prestados por pessoas físicas, no caso de corretor de seguros sem vínculo empregatício com a empresa seguradora (LC n. 84/1996). Rel. Min. Francisco Falcão, julgado em 14/11/2006. TST – Número Único Processo: AIRR – 1311/2000-006-15-00. DJ – 09/02/2007 (...) 4. Recolhimentos Previdenciários a Sistel, INSS e IR. Como consignado no v. acórdão regional, *in verbis*: Os recolhimentos previdenciários não se constituem em encargo exclusivo do empregador, devendo ser suportado por ambas as partes nos termos do artigo 43 da Lei nº 8.212/1991 e Decreto nº 3.048/1999, sendo que o entendimento alegado em razões recursais só seria cabível em caso de contribuições incidentes sobre remunerações já pagas, o que não ocorre nos presentes autos em que os pagamentos ainda serão efetuados em cumprimento à determinação judicial. O artigo 46 da Lei nº 8.541/1992 estabeleceu a incidência do imposto de renda no momento em que o rendimento se torne disponível para o beneficiário, imputando ao credor a condição de contribuinte, de sorte que não há amparo legal para transferi-la ao devedor, entendimento esposado pela jurisprudência dominante, consubstanciado na OJ 228 da SDI-1 do C. TST (FL. 645). Nas razões de recurso de revista, a reclamante sustenta que tais recolhimentos devem ficar ao encargo da Recorrida, nos termos do art. 33, parágrafo 5o da Lei nº 8.212/1991 e redação dada pela Lei nº 8.620/1993, sem prejuízo do crédito da Recorrente, uma vez que os recolhimentos não foram efetuados na época própria (fl. 664). Todavia, não assiste razão à agravante. Dessa forma, não se vislumbra a alegada violação do artigo 33, § 5º, da Lei nº 8.212/1991, uma vez que a norma inserta no referido dispositivo legal não tem o condão de isentar as contribuições a serem vertidas pela empregada, a teor do que preceitua o artigo 20 do mesmo diploma legal. Neste mesmo sentido a Orientação Jurisprudencial nº 32 da C. SDI do TST. Portanto, correto o despacho agravado. Nego provimento ao agravo de instrumento da autora. "Homologação de Acordo Judicial. Parcelas de Natureza Indenizatória. Não incidência de Contribuição Social. Estão livres da cobrança de contribuição social os acordos entabulados pelas partes demandantes com o fito de pôr termo à reclamatória trabalhista, ante o fato das parcelas indenizatórias objeto do acordo estarem fora do conceito legal de salário de incidência, ou seja, parcelas de cunho salarial. A sanha fiscal e arrecadadora dos órgãos públicos competentes não devem atentar contra a plena liberdade das partes para buscar uma composição amigável nas suas diferenças, até porque a finalidade precípua do processo é a pacificação dos ânimos" (TRT 24ª Região – RS 01012.2002.005.23.00-8).

Capítulo 10
Atos processuais – Parte II: Tempo, lugar e prazos processuais

O legislador estabelece o tempo, o lugar e os prazos para que os atos processuais sejam praticados. A necessidade de o legislador fixar a maioria dos prazos e estabelecer regras para eles dá-se, justamente, para retirar das partes e do juiz o poder de fixá-los segundo seus próprios critérios. Assim, o legislador uniformiza as normas e estabelece regras para o tempo, lugar e prazos que são estabelecidos para os sujeitos processuais e para os auxiliares da justiça em geral, sejam eles serventuários ou terceiros que colaborem com o andamento processual.

Os atos processuais serão realizados (**tempo para a realização dos atos processuais**) das 6 às 20 horas (art. 770, CLT) e, se necessário, poderão ser concluídos após às 20 horas a fim de evitar o perecimento do direito. Praticam-se nos dias úteis, de segunda a sexta-feira. Não obstante o sábado seja dia útil, não o será para efeito da prática de ato judicial, pois neste dia não há expediente forense. Excepcionalmente, admite-se a prática de atos em dias que não há expediente forense, em domingos e feriados, a fim de se lograr a prática do ato ou permitindo-se, inclusive, a violação da residência do indivíduo, mesmo sem o seu consentimento, desde que seja por determinação judicial autorizada. É certo que tal autorização fundar-se-á em motivo ponderante e terá por finalidade permitir que se atinja o resultado pretendido com a instauração do processo.

Prevê, ainda, que no curso das férias e feriados não se realizará ato processual. Necessária se faz a distinção entre férias e feriados forenses. As férias forenses foram vedadas pelo art. 93, XII, da CF, inovação esta trazida pela EC nº 45/2004. As férias forenses ocorriam nos meses de julho e janeiro e toda a atividade jurisidicional ficava paralisada, salvo para a prática de atos urgentes ou para efeito das ações cujos andamento e objeto sejam reputados pelo legislador como urgentes ou insuscentíveis de paralização. O CNJ[1], interpretando a norma constitucional,

1 Resolução CNJ nº 3, de 16/8/2005: O Presidente do Conselho Nacional de Justiça, no uso de suas atribuições, tendo em vista o decidido em Sessão de 16/8/2005, e com base no disposto no inciso II do § 4º do art. 103-B da Constituição Federal, com a redação da Emenda Constitucional nº 45, de 8/12/2004, publicada no Diário Oficial da União de 31/12/2004. Resolve Art. 1º Acolher as justificativas apresentadas pelos Tribu-

entendeu pela sua auto-aplicação, dizendo que independia de qualquer regulamentação.

Quando aos feriados, a Magistratura Federal de 1ª instância desde 1966 está regulada pela Lei nº 5.010, que dispõe serem dias de feriados forenses, inclusive para os respctivos Tribunais (art. 62):

> *I – os dias compreendidos entre 20 de dezembro e 6 de janeiro, inclusive;*
> *II – os dias da Semana Santa, compreendidos entre a quarta-feira e o Domingo de Páscoa;*
> *III – os dias de segunda e terça-feira de Carnaval.*

Feriados são dias assim declarados por lei, federal, estadual ou municipal, destinados em geral a alguma comemoração decorrente de uma festividade ou dia santo. Tradicionalmente está incorporado em nossas leis e costumes. O art. 175 do CPC dispõe que os feriados serão os domingos e aqueles outros dias que as leis o declararem.

Sabendo-se que as férias forenses não mais susbsistem, parece-nos que o art. 173 do CPC está parcialmente revogado, e o art. 174 do CPC, inteiramente revogado. Desta forma, nos feriados não se praticarão atos processuais, salvo as exceções legais relativas à produção de provas, citações e intimações para evitar perecimento de direitos e desde que autorizadas por lei.

Quanto à questão do chamado recesso forense, ou seja, dias compreendidos entre 20 de dezembro de um ano a 6 de janeiro do ano seguinte, parece-nos que, não obstante todas as discussões[2] que se travam em torno da matéria, o legislador foi absolutamente cristalino, tais dias são considerados feriados forenses e, por isso, não foram alcançados pela extensão da EC nº 45/2004.

nais que mantiveram as férias coletivas marcadas para julho de 2005, uma vez que demonstrada a transitória força maior. Art. 2° Cientificar os Tribunais que serão inadmissíveis quaisquer justificativas relativas a período futuro, ficando definitivamente extintas as férias coletivas, nos termos fixados na Constituição. Art. 3º Registrar o reconhecimento e o elogio aos Tribunais que prontamente se adaptaram à decisão do Conselho. Art. 4º. Esta Resolução entra em vigor na data de sua publicação.

2 Notícia http://conjur.estadao.com.br/static/text/39750,1: **"Hora de descansar – CNJ aprecia pedido de recesso de advogados na terça.** O Conselho Nacional de Justiça aprecia na terça-feira (29/11) os pedidos da OAB do Paraná e do Sindicato dos Advogados do Rio de Janeiro para uniformizar a suspensão de prazos processuais nos tribunais regionais federais e nos tribunais de Justiça no fim de ano. A Emenda Constitucional nº 45, da Reforma do Judiciário, extinguiu as férias coletivas dos Tribunais. Contudo, isso não atinge os feriados forenses ou recessos, nos quais os prazos ficam suspensos. A Lei nº 5.010/1966 (que organiza a Justiça Federal de 1ª instância) determina o funcionamento dos Tribunais exclusivamente em regime de plantão, entre os dias 20 de dezembro e 6 de janeiro. Os pedidos da OAB paranaense e do sindicato fluminense pretendem estender esse sistema para a Justiça estadual, sob o argumento de conferir uniformidade administrativa a todo o Judiciário e garantir o descanso dos advogados nesse período. Revista *Consultor Jurídico*, 25 de novembro de 2005.

Tudo que foi dito é necessário para a compreensão da contagem e início do prazo.

Prazo é, portanto, o "lapso de tempo fixado para a prática ou abstinência de ato" (Giglio e Côrrea, 2006, p. 99). Os prazos serão **peremptórios**, quando não for possível a alteração da fixação prevista na lei; ou **dilatórios**, quando houver possibilidade de ampliação daquela fixada pela lei. Observe-se, contudo, que nem em um nem em outro é possível falar-se em prorrogação; iniciado o prazo, ele vencerá no momento em que coincidir com o seu final.

Início da contagem e início do prazo são duas situações distintas. O **início do prazo** será contado, *conforme o caso, a partir da data em que for feita pessoalmente, ou recebida a notificação, daquela em que for publicado o edital no jornal oficial ou na que publicar o expediente da Justiça do Trabalho, ou, ainda, daquela em que for afixado o edital na sede da Junta, Juízo ou Tribunal* (art. 774, CLT). **O início da contagem do prazo** é feito *com exclusão do dia do começo e inclusão do dia do vencimento, e são contínuos e irreleváveis, podendo, entretanto, ser prorrogados pelo tempo estritamente necessário pelo juiz ou Tribunal, ou em virtude de força maior, devidamente comprovada* (art. 775, CLT).

Ainda que o prazo seja **peremptório**, ou seja, que não admita suspensão ou interrupção, não se procederá a contagem de início ou se atestará o seu final, caso a data de início ou fim coincidir com dia feriado ou que não haja expediente forense. Os arts. 178 e 184 do CPC tratam da questão da contagem ininterrupta do prazo, estabelecendo que não se suspenderão e nem sofrerão qualquer interrupção em razão da superveniência de feriados, o que leva à conclusão de que o prazo que tem seu início antes da superveniência de um feriado continuará a correr no seu curso, mas somente vencerá no primeiro dia útil seguinte ao seu final. Isso se dá porque, com a superveniência de dia feriado, não há expediente normal no fórum, não sendo possível a prática regular de atos. Era necesário, pois, interpretar-se as normas relativas à contagem e não interrupção de prazos, de forma justa e razoável, pois, ainda que o prazo fosse peremptório, não se poderia atribuir à parte a responsabilidade pela impossibilidde da prática do ato em dias que a própria lei permitia não houvesse expediente forense. Assim, o STF publicou a Súmula nº 310[3] interpretando a questão e possibilitando a prática do ato, mesmo em se tratando de prazo peremptório, no primeiro dia útil ou que

3 Súmula nº 310 – STF: Quando a intimação tiver lugar na sexta-feira, ou a publicação com efeito de intimação for feita nesse dia, o **prazo** judicial terá início na segunda-feira imediata, salvo se não houver expediente, caso em que começará no primeiro dia útil que se seguir.

houvesse expediente forense, após o término de dias feriados. A CLT foi mais longe que a previsão do legislador civil e já incluiu na previsão o sábado, que, mesmo sendo dia útil, sabe-se que nele não há expediente forense, de modo que já dispôs que, recaindo o término do prazo em sábado, domingo ou feriados, o prazo somente terá vencimento no primeiro dia útil seguinte. Leia-se aqui, também, que se o prazo tiver início num destes dias, igualmente seu início fica prorrogado para o primeiro dia útil seguinte (art. 775, parágrafo único, CLT).[4]

Uma situação interessante e já pacificada no nosso processo é a questão das intimações feitas via postal, regra para comunicação dos atos processuais. O parágrafo único do art. 774 da CLT dispõe que o serventuário dos Correios, caso não encontre o destinatário, terá de proceder a devolução em Cartório no prazo de 48 horas. Por vezes se torna difícil o cumprimento deste prazo. Assim, o TST publicou a Súmula nº 16,[5] presumindo, *juris tantum,*[6] que a notificação enviada seria recebida pelo destinatário no prazo de 48 horas a contar da sua postagem.

Os **prazos peremptórios** não são suscetíveis de negociação nem podem ser dispostos pelo juiz, que somente poderá prorrogá-los em comarcas de transporte difícil, bem como em situações em que ocorram eventos extraordinários às partes (art. 182, CPC), *v.g.*, se o fórum for incendiado, se houver uma enchente ou acontecimento imprevisto que force o fechamento do prédio do fórum.

É possível, ainda, que as partes acordem sobre **prazos dilatórios** como, por exemplo, ocorre nos pedidos de suspensão do procedimento (art. 265, CPC) em que as partes podem suspender a instância por prazo de até seis meses.

Se, porventura, a lei determinar o cumprimento de alguma providência, mas não estipular prazo algum ou se impuser ao juiz o dever de fixá-lo, incumbirá a este fazê-lo, atendendo as circunstâncias daquilo que precisará ser cumprido. Chama-se, assim, **prazo judicial**, porque fixado a critério do juiz[7]. Caso o juiz não especifique o prazo e, tampouco, a lei o preveja, o ato deverá ser praticado no **prazo de cinco dias** (art. 185, CPC).

4 Súmula nº 1, TST: Quando a intimação tiver lugar na sexta-feira, ou a publicação com efeito de intimação for feita nesse dia, o prazo judicial será contado da segunda-feira imediata, inclusive, salvo se não houver expediente, caso em que fluirá no dia útil que se seguir.

5 Presume-se recebida a notificação 48 (quarenta e oito) horas depois de sua postagem. O seu não-recebimento ou a entrega após o decurso desse prazo constitui ônus de prova do destinatário.

6 Admite-se que o destinatário prove que não a recebeu neste prazo.

7 Assim ocorre nos casos de regularização da representação processual em caso de morte da parte (art. 265, I, e § 1º, CPC); nos casos em que o juiz verificar a irregularidade de representação ou incapacidade processual da parte, deverá conceder-lhe prazo razoável para cumprir a providência de sanar o vício (art. 13, CPC).

O vencimento do prazo deverá ser certificado nos autos, mas caso não o seja, ocorrerá mera irregularidade, havendo seu vencimento de qualquer forma e independentemente de declaração judicial, só podendo ocorrer a devolução do prazo para a prática do ato, caso a parte comprove que houve justa causa para não praticá-lo da forma prevista na lei (art. 183, CPC).[8] Igualmente o prazo será prorrogado se, porventura, houver o fechamento do fórum antes do horário previsto para seu encerramento normal (art. 184, § 1º, CPC).

O legislador dispõe de prazos para as partes, o juiz e os serventuários. Assim, por exemplo, entre outros prazos, o CPC e CLT prevêem:

Serventuário	48 horas para remeter a cópia da inicial ao réu (art. 841, CLT)
	48 horas para juntada do termo de audiência (art. 851,§ 2º, CLT)
	9 dias para o oficial de Justiça cumprir diligências (art. 721, § 2º, CLT)
	10 dias para designar audiência em dissídio coletivo (art. 860, CLT)
	24 horas para remeter os autos à conclusão (art. 190, CPC)
	48 horas para cumprir as determinações judiciais (art. 190, CPC)

Juiz	2 dias para despachos (art. 189, CPC)
	10 dias para decisões (art. 189, CPC)
	No ato da audiência de julgamento para proferir o julgamento ou, havendo motivo relevante, poderá suspender a sessão, redesignando para o prazo máximo de 10 dias (art. 844, parágrafo único, CLT c/c., art. 189, CPC).

Partes	defesa – no ato da audiência em processo de conhecimento (art. 847, CLT)
	10 minutos para razões finais, após o encerramento da instrução (art. 850, CLT)
	8 dias para recurso ordinário (art. 895, CLT)
	5 dias para embargos de declaração (art. 897-A)

O **lugar** em que os atos serão praticados, em regra, será o recinto do fórum, mas poderão ocorrer em outro local, caso seja necessário (art. 176, CPC). É o que se dá, por exemplo, nos casos do art. 411, CPC, em que as pessoas ali mencionadas serão ouvidas em sua residência ou no local onde exerçam sua função.

8 Por exemplo, o réu, a caminho do fórum, sofre um infarto e tem de ser socorrido imediatamente, deixando de comparecer à audiência.

Capítulo 11

Atos processuais – Parte III: Forma de comunicação dos atos processuais

A ordem para a prática de algum ato ou para a realização de uma providência deve ser comunicada ao seu destinatário. A CLT não regula com a necessária precisão a forma como tais comunicações vão se dar e, inclusive, não diferencia a nomenclatura da forma do ato que se realizará, reservando o termo notificação para toda a forma de comunicação de ato, inclusive para aquele que se destina à comunicação ao réu de quem há uma ação que corre em face de si e para a qual deverá se defender (art. 841, CLT). Gligio & Corrêa explicam que isso se deve ao desejo incontido do legislador em ressaltar a independência de autonomia do processo do trabalho em relação ao processo comum, não olvidando de tecer severa crítica a tal conduta legislativa, pois não seria isso que marcaria a autonomia do processo do trabalho, mas sim "a adoção de princípios próprios e inovadores. Seria preferível manter a denominação anterior, sedimentada pelo uso, de citação, que não perde seu caráter pelo fato de ter simplificada a forma externa de comunicação: os objetivos e os efeitos são os mesmos, quer a citação seja feita por oficial de Justiça, que por comunicação postal" (2006, p. 189).

Observe-se que a originária simplicidade imposta pelo legislador trabalhista foi aproveitada pelo legislador do processo comum que, analisando todos os benefícios da forma simplificada, não teve dúvidas em inserir em 1993 pela Lei nº 8.710 a regra da realização pela citação via postal, regulando as situações em que, sabiamente, ela não poderia ser assim realizada e mantendo todas as regras especiais quanto à forma de se realizar os atos de citação e intimação.

Diante disso, tecnicamente entendemos por manter o termo **citação** para o chamado inicial do réu a fim de completar a relação processual provocada pelo autor (art. 213, CPC); e, **intimação**, a comunicação do réu ou de terceiros para que cumpram alguma providência no processo já em andamento (art. 234, CPC). **Notificação**, frise-se, é a terminologia utilizada pelo legislador trabalhista e que se refere a uma ou outra forma de comunicação.

11.1. DAS CARTAS

Carta é a forma como se procede a comunicação de algum ato processual, seja uma citação, intimação ou pedido de providência, nas vezes em que o destinatário da mensagem ou a providência tenha que se cumprida em território fora da jurisdição da autoridade que expede a ordem. Há três tipos de cartas: **(a) a precatória**, expedida dentro do próprio território nacional; **(b) rogatória**, expedida para localidades fora do território nacional; e **(c) de ordem**, expedidas de um juiz de grau superior para outro de grau inferior. Cumpre observar que, em se tratando de carta de ordem, não há a necesidade de a providência ter de ser cumprida em jurisidições diferenciadas, sendo o seu requisito a diferença de graus entre as autoridades requerente e requerida.

Para a expedição de uma carta, a autoridade responsável pela emissão deverá enviar junto com ela tudo aquilo que for necessário para cumprir a providência e esclarecer à autoridade encarregada do cumprimento (destinatária), qual especificamente o tipo de providência que deseja ver cumprida. O pedido e os documentos necessários serão autuados em capa própria e remetidos. A carta ainda deverá conter (art. 202, CPC): (a) a indicação dos juízes de origem e de cumprimento do ato; (b) o inteiro teor da petição, do despacho judicial e do instrumento do mandato conferido ao advogado; (c) a menção do ato processual, que lhe constitui o objeto; (d) o encerramento com a assinatura do juiz.

Havendo urgência no cumprimento da medida, a ordem poderá ser transmitida por telefone, telegrama, radiograma ou qualquer outro meio eletrônico adotado pelo respectivo Tribunal[1] (arts. 205 a 208, do CPC). Atente-se para a alteração do art. 202, § 3º, do CPC, provocado pela Lei nº 11.419/2006, que prevê ser possível, na forma da lei, expedir todos os tipos de cartas por meio eletrônico, na forma que vier a ser regulado na lei que tratar desta matéria. O dispositivo, portanto, não é auto-aplicável.

A carta rogatória deve apresentar os requisitos já mencionados além daqueles que forem necessários e exigidos pelo país e instrumentos internacionais de cooperação[2].

1 Lei nº 11.419/2006 somada a prática já existente em diversos Tribunais, todos idoneamente informatizados.

2 De acordo com o Ministério da Justiça, deverá ser observado o seguinte trâmite e regras sobre as cartas rogatórias (http://www.mj.gov.br/drci/default.asp). **Cartas Rogatórias:Considerações:** Compete ao Superior Tribunal de Justiça (STJ) – art. 105, inciso I, alínea *i*, da CRFB/88 – a concessão das cartas rogatórias do exequátur, isto é, do despacho que ordena a exeqüibilidade, no Brasil, de diligência judicial oriunda do estrangeiro.

As cartas têm caráter itinerente. Isso quer dizer que, se uma autoridade a recebe e dela infere não ser sua a competência para cumprimento, deve fazer a remessa àquele que for competente (art. 204, CPC). Isso se dá para que se possa

Cabe aos juízes federais a competência para processar e julgar, em 1ª instância, a execução de carta rogatória, após a concessão de exequatur pelo STJ (art. 109, inciso X, da CRFB/88).

Dispõem sobre carta rogatória e homologação de sentença estrangeira os seguintes dispositivos legais:

Constituição da República Federativa do Brasil – Arts. 13; 105, inciso I, alínea *i* e 109, inciso X.

Lei de Introdução ao Código Civil Brasileiro – Decreto-lei nº 4.657, de 4 de setembro de 1942 – Arts. 12, §§ 1º e 2º, 13, 14, 15, alíneas *a* a *e*, parágrafo único, l6 e 17.

Código de Processo Civil – Lei nº 5.869, de 11 de janeiro de 1973 – Arts. 151, incisos I e II, 152, incisos I a III, 153, 156, 157, 200, 201, 202, incisos I a IV, §§ 1º e 2º, 203, 210, 211, 212, 483, 484 e 584, inciso IV.

Código de Processo Penal – Decreto-lei nº 3.689, de 3 de outubro de 1941 – Arts. 780, 781, 782, 783, 784, §§ 1º ao 4º, 785, 786, 787, 788, incisos I a V, 789, §§ 1º ao 7º, e 790.

Lei sobre Ações de Alimentos – Lei nº 5.478, de 25 de julho de 1968 – Arts. 1º, §§ 1º ao 4º, e 26, parágrafo único.

Estatuto da Criança e do Adolescente – Lei nº 8.069, de 13 de julho de 1990 – Arts. 98, incisos I a III, 141, §§ 1º e 2º, 148, incisos I a VII, parágrafo único, alíneas *a* a *h*, e 209.

Regulamento para Ofício de Tradutor Público e Intérprete Comercial – Decreto nº 13.609, de 21 de outubro de 1943, alterado pelo Decreto nº 20.256, de 20 de dezembro de 1945 – Art. 18.

Portaria nº 26, de 14 de agosto de 1990, do Departamento Consular e Jurídico do Ministério das Relações Exteriores e da então Secretaria Nacional dos Direitos da Cidadania e Justiça, atual Secretaria Nacional de Justiça, do Ministério da Justiça, publicada no *Diário Oficial* da União de 16 de agosto de 1990.

Tramitação de carta rogatória no Ministério da Justiça

Carta rogatória ativa:

A carta rogatória proveniente de autoridade do Poder Judiciário será remetida, por via postal, ou entregue ao DRCI pelo juiz competente ou pelo interessado (parte, advogado, procurador). Após o recebimento da carta rogatória pelo DRCI, são tomadas as providências referentes à abertura do respectivo processo.

O DRCI, ao receber a carta rogatória, analisará se esta preenche os requisitos legais. Caso não os preencha, será devolvida, mediante ofício, ao juízo rogante, com a solicitação de que a medida seja devidamente instruída. Esta diligência poderá ser repetida, até que sejam atendidas as formalidades indispensáveis ao cumprimento da carta rogatória no país destinatário.

Caso a carta rogatória esteja instruída adequadamente, o DRCI a encaminhará, por via postal, à autoridade central do Juízo rogado, na hipótese de existir acordo internacional, ou à Divisão Jurídica do Departamento Consular e Jurídico do Ministério das Relações Exteriores, para que a transmita, por via diplomática, ao país destinatário.

O DRCI aguardará o retorno da carta rogatória, cumprida ou não, que provém da autoridade central ou do Ministério das Relações Exteriores (Divisão Jurídica do Departamento Consular e Jurídico). Em qualquer hipótese, restitui-se o processo, por ofício, ao juiz rogante.

Carta rogatória passiva:

As cartas rogatórias oriundas das Justiças estrangeiras são recebidas por via diplomática, no Ministério das Relações Exteriores, que as transmite diretamente ao presidente do STJ, para a concessão do exequatur. Os atos judiciais encaminhados pelas autoridades centrais dos países de origem às autoridades centrais do Brasil também são enviados ao exequatur da Suprema Corte.

Documentos essenciais ao cumprimento da carta rogatória:

economizar processualmente, pois a devolução ao Juízo de origem para que, em seguida, ordene a nova remessa, causa prejuízos ao andamento do processo e aumento de custas e despesas para o cumprimento do ato.

O juiz destinatário não poderá recusar o cumprimento da carta, salvo se (art. 209, CPC): (a) não estiver revestida dos requisitos legais; (b) carecer de competência em razão da matéria ou da hierarquia; (c) tiver dúvida acerca de sua autenticidade.

O prazo será fixado pela autoridade remetente, devendo o destinatário cumpri-lo. Observe que não se trata de ordem dirigida de um juiz para outro, mas sim de ato de cooperação judicial.

Os documentos indispensáveis, de modo geral, ao cumprimento das cartas rogatórias nos Juízos rogados são os seguintes:

I – Nas ações cíveis

a) Original e uma cópia em português: da carta rogatória, da petição inicial, dos documentos instrutórios, do despacho judicial, do instrumento do mandato conferido ao advogado e de outras peças consideradas indispensáveis pelo Juízo rogante, conforme a natureza da ação.

b) Original e uma cópia da tradução: da carta rogatória, da petição inicial, dos documentos instrutórios, do despacho judicial, do instrumento do mandato conferido ao advogado e de outras peças consideradas indispensáveis pelo Juízo rogante, conforme a natureza da ação.

II – Nas ações penais

a) Original e uma cópia em português: da carta rogatória, da denúncia, dos documentos instrutórios, do despacho judicial, do instrumento do mandato conferido ao advogado e de outras peças consideradas indispensáveis pelo Juízo rogante, conforme a natureza da ação.

b) Original e uma cópia da tradução: da carta rogatória, da denúncia, dos documentos instrutórios, do despacho judicial, do instrumento do mandato conferido ao advogado e de outras peças consideradas indispensáveis pelo Juízo rogante, conforme a natureza da ação.

Tradução

A legislação brasileira determina que os documentos redigidos em língua estrangeira só podem ser juntados aos autos se acompanhados de versão, para a língua portuguesa, firmada por tradutor juramentado (arts. 151, incisos I e II, 156 e 157, do Código de Processo Civil e art. 784, § 1º, do Código de Processo Penal). A versão oficial para a língua estrangeira é também exigida para os atos judiciais dirigidos ao exterior.

Requisitos essenciais da carta rogatória

I – A indicação dos Juízos de origem e de cumprimento do ato.

II – O inteiro teor da petição inicial e de seus documentos instrutórios, do despacho judicial e do instrumento do mandato conferido ao advogado.

III – A menção do ato processual, que lhe constitui o objeto.

IV – O encerramento com a assinatura do juiz.

Observações:

O juiz mandará tirar cópias reprográficas de quaisquer outras peças e instruir a carta com mapa, desenho ou gráfico, sempre que estes documentos devam ser examinados, na diligência, pelas partes, pelos peritos ou pelas testemunhas.

Quando o objeto da carta for exame pericial sobre documento, este será remetido em original, e a cópia reprográfica ficará nos autos.

O juiz deverá declarar, na carta, o prazo dentro do qual ela deverá ser cumprida.

A expedição de qualquer carta **não suspenderá** o andamento do processo, salvo se o juiz expedidor entender pela impossibilidade da continuação da marcha processual sem o cumprimento da providência (art. 338, CPC)

11.2. INTIMAÇÕES E CITAÇÕES

Em regral, as citações serão realizadas via carta registrada e as intimações por intermédio do *Diário Oficial*, caso a parte tenha advogado constituído nos autos, ou mediante carta registrada, se estiver atuando em causa própria.

Para que o processo tenha validade faz-se imprescindível a citação do réu, ato que lhe dará a oportunidade de exercer o direito de defesa[3].

A citação produz os **efeitos** descritos no art. 219 do CPC que deverão ser adaptados ao rito trabalhista em que se dispensa o ato do autor promover a citação. Uma vez proposta a ação, incumbe ao juízo providenciar o chamado do réu, independentemente de pedido do autor. Portanto, proposta a ação, a **prescrição** é automaticamente interrompida. Isso quer dizer que, se extinto o processo sem julgamento de mérito por uma das causas que autorizam a sua repropositura, o autor terá devolvido integralmente o prazo de que dispunha para, se quiser novamente, ingressar com a mesma ação. Por exemplo, se o autor, empregado, foi despedido em 1/5/2005 e ingressa com a ação em 1/5/2006; o processo é extinto sem julgamento de mérito (falta de regularização da representação processual) em 2/7/2006; o autor não recorre. Terá dois anos para repropor a ação contados a partir de 1/5/2006 (art. 219, § 1º, CPC). Observe, contudo, que somente poderá renovar a ação uma única vez em razão da limitação imposta pelo art. 202 do CC. Este efeito produzido pela citação é de natureza material. A prescrição da ação poderá ser reconhecida de ofício pelo juiz. Já sustentávamos tal posição Nahas e Ferrary, 2000, p. 1.384-87 antes mesmo da alteração introduzida na Lei Processual Civil (art. 219, § 5º). Isso porque o art. 7º, XXIX, da CF quando trata da matéria impõe a aplicação de uma norma auto-aplicável, ou seja, é dever do juiz conhecer de ofício as matérias que estão elencadas como direito social, pois a ordem de se respeitar tais direitos é dirigida principalmente ao Estado.

A **mora**, outro efeito de natureza material, regulada nos arts. 394 a 401 do CC indica que o réu, a partir do momento em que a ação é proposta, respon-

3 Quanto à regulamentação trazida pelo art. 285-A, CPC, já nos referimos em outras passagens desta obra. Não fere o direito a ampla defesa ante os requisitos para que a sentença seja proferida.

derá pelos juros que incidirão sobre o crédito que for reconhecido em sentença em razão de sua inércia em honrar com a obrigação no prazo e momento devidos.

São efeitos **processuais** causados pela propositura da ação trabalhista[4]: (a) a prevenção do Juízo, ou seja, salvo as exceções legais, a instância se estabiliza e o juiz que recebe o processo será competente para todas as ações que com ele forem conexas; (b) ainda que o Juízo que realiza a citação seja incompetente, será válida; (c) torna litigiosa a coisa, ou seja, sobre aquela questão estabelece-se a lide; (d) induz litispendência, isto é, não se poderá mais repetir ação idêntica, pois a partir da propositura da ação todos os seus elementos se fixam e a identificam como única ação que não poderá ser reproposta.

As **citações** e **intimações** poderão ser realizadas: (a) pelo correio; (b) por oficial de Justiça; (c) por edital. A única forma de citação e intimação real é aquela realizada por oficial de Justiça na pessoa da parte. As demais formas são presunções de que a parte destinatária as recebeu, incumbindo, caso haja algum vício na sua concretização, que a parte alegue e prove tal vício.

A regra geral é que se proceda as citações via correio. Não se fará desta forma (art. 222, CPC): a) quando for o réu pessoa incapaz; b) quando for o réu pessoa de direito público; c) nos processos de execução; d) quando o réu residir em local não atendido pela entrega domiciliar de correspondência; e) quando o autor a requerer de outra forma. Somente se admite o requerimento do autor para que se promova a citação por outra forma, caso haja justificativa relevante para tanto, mas isso não é uma regra na CLT.

Dispõe o art. 841, § 1º, da CLT que se o réu criar embaraços ao recebimento da citação feita por correio ou não for encontrado proceder-se-á a citação por edital, inserto no jornal oficial ou no que publicar o expediente forense. A citação por edital deve ser vista como uma exceção e não simplesmente ser procedida em seguida à devolução, certificando que houve frustração naquela expedida por correio. Tem-se determinado, assim, que não realizada a citação por correio, que seja feita por oficial de Justiça, deixando a opção da citação por edital para casos excepcionais ou nas ocasiões em que o réu cria, evidentemente, embaraços para que seja realizada.

---

4 Já estamos fazendo aqui a adaptação da regra do art. 219 ao processo do trabalho. Todos os efeitos que estão elencados neste dispositivo se produzem aqui a partir da propositura da ação e não da citação válida, regra que serve ao processo civil em que o ato citatório é da parte autora e não do Juízo como ocorre no trabalhista.

A citação **por oficial de Justiça** faz-se através da expedição de mandado, cujos requisitos estão previstos no art. 225 do CPC[5]. O autor deverá apresentar tantas contrafés[6] quantos forem os réus, para que esta cópia possa acompanhar o mandado citatório.

Caso o oficial de Justiça procure o réu por três vezes e não o encontre ou suspeite que o mesmo está se ocultando para evitar a citação, poderá realizá-la **com hora certa** (art. 227, CPC). Deixará avisado com uma pessoa do local onde deva proceder a citação (residência, escritório ou qualquer que tenha sido o local indicado para cumprimento da diligência) que retornará no dia e hora que designar para cumprir a diligência. É importante que esse aviso seja feito em pessoa que detenha capacidade absoluta para receber o ato. Na data e horário designados, retornará e procederá a citação ou na pessoa do réu, se ele estiver, ou na de alguém que tenha capacidade para recebê-la, entregando a contrafé de que é portador e dando-se o réu por citado. De tudo que o oficial de Justiça fizer, terá de certificar em documento próprio para, depois, devolver ao processo.

A **citação por edital** será procedida: (a) quando desconhecido ou incerto o réu; (b) quando ignorado, incerto ou inacessível o lugar em que se encontrar; (c) ou nos demais casos em que a lei prever a necessidade de se proceder a citação por esta via. Os requisitos do edital estão descritos no art. 232, CPC, sendo que a primeira publicação será pelo prazo de 15 dias e a segunda, se houver, de 20 a 60 dias, conforme determinar o juiz da causa.

O réu deverá ser citado onde quer que se encontre (art. 216, CPC). Se o réu for militar, será citado na unidade em que estiver servindo, caso não seja encontrado em sua residência ou não se conheça seu endereço (parágrafo único, art. 216, CPC). Não se procederá a citação do réu que esteja numa das seguintes situações, a não ser que absolutamente necessário para se evitar o perecimento do direito (art. 217, CPC): (a) a quem estiver assistindo a qualquer ato de culto religioso; (b) ao cônjuge ou a qualquer parente do morto, consangüíneo ou afim, em linha reta, ou na linha colateral em segundo grau, no dia do falecimento e nos 7 (sete)

5 I – os nomes do autor e do réu, bem como os respectivos domicílios ou residências; II – o fim da citação, com todas as especificações constantes da petição inicial, bem como a advertência a que se refere o art. 285, segunda parte, se o litígio versar sobre direitos disponíveis; III – a cominação, se houver; IV – o dia, hora e lugar do comparecimento; V – a cópia do despacho; VI – o prazo para defesa; VII – a assinatura do escrivão e a declaração de que o subscreve por ordem do juiz. Parágrafo único. O mandado poderá ser em breve relatório, quando o autor entregar em cartório, com a petição inicial, tantas cópias desta quantos forem os réus; caso em que as cópias, depois de conferidas com o original, farão parte integrante do mandado.

6 Quer dizer, cópia da petição inicial.

dias seguintes; (c) aos noivos, nos 3 (três) primeiros dias de bodas; (d) aos doentes, enquanto grave o seu estado.

É possível que, no ato da citação, o oficial de Justiça constate que o réu apresenta algum tipo de demência ou está impossibilitado de recebê-la. Nesta hipótese, o oficial de Justiça descreverá a ocorrênca e o juiz nomeará um médico para que examine o réu, o qual deverá apresentar o laudo em cinco dias. Observe que, enquanto esse incidente não for resolvido, o processo estará suspenso, pois não se pode proceder a citação. Se se concluir pela incapacidade, o juiz nomeará curador, que somente exercerá a curadoria no processo em que for designado, e terá por função receber a citação. Entendemos pela competência do juiz do Trabalho para tal ato, pois trata-se de medida incidental, sem nenhum prejuízo a qualquer das partes. Some-se a isso, ainda, que deverá atuar como *custus legis*, nestes casos, o Ministério Público, pois em se tratando de interesses de incapazes, temos que sua presença é fundamental no andamento processual.

Dissemos que a citação é imprescindível para a validade do processo e deve ser dirigida diretamente ao réu, mas duas situações podem ocorrer: (a) o réu tem conhecimento do processo e comparece espontaneamente para tomar ciência – ocasião em que, a partir deste momento será considerado citado (art. 214, § 1º, CPC); (b) o réu comparece e alega a nulidade da citação e, se o juiz entender pela procedência de tal alegação e acolher o pedido, na mesma decisão considerará o réu citado (art. 214, § 2º, CPC).

A citação poderá ser realizada na pessoa do representante legal ou ao procurador legalmente autorizado pelo réu para recebê-la, e, estando o réu ausente, poderá ser feita na pessoa de seu mandatário, administrador, feitor ou gerente, quando a ação se originar de atos por eles praticados (art. 215, CPC). Na grande maioria das ações trabalhistas, a ação é proposta pelo empregado, pessoa física, em face de o empregador, em geral pessoa jurídica, e realizada via correio, entregando o sr. carteiro a correspondência para a pessoa que se encontra na portaria e que faz a entrega ao responsável. Não se pode, indistintamente, dizer que tal forma é nula, ainda mais se se tratar de grandes centros em que há muitas empresas que funcionam em condomínios comerciais com portaria que têm atribuições de receber a correspondência dos proprietários e inquilinos que lá mantêm seus negócios. O ônus de se demonstrar eventual nulidade da citação continua sendo do destinatário do ato.

As **intimações** à parte são realizadas, em regra, via *Diário Oficial*, pois a maioria daqueles que reclamam na Justiça do Trabalho possuem advogado constituído, salvo se se tratar de intimação ao Ministério Público, a qual deverá ser feita pessoalmente, estando ele na condição de parte ou *custus legis* (art. 236, § 2º, CPC). Constatando-se que a parte não esteja representada por advogado, será necessário que se proceda à sua intimação via correio.

Caso o advogado ou a parte compareça espontaneamente em cartório, o serventuário poderá certificar nos autos que está ciente do ato, dispensando-se, assim, o envio da intimação (art. 238, CPC).[7]

Cumpre nos referir a uma importante regra que foi trazida pela Lei nº 11.382/2006 e que inseriu no art. 238 do CPC o parágrafo único. Trata-se da presunção de recebimento das comunicações e intimações que forem dirigidas ao endereço residencial ou profissional declinado na inicial, contestação ou embargos. Se a parte não atualizar seu endereço, não poderá requerer a nulidade de qualquer ato, pois é seu dever comunicar e atualizar o respectivo endereço sempre que houver modificação temporária ou definitiva. Não se olvide que a argüição de nulidade não aproveita aquele que a provocou.

As intimações podem ainda ser realizadas via correio, edital e oficial de Justiça, subordinando-se as mesmas normas ditas quanto à realização das citações, frisando-se que não servem somente à comunicação de atos processuais às partes, mas sim a outras pessoas que são chamadas a colaborar com o processo, como, por exemplo, o perito.

O CPC regulou que o início dos prazos no processo será contado a partir da data em que houve a juntada da intimação ou da citação ao processo (art. 241, CPC). Tal norma não deve ser aplicada no processo do trabalho, pois os prazos para a prática de atos iniciam-se a partir do momento em que as partes são notificadas ou, se por correspondência, a partir de 48 horas após a postagem (Súmula nº 16, TST e art. 774, CLT).

Por fim, frise-se, a recente alteração trazida pela Lei nº 11.419/2006 que permite se realizem por meio eletrônico a citação e a intimação, o que certamente causará economia e celeridade sem precedentes ao tempo do processo. Todavia, conforme se depreende da nova redação dos arts. 221, IV, e 237, parágrafo único, CPC, tais dispositivos dependem de regulamentação em lei posterior, não sendo auto-aplicáveis. Caso se realize pela via digital alguma comunicação de ato processual e a parte atenda e responda, será válido em razão da aplicação do princípio da instrumentalidade das formas.

7 Deve ser observado que, se a parte constituiu advogado, mesmo que ela compareça em cartório e o serventuário certifique isso nos autos, mesmo assim necessário se faz enviar a intimação ao patrono constituído, pois, como já dissemos, quando há advogado constituído, *o juiz postulandi* é dele e não da parte.

Capítulo 12
Nulidades processuais

O legislador não conceitua o que entende por nulidade e, tampouco, a nulidade de um ato irá implicar a invalidação de tudo aquilo que foi processado. Não se confundem, ainda, os vícios dos atos jurídicos de direito material com aqueles de direito processual. No processo, a intenção é poder aproveitar tudo aquilo que for possível do ato, a fim de que o processo possa subsistir. Daí as **invalidades** na legislação processual ter um tratamento diferenciado, podendo relacionar-se à forma ou ao fundo. Quando respeitantes ao fundo, relacionar-se ao processo em si como instrumento ou às condições da ação. As nulidades inerentes à forma concernem ao modo de realização do ato processual e, por isso, podem ser absolutas ou relativas. Aquelas vêm previstas em lei, e as relativas, em geral, não vêm expressas em lei; e para invalidar o ato devem ser argüidas na primeira oportunidade que a parte tiver para falar nos autos, sob pena de convalidarem. São **inexistentes** os atos que, praticados, não ingressam no mundo jurídico por lhes faltar requisito que a lei considera indispensável para que tenha vida. Dinamarco assim exemplifica como atos inexistentes:

> a) quando não está ligado à vontade de seu aparente autor (falta de assinatura); b) quando o agente não tem condições mínimas, perante o direito, para realizar o ato; c) quando o ato não contém conclusão alguma (petição inicial sem pedido, sentença sem dispositivo); d) quando dita um resultado materialmente impossível; e) quando o resultado citado afronta normas superiores de proteção do Estado ou do ser humano (2001, p. 584, vol. II).

Os atos irregulares merecem o mesmo tratamento do concernente às nulidades relativas, causando um mal de tamanho menor ao processo, tanto que podem ser corrigidos sem grandes prejuízos ao processo, mas deve ser corrigida, posto que, não se coaduna com o procedimento e o processo, a prática de atos desta ordem.[1]

1 Ex., numeração errônea de folhas do processo.

Quando se fala em nulidade convém se ter em mente que se trata de um defeito na prática, ou omissão de um ato, do juiz ou dos auxiliares de Justiça, pois as partes não praticam atos nulos ou anuláveis, reservando a lei para eles, quanto aos atos e omissões viciados que provocarem ou causarem, institutos como o da inépcia, preclusão e contumácia.

No processo, diferente do que ocorre no direito material, atos **nulos** e **anuláveis** estão sujeitos a um reconhecimento judicial que os invalide ou tenham chance de neutralizar os efeitos que possam causar, tanto que o art. 794 da CLT prevê que haverá necessidade de declaração judicial que reconhece a invalidade do respectivo ato, o que faz com que tal declaração seja imprescindível à invalidação, reconhecendo que da forma como foi praticado o ato não atingiu os efeitos que normalmente produziria. Daí, tanto para atos nulos, anuláveis e inexistentes, diz-se que estão sujeitos à **anulação do ato**.

Os atos viciados podem implicar uma **nulidade cominada**, ou seja, prevista na lei como tal; ou **não cominadas**, isto é, a lei não diz que serão anuladas, mas decorre do sistema a necessidade de se proceder a anulação.

O **princípio processual base é o da instrumentalidade das formas** (arts. 244 e 249, CPC), em que somente se declara a nulidade de um ato realizado em contrário à forma prevista na lei, caso ele não tenha atingido sua finalidade. Em geral, o **princípio da forma é livre** mas, mesmo na forma livre, o que se pretende é atingir a finalidade que é a regularidade do procedimento em caminho a uma sentença de mérito, resolvendo a lide entre os litigantes.

A declaração de nulidade de um ato pode ter um **efeito expansivo (princípio da causalidade – art. 248, CPC e art. 797 e 798, CLT)**, uma vez que a declaração de nulidade poderá contaminar todos os outros que se seguirem. Todavia, cabe ao bom senso do juiz separar aquilo que for possível aproveitar, para conservação dos atos praticados (art. 249, CPC). Somente o que não se puder salvar é que estará fadado ao não aproveitamento. Isso se dá porque, conforme já dissemos, os atos processuais são interligados e a realização de um ato provoca o nascimento de outro, e assim sucessivamente. Logo, o juiz poderá **confinar** os atos que não sejam viciados a fim de não comprometer todo o procedimento, ocorrendo uma **nulidade parcial**, determinando, por exemplo, a repetição do ato ou a realização de um outro capaz de provocar a correção no procedimento (art. 249 e §§ CPC).

Por fim, diz-se que o ato da parte é **ineficaz** quando lhe faltar a tríplice exigência formal de existência do ato, ou seja: (a) se elaborado de modo diferente do exigido (ex.: petição inepta); (b) se realizado em lugar inadequado (ex.: a parte protocoliza de má-fé a petição em lugar diverso do que deveria fazê-lo); ou (c) se realizado intempestivamente (recurso intempestivo) (Dinamarco, 2001, p. 586).

Não se decretará a nulidade de um ato processual se a parte que o praticou foi quem deu causa ao vício. Igualmente, não se admitirá que repita o ato, pois falta-lhe **interesse jurídico** para ver a sua convalidação (art. 796, *b*, CLT). Isso não ocorrerá nos casos em que a nulidade for absoluta, pois aqui a matéria é de ordem pública e, mesmo que a parte tenha dado causa ao ato, é dever funcional do juiz mandar corrigi-lo. Isso não impede a sua condenação em eventual penalidade por litigância de má-fé, mas não autoriza que o processo caminhe de forma viciada[2].

O que se pretende é realizar atos com a maior economia processual possível e, por isso, tudo que puder ser realizado de modo mais econômico será bem aceito no curso processual (**princípio da economia processual**).

O art. 795 da CLT cuida da nulidade absoluta e relativa e, não obstante referir-se no § 1º à nulidade absoluta por incompetência do Juízo, é certo que não se deve considerar esta a única situação em que pode se dar tal nulidade. Em geral a nulidade absoluta ocorrerá todas as vezes em que houver irregularidade na formação da relação processual, isto é, constatando-se a ausência de pressupostos processuais, sejam de ordem objetiva ou subjetiva.

Sendo relativa a nulidade, a parte deverá argüi-la na primeira oportunidade que tiver para falar nos autos. É evidente que, se o momento processual que se encontra o feito não for o de vista à parte, ela não precisa provocar a argüição, pois isso pode causar tumulto processual e, até, acabar lhe prejudicando. É o que já se disse com relação à figura do protesto. Em geral, no processo de conhecimento, o momento de o autor falar nos autos, em instante anterior à sentença, é a inicial e as razões finais, se existir; e, para o réu, defesa e razões finais, se houver. A outra oportunidade é, tão-somente, o recurso, devendo fazê-lo, desde logo, em embargos de declaração, ante o seu interesse no prequestionamento da matéria.

O sistema das nulidades processuais, às vezes, pode parecer à primeira vista que desafia a lógica jurídica. Isso porque, mesmo os atos nulos absolutamente poderão convalecer ante a inércia da parte em alegá-los ou do Judiciário em reconhecê-los de ofício, o que poderá ocorrer, não necesariamente por fato doloso mas, simplesmente, por uma questão de entendimento, o que acabará por re-

---

2 Imagine, por exemplo, que o autor informe de forma dolosa o endereço errado do réu, justamente para provocar a nulidade da citação. Neste caso, ainda que tenha sido ele o provocador da nulidade do ato, a relação processual não se forma validamente.

dundar no trânsito em julgado regular da decisão proferida. O STF entende que mesmo a nulidade absoluta convalidará no processo, caso não tenha a parte prequestionado a matéria, não admitindo recurso extraordinário caso não argüida pela parte a nulidade em embargos de declaração.[3]

Caso a nulidade absoluta não seja argüida ou declarada, a decisão que transita em julgado poderá ser atacável mediante ação rescisória, e, após este prazo, a necessidade de se conferir ao jurisdicionado segurança nas relações jurídicas e nas decisões judiciais impede, ao menos em princípio, que se reabra sobre ela qualquer discussão.[4]

Podemos retratar as diferenças entre as nulidades relativas[5] e as absolutas no seguinte quadro:

3 Súmula nº 356: O ponto omisso da decisão, sobre o qual não foram opostos embargos declaratórios, não pode ser objeto de recurso extraordinário, por faltar o requisito do prequestionamento.
Súmula nº 282: É inadmissível o recurso extraordinário, quando não ventilada, na decisão recorrida, a questão federal suscitada.

4 A matéria é polêmica, pois há entendimento que admite o cabimento de ação anulatória. Sobre o tema, *ver*, Yone Frediani, no volume II desta obra.

5 Embargos de Declaração: descabimento: pretensão à rediscussão de questões já decididas no acórdão embargado no sentido de que a alegada nulidade do processo por crime falimentar, por supressão da fase do art. 106 da antiga Lei de Falências, é relativa, e, no caso, ficou sanada por falta de protesto oportuno da Defesa. A impetração de habeas corpus à instância superior não supre o ônus processual da parte de suscitar oportunamente a irregularidade perante o juiz condutor do processo principal, dado que a este não cabe declarar, de ofício, nulidade relativa. (Cf. HC 88.156 – ED, 1ª T., Pertence, 7/11/2006). (HC-ED 86586/SP – São Paulo Emb.Decl. no Habeas Corpus Relator Ministro Sepúlveda Pertence; j. 5/12/2006; órgão julgador: 1ª T.)

NULIDADE RELATIVA	NULIDADE ABSOLUTA
Geralmente não são cominadas.	São absolutas quase todas as nulidades cominadas.
Não violam a ordem pública e por isso são suscetíveis de convalidação caso não invocadas pelas partes (art. 795, CLT).	Todas resultam de infração à ordem pública, independentemente de causarem prejuízo à parte e, por isso, devem ser declaradas independentemente da provocação delas.
Há nulidades cominadas que não são absolutas.	Há nulidades não cominadas, mas absolutas.
A parte que formula o pedido de nulidade tem de ser **inocente**, ou seja, não pode ter dado causa à nulidade (art. 243, CPC, e art. 796, CLT).	Pode ser reconhecida em qualquer tempo ou grau de jurisdição e, se anteriores à sentença, devem ser prequestionadas em embargos de declaração para que possam desafiar recurso extraordinário.
A parte tem de possuir **interesse processual**, ou seja, deve demonstrar que terá um legítimo aproveitamento do ato que quer se beneficiar.	Após o trânsito em julgado todas as nulidades, absolutas e relativas, ficam neutralizadas pela *auctoritas rei judicate,* ou seja, se convalecem e só podem ser suscitadas em ação rescisória.
É possível o convalecimento do ato.	Não é possível redimir o ato nulo da ineficácia, salvo se sobre a decisão recair o manto da coisa julgada e transcorrer o prazo regular para a ação rescisória.

Capítulo 13
Suspensão do processo

Uma vez instaurada, a relação processual deve ser contínua até se atingir a sentença. Todavia, é possível que ocorram eventos que impliquem a suspensão da marcha processual, a qual somente volta a correr após cessado o evento que ocasionou aquela paralisação. O processo não está livre de sofrer incidentes que são capazes de impedir a fluição do seu curso natural. Já estudamos alguns eventos em que isso pode se verificar,[1] mas o legislador traz um capítulo específico para regular a matéria.[2]

A suspensão poderá acontecer por um motivo necessário, hipóteses trazidas nos incisos I, III, IV e V do art. 265 do CPC; ou de modo facultativo, o que se dá quando as partes entenderem por bem requerer a suspensão (art. 265, II, do CPC).

Quando ocorre algum motivo que justifique a suspensão, seja ela necessária ou voluntária, não se autoriza a prática de qualquer ato processual, salvo aqueles que forem imprescindíveis à conservação de direitos, e desde que o juiz vislumbre que, se o ato não for praticado, poderá ocorrer dano irreparável à parte (art. 286, CPC).

As situações jurídicas que autorizam a suspensão do curso natural do processo (art. 265, CPC) são as seguintes:

1) Morte ou perda da capacidade processual de qualquer das partes ou de seu representante legal; e morte ou perda da capacidade processual do procurador de qualquer das partes ➔ a morte ou perda da capacidade processual de qualquer das partes ou de seu representante legal acarreta, necessariamente, a suspensão do processo. Imprescindível, para tanto, ter-se em mente que o legislador tratou das partes como pessoas físicas, pois se a pessoa for jurídica ou formal, o sistema jurídico quanto ao seu encerramento é diverso e, dependendo da

---

1 A interposição de algumas intervenções de terceiro acarreta a suspensão temporária do procedimento, que somente volta a correr quando os atos processuais da ação e intervenção estejam no mesmo momento processual; é o que ocorre, por exemplo, com a denunciação da lide.

2 A CLT não dispõe de norma semelhante e tampouco regula o instituto.

situação, o feito pode ser suspenso ou não. Se se trata de falência ou insolvência da pessoa jurídica, o feito não se suspende, em se tratando de matéria trabalhista. O que poderá ocorrer é a suspensão do prazo prescricional para a cobrança da dívida em razão da decretação da quebra da empresa, tudo nos termos dispostos na Lei nº 11.101/2005[3] (Nahas, 2007).

Quando o legislador se refere aos casos do representante legal, aponta, logicamente, para as situações daqueles que estão sendo representados ou assistidos em razão de uma incapacidade absoluta ou relativa por qualquer das razões expostas nos arts. 3º e 4º do CC.

Tais fatos acarretam a irregularidade no pólo ativo ou passivo da ação, que precisará ser corrigido com a presença do espólio ou dos sucessores diretos no caso de morte; ou com a regularidade de representação processual, em se tratando de perda da capacidade. O que deverá ser observado é em que fase o processo se encontra. Se estiver na fase instrutória e a audiência de instrução já houver iniciado, determina-se que o juiz continue a sessão com a presença do advogado, promovendo-se a suspensão do feito a partir da publicação da sentença ou acórdão. Se a parte não estiver acompanhada por advogado, evidentemente esta regra, inerente ao processo civil, não poderá ser aplicada, pois a continuidade da audiência não se torna possível. O legislador civil previu esta regra em razão da unicidade da audiência, pois não se permite o fracionamento da sessão.[3]

O legislador não fixa um prazo para que a parte promova a regularização do pólo que sofreu a alteração, pois deverá sê-lo em tempo razoável porque, quase sempre, torna-se necessário promover a habilitação dos herdeiros e sucessores ou a abertura de inventário ou processo de interdição.[4] O juiz determinará o prazo para cumprimento da providência, considerando todas as circunstâncias da situação.

Outra situação tratada pelo legislador concerne à hipótese em que o advogado da parte morra ou perca a capacidade para prática de atos jurídicos e, por isso, necessite ser substituído por outro profissional. É evidente que esta regra somente se aplicará no processo do trabalho em situações em que a parte não estiver atuando em nome próprio no exercídio do *jus postulandi*. Aqui o legisla-

3 É evidente que, na prática, se a parte morre em sala de audiência ou perde a capacidade processual, o juiz determina a paralisação dos trabalhos para prestar o socorro e assistência devida, não sendo comum a aplicação *iptis literis* deste artigo de lei.

4 Sobre tais temas, ver o volume II desta obra, de autoria de Yone Frediani.

dor impõe, à semelhança do que ocorre na hipótese de morte ou perda da capacidade da parte ou de seu representante, a regra do início da audiência de instrução. Tratando-se do advogado, mesmo que a audiência de instrução tenha iniciado, o processo será suspenso. No processo civil, o **jus postulandi** é do advogado, ou seja, é ele quem tem a capacidade de estabelecer o diálogo jurídico com o Judiciário, e por isso houve este tratamento diferenciado (art. 265, § 2º, CPC). No processo do trabalho, entendemos que, se a parte houver optado pela representação deste profissional, não se justifica dar-lhe o tratamento diferenciado. O juiz concederá 20 dias para que a parte promova a substituição do patrono. Findo este prazo sem que a providência seja cumprida, o juiz determinará a extinção do processo sem julgamento de mérito, em se tratando do autor; ou decretará à revelia, caso se trate do réu. Observe-se que, ainda que a defesa tenha sido juntada, o juiz reconhecerá a revelia, entendendo-se que perde a validade que tinha ante a irregularidade processual que sobreveio.

Se, porventura, ocorrer a morte ou perda da capacidade processual do advogado do **terceiro interveniente**, entendemos idêntica solução trazida no art. 13, CPC, qual seja, se não se providenciar a correção do **vício superveniente** decorrente da perda da capacidade processual do terceiro – seu advogado ou seu representante –, o juiz mandará excluí-lo do processo.

Em ocorrendo a morte ou perda da capacidade processual em momento que não coincida com a realização da audiência de instrução ou qualquer outra sessão em que os presentes na sala poderão presenciar o fato da morte ou da perda da capacidade, entende-se que a suspensão se dá no exato momento em que ocorre o fato, independentemente de se ter levado a notícia ao juiz. Isso é relevante para se saber quais os atos que poderão ser atingidos por eventuais nulidades posteriores ao fato. Se, por exemplo, a parte falece antes de receber uma intimação ou citação, ainda que, presumivelmente, esta tenha chegado ao local em que o destinatário deveria estar, não se pode considerar que ele tenha recebido o aviso, simplesmente pelo fato de estar morto ou, por exemplo, apresentar uma debilidade mental superveniente.

2) Convenção ➜a convenção das partes trata-se de uma suspensão facultativa que independe, inclusive, da pormenorização de justificativas do porquê se tem interesse em suspender o andamento do feito. O legislador não exige que as partes justifiquem, mas tão-somente que estejam acordes em proceder à repectiva suspensão. O prazo não poderá exceder seis meses, ainda que seja feito por prorrogação. A limitação visa à boa administração da Justiça. O pedido poderá ser formulado por petição conjunta, e, vencido o prazo de suspensão, o juiz dará seguimento ao processo, independentemente de provocação das partes, ordenando as providências que forem necessárias para o prosseguimento do feito.[5]

3) Exceção – a interposição de qualquer das exceções *stricto sensu*, quais sejam, de impedimento, suspeição ou incompetência – relativa ou absoluta –, acarretarão a suspensão obrigatória do feito. Tais exceções, como já vimos, se inserem na defesa das partes que podem voltar-se contra juiz ou o juízo. Não se olvide que, em se tratando de argüição de incompetência relativa, somente o réu terá interesse e legitimidade para suscitá-la e, tratando-se de argüição de exceção de incompetência absoluta, impedimento ou suspeição, o interesse e a legitimidade podem ser do autor ou do réu. O legislador repetiu a necessidade de se suspender o andamento do feito, quando essas exceções forem opostas, no art. 306 do CPC, e a CLT prevê a mesma situação jurídico-processual no art. 799. Sobre o tema, remetemos o leitor à seção desta obra que trata de atos do réu e pressupostos processuais referentes à pessoa do juiz.

4) Se a sentença de mérito: a) depender do julgamento de outra causa, ou da declaração da existência ou inexistência da relação jurídica, que constitua o objeto principal de outro processo pendente; b) não puder ser proferida senão depois de verificado determinado fato, ou de produzida certa prova, requisitada a outro Juízo; c) tiver por pressuposto o julgamento de questão de Estado, requerido como declaração incidente – os casos elencados nas alíneas *a*, *b* e *c* do art. 265, IV são situações de suspensão obrigatória e referem-se, basicamente, ao que se chama de "questões prejudiciais", ou seja, a relação jurídica controvertida é precedida por uma outra questão que terá influência e implicará o julgamento da questão dita principal. Aquela questão antecedente poderia ter sido, pelo menos em tese, objeto de ação autônoma. Diz-se que esta questão, portanto, é interna, justamente porque está dentro do processo que se discute a questão principal. A referência à questão externa diz respeito a um processo diverso. As questões tratadas nas letras *a* (depender do julgamento de outra causa, ou da declaração da existência ou inexistência da relação jurídica, que constitua o objeto principal de outro processo pendente) e *c* (tiver por pressuposto o julgamento de questão de Estado, requerido como declaração incidente) são de natureza externa, porque estão fora do processo que se discute. Todavia, se a questão incidente foi objeto de interposição de ação declaratória incidental

5 Se o juiz determinar que alguma providência seja cumprida pelo autor e este se quedar inerte, isso poderá levar à extinção do processo. Mas, atente-se que a extinção ocorrerá pelo não-cumprimento da determinação e não pela ausência de manifestação de qualquer das partes quanto ao prosseguimento do feito após vencido o prazo de suspensão.

terá de ser, como já vimos, necessariamente decidida na mesma sentença (art. 325 c/c art. 470, CPC) e, por isso, considerando que haverá um alargamento do *thema decidendum*, não teremos a situação da suspensão do processo. A hipótese trazida na letra *b* (não puder ser proferida senão depois de verificado determinado fato, ou de produzida certa prova, requisitada a outro Juízo) diz respeito à arguição de preliminar que, se acolhida, impedirá o conhecimento do mérito.

Em se verificando qualquer destas situações, o processo não poderá ficar suspenso por mais de um ano (§ 5º, art. 265, CPC). Na prática, sabemos que algumas vezes as suspensões acabam se elastecendo por períodos maiores, o que não causa nulidade no processo mais mera irregularidade, inclusive justificada pela economia processual e impedimento de decisões contraditórias que o andamento do feito poderá causar. É notório os problemas quanto à ausência de celeridade processual e, muitas vezes, não se pode cumprir no prazo esperado e desejado alguma diligência, o que acaba por justificar a extensão do prazo.

5) Outras hipóteses previstas na lei – não é só no art. 265 que o legislador permite suspensão do andamento do procedimento. Podemos citar, ainda, as situações dos arts. 13, CPC (regularidade de representação); 60, 64, 72 e 79, CPC (intervenções de terceiro); 394, CPC (incidente de falsidade se argüido depois da instrução da causa); entre outros.

6) Força maior – igualmente causa de suspensão, concerne a todo ato irresistível e imprevisível que impede o desenvolvimento regular do processo, como pode ocorrer em situações de guerra, inundação, incêndio, entre outras.

Capítulo 14
Fase Instrutória – Prova

Instrução vem do latim *in-struere*, que significa provisão de meios para *com-struere*, isto é, construção.

A chamada fase instrutória concentra de modo contundente os atos de instrução, os quais são destinados a recolher todos os elementos para o julgamento da lide. Daí a divisão da matéria em: (a) atos de prova; e (b) alegações. A instrução abrange esta dupla divisão e, por isso, já se verifica a instrução da causa desde o momento da propositura da ação em que o autor junta às provas aquilo que alega na inicial e o réu faz o mesmo no momento em que apresenta sua defesa. Este é o sentido *lato* do que se entende por atos de instrução. Em sentido estrito, a instrução abrange o "conjunto de atos processuais que tem por objeto recolher as provas com que deve ser decidido o litígio" (Marques, 2000, p. 323).

Não se pode confundir instrução com produção de prova. Aquela é uma fase do procedimento, conforme já mencionamos. Nela se compreendem atos de preparação da prova e produção da prova. Encerrada a instrução, passa-se aos debates e julgamento. A prova é o "elemento instrumental para que as partes influam na convicção do juiz sobre fatos que afirmaram, e o meio de que se serve o magistrado para averiguar a respeito dos fatos em que os titulares dos interesses em conflito fundam as suas alegações" (Marques, 2000, p. 323).

Quase todo o procedimento instrutório se desenvolve na audiência, mesmo porque, no processo do trabalho, temos a audiência como o ponto central de todo procedimento, inclusive no que diz respeito à apresentação de defesa do réu. Há atos, todavia, que necessariamente não se poderão produzir neste momento, como ocorre com a perícia e a inspeção de certo local e trabalho.

O objetivo da prova é possibilitar que o juiz forme uma opinião sobre tudo aquilo que as partes afirmam, concluindo pela existência ou não de fatos afirmados, de acordo com as regras de ônus da prova dispostas no sistema processual. O juiz apreciará livremente as manifestações das partes (art. 131, CPC) para chegar a uma solução sobre a questão de mérito que debatem.

A fonte primária da prova é a lei que admite a produção de toda a prova que não a contrarie. A lei processual é o berço comum da previsão de meios de prova, mas a lei material (arts. 212 e ss, CC) igualmente traz um elenco de provas que entende admissíveis, os quais não contrariam aquela e podem ser usadas como fonte subsdiária na dúvida sobre alguma interpretação.

São **objeto de prova**:

a) fatos, acontecimentos ou circunstâncias – tudo aquilo que seja necessário ao juiz conhecer para que possa julgar a causa;
b) o direito e o costume – quanto ao direito, o juiz deve conhecer a lei nacional; caso se trate de lei Estadual ou Municipal, e, acrescentamos nós, de instrumentos normativos, caberá à parte, caso seja necessário e alegado, juntar à norma. Quanto ao costume, se o juiz não conhecê-lo, a parte deverá prová-lo (art. 337, CPC).
c) o direito estrangeiro – cujo conteúdo deve ser provado pela parte que alegar através de documento oficial.

Os fatos notórios – que não terão qualquer relevância para a causa – e fatos incontroversos **não** serão objeto de prova (art. 333, CPC).

Dizem-se **meios de prova** aqueles que já vêm preconstituídos, ou seja, preparados e preexistentes sem qualquer vício para ser apresentado ao juiz; ou causais, isto é, se formam no curso do processo. Os meios de prova podem incidir: (a) **diretamente** sobre os fatos que compõem o objeto da discussão; ou, (b) **indiretamente**, isto é, são caracterizados através de circunstâncias deduzidas de um fato ou um grupo de fatos que levam à conclusão sobre o resultado que se pretende alcançar.

Provas obtidas por meios ilícitos não devem ser admitidas no processo. O conceito de ilicitude dos meios é dado pela jurisprudência, pois o art. 5º, LVI, da CF que regula a matéria tem um tipo aberto, admitindo a interpretação pelos Tribunais sobre aquilo que se configurar de forma tal, de acordo com a situação concreta. As grandes discussões giram em torno de gravações telefônicas, tendo o STF firmado posição de que, somente será ilícito o meio quando o interlocutor não tiver conhecimento de que pode estar sendo gravado.[1]

1 Inadmissibilidade, como prova, de laudos de degravação de conversa telefônica e de registros contidos na memória de microcomputador, obtidos por meios ilícitos (art. 5º, LVI, da Constituição Federal); no primeiro caso, por se tratar de gravação realizada por um dos interlocutores, sem conhecimento do outro, havendo a degravação sido feita com inobservância do princípio do contraditório, e utilizada com violação à privacidade alheia (art. 5º, X, da CF); e, no segundo caso, por estar-se diante de microcomputador que,

Quanto ao dever de colaboração, o legislador fixou a regra no art. 339 do CPC, que se dirige a "todos", sejam eles sujeitos principais do processo ou não. Todos aqueles que forem solicitados deverão colaborar com o Judiciário, não se

---

além de ter sido apreendido com violação de domicílio, teve a memória nele contida sido degradada ao arrepio da garantia da inviolabilidade da intimidade das pessoas (art. 5º, X e XI, da CF). "(AP 307, Rel. Min. Ilmar Galvão, DJ 13/10/1995.)" Administrativo. Servidor público estadual. Auditor fiscal. Pena de demissão. Processo administrativo. Relatório da comissão disciplinar. Possibilidade de aplicação de pena diversa. Autoridade competente. Reexame do mérito administrativo. Impossibilidade. Recurso ordinário improvido. 1. Consoante firme jurisprudência do Superior Tribunal de Justiça, no âmbito do controle jurisdicional do processo administrativo disciplinar, compete ao Poder Judiciário apreciar apenas a regularidade do procedimento, à luz dos princípios do contraditório, da ampla defesa e do devido processo legal. 2. A gravação de conversa realizada por um dos interlocutores é considerada prova lícita, não configurando interceptação telefônica, e serve como suporte para o oferecimento da denúncia, tanto no que tange à materialidade do delito como em relação aos indícios de sua autoria. Precedentes. 3. Configurada a hipótese de flagrante esperado, não há falar em crime impossível e, conseqüentemente, em prova ilícita. 4. O art. 190 da Lei Complementar Estadual nº 68/1992 exige apenas que os membros da comissão processante sejam servidores estáveis do quadro do Estado de Rondônia, não vedando que exerçam, também, funções comissionadas. 5. A decisão que aplicou ao recorrente a pena de demissão, com impedimento de assumir cargo público pelo prazo de 5 anos, nos termos do art. 170, § 1º, da Lei Complementar Estadual nº 68/1992, encontra-se devidamente fundamentada. Ademais, todas as garantias constitucionais foram asseguradas a ele no decorrer do processo administrativo, em que foi assistido por advogado e apresentou defesa. 6. Recurso ordinário improvido. (STJ – RMS 19785 / RO ; Recurso Ordinário em Mandado de Segurança 2005/0046880-2). "Prova: alegação de ilicitude da prova obtida mediante apreensão de documentos por agentes fiscais, em escritório de empresa – compreendido no alcance da garantia constitucional da inviolabilidade do domicílio – e de contaminação das provas daquela derivadas: tese substancialmente correta, prejudicada no caso, entretanto, pela ausência de demonstração concreta de que os fiscais não estavam autorizados a entrar ou permanecer no escritório da empresa, o que não se extrai do acórdão recorrido." (RE 331.303-AgR, Rel. Min. Sepúlveda Pertence, DJ 12/3/2004.) "Eventuais vícios do inquérito policial não contaminam a ação penal. O reconhecimento fotográfico, procedido na fase inquisitorial, em desconformidade com o art. 226, I, do Código de Processo Penal, não tem a virtude de contaminar o acervo probatório coligido na fase judicial, sob o crivo do contraditório. Inaplicabilidade da teoria da árvore dos frutos envenenados (fruits of the poisonous tree). Sentença condenatória embasada em provas autônomas produzidas em juízo." (HC 83.921, Rel. Min. Eros Grau, DJ 27/8/2004.) "Escuta telefônica que não deflagra ação penal não é causa de contaminação do processo. Não há violação ao direito à privacidade quando ocorre apreensão de droga e prisão em flagrante de traficante. Interpretação restritiva do princípio da árvore dos frutos proibidos." (HC 76.203, , Rel. Min. Marco Aurélio, DJ 17/11/2000). "Ilicitude da interceptação telefônica – a falta de lei que, nos termos constitucionais, venha a discipliná-la e viabilizá-la – contaminou, no caso, as demais provas, todas oriundas, direta ou indiretamente, das informações obtidas na escuta (fruits of the poisonous tree), nas quais se fundou a condenação do paciente." (HC 69.912-Segundo Relator Ministro Sepúlveda Pertence, DJ 25/3/1994). "As provas obtidas por meios ilícitos contaminam as que são exclusivamente delas decorrentes; tornam-se inadmissíveis no processo e não podem ensejar a investigação criminal e, com mais razão, a denúncia, a instrução e o julgamento (CF, art. 5o, LVI), ainda que tenha restado sobejamente comprovado, por meio delas, que o Juiz foi vítima das contumélias do paciente." (HC 72.588, Relator. Ministro. Maurício Corrêa, DJ 4/8/2000). No mesmo sentido: HC 81.993, DJ 2/8/2002. "A falta de autenticação de cópia de laudo pericial juntado aos autos não caracteriza prova ilícita desde que a omissão possa ser suprida por outro meio idôneo. Precedente. Não configura prova ilícita o laudo de engenharia subscrito por diversos engenheiros, alguns sem inscrição profissional no CREA." (HC 78.937, Rel. Min. Maurício Corrêa, DJ 29/8/2003) "Objeção de princípio–em relação à qual houve reserva de Ministros do Tribunal – à tese aventada de que à garantia constitucional da inadmissibilidade da prova ilícita se possa opor,

aceitando evasivas ou isenções para se chegar à verdade. Não se olvide que o maior interesse na solução da lide é do próprio Estado e de seus cidadãos que buscam a paz social e a ausência de conflitos. Daí o art. 340, CPC, acrescentar aos deveres impostos às partes já reguladas no art. 14, CPC, os que se seguem: I – comparecer em Juízo, respondendo ao que lhe for interrogado; II – submeter-se à inspeção judicial que for julgada necessária; III – praticar o ato que lhe for determinado. O terceiro que for chamado a colaborar no deslinde da causa, não obstante não participe da relação processual, terá o dever de (art. 341, CPC): I – informar ao juiz os fatos e as circunstâncias de que tenha conhecimento; II – exibir coisa ou documento que esteja em seu poder.

14.1. AUDIÊNCIA

A audiência é um ato processual em que o juiz tem contato com as partes e as pode ouvir. No processo do trabalho, é um dos atos mais importantes, uma vez que o legislador trabalhista idealizou que a causa trabalhista deveria ser concentrada nesta sessão, envidando o juiz todos os esforços que fossem necessários para aproximar e conciliar as partes, terminando assim com o litígio. As audiências são públicas e ocorrem na sede do edifício dos respectivos fóruns trabalhistas no horário previamente designado pelo juiz que deverá ser compreendido entre 8 e 18 horas em dias de expediente forense (art. 813, CLT). Não se pode realizar audiências por períodos superiores a cinco horas seguidas, salvo se houver matéria urgente a ser decidida.[2]

com o fim de dar-lhe prevalência em nome do princípio da proporcionalidade, o interesse público na eficácia da repressão penal em geral ou, em particular, na de determinados crimes: é que, aí, foi a Constituição mesma que ponderou os valores contrapostos e optou – em prejuízo, se necessário da eficácia da persecução criminal – pelos valores fundamentais, da dignidade humana, aos quais serve de salvaguarda a proscrição da prova ilícita: de qualquer sorte – salvo em casos extremos de necessidade inadiável e incontornável – a ponderação de quaisquer interesses constitucionais oponíveis à inviolabilidade do domicílio não compete a posteriori ao juiz do processo em que se pretenda introduzir ou valorizar a prova obtida na invasão ilícita, mas sim àquele a quem incumbe autorizar previamente a diligência." (HC 79.512, Rel. Min. Sepúlveda Pertence, DJ 16/5/2003.) "Da explícita proscrição da prova ilícita, sem distinções quanto ao crime objeto do processo (CF, art. 5º, LVI), resulta a prevalência da garantia nela estabelecida sobre o interesse na busca, a qualquer custo, da verdade real no processo: conseqüente impertinência de apelar-se ao princípio da proporcionalidade – à luz de teorias estrangeiras inadequadas à ordem constitucional brasileira – para sobrepor, à vedação constitucional da admissão da prova ilícita, considerações sobre a gravidade da infração penal objeto da investigação ou da imputação." (HC 80.949, Relator. Ministro Sepúlveda Pertence, DJ 14/12/2001.)

2 Na prática, em comarcas de muito movimento, é comum que, as vezes, este período de cinco horas seja ultrapassado, sem que isso cause nulidade ao processo. Mas a lei estipula este período por entender coerente com a capacidade física para realização das sessões, seja do juiz, dos serventuários e das partes, pois a atividade em audiência é desgastante.

Excepcionalmente, se necessário for, a audiência poderá ser relizada em outro local, desde que previamente comunicado às partes e publicado edital na sede do Juízo com 24 horas de antecedência (§ 1º, art. 813, CLT).

Não obstante o **princípio da publicidade** informar o ato de audiência, poderá o juiz, caso entenda necessário, limitar a presença a esta sessão às partes e a seus advogados (art. 155, CPC, art. 444, CPC, e art. 93, IX, CF). Aqui se concentram todas as provas de natureza oral (**princípio da concentração**) e o juiz pode entrar em contato direto com as partes e provas que elas pretendem produzir (**princípio da imediatidade**).

Para se realizar uma audiência faz-se necessária a preparação prévia, ou seja, designa-se a sessão e intima-se as partes esclarecendo qual o tipo de audiência que se realizará. As partes deverão estar cientes quanto aos seguintes tipos de audiências que podem ocorrer:

1) **Una** ➔ o autor deverá comparecer sob pena de ser o feito arquivado; e o réu, sob pena de ser-lhe decretada a revelia e confissão. O réu deverá apresentar a defesa que entender cabível e, ambas as partes, deverão estar presentes para depoimentos pessoais, e, se houver, levar suas testemunhas para que sejam ouvidas. Dois são os momentos em que o juiz deve propor a conciliação, antes de receber a defesa e após o encerramento da instrução, antes de proferir o julgamento. Isso não impede que, a qualquer tempo, renove a proposta já feita, ou que as partes se conciliem.
2) **Inicial** ➔ o autor deverá comparecer, sob pena de ser o feito arquivado; e o réu, sob pena de ser-lhe decretada a revelia[3] e confissão. O réu deverá apresentar a defesa que entender cabível. Não obtida a conciliação, o juiz determina a providência que for necessária, como, por exemplo, uma prova pericial, ou, simplesmente redesigna a audiência para que a prova seja nela produzida.
3) **Instrução** ➔ é nesta sessão que a prova de natureza oral é realizada. Aqui os depoimentos das partes e testemunhas são colhidos; se necessário for, o juiz determina a oitiva do perito, informantes e testemunhas referidas.[4] É

3 Não obstante se use a expressão sob pena de revelia, é certo ter em mente que revelia não é uma penalidade, mas mera conseqüência da contumácia do réu em não contestar a ação. Decorre, portanto, do ônus de defesa.

4 Testemunha referida é aquela mencionada no depoimento de outra testemunha e que o juiz entende por bem ouvi-la, seja porque qualquer das partes requereu no momento da oitiva da testemunha que a citou, seja por ato de ofício.

o momento mais importante da produção da prova, em que o Juiz está em contato com as partes e com as provas que elas pretenderam produzir. Caso a parte que tenha sido intimada a comparecer para prestar depoimento pessoal, não esteja presente sem motivo justificado, o juiz decretar-lhe-á a pena de confissão. Em geral, é comum em processos mais complexos ou naqueles em que se determinou, por qualquer razão, o fracionamento do procedimento trabalhista comum. Não se admite que haja este fracionamento nos ritos de natureza sumária ou sumaríssima. Ante a busca no processo do trabalho por uma aproximação das partes, é usual que se renove a proposta de conciliação, antes do início da sessão.

4) **Julgamento** ➔ sessão onde somente a sentença é proferida. Em muitas localidades, a realização desta audiência é ficta pois a sentença é publicada posteriormente e as partes são intimadas por um dos meios já estudados; ou, na data e horário designados o processo encontra-se disponível em cartório com a sentença já encartada, constando que as partes estão sendo intimadas na forma da Súmula nº 197 do TST.[5] Se de fato, realizada e as partes estiverem presentes, a proposta de conciliação deve ser renovada antes de se passar ao julgamento. Caso contrário, se as partes não comparecerem, uma vez que não há obrigatoriedade da presença delas nesta sessão, o juiz, simplesmente, fará constar, na ata de audiência em que a sentença for proferida, que a conciliação restou frustada.
5) **Justificação Prévia** ➔ sessão que se realiza para instruir pedido de providência urgente em processo cautelar ou tutela antecipada em que o juiz, antes de decidir a liminar ou a medida requerida no curso do processo, entende por bem ouvir a(s) parte(s) e/ou testemunhas para formar seu convencimento quanto à necessidade e urgência da medida. Desnecessário existir ou não a proposta de conciliação aqui, ante a natureza do ato que se vai praticar, não se discutindo o direito material objeto do processo.

À hora marcada deverão estar presentes as partes, seus advogados, o serventuário e o juiz. O **pregão** (convocação das partes e testemunhas para ingressarem na sala de audiência) será feito pelo secretário de audiência ou outro serventuário que seja designado para tal, observando-se que, no entanto, para a abertura da audiência é necessário que esteja presente o juiz. O art. 815, parágrafo único,

5 Prazo (Resolução nº 121/2003, DJ 19, 20 e 21/11/2003) – O prazo para recurso da parte que, intimada, não comparecer à audiência em prosseguimento para a prolação da sentença conta-se de sua publicação.

CLT, concede uma tolerância para o atraso do juiz de 15 minutos. Caso vença este período e ele não esteja presente, o secretário fará o registro da presença das partes e elas poderão se retirar. Não há que se confundir este atraso com o atraso entre uma audiência e outra decorrente da demora ocorrida no curso da sessão. Se o juiz estiver presente realizando outra sessão e houver atraso por tempo igual ou superior a 15 minutos para as demais que se seguirem, não se aplica aquele dispositivo, devendo as partes aguardar as determinações que forem feitas ou a seqüência das audiências que forem realizadas.

O juiz tem o **poder de polícia** nas audiências, cabendo-lhe (arts. 445 e 446, CPC e 816, CLT): (a) manter a ordem e o decoro na audiência; (b) ordenar que se retirem da sala da audiência os que se comportarem inconvenientemente; (c) requisitar, quando necessário, a força policial; (d) dirigir os trabalhos da audiência; (e) proceder direta e pessoalmente à colheita das provas; (f) exortar os advogados e o órgão do Ministério Público a que discutam a causa com elevação e urbanidade.

Se a audiência realizada for de instrução, cabe ao juiz questionar aqueles que forem depor sem quaisquer interrupções. Finda a intervenção do juiz, é que as partes terão o direito de fazer as suas próprias interferências. As perguntas que as partes desejarem fazer aquele que estiver prestando depoimento, deverá ser dirigida ao Juiz, que terá por missão, avaliar a pertinência ou não de cada quesito argüido. Caso entenda por impertinente, não fará a pergunta e, a requerimento da parte, poderá constá-la na ata de audiência; se entender pela pertinência, perguntará e, igualmente, fará o registro na ata de audiência. É possível, ainda, que o juiz entenda pela necessidade de corrigir a forma ou o conteúdo do que foi colocado, aí, então, poderá adequar a questão, ouvir o argüido e, depois da resposta, registrar tudo em ata.

Há uma seqüência lógica para a oitiva de partes e testemunhas nas audiências. Primeiro, ouvem-se perito e assistentes técnicos, caso tenham sido intimados a tanto para responder quesitos; depois, o autor; depois, o réu; e, por fim, as testemunhas do autor e réu (art. 450, CPC). Questiona-se se esta ordem pode ser invertida em razão do ônus da prova. A lei não impede. Desta forma, desde que o juiz fixe o ônus da prova para que as partes conheçam a sua posição, entendemos não haver qualquer nulidade. Pensamos que, o que não pode ocorrer é o juiz quedar-se silente ou distribuir o ônus, no ato de audiência, de uma maneira e, depois, no momento do julgamento, atribuí-lo de modo diferente, frustrando, assim, a expectativa das partes com relação à matéria, sem ter consignado nada em ata.

O **princípio da unidade da audiência** exige que não haja divisão ou redesignações da sessão. O que se busca é que todos os atos sejam realizados num mesmo momento. Todavia, é possível que haja divisão da audiência ou redesignação, desde que as partes: (a) assim convencionem; ou (b) caso haja motivo justificado para a ausência de alguma das partes, testemunhas, peritos ou assistentes, tudo devendo ser comprovado (art. 453, CPC). Observe que as partes não necesitam dar o motivo pelo qual requerem o adiamento, e somente poderão fazê-lo uma única vez. Igualmente, se não for possível concluir a instrução num único dia, o juiz poderá designar nova data para continuação, observando que a prova não deve ser cindida e, por isso, deve ter o cuidado de tomar o depoimento das partes num dia e das testemunhas em outro, concentrando cada uma das provas no mesmo dia. Isso se dá pela concentração da audiência e o prejuízo que pode ocorrer com a cisão das provas. A regra é que uma testemunha seja ouvida de cada vez, sem presenciar uma o depoimento da outra e sem dele ter conhecimento prévio.

Terminada a sessão de instrução, o juiz fará o encerramento desta fase, caso não haja mais provas a serem produzidas, e após renovar a proposta de conciliação e terem as partes rejeitado, passará ao julgamento do feito.

A disposição das partes na sala será da seguinte forma:

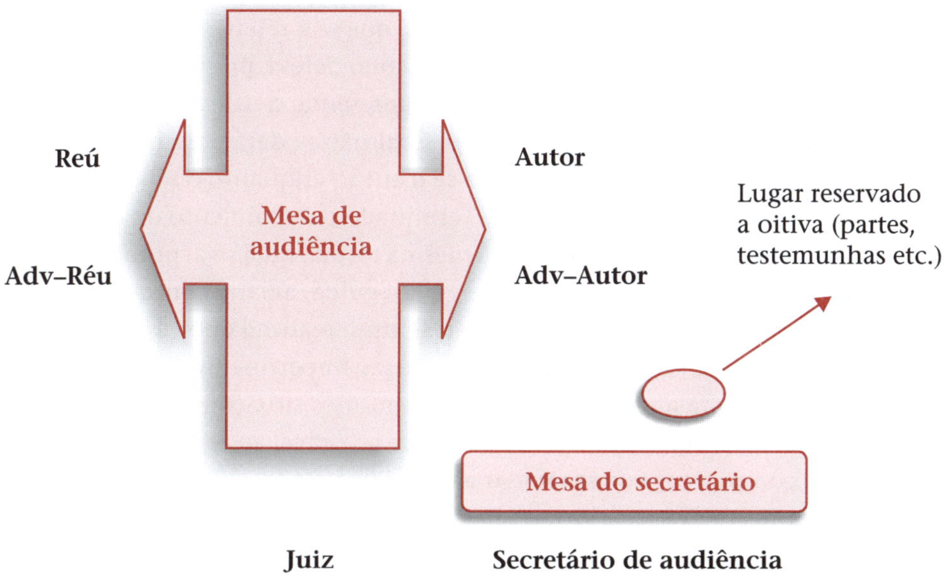

Todo o ocorrido nas audiências deverá ser registrado na forma prevista na organização judiciária de cada Tribunal (art. 817, CLT), sem olvidar que será possível, após a regulamentação por lei complementar, que se faça tudo de forma digital (Lei nº 11.419/2006).

14.2. DEPOIMENTO PESSOAL E CONFISSÃO

O depoimento pessoal consiste na oitiva da **parte**, autor ou réu, e poderá ser determinado de ofício pelo juiz que poderá intimar, a qualquer momento no processo, as partes para interrogá-las sobre os fatos da causa; ou, ainda, pode ser requerido pela parte contrária a fim de provocar a confissão a seu favor (art. 342, CPC)[6]. A intimação da parte para prestar depoimento deve ser pessoal. Entendemos, no entanto, que, se o advogado constituído pela parte tiver poderes para confessar e se a intimação à parte para depor for a ele dirigida, o juiz poderá aplicar a pena de confissão, caso a parte injustificadamente não compareça para depor; ou, se comparecer, se recusar a depor (art. 38 c/c art. 343, CPC).

A principal finalidade do depoimento pessoal como meio de prova para a parte é provocar a confissão, que se traduz como o reconhecimento de fatos favoráveis à parte contrária e desfavoráveis àquele que depõe. Chama-se, assim, confissão provocada aquela que advém do depoimento pessoal e fica lavrada nos autos (art. 349).

Se o juiz não determinar que a parte compareça para depor, a parte contrária interessada deverá fazê-lo. Observe-se, todavia, que se o réu não comparece à primeira audiência designada, na qual deve apresentar defesa, presume-se que é confesso, independentemente de alguém por ele apresentar a defesa (art. 844, CLT).

Aquele que não prestou depoimento pessoal não poderá presenciar o depoimento do outro. Por isso, primeiro ouve-se o autor, enquanto o réu aguarda ser chamado fora do recinto da audiência. Terminado o depoimento do autor, passa-se à oitiva do réu. O juiz procederá da mesma forma, qual seja, primeiro elabora os quesitos que ele próprio tem a fazer, em seguida, a parte contrária formula seus questionamentos, sendo a inquirição sempre realizada por intermédio do Juiz, que poderá indeferi-las, caso entenda que são impertinentes (art. 820, CLT).

O juiz considerará a parte **confessa** nas seguintes situações: (a) se admitir a verdade de um fato, contrário ao seu interesse e favorável ao adversário (art. 348, CPC); (b) se comparecer e se se recusar a depor (art. 343, § 1º, CPC); (c) se, intimada a para prestar depoimento pessoal, deixar, injustificadamente, de compa-

6 É importante frisar que a parte não pode requerer seu próprio depoimento, mas somente o da parte contrária.

recer (art, 343, § 2º, CPC); (d) se, sem motivo justificado, deixar de responder ao que lhe for perguntado, ou empregar evasivas, caso em que o juiz entenderá como recusa a depor (art. 343, § 2º, c/c art. 345 CPC). Some-se a estas hipóteses a prevista no art. 844 da CLT dirigida **especificamente ao réu** que deixa de comparecer à audiência.

No momento em que presta depoimento, a parte não deve consultar apontamentos ou escritos, salvo se concernirem a breves notas, previamente deferida pelo juiz tal consulta a fim de completar seus esclarecimentos.

A **recusa de depor** e, por conseqüência, a confissão não serão aplicadas quando se tratar de fatos: (a) criminosos ou torpes que forem imputados ao depoente (ex., o autor está sendo acusado de furto); (b) a cujo respeito, por estado ou profissão, o depoente deva guardar sigilo (ex., o depoente é médico).

O depoimento da parte que não souber falar o idioma nacional será traduzido por intérprete, assim como o daquele que for surdo-mudo (art. 819, CLT). A nomeação do intérprete recairá em pessoa da confiança do juiz.

A confissão refere-se a outro meio de prova que pode ou não decorrer do depoimento pessoal. Quando decorre do depoimento, em geral, se faz através do depoimento pessoal. Quando advém de presunções, diz-se que é ficta e, portanto, admite prova em contrário.[7] Quando o depoente reconhece expressamente todos os fatos que lhe são contrários em favor da parte contrária, diz-se que a confissão é real e contra ela nenhuma prova mais se faz necessária, porque é a rainha de todas as provas, gozando de presunção absoluta de veracidade (art. 334, II, CPC). Observe que somente se pode falar em confissão de fatos, sendo inadmissível tal assertiva com relação ao direito.

A confissão não pode prejudicar os demais consortes quando o processo tiver tal formação. Isso se dá em razão do princípio da autonomia dos litigantes, ratificado pelo art. 350, CPC.

A confissão pode ser extrajudicial e pode ter sido feita por escrito à parte ou a quem a represente e, neste caso, terá a mesma eficácia probatória da judicial. Quando feita a terceiro, ou contida em testamento, será livremente apreciada pelo juiz, podendo gozar da mesma presunção de veracidade. O juiz lhe dará o valor que merecer (art. 353, CPC).

Mesmo gozando de presunção absoluta, a confissão poderá ser invalidada quando emanar de erro, dolo ou coação, podendo ser revogada por: (a) ação anu-

7 É o que ocorre, por exemplo, na revelia, em que se presumem verdadeiros os fatos, caso o réu não se defenda das afirmações iniciais do autor.

latória, se pendente o processo em que foi feita; ou (b) por ação rescisória, se já houver transitado em julgado a sentença da qual constituiu o único fundamento (art. 352, CPC).

Regra geral, a confissão não será divisível, ou seja, a parte a aproveitará no todo, não podendo fracionar somente aquilo que lhe interessar. Excepcionalmente poderá ser cindida quando o confidente lhe aduzir fatos novos, suscetíveis de constituir fundamento de defesa de direito material ou de reconvenção (art. 354, CPC).

14.3. PROVA TESTEMUNHAL

Um dos meios de provas mais utilizados no processo do trabalho é a prova testemunhal, razão da grande quantidade de fatos que se pode tentar demonstrar com ela e do acesso restrito do trabalhador a outras provas de natureza documental. As testemunhas devem esclarecer sobre fatos que têm conhecimento, eximindo-se de expressar suas impressões e opiniões particulares sobre aquilo que estão depondo. Pelo depoimento de testemunhas, portanto, obtêm-se, através do relato de pessoas os fatos ocorridos e que elas conheceram. O depoimento de testemunhas não vale nem mais nem menos que as outras provas. O juiz dará ao depoimento prestado por uma testemunha o valor que merecer, assim como fará com as demais provas.

Em geral, a prova testemunhal será sempre admissível, podendo cada parte indicar até **três testemunhas**, as quais deverão comparecer na audiência na hora marcada. Se se tratar de rito sumaríssimo, só se admitirá a oitiva de duas testemunhas para cada parte e, em se tratando de inquérito para apuração de falta grave, seis testemunhas para cada parte (arts. 821 e 852-H, § 2º, CLT). Caso a testemunha seja funcionário público civil ou militar e tiver de depor no horário de expediente, deverá ser requisitada com antecedência ao chefe da repartição (art. 823, CLT). Nenhuma testemunha poderá sofrer descontos em seus salários por ter comparecido a um Tribunal Trabalhista para depor (art. 822, CLT). Não se admitirão como testemunhas aqueles que forem tidos por suspeitos ou impedidos, assim elencados nos arts. 405 e 406, CPC, e 829, CLT.

INCAPAZES

- o interdito por demência;
- o que, acometido por enfermidade, ou debilidade mental, ao tempo em que ocorreram os fatos, não podia discerni-los; ou, ao tempo em que deve depor, não está habilitado a transmitir as percepções;

- o menor de 16 (dezesseis) anos;
- o cego e o surdo, quando a ciência do fato depender dos sentidos que lhes faltam.

IMPEDIDOS

- o cônjuge, bem como o ascendente e o descendente em qualquer grau, ou colateral, até o terceiro grau, de alguma das partes, por consangüinidade ou afinidade, salvo se o exigir o interesse público, ou, tratando-se de causa relativa ao estado da pessoa, não se puder obter de outro modo a prova que o juiz repute necessária ao julgamento do mérito;
- o que é parte na causa;
- o que intervém em nome de uma parte, como o tutor na causa do menor, o representante legal da pessoa jurídica, o juiz, o advogado e outros que assistam ou tenham assistido as partes.

SUSPEITOS

- o condenado por crime de falso testemunho, havendo transitado em julgado a sentença;
- o que, por seus costumes, não for digno de fé;
- o inimigo capital da parte, ou o seu amigo íntimo;
- o que tiver interesse no litígio.

Os incapazes, em princípio, não poderão depor nem na qualidade de informante, pois não possuem o discernimente necessário para esclarecer quanto aos fatos que lhe serão perguntados (presunção *júris tantum*). Necessário, no entanto, se ter bom senso na decisão sobre o depoimento dessas pessoas, principalmente quando se trata de discussões acerca de trabalho infantil. Quanto aos impedidos e suspeitos, o legislador presume que o depoimento que irão prestar certamente não será isento e, por isso, permite que, em casos excepcionais, prestem depoimento, mas não na qualidade de testemunhas, e sim de informantes, ficando a cargo do julgador atribuir o valor que merecer o seu depoimento (art. 405, § 4º c/c art. 414, CPC).

Há uma dificuldade no processo do trabalho quanto ao conhecimento do fato que possa causar o impedimento, a suspeição ou a incapacidade de uma testemunha. Isso porque, não se exige que a parte arrole com antecedência as testemunhas que pretende ouvir, de modo que a parte contrária, na maioria das vezes, somente terá conhecimento da pessoa que irá comparecer como testemunha no momento da sessão. Observe que o art. 825, CLT, impõe que as testemunhas compareçam à sessão através de mero convite feito pela parte.[8] Isso pode gerar um adiamento da audiência e um fracionamento, porque a parte contrária terá o direito de contraditar a testemunha, isto é, argüí-la de suspeita, incapaz ou impedida e não ter a prova no momento da audiência, quando deveria instruir a sua contradita. Por isso, o juiz terá de ter bom senso em adaptar a norma: se perceber que a parte terá o seu direito de defesa violado porque não possui, naquele momento, a prova da contradita, deve permitir que faça a prova em momento próprio, redesignando toda a sessão e causando excepcionalmente o seu fracionamento e, portanto, da prova. Cada situação deve ser resolvida no momento próprio e de acordo com as circunstâncias que cercam o caso.

Em ocorrendo de a parte ter arrolado as testemunhas, seja por ato voluntário ou determinação judicial, somente poderá substituir as testemunhas nas seguintes hipóteses: (a) falecimento da testemunha arrolada; (b) enfermidade da testemunha arrolada, que não lhe pemite ter condições de depor (a testemunha entra em coma, *v.g.*); (c) mudança de residência da testemunha arrolada e que não é encontrada pelo oficial de Justiça.

A parte não pode arrolar o juiz da causa para ser sua testemunha, mas caso o faça, o julgador deverá: (a) se dar por suspeito, se, porventura souber de fatos que possam influir na decisão; ou, (b) mandar excluir seu nome e prosseguir no processo (art. 409, CPC).

A produção da prova testemunhal será feita na sala de audiência, excepcionando-se os casos daquelas: (a) que devam ser ouvidas por carta; (b) que houverem prestado depoimento em produção de prova antecipada; ou (c) que, por enfermidade, não puderem comparecer e tiverem de ser ouvidas em local distinto. Serão ouvidas no local em que determinarem as seguintes pessoas (art. 411, CPC):

> *I – o presidente e o vice-presidente da República;*
> *II – o presidente do Senado e o da Câmara dos Deputados;*
> *III – os ministros de Estado;*
> *IV – os ministros do Supremo Tribunal Federal, do Superior Tribunal de Justiça, do Superior Tribunal Militar, do Tribunal Superior Eleitoral, do Tribunal Superior do Trabalho e do Tribunal de Contas da União;*
> *V – o procurador-geral da República;*
> *VI – os senadores e deputados federais;*

8 Salvo nas hipóteses em que for funcionário público civil ou militar, ocasião em que serão requisitados.

VII – os governadores dos Estados, dos Territórios e do Distrito Federal;
VIII – os deputados estaduais;
IX – os desembargadores dos Tribunais de Justiça, os juízes dos Tribunais de Alçada, os juízes dos Tribunais Regionais do Trabalho e dos Tribunais Regionais Eleitorais e os conselheiros dos Tribunais de Contas dos Estados e do Distrito Federal;
X – o embaixador de país que, por lei ou tratado, concede idêntica prerrogativa ao agente diplomático do Brasil.

No momento da audiência o juiz ouvirá primeiro as partes, quando lhe for solicitado ou entender necessário; e depois passará ao depoimento das testemunhas, ouvindo uma a uma, primeiro as do autor e depois as do réu, não permitindo que aquele que não tenha sido ouvido presencie o depoimento daquele que estiver depondo (art. 824, CLT). Antes de iniciar o depoimento, será procedida a qualificação da testemunha (art. 828, CLT), e imediatamente após este momento é que a parte contrária terá oportunidade para contraditá-la sob alegação de que é impedida, suspeita ou incapaz. Este, também, é o momento de provar tais fatos. Se o juiz acolher a argüição, rejeitará a oitiva da testemunha, podendo, caso a parte solicite e se entender necessário, ouvi-la como informante. Se, porventura, entender por não acolher os argumentos do impugnante após proceder ao juramento, passará a ouvi-la nesta qualidade (arts. 413 a 416, CPC).

A testemunha não pode mentir e deve depor sobre tudo aquilo que tenha conhecimento, salvo sobre fatos que possam (art. 406, CPC): (a) lhe acarretar grave dano, bem como ao seu cônjuge e aos seus parentes consangüíneos ou afins, em linha reta, ou na colateral em segundo grau; (b) a cujo respeito, por estado ou profissão, deva guardar sigilo.

O juiz poderá determinar, ainda, a oitiva das testemunhas referidas desde que entenda ser relevante para o deslinde da questão. Tal determinação pode originar de ato de ofício ou a requerimento da parte (art. 418, I, CPC).

Se a testemunha for convidada pela parte a comparecer à sessão e nem justificar a razão da sua ausência, poderá ser conduzida coercitivamente, pagando as despesas e multas do seu ato negligente (art. 825, parágrafo único, CLT).

O testemunho mentiroso constitui crime (art. 828, CLT) e, caso o juiz perceba que há depoimentos contraditórios, poderá ordenar a acareação das testemunhas, ocasião em que terá oportunidade de corrigir eventuais equívocos ou enganos. Caso a divergência se mantenha e o juiz suspeite de crime de falso testemunho, deverá determinar a expedição de ofício para que o eventual ilícito penal seja apurado.

14.4. PROVA PERICIAL[9]

Consiste a prova pericial em vistoria, avaliação ou exame. É muito comum sua realização para a apuração de condições ambientais e constatação do estado de saúde do trabalhador em processos em que se discutem doença profissional e acidente do trabalho. Nas execuções em que se torna necessário fixar o valor dos bens apreendidos, a determinação de perícia é quase nula, pois o oficial de Justiça detém esta atribuição de avaliar o bem sobre o qual incide a penhora. O perito é profissional de confiança do juiz, previamente nomeado para conhecimento das partes e que tem por função averiguar o objeto da perícia, explicitando a que se refere e esclarecendo dados técnicos que, presumivelmente, as partes não teriam o conhecimento suficiente.

As partes poderão indicar assistentes técnicos, profissionais de sua confiança e pelos quais ficarão encarregadas dos honorários, sem que isso se reverta para a causa, pois, repita-se, não há sucumbência no processo do trabalho. No prazo que o

---

9 **SÚMULAS STF:**

Súmula nº 460	para efeito do adicional de insalubridade, a perícia judicial, em reclamação trabalhista, não dispensa o enquadramento da atividade entre as insalubres, que é ato da competência do ministro do Trabalho e Previdência Social.
Súmula nº 314	na composição do dano por acidente do trabalho, ou de transporte, não é contrário à lei tomar como base da indenização o salário do tempo da perícia ou da sentença.
Súmula nº 230	a prescrição da ação de acidente de trabalho conta-se do exame pericial que comprovar a enfermidade ou verificar a natureza da incapacidade.

SÚMULAS TST

Súmula nº 341	honorários do assistente técnico a indicação do perito assistente é faculdade da parte, a qual deve responder pelos respectivos honorários, ainda que vencedora no objeto da perícia.
Súmula nº 236	a responsabilidade pelo pagamento dos honorários periciais é da parte sucumbente na pretensão relativa ao objeto da perícia.
Súmula nº 293	a verificação mediante perícia de prestação de serviços em condições nocivas, considerado agente insalubre diverso do apontado na inicial, não prejudica o pedido de adicional de insalubridade.
Súmula nº 252	os funcionários públicos cedidos à Rede Ferroviária Federal S.A. têm direito ao reajustamento salarial previsto no art. 5º da Lei nº 4.345/1964, compensável com o deferido pelo art. 1º da Lei nº 4.564/1964 e observados os padrões de vencimentos, à época dos cargos idênticos ou assemelhados do serviço público, a teor do disposto no art. 20, item i, da Lei nº 4.345/1964 e nos termos dos acórdãos proferidos no DC 2/1966. O paradigma previsto neste último dispositivo legal será determinado através de perícia, se as partes não o indicarem de comum acordo.

juiz lhes conceder, as partes indicarão o assistente e apresentarão quesitos[10] a serem respondidos pelo perito. Os que se mostrarem impertinentes ou desnecessários poderão ser repelidos pelo juiz. É possível, ainda, no curso do processo, se assim for necessário, a apresentação de quesitos suplementares (arts. 425 e 426, CPC).

O perito poderá recusar o encargo para o qual foi nomeado ou poderá ser impugnado por suspeição ou impedimento, caso em que o juiz analisará a questão e, depois de decidi-la, nomeará outro profissional em substituição (art. 423, CPC). Poderá ocorrer a substituição por ato de ofício do juiz, quando se verificar que o perito: (a) carece de conhecimentos técnicos; ou (b) não cumpre o encargo no prazo que lhe foi concedido. Neste caso, poderá responder pelas despesas e prejuízos que seu retardamento acarretar ao processo, devendo o juiz comunicar à entidade profissional respectiva a negligência verificada (art. 424, CPC).

Responderá pelos honorários periciais a parte que for sucumbente no objeto da perícia. Isso quer dizer que pode ter sido vencedora em outros pontos da ação, mas se sucumbir no pedido ensejador da perídica deverá responder por tais custas (art. 790-B, CLT).

Caso a perícia deva ser feita fora da sede do Juízo, a nomeação do profissional incumbirá ao Juízo deprecado, comunicando-se as partes e determinando-se a entrega do laudo no prazo de 20 dias antes da audiência de instrução, caso esta não tenha se realizado (arts. 428 e 433, CPC).

É lícito as partes acompanharem a vistoria e trabalhos do senhor perito (art. 431-A, CPC).

O juiz não estará subordinado ao resultado da perícia no julgamento da questão, pois sua convicção é formada pelo conjunto de provas e a perícia constitui um dos meios de prova. Caso entenda necessário, poderá determinar a realização de segunda ou terceira perícia, não anulam o resultado da primeira perícia,

TST – OJ :

nº 278 – SDI –1	a realização de perícia é obrigatória para a verificação de insalubridade. Quando não for possível sua realização, como em caso de fechamento da empresa, poderá o julgador utilizar-se de outros meios de prova.
nº 165 – SDI – 1	o art. 195 da CLT não faz qualquer distinção entre o médico e o engenheiro para efeito de caracterização e classificação da insalubridade e periculosidade, bastando para a elaboração do laudo seja o profissional devidamente qualificado.
nº 98 – SDI – 2	é ilegal a exigência de depósito prévio para custeio dos honorários periciais, dada a incompatibilidade com o processo do trabalho, sendo cabível o mandado de segurança visando à realização da perícia, independentemente do depósito.

10 Quesitos são perguntas que as partes querem fazer ao perito e que serão respondidas no corpo do laudo pericial.

mas sim servem de elementos para formar a convicção do julgador (arts. 436 a 439, CPC).

O perito fará a entrega do laudo no prazo fixado pelo juiz e, caso seja necessário, poderá pedir prorrogação de prazo. Os assistentes técnicos deverão entregar seus trabalhos no mesmo prazo concedido ao perito, sob pena de verem seus laudos desentranhados dos autos (art. 3º, Lei nº 5.584/1970).

14.5. INSPEÇÃO JUDICIAL

É meio de prova em que o juiz, a requerimento da parte ou de ofício, pode entender necessário ter de inspecionar diretamente pessoas ou coisas.

O juiz poderá realizar a inspeção auxiliado por peritos, garantindo, sempre, às partes o direito de assistir a inspeção (arts. 441 e 442, parágrafo único). O procedimento, embora não muito usual no processo do trabalho, é simples: o juiz irá ao local onde se encontra a pessoa ou a coisa e o inspecionará, fazendo anotar tudo aquilo que lhe parecer relevante. Poderá ser esclarecido de tudo aquilo que tira dúvida pelas partes ou pelo perito, caso o tenha nomeado para acompanhar a diligência. Após o término da inspeção, lavrará auto circunstanciado, mencionando tudo que for útil para a solução da causa, sendo possível que determine a instrução do auto de inspeção com fotos, desenhos e gráficos (arts. 441 a 443, CPC).

A inspeção será determinada quando o juiz (art. 442, CPC): (a) julgar necessário para a melhor verificação ou interpretação dos fatos que deva observar; (b) a coisa não puder ser apresentada em Juízo, sem consideráveis despesas ou graves dificuldades; (c) determinar a reconstituição dos fatos.

14.6. EXIBIÇÃO DE DOCUMENTO OU COISA

A exibição de documento[11] ou coisa prevista nos arts. 339 a 341 do CPC é incidente processual que não se confunde com a ação cautelar típica, pois esta somente será utilizada quando a parte pretender preparar uma ação principal. A exibição decorre do dever imposto às partes e terceiros de colaborar com o Judiciário.

A exibição poderá ser determinada de ofício pelo juiz; como também pode ser requerida pela parte, autor ou réu; ou terceiro interveniente.

O **procedimento** poderá variar, dependendo daquele que interpuser o incidente de exibição. Se o interessado for a parte no processo, poderá requerer a exi-

---

11 Para exibição de livros comerciais, será necessário observar o entendimento já sumulado pelo STF:
nº 260: O exame de livros comerciais, em ação judicial, fica limitado às transações entre os litigantes.
nº 390: A exibição judicial de livros comerciais pode ser requerida como medida preventiva

bição na inicial, contestação ou em simples petição, comprovando que preenche os requisitos do art. 356, CPC: individualização precisa da coisa ou documento, finalidade da pova e cirscunstâncias que autorizam o requerente a dizer que encontra-se em poder da parte contrária. O incidente correrá nos próprios autos e, se o juiz deferir, ordenará que a parte contrária se manifeste no prazo de cinco dias. Se rejeitar, não se processará o pedido da parte. Observe que nas duas situações trata-se de decisão interlocutória não recorrível. Se a parte contrária vem a Juízo e exibe o documento ou a coisa, encerra-se o incidente. Caso matenha-se silente, o juiz proferirá decisão interlocutória admitindo como verdadeiros os fatos que a parte provaria com a exibição. Se o requerido negar a existência do documento ou coisa, o promovente deverá provar a sua existência, ficando a solução do incidente pendente desta prova. Por fim, se houver alegação da inexistência do dever de exibir, o juiz apreciará os argumentos e se julgá-los injustos, condenará o promovido na sanção do art. 359, CPC, qual seja, o juiz admitirá como verdadeiros os fatos que, por meio do documento ou da coisa, a parte pretendia provar. Deve ser observado que o juiz não poderá admitir a recusa: (a) se o requerido tiver obrigação legal de exibir; (b) se o requerido aludiu ao documento ou à coisa, no processo, com o intuito de constituir prova; (c) se o documento, por seu conteúdo, for comum às partes (art. 358, CPC). Ao contrário, o juiz deverá acolher os motivos do requerido, presumindo-se que são justificados, caso alegue que (art. 363, CPC): (a) o documento ou a coisa concerne a negócios da própria vida da família; (b) se a sua apresentação puder violar dever de honra; (c) se a publicidade do documento redundar em desonra à parte ou ao terceiro, bem como a seus parentes consangüíneos ou afins até o terceiro grau; ou lhes representar perigo de ação penal; (d) se a exibição acarretar a divulgação de fatos, a cujo respeito, por estado ou profissão, devam guardar segredo; (e) se subsistirem outros motivos graves que, segundo o prudente arbítrio do juiz, justifiquem a recusa da exibição.

Se o procedimento for instaurado em relação a terceiro, isto é, sob alegação de que a coisa ou documento está em poder de terceiro, estabelecer-se-á uma nova relação jurídica e, por isso, deverá ser julgada e apreciada como medida incidental, correndo em apenso aos autos principais. Ante o caráter que possui de incidente processual, o juiz do Trabalho terá competência para apreciá-la, sendo que a decisão proferida terá força interlocutória, pois a nós parece falecer competência para que aprecie a medida com caráter definitivo como ocorreria se a lide fosse de natureza civil. Observe que a relação jurídica que se estabelece entre o requerente e o terceiro, pessoa indicada como requerida que supostamente estará em posse do documento ou da coisa, não tem natureza de relação de trabalho.

A parte que pretender ver o documento ou a coisa exibida por um terceiro deverá elaborar petição com as mesmas justificativas acima mencionadas (art. 356, CPC). Se o juiz deferir o pedido, ordenará que o requerido seja citado para responder no prazo de dez dias. O terceiro poderá assumir uma das seguintes atitudes: (a) vem a Juízo e exibe o documento ou a coisa e o incidente chega ao fim; (d) mantém-se inerte e, ante a sua contumácia, será revel, presumido-se verdadeiro o fato alegado pelo autor, com a condenação (incidente) para depositar em cinco dias a coisa ou documento; (e) poderá, no prazo que lhe foi destinado, negar a obrigação de exibir ou a posse do objeto reclamado na contestação, sendo forçoso abrir-se aqui uma fase instrutória, admitindo-se todas as provas para que se possa chegar à conclusão acerca da questão. Caso se decida pela rejeição dos motivos argüidos pelo terceiro, o juiz proferirá decisão admitindo como verdadeiros os fatos que, por meio do documento ou da coisa, a parte pretendia provar. Se acolher as razões do terceiro, rejeitará a pretensão do requerido quanto à exibição que se pretendeu fazer.

Ao terceiro são aplicáveis as escusas e os impedimentos dispostos para a exibição requerida em face da parte contrária (arts. 358 e 363, CPC).

14.7. PROVA DOCUMENTAL

Os documentos podem ser: (a) públicos, quando confeccionados por agente do Estado; (b) privados, confeccionados pelas partes.

A CLT trata da prova documental em apenas um dispositivo, a nosso ver deficiente e inócuo, pois admite a juntada de documentos tão-somente no *original ou conferidos ou em certidão autêntica, ou quando conferida a respectiva pública-forma ou cópia perante o juiz ou Tribunal* (art. 830, CLT), ignorando que há outros tipos de documentos que poderão constituir meios de prova e que a força probante de cada prova produzida no processo será livremente apreciada pelo juiz que lhes dará o valor que merecerem. Somente provas ilícitas ou ilegais não serão admitidas no processo. O que a lei não proibir, não se vedará. O documento pode servir de prova: (a) no original; (b) em traslado; (c) pública forma; (d) registro público; (e) certidão de inteiro teor, de tudo que constar de livro público ou de autos; (f) certidão por extrato parcial de documento, ou a certidão em forma de relatório sobre o processo; (g) a fotocópia ou a xerocópia autenticada.

Terão a mesma força que os documentos originais (art. 365, CPC): I – as certidões textuais de qualquer peça dos autos, do protocolo das audiências, ou de outro livro a cargo do escrivão, sendo extraídas por ele ou sob sua vigilância e por ele subscritas; II – os traslados e as certidões extraídas por oficial público, de instrumentos ou documentos lançados em suas notas; III – as reproduções dos documentos públicos, desde que autenticadas por oficial público ou conferidas em cartório, com os respectivos originais; IV – as cópias reprográficas de peças do próprio processo judicial declaradas autênticas pelo próprio advogado sob sua responsabilidade pessoal, se não lhes for impugnada a autenticidade; V – os extratos digitais de bancos de dados, públicos e privados, desde que atestado pelo seu emitente, sob as penas da lei, que as informações conferem com o que consta na origem; VI – as reproduções digitalizadas de qualquer documento, público ou particular, quando juntadas aos autos pelos órgãos da Justiça e seus auxiliares, pelo Ministério Público e seus auxiliares, pelas procuradorias, pelas repartições públicas em geral e por advogados públicos ou privados, ressalvada a alegação motivada e fundamentada de adulteração antes ou durante o processo de digitalização.

Os incisos V e VI foram incluídos recentemente pela Lei nº 11.419/2006 e não se pode lê-los sem a menção ao que regulam os § § 1º e 2º do mesmo dispositivo, também acrescidos por aquela lei que ordena a preservação do documento original e do que foi digitalizado, até o término do prazo para a ação rescisória. Isso certamente é um zelo que o legislador teve a fim de permitir que, caso haja dúvida sobre o conteúdo, se possa promover a conferência, pois as edições são muitos fáceis de manuseio em processos digitalizados. Entendemos no entanto que, vencido o prazo para a propositura de ação rescisória, poderá haver destruição do documento original, passando a substituí-lo a cópia digitalizada.

Não obstante a tentativa exaustiva do legislador em traçar a regulamentação de cada um dos tipos de documentos, a regra é que todos eles poderão ser apresentados em Juízo para fazer prova, inclusive os escritos domésticos que, no processo trabalhista, são de grande importância quando se trata de prova relativa a processos de empregados domésticos. O que não se admitirá são as provas obtidas por meios ilícitos (art. 5º, LVI, CF), cumprindo ao juiz, dentro do seu livre convencimento, atribuir a cada documento trazido, ainda que em originais ou a ele equiparados, o valor que merecerem, inclusive se contiverem borrões, ressalvas e entrelinhas (art. 386 c/c art. 131, CPC).

Cessará a fé do documento, seja público ou particular, quando lhe for declarada judicialmente a falsidade. O juiz do Trabalho não tem competência absoluta para conhecer e julgar esta matéria com força definitiva, mas o terá para fazer de forma incidental, e sempre que houver a impugnação ao documento deverá mandar processar o incidente.

Há que se distinguir as situações relativas às argüições de falsidade que podem ocorrer:

1) **Falsidade de assinatura** ➜ não reclama a formalidade do incidente de falsidade, mas em razão da controvérsia que se forma em relação a ele, imprescinde, na maioria das vezes de perícia técnica para a apuração da veracidade dos fatos. Regula-se pelo art. 388 do CPC. O ônus da prova será da parte que produziu o documento (art. 389, CPC).
2) **Documento assinado em branco e abusivamente preenchido** ➜ também regulado pelo art. 388, CPC, igualmente não reclama a formalidade do incidente, mas em geral a prova somente é possível se feita através de perícia. Diz-se que o documento foi abusivamente preenchido quando aquele que recebeu o documento assinado, com texto não escrito no todo ou em parte, o formar ou o completar por si ou por meio de outrem, violando o pacto feito com o signatário (parágrafo único, art. 388, CPC). O ônus da prova será da parte que produziu o documento (art. 389, CPC).
3) **Falsidade ideológica e falsidade material** ➜ ambas reclamam incidente de falsidade. A primeira diz respeito à falsidade no conteúdo do documento e a segunda corresponde à falsidade na forma do documento. O incidente de falsidade tem natureza de ação declaratória e deve ser oposto pelo interessado, em qualquer tempo e grau de jurisdição, no prazo de dez dias da juntada do documento. Este prazo é preclusivo. O incidente correrá nos próprios autos do processo em que for suscitado se proposto antes do encerramento da instrução; ou em apenso, se proposto depois do encerramento da fase instrutória (art. 391, CPC). A partir do momento em que a parte suscitar o incidente haverá o sobrestamento do andamento do processo. Deferido o pedido de incidente, o juiz dará o prazo de dez dias para a parte contrária responder. Abre-se para ela as seguintes alternativas: (a) poderá manter-se inerte, presumindo-se que insiste na validade do documento; (b) é lícito que requeira a retirada do documento do processo, ocasião em que o juiz ouvirá a parte suscitante que, se não concordar com a retirada, o juiz determinará a perícia; se concordar com a retirada, faz-se o destranhamento do documento e o processo continua seu regular andamento. O incidente deverá ser encerrado com uma decisão interlocutória, pois parece-nos que ao juiz do Trabalho falece competência para decidir tal matéria que, segundo entendemos, não guarda identidade com a relação de trabalho. Desta forma, a matéria é analisada como questão prejudicial.

Capítulo 15
Extinção do processo

O processo nasce com a apresentação pelo autor da petição inicial e desenvolve-se por meio de uma série coordenada de atos até atingir a decisão final. Com a contestação e a possibilidade que o réu tem de apresentar vários tipos de defesas, podendo voltar-se direta ou indiretamente contra o mérito, é possível que o processo termine ao final da chamada fase postulatória. Vimos, ainda, que os arts. 285-A e 267 c/c art. 295 do CPC acabam por permitir o julgamento do feito antes mesmo de se completar a formação da relação processual.

A CLT não tem disposição semelhante à do CPC no que concerne às providências preliminares e saneamento do processo, justamente em razão do rito que vislumbrou o legislador trabalhista da realização de uma única audiência. Todavia, em razão da complexidade de algumas causas, é possível que o rito ordinário trabalhista mais se assemelhe àquele previsto no CPC, e daí ser necessário o saneamento do feito.

O CPC abre um capítulo nominado de providências preliminares visando a regular justamente o andamento do feito após o prazo da defesa. Caso o juiz entenda necessário, em razão da matéria argüida em defesa, determinará que: (a) o autor se manifeste sobre a defesa nos termos do art. 326, CPC; (b) a conclusão dos autos para apreciações preliminares suscitadas pelo réu; (c) entendendo que se trata de matéria de direito, ou se constatada a revelia não houver mais provas a serem produzidas, determinará o encerramento da fase instrutória e passará ao julgamento; (d) determinará a emenda da inicial; (e) determinará o processamento dos incidentes que porventura tenham sido opostos, *v.g.*, ação declaratória incidental, intervenção de terceiros ou reconvenção.

É possível que haja uma fase intermediária entre a postulatória e a instrutória em que se torna necessário sanear o processo, e aí o juiz determina certas providências preliminares. Não havendo necessidade de se cumprir estas providências, o juiz poderá: (a) extinguir o processo (art. 329); (b) julgar antecipadamente a lide (art. 330); ou (c) simplesmente saneá-lo, afastando as preliminares e determinando que siga seu curso natural. Este saneamento, poderá ser realizado na própria audiência una que se designou ou, como dissemos, pode ocorrer de o juiz ter a necessidade de abrir prazo à parte contrária ou determinar outros tipos de providências, dependendo do incidente que se causou. Entendemos que o art. 331 do CPC não se aplica ao processo do trabalho por absoluta ausência de utilidade, pois ao menos em tese a sessão de audiência trabalhista é una e nela o juiz já formula a proposta de conciliação e, caso seja possível, procede o saneamento do processo, passando muitas vezes à instrução e ao julgamento, cumprindo, assim, o objetivo da lei trabalhista.

Havendo necessidade de se proferir a decisão de saneamento, está terá natureza interlocutória e, portanto, não será impugnável antes que seja o processo julgado por sentença.

Cumpridas todas as etapas do processo e estando o juiz com seu convencimento formado, profere a sentença, extinguindo o processo com ou sem julgamento de mérito (arts. 267 e 269, CPC).[1] Da sentença, poderá a parte vencida recorrer, subordinando seu inconformismo a superior instância que terá competência para apreciar a matéria, agora em segundo grau de jurisdição.

1 Sobre o tema, ver capítulo sobre atos do juiz.

Capítulo 16
Recursos

Rege os recursos o princípio do duplo grau de jurisdição (art. 5º, LV, CF). Isso não quer dizer que em todo tipo de ação deva o legislador assegurar todos os tipos de recursos, pois as causas devem se enquadrar no sistema recursal previsto na Constituição Federal e nas leis infraconstitucionais. Assim, não é inconstitucional a Lei nº 5.584/1970 que somente garante o recurso extraordinário nas alegações de ofensa à Lei Constitucional, pois o custo de processamento do recurso é excessivo em comparação ao custo da ação, de modo que em causas de valores monetários menores, deve haver uma adequação e harmonização no sistema a fim de se dar ao jurisdicionado garantias de que seus conflitos serão julgados, sem que isso implique passar em todas as esferas do Poder, salvo, evidentemente, as ocasiões em que isso importar em violação à norma constitucional, uma vez que o Estado deve, antes de qualquer outro, respeitar e guardar a norma constitucional a fim de garantir o Estado de Direito.

O legislador trabalhista previu um sistema recursal simplificado. Dispôs que a interposição se fará por simples petição (art. 899, CLT), o que, a nosso ver, foge de formalidades severas, mas deve guardar o mínimo de técnica, caso a parte esteja representada por advogado, mesmo porque a contratação de profissional habilitado se faz justamente para que se possa se valer do diálogo jurídico-processual técnico. Se a parte estiver advogando em causa própria, certamente poderá manifestar seu inconformismo sem preocupar-se com razões e fundamentações jurídicas.

Para admissão de qualquer recurso, necessário se faz o preenchimento de **pressupostos intrínsecos** e **extrínsecos**. Os primeiros

> (...) dizem respeito à decisão recorrida em si mesmo considerada. Para serem aferidos, levam-se em consideração o conteúdo e a forma da decisão impugnada (...) São eles *o cabimento, a legitimação para recorrer e o interesse em recorrer* (...) Os pressupostos *extrínsecos* respeitam aos fatores externos à decisão judicial que se pretende impugnar, sendo normalmente posteriores a ela (...) Deles fazem

parte a *tempestividade, a regularidade formal, a inexistência de fato impeditivo ou extintivo do poder de recorrer e o preparo"* (Nery, 1996, p. 238.)

Vejamos os **pressupostos recursais**, imprescindíveis à viabilização de um recurso: **(a)** tempestividade ➔ todo recurso deve ser interposto dentro do prazo previsto em lei, sob pena de não ser processado por intempestividade; **(b)** preparo ➔ necessário que haja o pagamento das custas do processo e das custas do recurso. Não se olvide que o pagamento das custas no processo do trabalho são feitas afinal no importe de 2%, calculadas sobre o valor dado à causa, na hipótese de improcedência total da ação; ou calculado sobre o valor da condenação, na hipótese de procedência parcial ou total da ação; **(c)** interesse ➔ somente poderá recorrer aquele que for vencido, sem o que não se verifica o seu interesse na revisão do julgado; **(d)** legitimidade ➔ terá legitimidade para recorrer o vencido, o terceiro prejudicado, desde que demonstre o nexo de interdependência entre o seu interesse de intervir e a relação jurídica submetida à apreciação judicial ou ao Ministério Público nos processos em que atuar como fiscal da lei[1] (art. 499, CPC); **(e)** adequação ou regularidade formal ➔ o recurso escolhido pelo recorrente deve ser adequado à questão que está impugnando. Não se admite de forma expressa no processo atual a fungibilidade recursal[2] que havia no CPC de 1939. Todavia, esta fungibilidade deve ser aceita a fim de se garantir o recurso do recorrente todas as vezes em que não se verificar erro grosseiro ou má-fé processual, **(f)** cabimento ➔ a parte não pode recorrer de toda e qualquer decisão. Cada recurso previsto na lei tem suas particularidades e o interessado deve preencher os requisitos exigidos pela lei se dele quiser se valer; **(g)** inexistência de fato impeditivo ou extintivo ➔ confunde-se com o próprio interesse em recorrer, pois, *v.g.*, a parte que já tenha recorrido, não poderá fazê-lo novamente, pois há um fato que a impede de repetir o recurso já apresentado, ainda que sob outro nome.

Caso a parte aceite tácita ou expressamente a sentença, não poderá recorrer, caracterizando-se, assim, a sua falta de interesse. Verifica-se a aceitação tácita se a parte pratica qualquer ato incompatível com a vontade de recorrer (art. 503, CPC).

1 Se o Ministério Público atuou como parte, evidentemente tem legitimidade para recorrer nesta qualidade.

2 Tal princípio quer dizer receber um recurso por outro. Assim, por exemplo, o recorrente entende que o recurso cabível é ordinário quando na verdade deveria ter ingressado com agravo de petição. Não havendo erro grosseiro ou má-fé processual, o juiz deve processar o recurso.

Há dois **efeitos** provocados pelo sistema recursal, um chamado de devolutivo e outro de suspensivo. Entende-se por efeito devolutivo a matéria que será submetida a julgamento pelo órgão destinatário do recurso, o qual somente poderá apreciar e julgar as questões que forem impugnadas pela parte recorrente, salvo se se verificar alguma matéria de ordem pública que lhe cumpre conhecer de ofício (*v.g.*, ausência de algum pressuposto processual que tenha fugido à atenção do recorrente e do juiz de primeiro grau). Efeito suspensivo refere-se à impossibilidade de se executar provisoriamente a decisão proferida. As decisões trabalhistas poderão ser executadas provisoriamente enquanto pendente o recurso ante a permissão constante no art. 899 da CLT. Tenha-se em mente que todos os recursos trabalhistas são recebidos no efeito devolutivo, salvo decisão em contrário que lhes atribua, expressamente, o efeito suspensivo.

O valor do depósito recursal irá variar dependendo do valor da condenação e sofre correções ditadas pelo TST. Tal valor deverá ser depositado na conta vinculada do autor e, se não a possuir, o réu sendo a empresa deverá providenciar a abertura desta conta para efeito de depósito recursal. Importa frisar que o sistema de depósito recursal foi imaginado nas relações típicas entre empregado e empregador, o que se denota pela letra do art. 899 da CLT. Portanto, se a matéria discutida fugir a esta relação, como ocorre, por exemplo, em conflito de interesses entre sindicatos na disputa por uma base territorial, não há que se falar em tal depósito, mesmo porque não há conta vinculada para que se possa realizá-lo. O mesmo se passa com as ações de mandado de segurança e todas as demais em que se possa imaginar que o recorrido não seja um empregado regido pela CLT e submetido ao regime do FGTS.

Para as ações trabalhistas típicas o valor do depósito recursal será:[3]

DATA DA PUBLICAÇÃO	LEGISLAÇÃO	RECURSO ORDINÁRIO	RECURSO DE REVISTA EMBARGOS RECURSO EXTRA-ORDINÁRIO	RECURSO EM AÇÃO RESCISÓRIA
DJ 17/7/06	ATO. GP 215/06	R$ 4.808,65	R$ 9.617,29	R$ 9.617,29

3 Fonte : http://www.tst.gov.br/ em 20/3/2007.

A regulamentação desta matéria se fez pelas Instruções Normativas baixadas pelo TST, nº 3/1993,[4] 15/1998[5] e 18/1999.[6]

As **custas** deverão ser recolhidas e comprovadas no momento da interposição do recurso (art. 7º Lei nº 5.584/1970). Caso o recorrente recolha a menor, deverá ser intimado a complementá-la no prazo de cinco dias e, caso não o faça, o recurso será considerado deserto e não se admitirá seu processamento (art. 511, § 2º). Observe-se, contudo, que para o cumprimento dos prazos destinados aos pagamentos de custas, necessário se faz que o valor tenha sido fixado na decisão,

4 Instrução Normativa nº 3 (DJ 12/03/1993) Ementa – Interpreta o art. 8º da Lei nº 8.542, de 23/12/92 (*DOU* de 24/12/92), que trata do depósito para recurso nas ações na Justiça do Trabalho. Texto – O Tribunal Superior do Trabalho, em sua composição Plena, sob a Presidência do Excelentíssimo Senhor Ministro Orlando Teixeira da Costa, considerando o advento da Lei nº 8.542/1992, que em seu art. 8º deu nova redação ao art. 40 da Lei nº 8.177/1991, que altera o contido nos parágrafos do art. 899 da CLT, baixa esta Instrução para definir a sua interpretação quanto ao depósito recursal a ser feito nos recursos interpostos perante a Justiça do Trabalho. I – Os depósitos de que trata o art. 40, e seus parágrafos, da Lei nº 8.177/1991, com a redação dada pelo art. 8º da Lei nº 8.542/1992, não têm natureza jurídica de taxa de recurso, mas de garantia do Juízo recursal, que pressupõe decisão condenatória ou executória de obrigação de pagamento em pecúnia, com valor líquido ou arbitrado. II – No processo de conhecimento dos dissídios individuais o valor do depósito é limitado a Cr$ 20.000.000,00 (vinte milhões de cruzeiros), ou novo valor corrigido, para o recurso ordinário, e a Cr$ 40.000.000,00 (quarenta milhões de cruzeiros), ou novo valor corrigido, para cada um dos recursos subseqüentes, isto é, de revista, de embargos (ditos impropriamente infringentes) e extraordinário, para o Supremo Tribunal Federal, observando-se o seguinte: a) depositado o valor total da condenação, nenhum depósito será exigido nos recursos das decisões posteriores, salvo se o valor da condenação vier a ser ampliado; b) se o valor constante do primeiro depósito, efetuado no limite legal, é inferior ao da condenação, será devida complementação de depósito em recurso posterior, observado o valor nominal remanescente da condenação e/ou os limites legais para cada novo recurso; c) havendo acréscimo ou redução da condenação em grau recursal, o Juízo prolator da decisão arbitrará novo valor à condenação, quer para a exigibilidade de depósito ou complementação do já depositado, para o caso de recurso subseqüente, quer para liberação do valor excedente decorrente da redução da condenação; d) nos dissídios individuais singulares o depósito será efetivado pelo recorrente, mediante a utilização das guias correspondentes, na conta do empregado no FGTS – Fundo de Garantia do Tempo de Serviço, em conformidade com os §§ 4º e 5º do art. 899 da CLT, ou fora dela, desde que feito na sede do Juízo e permaneça à disposição deste, mediante guia de depósito judicial extraída pela Secretaria Judiciária; e) nas reclamatórias plúrimas e nas em que houver substituição processual, será arbitrado o valor total da condenação, para o atendimento da exigência legal do depósito recursal, em conformidade com as alíneas anteriores, mediante guia de depósito judicial extraída pela Secretaria Judiciária do órgão em que se encontra o processo; f) com o trânsito em julgado da decisão condenatória, os valores que tenham sido depositados e seus acréscimos serão considerados na execução; g) com o trânsito em julgado da decisão que absolveu o demandado da condenação, ser-lhe-á autorizado o levantamento do valor depositado e seus acréscimos. III – Julgada procedente ação rescisória e imposta condenação em pecúnia, será exigido um único depósito recursal, até o limite máximo de Cr$ 40.000.000,00 (quarenta milhões de cruzeiros), ou novo valor corrigido, dispensado novo depósito para os recursos subseqüentes, observando-se o seguinte: a) o depósito será efetivado pela parte recorrente vencida, mediante guia de depósito judicial expedida pela Secretaria Judiciária, à disposição do juízo da causa; b) com o trânsito em julgado da decisão, se condenatória, o valor depositado e seus acréscimos serão considerados na execução; se absolutória, será liberado o levantamento do valor do depositado e seus acréscimos. IV – A exigência de depósito no processo de execução observará o seguinte: a) a inserção da vírgula entre as expressões "...aos embargos" e "à execução..." é

senão o prazo para pagamento somente deverá começar a correr do momento em que a parte for intimada no respectivo cálculo.[7]

atribuída a erro de redação, devendo ser considerada a locução "embargos à execução"; b) dada a natureza jurídica dos embargos à execução, não será exigido depósito para a sua oposição quando estiver suficientemente garantida a execução por depósito recursal já existente nos autos, efetivado no processo de conhecimento, que permaneceu vinculado à execução, e/ou pela nomeação ou apreensão judicial de bens do devedor, observada a ordem preferencial estabelecida em lei; c) garantida integralmente a execução nos embargos, só haverá exigência de depósito em qualquer recurso subseqüente do devedor se tiver havido elevação do valor do débito, hipótese em que o depósito recursal corresponderá ao valor do acréscimo, sem qualquer limite; d) o depósito previsto no item anterior será efetivado pelo executado recorrente, mediante guia de depósito judicial expedida pela Secretaria Judiciária, à disposição do Juízo da execução; e) com o trânsito em julgado da decisão que liquidar a sentença condenatória, serão liberados em favor do exeqüente os valores disponíveis, no limite da quantia exeqüenda, prosseguindo, se for o caso, a execução por crédito remanescente, e autorizando-se o levantamento, pelo executado, dos valores que acaso sobejarem. V – Nos termos da redação do § 3º do art. 40, não é exigido depósito para recurso ordinário interposto em dissídio coletivo, eis que a regra aludida atribui apenas valor ao recurso, com efeitos limitados, portanto, ao cálculo das custas processuais. VI – Os valores alusivos aos limites de depósito recursal serão reajustados bimestralmente pela variação acumulada do INPC do IBGE dos dois meses imediatamente anteriores, e serão calculados e publicados no *DJU* por ato do Presidente do Tribunal Superior do Trabalho, tornando-se obrigatória a sua observância a partir do quinto dia seguinte ao da publicação. VII – Toda decisão condenatória ilíquida deverá conter o arbitramento do valor da condenação. O acréscimo de condenação em grau recursal, quando ilíquido, deverá ser arbitrado também para fins de depósito. VIII – O depósito judicial, realizado na conta do empregado no FGTS ou em estabelecimento bancário oficial, mediante guia à disposição do Juízo, será da responsabilidade da parte quanto à exatidão dos valores depositados e deverá ser comprovado, nos autos, pelo recorrente, no prazo do recurso a que se refere, independentemente da sua antecipada interposição, observado o limite do valor vigente na data da efetivação do depósito, bem como o contido no item VI. IX – É exigido depósito recursal para o recurso adesivo, observados os mesmos critérios e procedimentos do recurso principal previsto nesta Instrução Normativa. X – Não é exigido depósito recursal, em qualquer fase do processo ou grau de jurisdição, dos entes de direito público externo e das pessoas de direito público contempladas no Decreto-Lei nº 779, de 21/8/1969, bem assim da massa falida, da herança jacente e da parte que, comprovando insuficiência de recursos, receber assistência judiciária integral e gratuita do Estado (art. 5º, LXXIV, CF). XI – Não se exigirá a efetivação de depósito em qualquer fase ou grau recursal do processo, fora das hipóteses previstas nesta Instrução Normativa. XII – Os processos em curso no período intercorrente entre 24 de dezembro de 1992 e 15 de março de 1993, data da vigência desta Instrução Normativa, serão a ela adequados quanto ao depósito para recurso, por iniciativa do juiz ou órgão julgador competente, que determinará, quando for o caso, a intimação da parte para que regularize o depósito no prazo de oito dias. XIII – Havendo acordo para extinção do processo, as partes disporão sobre o valor depositado. Na ausência de expressa estipulação dos interessados, o valor disponível será liberado em favor da parte depositante. XIV – Esta Instrução Normativa entrará em vigor no dia 15 de março de 1993 e será reexaminada, no que couber, para guardar conformidade com o que vier a ser decidido pelo Supremo Tribunal Federal na Ação Direta de Inconstitucionalidade nº 836-6/DF, ficando revogada a Instrução Normativa nº 2, de 30 de abril de 1991, deste Tribunal."

5 Aprova normas relativas ao depósito recursal na Justiça do Trabalho.Texto: O Órgão Especial do Tribunal Superior do Trabalho, no uso das suas atribuições legais e regimentais,Considerando o cancelamento dos Enunciados 216 e 165; considerando a nova regulamentação do depósito recursal constante da Circular nº 149/1998, da Caixa Econômica Federal, publicada no Diário Oficial da União de 4.9.98; considerando a necessidade de uniformização de entendimentos quanto à regularidade do depósito recursal na Justiça do Trabalho; resolve que a validade do depósito recursal na Justiça do Trabalho condiciona-se à observância das exigências contidas no item 5 e seus subitens, da Circular nº 149/1998, da Caixa Econômica Federal, a seguir transcrita: "5. do Depósito Recursal. 5.1 Depósito, referente a causas trabalhistas, previsto

Não se cobrarão custas quando o recorrente for a União, os Estados, o Distrito Federal, os Municípios e respectivas autarquias e fundações públicas federais, estaduais ou municipais que não explorem atividade econômica e o Ministério Público do Trabalho (art. 790-A, CLT).

A pena de deserção poderá ser **relevada** caso o recorrente comprove que justificadamente deixou de cumprir os prazos legais, procedendo ao recolhimento e comprovando-o na primeira oportunidade que tiver de falar nos autos ou no prazo que lhe for concedido, se lhe for aberta esta oportunidade.

Caso a parte seja vencedora na primeira instância e houver reversão do julgamento, tornando-se vencida na segunda, estará obrigada, independentemente

no artigo 899 da Consolidação das Leis do Trabalho – CLT, efetuado como condição necessária à interposição de recurso contra decisão proferida pela Justiça do Trabalho.5.2 Deve ser efetivado em conta vinculada do FGTS, aberta para este fim específico, mediante GRE, avulsa e apresentada em 3 (três) vias, com a seguinte destinação:- 1ª Via – Caixa/Banco;- 2ª Via – Empregador;- 3ª Via – Processo/JCJ.5.3. Cada GRE abrigará o depósito recursal relativo a apenas um processo,identificado no campo 17, e poderá ser autenticada em qualquer agência bancária, no ato da efetivação do depósito.5.4 São informações indispensáveis à qualificação dos recolhimentos referentes ao depósito recursal.5.4.1 Do Depositante (Empregador)- Razão Social/Nome do Empregador (campo 03);- CGC/CNPJ/CEI (campo 04);- Endereço (campos 05 a 09).5.4.1.1 Na inexistência por impossibilidade de cadastramento do empregador junto ao CGC/CNPJ/CEI, admite-se, excepcionalmente, a indicação do CPF do empregador.5.4.1.2 No caso de empregado doméstico deverá ser indicado o número do CPF do empregador.5.4.2 Do Trabalhador - Nome (campo 21);- Número PIS/Pasep (campo 23).5.4.2.1 No caso de Sindicato, Federação ou Confederação atuando como substituto processual, deverá ser informado, no campo 21, o nome/razão social do mesmo. 5.4.2.2 Tratando-se de ação conjunta, deverá ser indicado, no campo 21, o nome de um dos reclamantes, seguido da expressão "E Outros". 5.4.2.3. Na hipótese da inexistência, por impossibilidade de cadastramento do trabalhador junto ao cadastro do PIS/PASEP e para aqueles cujas relações trabalhistas tenham encerrado anteriormente a 1/1/1972, a admite-se, excepcionalmente, a indicação do número do Processo/Juízo.5.4.3 Do Processo – Informações complementares (campo 17): deverá ser preenchido com o número do processo, bem como do Juízo correspondente (na forma: no do processo, Seção, Vara, etc.). 5.4.4 Do Depósito – Competência (campo 18) – deverá ser preenchido no formato MM/AA correspondente ao mês/ano em que o recolhimento está sendo efetuado; – Código de recolhimento (campo 19): deverá ser preenchido sempre com o código 418; – Valor (campo 27): deverá ser preenchido com o valor determinado pelo Juízo. 5.5 A movimentação da conta aberta para abrigar depósito recursal dar-se-á, exclusivamente, através de Alvará Judicial, em qualquer Agência da Caixa ou, não estando esta presente na localidade,em qualquer banco integrante da rede arrecadadora e pagadora do FGTS.5.5.1 O Alvará deverá ser dirigido à Caixa Econômica Federal (mantenedora legal das contas vinculadas do FGTS), devendo nele constar: – identificação do processo; – identificação do depositante; – nome(s) do(s) beneficiário(s) e forma de rateio (percentual/valor), quando for o caso." Instrução Normativa 15 (Resolução nº 88/1998 – DJ 15/10/1998).

6 Instrução Normativa **18** (Resolução nº 92/1999 – *DJ* 12/1/2000) Texto – Considera-se válida para comprovação do depósito recursal na Justiça do Trabalho a guia respectiva em que conste pelo menos o nome do Recorrente e do Recorrido; o número do processo; a designação do juízo por onde tramitou o feito e a explicitação do valor depositado, desde que autenticada pelo Banco recebedor.Revogam-se as disposições em contrário.

7 Súmula nº 53, TST: O prazo para pagamento das custas, no caso de recurso, é contado da intimação do cálculo.

de intimação, a pagar as custas fixadas na sentença originária, das quais ficará isenta a parte então vencida (Súmula nº 25, TST[8]).

A interposição do recurso deve ser feita perante o Juízo recorrido, denominado de juizo *a quo* e que terá a competência para apreciar os pressupostos recursais. Entendendo que o recorrente preenche e respeita tais pressupostos, o Juízo *a quo* fará a remessa dos autos ao Tribunal *ad quem*, ou seja, aquele a quem compete apreciar as razões de recurso. A ele devolve-se toda a matéria recorrida, inclusive, compete-lhe reapreciar os pressupostos de admissibilidde de recurso.

O art. 893 da CLT traz um rol, aparentemente taxativo, de recursos cabíveis no processo do trabalho. A este rol devemos somar o recurso adesivo, o de revisão, o recurso extraordinário e os embargos declaratórios que vêm previstos no art. 897-A inserido pela Lei nº 9.957/2000.

Não se pode olvidar que as decisões contrárias à Fazenda Pública ensejarão a remessa *ex officio*. Não se trata propriamente de um recurso interposto pelo juiz, mas sim de submissão obrigatória ao duplo grau de jurisdição justificada pelo interesse público (art. 475, CPC).

É, ainda, admissível a interposição de recurso por fax, autorização que se deu com a Lei nº 9.800/1999. O STF baixou a Resolução nº 287/2004[9] regulan-

8 Nº 25 CUSTAS (mantida) – Resolução nº 121/2003, DJ 19, 20 e 21/11/2003 A parte vencedora na primeira instância, se vencida na segunda, está obrigada, independentemente de intimação, a pagar as custas fixadas na sentença originária, das quais ficará isenta a parte então vencida. Histórico: Redação original – RA nº 57/1970, DO-GB 27/11/1970

9 Institui o *e-STF*, sistema que permite o uso de correio eletrônico para a prática de atos processuais, no âmbito do Supremo Tribunal Federal. **O PRESIDENTE DO SUPREMO TRIBUNAL FEDERAL**, no uso das atribuições que lhe confere o art. 13, XVII, combinado com o art. 363, I, do Regimento Interno, e tendo em vista o decidido na Sessão Administrativa do dia 25 de março de 2004, Processo Administrativo nº 285.293, assim como o disposto na Lei nº 9.800, de 26/05/1999,**R E S O L V E:** Art. 1º – Fica instituído no âmbito do Supremo Tribunal Federal o *e-STF*, sistema de transmissão de dados e imagens, tipo correio eletrônico, para a prática de atos processuais, nos termos e condições previstos na Lei nº 9.800, de 26/5/1999. Art. 2º – O acesso ao *e-STF* dá-se por meio da página do Supremo Tribunal Federal na Internet, endereço eletrônico www.stf.gov.br, com utilização facultada aos advogados previamente cadastrados e sujeita às regras e condições do serviço constantes do manual do usuário, também disponível nesse sítio. § 1º – O interessado deverá cadastrar-se no *e-STF* e, em seguida, registrar sua senha de segurança, que deverá ser pessoal e sigilosa, assegurando a remessa identificada das petições e dos documentos. § 2º – As petições eletrônicas enviadas deverão, obrigatoriamente e sob pena de não-recebimento, ser gravadas em um dos seguintes formatos: doc (Microsoft Word), rtf (Rich Text Fomat), jpg (arquivos de imagens digitalizadas), pdf (*portable document format*), tiff (*tagged image file*), gif (*graphics interchange file*) e htm (*hypertext markup language*). Art. 3º – As petições e os documentos enviados serão impressos e protocolados de forma digital pela Coordenadoria de Registros e Informações Processuais durante o horário de atendimento ao público, das 11 às 19h, nos dias úteis, sendo que os expedientes encaminhados após as 19h somente serão protocolados no dia útil subseqüente. § 1º – É de inteira responsabilidade do remetente o teor e a integridade dos arquivos enviados, assim como a observância dos prazos. § 2º – A tempestividade da petição será aferida pela data e hora de recebimento dos dados pelo sistema, observando-se, rigorosamente, o limite de horário para o protoco-

do o processamento da petição eletrônica no seu âmbito. O TST, por sua vez, publicou a Instrução Normativa nº 28 de 7/6/2005 regulando o peticionamento eletrônico.[10]

---

lo de petições estabelecido no *caput*. § 3º – Não será considerado, para efeito de tempestividade, o horário da conexão do usuário, o momento do acesso à página do Tribunal na Internet ou qualquer outra referência de evento. § 4º – Os arquivos recebidos em desacordo com os formatos estabelecidos nesta Resolução ou que estejam, no todo ou em parte, incompletos ou danificados, por qualquer eventualidade técnica, não serão protocolados, cabendo ao interessado acompanhar o seu completo recebimento pelo sistema. § 5º – A simples remessa do arquivo pelo sistema não assegura seu protocolo, cuja efetivação dependerá de cumprimento das formalidades previstas nesta Resolução. § 6º – O Tribunal exime-se de qualquer falha técnica na comunicação e no acesso ao seu provedor ou à página do STF na Internet, cabendo ao interessado a verificação da integridade do recebimento dos dados. Art. 4º – Deverão acompanhar a petição, em arquivos digitais, os documentos que obrigatoriamente a complementam. Art. 5º – A utilização do sistema não desobrigará o usuário de protocolar os originais, devidamente assinados, junto à Seção de Protocolo e Informações Processuais do STF, no prazo e condições previstos no art. 2º e parágrafo único da Lei nº 9.800/1999. § 1º – A Coordenadoria de Registros e Informações Processuais lançará certidão com a data, a hora do recebimento e o protocolo da petição eletrônica na petição original e nos documentos que a acompanham, assim como verificará a perfeita semelhança entre esta e os originais recebidos posteriormente. § 2º – O não-encaminhamento dos originais implicará o arquivamento da via eletrônica da petição, competindo à Coordenadoria de Registros e Informações Processuais certificar, nos respectivos autos, tal ocorrência. § 3º – Deverão ser juntadas aos autos apenas as peças originais, acompanhadas das certidões relacionadas ao uso do sistema *e-STF*, arquivando-se em meio magnético no ambiente informatizado do Supremo Tribunal Federal a petição eletrônica e seus anexos. Art. 6º – Eventuais casos omissos serão decididos pelo órgão julgador competente. Art. 7º – Esta Resolução entra em vigor na data de sua publicação.

10 O **TRIBUNAL SUPERIOR DO TRABALHO**, em sua composição plena, no uso de suas atribuições legais e regimentais, **CONSIDERANDO** o disposto na Lei nº 9.800, de 26 de maio de 1999, que, em seu artigo 1º, permite às partes a utilização de sistema de transmissão de dados e imagens tipo fac-símile ou outro similar para a prática de atos processuais que dependam de petição escrita; **CONSIDERANDO** o disposto na Medida Provisória nº 2.200-2, de 24 de agosto de 2001, que instituiu a Infra-Estrutura de Chaves Públicas Brasileiras – ICP-Brasil, para garantir a autenticidade, a integridade e a validade jurídica de documentos em forma eletrônica, e **CONSIDERANDO** as vantagens propiciadas pela tecnologia de Infra-Estrutura de Chaves Públicas Brasileiras – ICP-Brasil, que permite a transmissão de dados de maneira segura, criando facilidade de acesso e economia de tempo e de custos ao jurisdicionado, **R E S O L V E Art. 1º** – Instituir o Sistema Integrado de Protocolização e Fluxo de Documentos Eletrônicos, denominado e-DOC, no âmbito da Justiça do Trabalho, que permite às partes, advogados e peritos utilizar a Internet para a prática de atos processuais dependentes de petição escrita. **§ 1º** O e-DOC é um serviço de uso facultativo, disponível nas páginas do Tribunal Superior do Trabalho e dos Tribunais Regionais do Trabalho, na Internet. **§ 2º** – É vedado o uso do e-DOC para o envio de petições destinadas ao Supremo Tribunal Federal. **Art. 2º** – As petições, acompanhadas ou não de anexos, apenas serão aceitas em formato PDF (Portable Document Format), no tamanho máximo, por operação, de 2 Megabytes. Parágrafo único. Não se admitirá o fracionamento de petição, tampouco dos documentos que a acompanham, para fins de transmissão. **Art. 3º** – O envio da petição por intermédio do e-DOC dispensa a apresentação posterior dos originais ou de fotocópias autenticadas. **Art. 4º** – O acesso ao e-DOC depende da utilização, pelo usuário, da sua identidade digital, a ser adquirida perante qualquer Autoridade Certificadora credenciada pela ICP-Brasil, e de seu prévio cadastramento perante os órgãos da Justiça do Trabalho. **§ 1º** – O cadastramento será realizado mediante o preenchimento de formulário eletrônico, disponível nas páginas do Tribunal Superior do Trabalho e dos Tribunais Regionais do Trabalho, na Internet. **§ 2º** – Alterações de dados cadastrais poderão ser feitas pelos usuários, a qualquer momento, nas páginas do Tribunal Superior do Trabalho e dos Tribunais Regionais do Trabalho, na Inter-

16.1. EMBARGOS DE DECLARAÇÃO[11]

Até 1994 discutiu-se a natureza recursal dos embargos de declaração e, a partir da reforma processual realizada neste ano, a discussão fundou-se quando o art. 496 do CPC trouxe este instituto como uma das formas de recurso. Até a aprovação

net. **§ 3º** – O cadastramento implica a aceitação das normas estabelecidas nesta Instrução Normativa. **Art. 5º** – O Sistema Integrado de Protocolização e Fluxo de Documentos Eletrônicos (e-DOC), no momento do recebimento da petição, expedirá recibo ao remetente, que servirá como comprovante de entrega da petição. **§ 1º** – Constarão do recibo as seguintes informações: **I** – o número de protocolo da petição gerado pelo Sistema; **II** – o número do processo e o nome das partes, se houver, o assunto da petição e o órgão destinatário da petição, informados pelo remetente; **III** – a data e o horário do recebimento da petição no Tribunal, fornecidos pelo Observatório Nacional, e **IV** – as identificações do remetente da petição e do usuário que assinou eletronicamente o documento. **§ 2º** – A qualquer momento o usuário poderá consultar no e-DOC as petições que enviou e os respectivos recibos. **Art. 6º** – Incumbe aos Tribunais, por intermédio das respectivas unidades administrativas responsáveis pela recepção das petições transmitidas pelo e-DOC: **I** – imprimir as petições e seus documentos, caso existentes, anexando-lhes o comprovante de recepção gerado pelo Sistema, e **II** – verificar, diariamente, no sistema informatizado, a existência de petições eletrônicas pendentes de processamento. **Art. 7º** – São de exclusiva responsabilidade dos usuários: **I** – o sigilo da assinatura digital, não sendo oponível, em qualquer hipótese, alegação de seu uso indevido; **II** – a equivalência entre os dados informados para o envio (número do processo e unidade judiciária) e os constantes da petição remetida; **III** – as condições das linhas de comunicação e acesso ao seu provedor da Internet; **IV** – a edição da petição em conformidade com as restrições impostas pelo serviço, no que se refere à formatação e tamanho do arquivo enviado, e **V** – o acompanhamento da divulgação dos períodos em que o serviço não estiver disponível em decorrência de manutenção no site do Tribunal. Parágrafo único. A não-obtenção pelo usuário de acesso ao Sistema, além de eventuais defeitos de transmissão ou recepção de dados, não serve de escusa para o descumprimento dos prazos legais. **Art. 8º** – Incumbe ao usuário observar o horário de funcionamento das unidades judiciárias responsáveis pela recepção das petições transmitidas por intermédio do e-DOC, devendo atentar para as diferenças de fuso horário existentes no País. **§ 1º** – As petições transmitidas fora dos horários de atendimento ao público, definidos em regulamentação de cada Tribunal, serão consideradas como recebidas no expediente subseqüente. **§ 2º** – Não serão considerados, para efeito de tempestividade, o horário da conexão do usuário à Internet, o horário do acesso ao site do Tribunal, tampouco os horários consignados nos equipamentos do remetente e da unidade destinatária. **Art. 9º** – O uso inadequado do e-DOC que venha a causar prejuízo às partes ou à atividade jurisdicional importa bloqueio do cadastramento do usuário, a ser determinado pela autoridade judiciária competente. **Art. 10** – Os casos omissos serão resolvidos pelos Presidentes dos Tribunais, no âmbito de suas esferas de competência. **Art. 11** – Esta Instrução Normativa entra em vigor na data de sua publicação. Sala de sessões, 2 de junho de 2005"

11 Súmula TST nº 184. Embargos Declaratórios. Omissão em Recurso de Revista. Preclusão (mantida). Res. 121/2003, DJ 19, 20 e 21/11/2003. Ocorre preclusão se não forem opostos embargos declaratórios para suprir omissão apontada em recurso de revista ou de embargos. Histórico: Redação original – Res. 6/1983, DJ 9/11/1983 nº 184. Ocorre preclusão quando não forem opostos embargos declaratórios para suprir omissão apontada em recurso de revista ou de embargos. Súmula TST nº 278. Embargos de Declaração. Omissão no julgado (mantida) – Res. 121/2003, DJ 19, 20 e 21/11/2003. A natureza da omissão suprida pelo julgamento de embargos declaratórios pode ocasionar efeito modificativo no julgado. Histórico: Redação original – Res. 11/1988, DJ 01, 02 e 3/3/1988. Súmula nº 297 do TST – prequestionamento. Oportunidade. Configuração – nova redação – Res.121/2003, DJ 21/11/2003 I. Diz-se prequestionada a matéria ou questão quando na decisão impugnada haja sido adotada, explicitamente, tese a respeito. II. Incumbe à parte interessada, desde que a matéria haja sido invocada no recurso principal, opor embargos declaratórios objetivando o pronunciamento sobre o tema, sob pena de preclusão. III. Considera-se prequestionada a questão jurídica invocada no recurso principal sobre a qual se omite o Tribunal de pronunciar tese, não obstante opostos embargos de declaração. Súmula nº 421 do TST. Embargos Declaratórios contra decisão

da Lei nº 9.957/2000 a CLT não trazia a previsão dos embargos de declaração, limitando-se a admitir a revisão na decisão proferida de evidentes erros ou enganos de escrita, de datilografia ou de cálculo cuja correção pode ser realizada de ofício ou a requerimento dos interessados ou da Procuradoria da Justiça do Trabalho (art. 833, CLT).

A reforma de 1994 ao CPC parece-nos ter acertado quando conferiu aos embargos a natureza recursal, acolhendo as vozes da melhor (e majoritária) doutrina uma vez que, em muitas situações, os embargos são responsáveis pela modificação do julgado.[12]

Com a Lei nº 9.957/2000 que inseriu o procedimento sumaríssimo no ordenamento processual trabalhista, houve a oportunidade de o legislador tratar dos embargos de declaração neste sistema (art. 897-A).

Os embargos de declaração (arts. 535 a 538, CPC e 897-A, CLT) têm por finalidade possibilitar que o acórdão, sentença ou decisão interlocutória sejam os mais nítidos possíveis não fazendo nascer no espírito do destinatário qualquer dúvida quando da leitura daquela decisão.

À exceção das decisões que importem no simples andamento processual, as demais podem ser embargáveis por meio de declaração. Onde houver omissão, obscuridade, contradição e erro material, poderá a parte ingressar com embargos de declaração pedindo o aclaramento ou acertamento.[13] Cabe tanto nas decisões pro-

---

monocrática do relator calcada no art. 557 do CPC. Cabimento. (Conversão da Orientação Jurisprudencial nº 74 da SDI-II, Res. 137/05 – DJ 22/8/2005). I – Tendo a decisão monocrática de provimento ou denegação de recurso, prevista no art. 557 do CPC, conteúdo decisório definitivo e conclusivo da lide, comporta ser esclarecida pela via dos embargos de declaração, em decisão aclaratória, também monocrática, quando se pretende tão-somente suprir omissão e não, modificação do julgado. II – Postulando o embargante efeito modificativo, os embargos declaratórios deverão ser submetidos ao pronunciamento do Colegiado, convertidos em agravo, em face dos princípios da fungibilidade e celeridade processual (ex-OJ nº 74 – inserida em 8/11/2000). Nº 297 prequestionamento. Oportunidade. Configuração (nova redação) – Res. 121/2003, DJ 19, 20 e 21/11/2003, Súmula nº 82. I. Diz-se prequestionada a matéria ou questão quando na decisão impugnada haja sido adotada, explicitamente, tese a respeito. II. Incumbe à parte interessada, desde que a matéria haja sido invocada no recurso principal, opor embargos declaratórios objetivando o pronunciamento sobre o tema, sob pena de preclusão. III. Considera-se prequestionada a questão jurídica invocada no recurso principal sobre a qual se omite o Tribunal de pronunciar tese, não obstante opostos embargos de declaração. Histórico: Redação original – Res. 7/1989, DJ 14,18 e 19/4/1989. Nº 297 Prequestionamento – Oportunidade – Configuração. Diz-se prequestionada a matéria quando na decisão impugnada haja sido adotada, explicitamente, tese a respeito. Incumbe à parte interessada interpor embargos declaratórios objetivando o pronunciamento sobre o tema, sob pena de preclusão.

12 Súmula nº 278: A natureza da omissão suprida pelo julgamento de embargos declaratórios pode ocasionar efeito modificativo ao julgado

13 Sobre a possibilidade de ser interposto contra decisões interlocutórias, Nelson Nery entende, também, ser embargável através de declaração "(...) também as *decisões*, ainda que não haja previsão expressa na lei a respeito. É que não se pode subtrair da parte o direito de obter uma decisão (interlocutória ou sentença)

feridas em dissídios individuais como coletivos e em todos os tipos de processos e procedimentos. O que importa para viabilizar este recurso é a existência de uma decisão judicial que contenha alguma das características acima mencionadas.

Entendemos que, no que diz respeito às decisões interlocutórias, o art. 895-A da CLT o permitiu de forma expressa interlocutória, quando autoriza o cabimento do recurso contra *"manifesto equívoco no exame dos pressupostos extrínsecos do recurso"* (art. 897-A).

Os embargos deverão ser propostos no prazo de cinco dias a contar da intimação da decisão recorrida, devendo seu julgamento ocorrer na primeira audiência ou na sessão subseqüente a sua apresentação, registrado na certidão, admitindo efeito modificativo da decisão nos casos de omissão e contradição no julgado, e manifesto equívoco no exame dos pressupostos extrínsecos do recurso (art. 897-A, CLT).

São, portanto, as hipóteses de cabimento dos embargos que vão caracterizar o interesse do embargante: (1) omissão; (2) contradição; (3) manifesto equívoco no exame dos pressupostos processuais; (4) obscuridade. Qualquer um destes supostos deve estar presente na sentença, o que exclui a possibilidade de se embargar contra, por exemplo, má apreciação da prova. Não se olvide, ainda, que o art. 518, § 2º, CPC, admite que o juiz possa, de ofício, reavaliar os pressupostos recursais no prazo de cinco dias após a juntada das contra-razões, abrindo-se, assim, mais uma via com o embargos para a apreciação desta matéria.

Com a possibilidade de se discutir por embargos de declaração os pressupostos recursais extrínsecos, quer nos parecer que, caso a parte interessada não interponha os embargos, perde a oportunidade que tem de discutir esta questão, precluindo seu direito à interposição do agravo de instrumento – recurso que tem por finalidade o destrancamento do apelo que não teve seu seguimento deferido, medida que visa a desburocratizar e acelerar a marcha processual ao Tribunal.[14]

Assim podemos entender que ao recorrente abrem-se dois caminhos: 1) nas hipóteses em que o recurso for interposto e denegado seguimento em razão do

absolutamente clara e imune de enganos do ponto de vista imperativo: ela tem o direito de saber claramente, por que perdeu ou ganhou. Há decisões interlocutórias de suma importância, como, por exemplo, a de saneamento, proferida na audiência preliminar do art. 331, do CPC, que não se compadecem de interpretação restritiva quanto a sua recorribilidade por intermédio dos embargos de declaração. Se houve obscuridade, contradição ou omissão na decisão interlocutória, são cabíveis os embargos de declaração" (*Princípios Fundamentais – Teoria Geral dos Recursos*, p. 212).

14 Reconhecemos que a questão é bastante delicada, pois a ausência de pressuposto processual pode ocasionar a nulidade absoluta do feito. De forma que, para a compreensão do tema, é necessário que se tenha conhecimento do sistema das nulidades processuais, item este a que remetemos o leitor.

desrespeito a pressupostos intrínsecos, o recurso contra o despacho de denegação será de agravo; 2) nas hipóteses em que o recurso for interposto e denegado seguimento em razão do desrespeito a pressupostos extrínsecos, o recurso contra o despacho de denegação será, primeiramente, os embargos de declaração dirigidos ao juiz da causa.

A interposição dos embargos de declaração importará em interrupção do prazo para o recurso e, após ser decidido, as partes serão intimadas do resultado, sendo-lhes devolvido por inteiro o prazo que teria começado a correr para o recurso que se vai interpor ao juízo *ad quem*.

Se a parte embargar somente para protelar o andamento processual, incorrerá em multa pela interposição de embargos protelatórios, que será aplicada *ex officio* pelo juiz no montante de não excedente de 1% (um por cento) sobre o valor da causa. Em havendo reiteração de embargos protelatórios, a multa é elevada a até 10% (dez por cento), ficando condicionada a interposição de qualquer outro recurso ao depósito do valor respectivo (art. 538 e parágrafo único, CPC).

Quem deverá julgar os embargos é o juiz que proferiu a decisão, pois estaria em melhores condições para esclarecer aquilo que estiver sendo impugnado. Isso não ocorrerá caso esteja licenciado, tenha sido promovido, jubilado ou, por qualquer outra razão, esteja impedido de fazê-lo, ocasião em que os autos passam a seu substituto.

Deve ser observado que o interesse em embargar não será somente do vencido na ação, mas o vencedor também guarda tal interesse, em razão das próprias razões que admitem os embargos. Não obstante estar sujeito aos pressupostos recursais, importa dizer que não se exige preparo para embargar (art. 536, CPC).

16.2. RECURSO ORDINÁRIO

Cabível contra decisões definitivas ou terminativas proferidas pelo juiz que julga originariamente uma causa. É recurso equivalente à apelação civil e o recurso mais abrangente. Portanto, as regras deste recurso aplicar-se-ão subsidiariamente àquele. Devolve-se ao Tribunal recorrido toda a matéria impugnada além daquelas que, mesmo não impugnadas, tiverem natureza da ordem pública e que devem ser conhecidas independentemente de manifestação em qualquer tempo e grau de jurisdição, *v.g.*, a competência. Igualmente, aqui se conhecerão, ainda, todas as questões decididas de modo incidente e que foram objeto de decisão interlocutória, desde que a parte, na ocasião própria, tenha manifestado seu inconformismo com tal julgamento. Além disso, devolve-se ao Tribunal *ad quem* toda a matéria discutida no processo ainda que a sentença não as tenha julgado por inteiro. O juiz, ao apreciar a matéria, deve dar razões daquilo que formaram seu convencimento e não rebater ponto a ponto o que foi discutido. Daí a importância do conteúdo do art. 515, § 1º, CPC quando diz da abrangência da matéria que o Tribunal conhecerá por ocasião de um recurso ordinário.

Entendemos ainda que, se houve extinção do feito sem julgamento de mérito, o Tribunal poderá desde logo julgar o mérito, caso entenda que está em condições de julgamento ou se se tratar de questão de direito. Ou seja, não há supressão de instância o julgamento direto pelo Tribunal; ao contrário, há economia de tempo e custos, autorizada pelo art. 515, § 3º, do CPC. O mesmo poderá ocorrer, ou seja, sem devolução dos autos à instância inferior, caso o Tribunal constate que há nulidade sanável que possa ser solvida pelas partes ou por providência do próprio Tribunal (art. 515, § 4º, do CPC).

Respeitados os entendimentos contrários, é comum no processo trabalhista que, em processos, por exemplo, em que se requeira o reconhecimento de vínculo de emprego cumulado com outras verbas decorrentes dessa relação, o Tribunal, quando reforma a sentença de improcedência da pretensão, ordene que os autos retornem a instância inferior para "julgar o mérito". Tal entendimento contraria as disposições insertas pelo legislador civil, aplicáveis ao processo do trabalho, que nada dispõe a respeito, e que visam acelerar o andamento processual, atribuindo-lhe o menor custo possível. Com a declaração de vínculo ditada pelo Acórdão em substituição à sentença de 1º grau, é absolutamente possível na maioria das situações em que, desde logo, o próprio Tribunal profira o julgamento por completo. O retorno à instância originária para prolação de nova sentença para, só depois disso, retornar ao Tribunal que irá continuar o julgamento somente causa transtornos e acréscimos de custas, com um elastecimento injustificado do tempo do processo. Pensamos que tudo poderia ser resolvido no Acórdão proferido, com fundamento nos parágrafos do art. 515 do CPC, sem que se fique preso ao formalismo rigoroso, do qual já se tem livrado o processo civil e ao qual o processo do trabalho se apega sem o menor resultado útil.

O recurso ordinário será proposto no **prazo de oito dias** a contar da publicação no *Diário Oficial* do Acórdão que se deseja impugnar, por petição dirigida ao juízo recorrido que apreciará a presença dos pressupostos recursais (primeiro Juízo de admissibilidade). Concluindo pela procedência, determinará o processamento do recurso, abrindo à parte contrária contra-arrazoar em idêntico prazo, sendo-lhe facultado, no prazo de cinco dias, rever a decisão de admissibilidade do recurso ante os argumentos lançados nas contra-razões (art. 518, § 2º, CPC).

Entendemos pela aplicação do § 1º do art. 518 do CPC ao processo do trabalho que se dirige à aplicação da **súmula vinculante**. Ou seja, caso a matéria debatida esteja em consonância com a Súmula do STF ou do TST, entendemos que o juiz poderá denegar seguimento ao recurso.

Regularmente processado, os autos serão enviados ao Tribunal recorrido cujo processamento será determinado de acordo com o Regimento Interno de cada Tribunal. O processo, em geral, é distribuído para um juiz Relator que, após apreciar previamente o recurso, poderá deferi-lo ou não (segundo Juízo de admissibilidade). Se deferir, ordenará a remessa à Procuradoria para que manifeste seu interesse em atuar ou não no feito.[15] Retornando da Procuradoria, os autos voltam ao Relator que, após dar seu "visto",[16] colocará o processo em pauta de julgamento. Na sessão, após a leitura do relatório do Relator, as partes podem sustentar suas razões em plenário oralmente e, depois do voto do Relator, votam os demais juízes, de acordo com a ordem estipulada no Regimento Interno do Tribunal. Com o fim da votação, proclama-se o julgamento e após a lavratura do Acórdão este é publicado no *Diário Oficial*.

Caso o Relator indefira o processamento, a parte tem direito a Agravo Regimental para ver destrancado o recurso.

16.3. RECURSO DE REVISTA[17]

Era originalmente denominado de recurso extraordinário, sendo sua terminologia alterada justamente para não se confundir com o extraordinário dirigido ao STF. Tem cabimento no prazo de oito dias a contar da intimação da decisão fi-

15 Há Tribunais que, antes de fazer a distribuição ao Relator, fazem a remessa dos autos à Procuradoria.

16 Quer dizer que já se estudou o processo e que pode ser julgado.

17 Súmula TST nº 218. Recurso de Revista. Acórdão Proferido em Agravo de Instrumento (mantida) – Res. 121/2003, DJ 19, 20 e 21/11/2003. É incabível recurso de revista interposto de acórdão regional prolatado em agravo de instrumento. Súmulas 61 Histórico: Redação original – Res. 14/1985, DJ 19.09.1985 e 24, 25 e 26/9/1985, nº 218. Recurso de revista contra acórdão proferido em agravo de instrumento. É incabível recurso de revista contra acórdão regional prolatado em agravo de instrumento.

Súmula nº 221. Recursos de Revista ou de Embargos. Violação de Lei. Indicação de Preceito. Interpretação Razoável (incorporada a Orientação Jurisprudencial no 94 da SBDI-1) – Res. 129/2005, DJ 20, 22 e 25/4/2005. Súmula 62 I – A admissibilidade do recurso de revista e de embargos por violação tem como pressuposto a indicação expressa do dispositivo de lei ou da Constituição tido como violado. (ex-OJ no 94 da SBDI-1 – inserida em 30/5/1997) II – Interpretação razoável de preceito de lei, ainda que não seja a melhor, não dá ensejo à admissibilidade ou ao conhecimento de recurso de revista ou de embargos com base, respectivamente, na alínea "c" do art. 896 e na alínea "b" do art. 894 da CLT. A violação há de estar ligada à literalidade do preceito. (ex-Súmula nº 221 – alterada pela Res. 121/2003, DJ 21/11/2003) Histórico: Súmula alterada – Res. 121/2003, DJ 19, 20 e 21/11/2003, nº 221 Recursos de revista ou de embargos. Interpretação razoável. Admissibilidade vedada Interpretação razoável de preceito de lei, ainda que

nal com recurso ordinário em dissídio individual proferida pelos TRTs quando (art. 896, CLT): (a) derem ao mesmo dispositivo de lei federal interpretação diversa da que lhe houver dado outro Tribunal Regional, no seu Pleno ou Turma, ou a Seção de Dissídios Individuais do Tribunal Superior do Trabalho, ou a Súmula de Jurisprudência Uniforme dessa Corte; (b) derem ao mesmo dispositivo de lei estadual, Convenção Coletiva de Trabalho, Acordo Coletivo, sentença normativa ou regulamento empresarial de observância obrigatória em área territorial que exceda a jurisdição do Tribunal Regional prolator da decisão recorrida, interpretação divergente, na forma da alínea *a*; (c) proferidas com violação literal de disposição de lei federal ou afronta direta e literal à Constituição Federal.

não seja a melhor, não dá ensejo à admissibilidade ou ao conhecimento de recurso de revista ou de embargos com base, respectivamente, na alínea c do art. 896 e na alínea b do art. 894 da CLT. A violação há de estar ligada à literalidade do preceito. Redação original – Res. 14/1985, DJ 19/9/1985 e 24, 25 e 26/9/1985, nº 221. Recursos de revista ou de embargos. Interpretação razoável. Admissibilidade. Vedada Interpretação razoável de preceito de lei, ainda que não seja a melhor, não dá ensejo à admissibilidade ou ao conhecimento dos recursos de revista ou de embargos com base, respectivamente, nas alíneas "b" dos artigos 896 e 894 da Consolidação das Leis do Trabalho. A violação há que estar ligada à literalidade do preceito.

Súmula TST nº 266. Recurso de Revista. Admissibilidade. Execução de Sentença (mantida) – Res. 121/2003, DJ 19, 20 e 21/11/2003. A admissibilidade do recurso de revista interposto de acórdão proferido em agravo de petição, na liquidação de sentença ou em processo incidente na execução, inclusive os embargos de terceiro, depende de demonstração inequívoca de violência direta à Constituição Federal. Histórico: Redação original (revisão da Súmula nº 210) – Res. 1/1987, DJ 23/10/1987 e DJ 10, 11 e 14/12/1987. Súmula 74 nº 266. A admissibilidade do recurso de revista contra acórdão proferido em agravo de petição, na liquidação de sentença ou em processo incidente na execução, inclusive os embargos de terceiro, depende de demonstração inequívoca de violência direta à Constituição Federal.

Súmula TST nº 333. Recursos de Revista e de Embargos. Conhecimento (Mantida) – Res. 121/2003, DJ 19, 20 e 21/11/2003. Não ensejam recursos de revista ou de embargos decisões superadas por iterativa, notória e atual jurisprudência do Tribunal Superior do Trabalho. Histórico: Súmula alterada – Res. 99/2000, DJ 18, 19 e 20/9/2000. Redação original (revisão da Súmula nº 42) – Res. 25/1994, DJ 12, 16 e 18/5/1994, nº 333. Recurso de Revista. Embargos. Não conhecimento. Revisão do Enunciado nº 42 Não ensejam recursos de revista ou de embargos decisões superadas por iterativa, notória e atual jurisprudência da Seção Especializada em Dissídios Individuais.

Súmula TST nº 337. Comprovação de Divergência Jurisprudencial. Recursos de Revista e de Embargos (incorporada a Orientação Jurisprudencial no 317 da SBDI-1) – Res. 129/2005, DJ 20, 22 e 25/4/2005 I – Para comprovação da divergência justificadora do recurso, é necessário que o recorrente: a) Junte certidão ou cópia autenticada do acórdão paradigma ou cite a fonte oficial ou o repositório autorizado em que foi publicado; e b) Transcreva, nas razões recursais, as ementas e/ou trechos dos acórdãos trazidos à configuração do dissídio, demonstrando o conflito de teses que justifique o conhecimento do recurso, ainda que os acórdãos já se encontrem nos autos ou venham a ser juntados com o recurso. (ex-Súmula nº 337 – alterada pela Res. 121/2003, DJ 21/11/2003) II – A concessão de registro de publicação como repositório autorizado de jurisprudência do TST torna válidas todas as suas edições anteriores. (ex-OJ no 317 da SBDI-1 – DJ 11/8/2003) Histórico: Súmula alterada – Res. 121/2003, DJ 19, 20 e 21/11/2003, nº 337. Comprovação de divergência jurisprudencial. Recursos de revista e de embargos Para comprovação da divergência justificadora do recurso é necessário que o recorrente: I – Junte certidão ou cópia autenticada do acórdão paradig-

Além dos requisitos recursais[18] já estudados para admissão em geral dos recursos, discute-se sobre mais um, nominado **critério da transcendência**. Este requisito foi inserido pela MP nº 2226 de 4/9/2001[19] no sistema processual trabalhista, agregando-se de forma definitiva a este ordenamento jurídico em razão do conteúdo do art. 2º, da EC nº 32, de 11/9/2001, que dispôs que toda medida provisória que estiver em vigor na data de publicação da Emenda continuaria *em vigor até que medida provisória ulterior as revogue explicitamente ou até deliberação definitiva do Congresso Nacional*. O Projeto de Lei enviado pelo TST que cuidava desta matéria não foi votado, e tampouco o Congresso Nacional deliberou sobre aquela Medida Provisória. Ocorre que o Conselho Federal da Ordem dos Advogados do Brasil propôs ADIn contra aquela Medida Provisória e, em 30/10/2002, o Plenário do STF concedeu a liminar para suspender a eficácia dos arts. 1º e 2º, integralmente e, parcialmente do art. 3º da MP, de forma que desde aquela data, o art. 896-A encontra-se com eficácia suspensa até decisão final daquele Tribunal, ou até que lei posterior venha alterá-lo.

ma ou cite a fonte oficial ou o repositório autorizado em que foi publicado; e II – Transcreva, nas razões recursais, as ementas e/ou trechos dos acórdãos trazidos à configuração do dissídio, demonstrando o conflito de teses que justifique o conhecimento do recurso, ainda que os acórdãos já se encontrem nos autos ou venham a ser juntados com o recurso Redação original (revisão da Súmula no 38) – Res. 35/1994, DJ 18, 21 e 22/11/1994 – Republicada DJ 30/11, 01 e 02/12/1994, nº 337. Comprovação de divergência jurisprudencial. Recursos de revista e de embargos. Revisão do Enunciado nº 38. Súmula nº 97. Para comprovação da divergência justificadora do recurso, é necessário que o recorrente: I – Junte certidão ou cópia autenticada do acórdão paradigma ou cite a fonte oficial ou repositório autorizado em que foi publicado; e II – Transcreva, nas razões recursais, as ementas e/ou trechos dos acórdãos trazidos à configuração do dissídio, mencionando as teses que identifiquem os casos confrontados, ainda que os acórdãos já se encontrem nos autos ou venham a ser juntados com o recurso.

18 O intérprete não poderá olvidar-se das exigências contidas nos art. 232 e seguintes do Regimento Interno do TST.

19 MEDIDA PROVISÓRIA Nº 2.226, DE 4 DE SETEMBRO DE 2001 O PRESIDENTE DA REPÚBLICA, no uso da atribuição que lhe confere o art. 62 da Constituição, adota a seguinte Medida Provisória, com força de lei: Art. 1º – A Consolidação das Leis do Trabalho, aprovada pelo Decreto-Lei nº 5.452, de 1º de maio de 1943, passa a vigorar acrescida do seguinte dispositivo: "Art. 896-A. O Tribunal Superior do Trabalho, no recurso de revista, examinará previamente se a causa oferece transcendência com relação aos reflexos gerais de natureza econômica, política, social ou jurídica." (N.R.) Art. 2º – O Tribunal Superior do Trabalho regulamentará, em seu Regimento Interno, o processamento da transcendência do recurso de revista, assegurada a apreciação da transcendência em sessão pública, com direito a sustentação oral e fundamentação da decisão. Art. 3º – O art. 6º da Lei nº 9.469, de 10 de julho de 1997, passa a vigorar acrescido do seguinte parágrafo, renumerando-se o atual parágrafo único para § 1º: "§ 2º – O acordo ou a transação celebrada diretamente pela parte ou por intermédio de procurador para extinguir ou encerrar processo judicial, inclusive nos casos de extensão administrativa de pagamentos postulados em Juízo, implicará sempre a responsabilidade de cada uma das partes pelo pagamento dos honorários de seus respectivos advogados, mesmo que tenham sido objeto de condenação transitada em julgado." (N.R.) Art. 4º – Esta Medida Provisória entra em vigor na data de sua publicação. Brasília, 4 de setembro de 2001; 180º da Independência e 113º da República.

O que se deve entender por transcedência está especificado no Projeto enviado pelo TST, e é a ele que devemos nos apegar para resolver quaisquer questionamentos. Para tanto, nos socorremos dos esclarecimentos do ministro Ives Gandra da Silva Filho que assim explica o critério da transcedência:[20]

> IX) A TRANSCENDÊNCIA JURÍDICA
> *O* **inciso I do § 1º do art. 896-A da CLT**, *tal como proposto pelo PL nº 3.267/2000, define a* **transcendência jurídica** *como sendo* **"o desrespeito patente aos direitos humanos fundamentais ou aos interesses coletivos indisponíveis, com comprometimento da segurança e estabilidade das relações jurídicas"**. *Quatro hipóteses claras transparecem desse dispositivo, apontando para algumas espécies de causas que justificam a apreciação do processo pelo TST, em face de sua transcendência* **jurídica**: **a)** *recursos oriundos de* **ações civis públicas**, *nas quais se discutem* **interesses difusos e coletivos**, *cuja solução envolverá toda a coletividade de empregados de uma empresa ou setor produtivo, exigindo uma revisão final do TST e a máxima ponderação sobre o provimento jurisdicional que se ofertará ao demandante, mormente tendo em vista que, dependendo de qual seja, pode ter efeitos colaterais indesejáveis para o interesse público, bem maior a ser preservado;* **b)** *processos em que o sindicato atue como* **substituto processual** *da categoria, defendendo interesses individuais homogêneos, cuja proximidade aos interesses coletivos recomenda uma análise final mais pormenorizada pelo TST;* **c)** *causas que discutam alguma norma que tenha por fundamento maior o próprio* **Direito Natural**, *cujo desrespeito patente pode ensejar uma manifestação do TST em defesa clara dos direitos humanos fundamentais, os quais não são conferidos pelo Estado, mas pertencem à pessoa humana pelo simples fato de existir (direito à vida, à liberdade, à igualdade perante a lei, à propriedade, etc.);* **d)** *processos em que um* **TRT resista a albergar a jurisprudência pacificada do TST ou do STF**, *rebelando-se contra o sistema, o que acarreta insegurança jurídica e desestabiliza as relações entre os jurisdicionados (essa era uma das hipóteses em que o STF, na época da existência da argüição de relevância, acolhia o pedido, para adequar o Tribunal refratário à jurisprudência já pacificada). Essas são algumas hipóteses possíveis de enquadramento de uma causa no critério de transcendência jurídica, a justificar o pronunciamento do TST.*
>
> X) A TRANSCENDÊNCIA POLÍTICA
> *O* **inciso II do § 1º do art. 896-A da CLT**, *tal como proposto pelo PL nº 3.267/2000, define a* **transcendência política** *como sendo* **"o desrespeito notório ao princípio federativo ou à harmonia dos Poderes constituídos"**. *A existência das Cortes Superiores atende a uma* **exigência de ordem política** *no âmbito de um Estado Federado: a* **garantia de respeito**, *pelas diversas unidades da Federação, àquele que é o* **direito comum do Estado Federado**. *Para tanto, o recurso de revista tem, como*

20 https://redeagu.agu.gov.br/UnidadesAGU/CEAGU/revista/Ano_II_janeiro_2001/05012001IvesRecursorevista.pdf

objetivo precípuo, a **uniformização da jurisprudência** *entre os Tribunais Regionais do Trabalho. Esse é o pressuposto específico elencado nas alíneas* a *e* b *do art. 896 da CLT. Ora, o que o critério de transcendência traz consigo é que essa uniformização apenas será feita naqueles casos em que o desrespeito ao princípio federativo for notório, ou seja, em que a discrepância entre os Tribunais Regionais do Trabalho puder levar à instalação, na Federação, de verdadeira* **"guerra" entre os Estados,** *como ocorre com a guerra fiscal em torno do ICMS, na qual a discrepância na interpretação do Direito do Trabalho pode ter por efeito a* **migração de empresas ou trabalhadores,** *em busca de melhores condições de lucratividade (pela redução de encargos laborais) ou de remuneração (conjugada com o custo de vida de determinada região). Podem, por outro lado, comprometer a harmonia entre poderes os processos que envolvam* **entes públicos,** *mormente quando a execução se faça através de* **precatórios,** *em que medidas extremas ligadas a seqüestro de contas podem gerar antagonismos entre TRT e governo local, ensejando pacificação através do Tribunal Superior do Trabalho. Essas são apenas algumas das hipóteses em que a transcendência política da questão pode exigir uma intervenção do TST para preservar a unidade do sistema e a harmonia governativa.*

XI) A TRANSCENDÊNCIA SOCIAL

O **inciso III do § 1º** ***do art. 896-A da CLT,*** *tal como proposto pelo PL nº 3.267/2000, define a* ***transcendência social*** *como sendo* ***"a existência de situação extraordinária de discriminação, de comprometimento do mercado de trabalho ou de perturbação notável à harmonia entre capital e trabalho".*** *A* **transcendência social** *diz respeito a aspectos que, não ligados diretamente ao montante da causa (dimensão econômica), ao reflexo nas estruturas de Poder (dimensão política) ou na segurança das relações sociais (dimensão social), representam valores a serem preservados, em face da sua relevância para a otimização do convívio social. Assim, podem exigir uma intervenção do TST, para correção de distorções no campo laboral, a constatação da existência, no âmbito de empresas, de* **procedimentos, praxes ou normas,** *de* **caráter genérico,** *que sejam:* **nitidamente discriminatórios** *em relação a determinadas parcelas de empregados ou grupos sociais ;* **indevidamente restritivos à contratação,** *em face de circunstâncias não justificadoras da limitação ao mercado de trabalho; ou* **estimuladores da conflituosidade** *entre patrões e empregados, pela exigência de recurso contínuo ao Judiciário. A verificação de que tais procedimentos, por serem* **genéricos, atingindo coletividades trabalhadoras,** *merecem a apreciação de* **casos-piloto,** *para se fixar o entendimento do Tribunal em relação à norma genérica, que possa estar tendo repercussão social altamente negativa. Também as* **situações isoladas de discriminação, quando exorbitantes,** *poderiam ensejar a apreciação do recurso de revista pelo TST.*

XII) A TRANSCENDÊNCIA ECONÔMICA

O **inciso IV do § 1º do art. 896-A da CLT,** *tal como proposto pelo PL nº 3.267/2000, define a* **transcendência econômica** *como sendo* **"a ressonância de vulto da causa em relação a entidade de direito público ou economia mista, ou a grave reper-**

> **cussão da questão na política econômica nacional, no segmento produtivo ou no desenvolvimento regular da atividade empresarial".** *A* **transcendência econômica** *parece ser a mais fácil de ser percebida (daí também ser elencada por último no rol dos critérios de transcendência), tendo em vista que uma* **causa de valor muito elevado** *merece, naturalmente, uma ponderação maior na sua solução definitiva.*
> *Tal como descrita, a transcendência econômica está ligada não diretamente ao valor da causa, em termos absolutos, mas à sua importância para a empresa pública ou privada. Se a imposição de determinada condenação puder acarretar o próprio comprometimento da atividade produtiva de uma empresa, deve haver uma última revisão da causa pelo TST, para verificar se o direito é patente e não houve distorções que supervalorem o que é devido em Justiça.*

A transcedência é questão que sofre críticas e é objeto de ADIn nº 2.527-9, distribuída em 14/9/2001. Todavia, entendemos que se faz necessário o estabelecimento de critérios para se admitirem recusos à mais alta Corte Trabalhista do País que deve ter por função precípua a guarda da CF e das Leis Federais, uniformizando a jurisprudência em âmbito nacional, sem ter de apreciar, muitas vezes, matérias que fogem ao objetivo para o qual foi criado. Além do que, o fato de se ter incorporado ao processo do trabalho o conteúdo daquela Medida Provisória em razão da EC nº 32 não deixava dúvidas sobre a possibilidade de o TST poder valer-se de tal critério para selecionar os recursos que devem ser por ele apreciados.[21]

A Revista será interposta, como dissemos no Tribunal recorrido que, após analisar a presença dos pressupostos de admissibilidade, se entender pelo processamento, dará vista ao recorrido que terá o mesmo prazo para contra-arrazoar. Decorrido o prazo, com ou sem a manifestação da parte contrária, os autos serão remetidos ao TST para processamento e julgamento.

A forma de processamento seguirá o estabelecido no Regimento Interno.

O Relator poderá denegar seguimento à Revista, caso verifique que o julgado está em consonância com enunciado de Súmula do TST. Também poderá negar seguimento ao recurso, caso observe que não preenche um dos pressupostos recursais. Desta decisão, cabe Agravo Regimental (art. 896, § 5º, CLT).

Se entender pelo processamento regular do recurso, a competência para julgá-lo será da Turma a que pertencer o Relator que, após o parecer da Procuradoria, colocará o processo em pauta para julgamento, que se fará da mesma forma já estudada quanto aos recursos ordinários.

21 Wagner Giglio e Cláudia Correa sustentam exatamente posição contrária da aqui exposta (2006, p. 467-72).

16.4. EMBARGOS[22]

Os embargos a que se refere o art. 893, I, da CLT são infringentes ou de divergência. Há dois períodos distintos que devem ser considerados em razão da alteração ocorrida no art. 894 da CLT, trazida pela Lei nº 11.496, de 22de junho de 2007, com período de *vacatio legis* de 90 dias. No sistema anterior, os embargos, infringentes ou de divergência seriam opostos contra decisões proferidas pelo TST que decidissem sobre conciliação ou julgamento de dissídios coletivos que excedam a jurisdição dos Tribunais Regionais do Trabalho, bem como estendessem ou revessem suas próprias decisões normativas, nos casos previstos em lei, ou homologassem os acordos celebrados em dissídios coletivos (art. 702, I, *b* e *c*, c/c art. 894, *a*, CLT); e decisões das Turmas contrárias à letra de lei federal, ou que divergissem entre si ou da decisão proferida pelo Tribunal Pleno, salvo se a decisão recorrida estiver em consonância com súmula de jurisprudência uniforme do Tribunal Superior do Trabalho (art. 894, *b*, CLT).

A nova redação impõe que os embargos infringentes contra *decisão não unânime de julgamento que conciliar, julgar ou homologar conciliação em dissídios coletivos que excedam a competência territorial dos Tribunais Regionais do Trabalho e estender ou rever as sentenças normativas do Tribunal Superior do Trabalho, nos casos previstos em lei* (art. 894, I). Caberá, ainda, *contra decisões não unânimes proferidas pela Seção Especializada em Dissídios Coletivos, nos processos de Dissídios Coletivos de competência originária do Tribunal* (art. 239, Regimento Interno TST). São pressupostos para a interposição desse recurso, portanto, que a decisão recorrida (a) não seja unânime; e (b) contrarie jurisprudência ou súmula dominante do TST.

---

22 *Ver*, também, notas relativas ao Recurso de Revista. Súmula TST nº 353 Embargos. Agravo. Cabimento (nova redação) – Res. 128/2005, DJ 14, 15 e 16/3/2005. Não cabem embargos para a Seção de Dissídios Individuais de decisão de Turma proferida em agravo, salvo: a) da decisão que não conhece de agravo de instrumento ou de agravo pela ausência de pressupostos extrínsecos; b) da decisão que nega provimento a agravo contra decisão monocrática do Relator, em que se proclamou a ausência de pressupostos extrínsecos de agravo de instrumento; c) para revisão dos pressupostos extrínsecos de admissibilidade do recurso de revista, cuja ausência haja sido declarada originariamente pela Turma no julgamento do agravo; d) para impugnar o conhecimento de agravo de instrumento; e) para impugnar a imposição de multas previstas no art. 538, parágrafo único, do CPC, ou no art. 557, § 2º, do CPC. Histórico: Súmula alterada – Res. 121/2003, DJ 19, 20 e 21/11/2003, nº 353. Embargos. Agravo. Cabimento. Não cabem embargos para a Seção de Dissídios Individuais de decisão de Turma proferida em agravo, salvo para reexame dos pressupostos extrínsecos do recurso a que se denegou seguimento no Tribunal Superior do Trabalho Redação original – Res. 70/1997, DJ 30/5, 4, 5 e 6/6/1997 nº 353 Embargos. Agravo de instrumento. Agravo regimental. Cabimento – Revisão dos Enunciados nºs 195 e 335 Não cabem embargos para a Seção de Dissídios Individuais contra decisão de Turma proferida em Agravo de Instrumento e em Agravo Regimental, salvo para reexame dos pressupostos extrínsecos dos Agravos ou da Revista respectiva.

Caberá embargos de divergência *das decisões das Turmas que divergirem entre si, ou das decisões proferidas pela Seção de Dissídios Individuais, salvo se a decisão recorrida estiver em consonância com súmula ou orientação jurisprudencial do Tribunal Superior do Trabalho ou do Supremo Tribunal Federal* (art. 894, II). Para comprovar a divergência, o recorrente deverá provar que existe nos acórdãos apontados em quais fundamenta seu recurso (art. 239, Regimento Interno TST), observando-se que a grande novidade é que não caberá o recurso caso a decisão recorrida esteja em consonância com súmula ou orientação jurisprudencial do TST. É um recurso de natureza extraordinária que tem por função a análise de questões estritamente jurídicas, afastando-se de seu âmbito qualquer matéria de fato, sendo imprescindível que (a) tenha havido prequestionamento da matéria; e (b) a parte recorrente comprove a divergência jurisprudencial sob pena de não ser conhecido.

A competência para conhecer e julgar os embargos de divergência será da Seção de Dissídios Individuais. Os embargos de infringência deverão ser conhecidos e julgados pela Seção Especializada de Dissídio Coletivo do TST, em face de decisão em Dissídio Coletivo e Ação Rescisória proveniente de Dissídio Coletivo de competência originaria, ou pela Seção Especializada em Dissídios Individuais, em face de decisão proferida em Ação Rescisória de sua competência originária. Tudo nos termos dispostos na Lei nº 7.701/1988, que rege a matéria.

A petição de recursos será protocolizada na Secretaria da Turma ou do Órgão julgador, tratando-se de embargos de divergência ou infringentes, e esta abrirá vista à parte contrária para que se manifeste no prazo também de oito dias. Transcorrido o prazo para a resposta, os autos serão distribuídos e, entendendo o Relator pelo não preenchimento dos pressupostos recursais, denegará seguimento ao recurso. Desta decisão, caberá Agravo Regimental. Caso entenda pelo cabimento, ordenará seu regular processamento, ouvindo-se a Procuradoria Geral, levando-se o processo a julgamento, após a vista do relator.

16.5. AGRAVO

Há diversas designações para o Agravo, importando-nos aquelas que se referem aos recursos relativos ao Instrumento de Petição e Regimental.

O **Agravo de Instrumento** é recurso que visa a destrancar outro recurso cujo processamento foi denegado. Deve ser interposto no prazo de oito dias a contar da intimação que denegou o processamento do recurso que se quer destrancar. Não está sujeito ao pagamento de custas, salvo se se tratar de agravo interposto em processo de execução, ocasião em que serão devidas as custas no importe de R$ 44,26 a serem pagas pelo executado no final do processo de execução (art. 789-A). A parte recorrente deverá providenciar as cópias e traslados para a formação do instrumento, respondendo por estes custos. As peças trasladadas deverão possibilitar, caso seja provido o agravo, o imediato julgamento do recurso denegado, de modo que a parte deverá instruir o recurso com aquelas que a lei exige, sendo-lhe facultado a juntada de outras que entenda necessária ao conhecimento e provimento do agravo. Dessa forma, devem acompanhar o recurso (art. 897, § 5º, CLT), *obrigatoriamente*, as cópias da decisão agravada, da certidão da respectiva intimação, das procurações outorgadas aos advogados do agravante e do agravado, da petição inicial, da contestação, da decisão originária, da comprovação do depósito recursal e do recolhimento das custas; e, *facultativamente*, outras peças que o agravante reputar úteis ao deslinde da matéria de mérito controvertida.

O agravo devolve ao Tribunal, tão-somente, a questão relativa ao conhecimento do recurso que foi denegado. Por isso, o fato de o agravado ser intimado a apresentar contra-razões ao agravo e ao recurso interposto (art. 897, § 6º) não significa que o julgamento importará em revisão da decisão que originou a interposição do recurso cujo processamento foi trancado. A intenção legislativa e jurisprudencial, que determina que se apresente desde logo as duas impugnações, visa à agilização da marcha processual, pois, caso o agravo seja provido, o Tribunal determinará o imediato processamento do recurso principal de acordo com o procedimento a ele destinado. Isso permite uma prestação jurisdicional mais eficiente e célere, uma vez que os autos não retornarão ao Juízo de origem antes que todas as razões de inconformismo sejam julgadas pela instância superior.

O **Agravo de Petição** é recurso que tem cabimento em decisões proferidas em processo de execução. O agravante deverá delimitar, justificadamente, as matérias e os valores impugnados e, se houver importâncias que sejam incontroversas, permite-se a execução imediata da parte remanescente até o final, nos próprios autos ou por carta de sentença (art. 897, § 1º, CLT). O agravo de petição reclama o pagamento de custas, a cargo do executado, no importe de R$ 44,26 nos termos do art. 789-A, IV, da CLT.

O agravo de petição se processa pela interposição daquele que está inconformado com a decisão proferida em processo de execução, devendo ser oposto no prazo de oito dias a contar da ciência da decisão impugnada. O agravante deverá providenciar a formação do instrumento com as peças exigidas, tanto as obrigatórias como as facultativas (art. 897, § 6º, CLT), especificando as matérias e os valores impugnados (art. 897, § 1º, CLT). Deferido o processamento do recurso, o agravado será intimado a contra-arrazoar, também no prazo de oito dias, sendo-lhe facultada a juntada das cópias que entender necessárias a instruir suas razões. Com as razões e contra-razões, os autos são encaminhados ao Tribunal respectivo.

Se a matéria agravada for unicamente em relação a contribuições sociais, o juiz determinará a extração de cópias necessárias ao conhecimento e julgamento desta matéria e, após a contraminuta, determinará a remessa dos autos ao Tribunal (art. 897, § 8º, CLT).

A competência para julgar o agravo no Tribunal será da Turma ou do Pleno, importando esta variação ao fato de ser o recurso interposto contra decisão proferida pelo próprio Tribunal ou pelo Juiz de primeira instância (art. 897, § 3º, CLT).

Por fim, cabe **Agravo Regimental** contra decisões proferidas pelos Tribiunais e somente nos seus respectivos âmbitos. Tal recurso concerne àquele previsto no Regimento Interno dos Tribunais e, em geral, assemelha-se ao agravo de instrumento, com função de destrancar recurso cujo processamento foi denegado por decisão do Relator em questões ligadas ao indeferimento de liminar em ação cautelar e mandado de segurança, bem como contra aquelas que não admitiram ação rescisória. Considerando que tal recurso vem regulado nos Regimentos Internos, é certo que poderá ter por objeto outras matérias, uma vez que os Regimentos de cada Tribunal não são idênticos.

No TST, o Agravo Regimental está previsto no art. 243 do Regimento e será da competência do Pleno, Seção Adminstrativa, Seções Especializadas e Turmas, dependendo da situação jurídica recorrida. Caberá este recurso, portanto:

> *I – do despacho do Presidente do Tribunal que denegar seguimento aos embargos infringentes;*
> *II – do despacho do Presidente do Tribunal que suspender execução de liminares ou de decisão concessiva de mandado de segurança;*
> *III – do despacho do Presidente do Tribunal que conceder ou negar suspensão da execução de liminar ou da sentença em cautelar;*
> *IV – do despacho do Presidente do Tribunal concessivo de liminar em mandado de segurança ou em ação cautelar;*
> *V – do despacho do Presidente do Tribunal proferido em efeito suspensivo;*
> *VI – das decisões e despachos proferidos pelo Corregedor-Geral;*
> *VII – do despacho do Relator que negar prosseguimento a recurso, exceção feita ao disposto no art. 245;*
> *VIII – do despacho do Relator que indeferir inicial de ação de competência originária do Tribunal; e*
> *IX – do despacho ou da decisão do Presidente do Tribunal, de Presidente de Turma, do Corregedor-Geral ou Relator que causar prejuízo ao direito da parte, ressalvados aqueles contra os quais haja recursos próprios previstos na legislação ou neste Regimento.*

O agravante deverá peticionar suas razões no prazo de oito dias a contar da intimação da decisão que pretende recorrer. Em seguida, os outros serão conclusos ao juiz prolator do despacho, que, se não se retratar, determinará sua inclusão em pauta para julgamento (art. 244, Reg. Int. TST).

Essa possibilidade de retratação, nomeada de Juízo de Retratação e, também, prevista no art. 523, § 2º, CPC, deve ser admitida, ainda, para os outros dois tipos de agravos, quais sejam , de instrumento e de petição. Parece-nos que a possibilidade de o Juízo *a quo* poder rever sua própria decisão permite um aceleramento na marcha processual, uma vez que, revendo a decisão proferida, tornará dispensável a remessa dos autos ao Juízo *ad quem* para revisão e reforma da decisão. Aos agravos de instrumento e de petição, aplicam-se, subsidiariamente, as regras do CPC e as do art. 244 do Regimento Interno do TST. Se, porventura o juízo recorrido reformar sua decisão, esvazia-se o fundamento do agravo que deixa de ser processado, permitindo-se a continuidade do processo na instância em que se encontra.

16.6. RECURSO ADESIVO

Previsto no art. 500 do CPC e pacificamente admitido no processo do trabalho, o recurso adesivo aplica-se a situações em que ambas as partes são vencedor e vencido (sucumbência recíproca), i.e., nas situações de procedência parcial da ação. Surge, então, o interesse das duas em recorrer e podem fazê-lo de forma independente, ou seja, cada qual propõe o seu recurso; ou, é possível que uma das partes adira o recurso interposto pela outra parte.

O recurso adesivo é sempre dependente do principal, de modo que, se por qualquer razão o principal não for conhecido, não o será também o adesivo. Assim, se o recurso principal por qualquer razão não for conhecido ou processado, ou se o recorrente dele desistir, o recurso interposto pelo aderente seguirá a sua sorte e, também, não será admitido ou conhecido (art. 500, III, CPC).

Conforme interpretação do TST pacificadora da matéria, o recurso adesivo é compatível com o processo do trabalho e cabe, no prazo de oito dias, nas hipóteses de interposição de recurso ordinário, de agravo de petição, de revista e de embargos, sendo desnecessário que a matéria nele veiculada esteja relacionada com a do recurso interposto pela parte contrária.[23]

O recorrente ficará sujeito às custas e despesas recursais que seguirão o mesmo critério estabelecido para o recurso principal (NR /TST nº 02/1993 e art. 500, parágrafo único, CPC).

O prazo para interposição do adesivo coincidirá com aquele que a parte tem para responder o recurso principal. Entendemos que, como o legislador não se referiu ao *mesmo momento*, mas somente ao *mesmo prazo*, se o recorrente, *v.g.* protocolizar as contra-razões no quarto dia que tem para responder um recurso ordinário, terá, ainda, quatro dias para recorrer adesivamente.

O processamento do recurso adesivo será o mesmo destinado ao principal.

16.7. RECURSO DE REVISÃO

Cumpre-nos algumas linhas sobre este recurso, quase em desuso. Previsto no art. 2º, § 1º da Lei nº 5.584/1970, decorre da fixação do valor atribuído à causa determinado pelo juiz na audiência. A parte que não concordar com o valor fixado poderá ingressar diretamente com recurso de revisão junto ao Presidente do TRT, no prazo de 48 horas, que deverá ser julgado nas 48 horas que se seguirem. É pouco usado porque em geral tais questões acabam por ser decididas em sentença e, mesmo quando isso não ocorre, a parte inconformada simplesmente lança seus protestos e deixa todo o restante das impugnações para o recurso ordinário. Com o movimento dos Tribunais o prazo de 48 horas em geral não é cumprido, enfim, tal incidente processual acaba por não ter finalidade prática alguma, mesmo porque não suspende o curso do processo e, em geral, após as razões finais, os juízes proferem a sentença, de forma que o andamento regular do feito acaba por esvaziar este recurso. Todavia, existe e está assegurado na lei supramencionada.

16.8. RECURSO EXTRAORDINÁRIO

Assegurado constitucionalmente visa a garantir que as normas constitucionais sejam preservadas e não haja sua violação. O Regimento Interno do TST dispõe que caberá o recurso extraordinário das suas decisões proferidas em única ou última instância e nos termos da CF. Desta forma, a matéria objeto do apelo extraordinário é aquela prevista no art. 102, da CF, quais sejam:

> ***III – julgar, mediante recurso extraordinário, as causas decididas em única ou última instância, quando a decisão recorrida:***
> *a) contrariar dispositivo desta Constituição;*
> *b) declarar a inconstitucionalidade de tratado ou lei federal;*
> *c) julgar válida lei ou ato de governo local contestado em face desta Constituição;*
> *d) julgar válida lei local contestada em face de lei federal.*
> *§ 1º – A argüição de descumprimento de preceito fundamental, decorrente desta Constituição, será apreciada pelo Supremo Tribunal Federal, na forma da lei.*
> *§ 2º – As decisões definitivas de mérito, proferidas pelo Supremo Tribunal Federal, nas ações diretas de inconstitucionalidade e nas ações declaratórias de constitucionalidade produzirão eficácia contra todos e efeito vinculante, relativamente aos demais órgãos*

> *do Poder Judiciário e à administração pública direta e indireta, nas esferas federal, estadual e municipal.*
> *§ 3º – No recurso extraordinário o recorrente deverá demonstrar a repercussão geral das questões constitucionais discutidas no caso, nos termos da lei, a fim de que o Tribunal examine a admissão do recurso, somente podendo recusá-lo pela manifestação de dois terços de seus membros.*

O requerente deverá interpor o recurso no prazo de 15 dias a contar da intimação da publicação do Acórdão. Será dada vista ao requerido para contra-arrazoar e, vencido o prazo, os autos serão conclusos ao vice-presidente do TST, que terá a competência para analisar os pressupostos de cabimento do recurso. Caso seja indeferido, o recorrente terá direito a interpor agravo em 10 dias. Entendemos aqui que todas as regras dos arts. 541 e seguintes do CPC que forem compatíveis com o procedimento trabalhista serão aplicáveis.

A interposição do recurso extraordinário não suspende a execução do julgado, salvo se houver concessão de alguma medida com força suficiente para isso, o que somente será obtido em casos excepcionais. No tribunal *a quo*, antes de decorrido o prazo para interposição deste recurso, os autos não serão remetidos à instância originária, o que não impede que a execução prossiga em eventual carta de sentença extraída pelo interessado.

Capítulo 17
Tutelas diferenciadas e tutelas de urgência

Nosso sistema processual está repleto de tutelas diferenciadas que servem a situações excepcionais não previstas na vala comum das situações jurídicas destinadas à marcha do processo de conhecimento. Isso é um reflexo da constituição de um Estado de Direito que tem por dever zelar pela manutenção da paz social e que assim se comprometeu na Lei Maior e em instrumentos internacionais a fazê-lo de forma eficiente. As diversas reformas que vimos sofrendo hoje são conseqüência desse comprometimento que, frise-se, não será facilmente alcançado, mesmo porque a mudança da lei não basta, sendo necessário que as práticas e costumes forenses também saibam se adaptar às novas realidades e normas jurídicas. Tudo isso somado a uma mudança de cultura social. É nesse cenário que temos de pensar as tutelas diferenciais que têm por fundamento permitir que, por decisão judicial, se faça a prevenção de direitos e interesses, através de um processo de cognição sumária, não identificado com todo o *iter* processual que já estudamos. Aqui a cognição do juiz será em maior ou menor grau dependendo da urgência, da intensidade daquilo que deve ser agasalhado. Reclama, muitas vezes, uma *proximidade* maior entre o juiz e a parte reclamante no sentido de que somente se ouvem as razões da parte contrária após a **efetivação**[1] da medida de proteção.

Consideradas a sua natureza e finalidade, as medidas de urgência podem (e vão), necessariamente, sacrificar o postulado do devido processo legal, no que diz respeito ao contraditório e à ampla defesa, relegando para um momento posterior à cognição plena, com a oitiva do réu e colheita de todas as provas a fim de que se possa, então, viabilizar a tutela final e definitiva, regulando a situação jurídica posta pelo autor no início do processo. Daí o intérprete e principalmente o juiz, na sua atividade, terem de possuir o espírito aberto, não apressado e bom senso suficiente para decidir a questão. São situações que exigiram, efetivamen-

1 Frise-se que estamos falando de efetivação e não deferimento da medida. Estamos no mundo de realização dos fatos e não de sua análise e deferimento formais.

te, a presença e atuação do juiz. O jurisdicionado espera por uma decisão e atos de execução eficientes, que lhe acarrete a proteção imediata do bem jurídico, assim como o doente no estágio máximo da dor espera pelo médico para que possa lhe dar o diagnóstico inicial e o medicamento para amenizar seu sofrimento.

Neste cenário temos as **tutelas diferenciadas**, que já existiam no nosso sistema processual – embora em número não muito significativo como se tem hoje – desde as Ordenações do Reino que vigoraram em território nacional. O CPC de 1939 trouxe a divisão dos Livros Processuais já prevendo o processo cautelar e a possibilidade de deferimento de pedido liminar em alguns tipos especiais de procedimentos.

Sentiu-se a força das medidas de urgência com as decisões que advieram do uso da Ação Popular e Ação Civil Pública, bem como com as cautelares e ações possessórias, uma vez que em todas elas tem cabimento o pedido de liminar. Mas foi somente após a CF de 1988 e o advento do CDC (Lei nº 8078/1990, 11/09) que fizeram com que tais medidas se popularizassem, em razão das ações coletivas propostas pelo Ministério Público com a finalidade de se proteger microlesões que nunca seriam levadas ao Judiciário em razão do desinteresse do próprio consumidor, quando, para decidir reclamar, concluía que seria mais custoso economicamente sua ação do que o prejuízo que sofrera. Também a da Lei de Locações (Ledi nº 8245/1991, de 18/10), trazendo a possibilidade das **execuções *lato sensu***, mostrou o grande avanço processual que estávamos a sofrer: enfim, o Estado de Direito, de fato, queria possibilitar o acesso à justiça, trazendo o poder Judiciário mais para perto do cidadão comum e pretendendo firmar-se como Estado Democrático.

O processo cautelar passou a ser indevidamente utilizado, servindo tanto às funções para que foi idealizado como para tudo o mais que pudesse implicar alguma proteção diferenciada ou concessão de outro tipo de tutela de urgência. Através do processo cautelar, era possível antecipar a tutela do processo de conhecimento, assegurar o resultado útil de outro processo ou mesmo, conceder efeitos suspensivos em recurso que somente fosse recebido no efeito devolutivo.[2] Este chamado uso indevido das cautelares fez com que as medidas sofressem inúmeras críticas e possibilitou algumas decisões que, em vez de acelerar a marcha processual, atrasavam-na, causando prejuízos ao próprio jurisdicionado.

É neste ambiente, novo e agitado, que o legislador publica, em 1994, a primeira grande reforma do CPC prevendo o instituto da tutela antecipada nos

2 Ainda hoje, diante de um sistema processual mais eficiente, é possível deparar-se com tais funções desempenhadas pelo uso das cautelares.

arts. 273 e 461, permitindo a antecipação de tutela em obrigações de pagar e de fazer e não-fazer; e, quase dez anos depois, em 2002, insere mais alterações para viabilizar a tutela antecipada em obrigações de entrega da coisa.

Parece-nos absolutamente desnecessário falarmos se o instituto se aplica ou não ao processo do trabalho, ante a evidência da questão e da falta de qualquer norma que se assemelhe na CLT.

Temos, portanto, no sistema jurídico tutelas diferenciadas que servem a situações não usuais e que fogem daquilo que foi pensado para um processo-padrão. São, assim, tutelas diferenciadas, por exemplo, a ação monitória à ação cominatória e as ações e medidas que importem na concessão de **tutelas de urgência**.

Assim, devemos ter em mente uma primeira questão que, muitas vezes, se mostra equivocada. Liminar, tutela antecipada e cautelar, não são institutos idênticos. **Tutela de urgência** é um gênero em que aqueles institutos são espécies, bem como toda a medida que visa à prevenção de algum direito ou interesse de forma imediata, como o *habeas corpus* e o mandado de segurança. Estas duas ações são, *e.g.*, tutelas diferenciadas que, ante a finalidade que possuem, devem ser classificadas dentro das tutelas de urgência.

Liminar é um **pedido** e somente será assim entendido se o autor o formular no início do processo, isto é, antes de formada a relação processual. Somente aí se justifica um pedido liminar. A urgência do requerente é tão grande que, caso ele não obtenha a medida antes que a relação processual se complete, a prestação jurisdicional prestada, *a posteriori*, certamente será esvaziada. Imagine alguém que necessite da prorrogação de um plano de saúde porque está internado num hospital e, no curso da suspensão deste contrato de trabalho em razão da doença, o empregador faz a dispensa do empregado[3] e, conseqüentemente, faz cessar o plano de saúde que está agregado ao contrato de trabalho. Caso o juiz não defira a liminar imediatamente, o hospital cessará a internação. Independentemente da ação que o autor pretenda propor, se for um processo de conhecimento com pedido de tutela antecipada ou uma cautelar preparatória, é indiscutível que não há tempo hábil para citar o réu e ouvir as suas razões. Aliás, o bem da vida que se quer proteger – Vida – é mais urgente e *importa* mais do que saber quais as razões de defesa quanto à licitude ou não do ato do empregador. Depois que o bem estiver tutelado, ou seja, concedida a ordem para manutenção do plano e da **efetiva manutenção** dele, é que se passa ao andamento regular do processo.

3 Não nos cabe aqui discutir se ele pode ou não fazer tal dispensa. O exemplo considera que o fez.

Tutela antecipada é, também, um pedido que se refere à antecipação dos efeitos da sentença. Vimos que há um momento, normalmente próprio, para se dar a resposta jurisdicional. A tutela antecipada foge exatamente a este momento, pois em vez de o juiz percorrer o *iter* normal do processo, ele antecipa os efeitos da decisão para só depois voltar o curso normal, a fim de se proferir a decisão final. A tutela antecipada, ao contrário da liminar, poderá ser deferida a todo e qualquer momento, inclusive, poderá ocorrer de ser apreciada liminarmente, isto é, antes da citação do réu. No mesmo exemplo acima, imagine-se que o trabalhador tenha ingressado com ação trabalhista pleiteando direitos seus e, após a citação, a ré promove sua dispensa. Poderá o autor formular o mesmo pedido em sede de tutela antecipada, prescindindo de novo processo para formalizar a pretensão de manutenção de plano de saúde, não sendo mais cabível falar-se em liminar no processo que está em curso e cuja citação já se deu. A tutela antecipada visa à satisfação do direito e, por isso, se refere à antecipação de efeitos da sentença. É importante ter-se em mente que o juiz não profere a sentença, mas concede um efeito seu. Não há condenação, no exemplo dado, mas ordem para manutenção do convênio médico. Não há *julgamento final de mérito*, pois a tutela não se presta a isso.

As obrigações de dar e de fazer e não fazer devem ser entendidas, pelo procedimento que ganharam com as reformas, como uma espécie de tutela específica. O fato de tais medidas admitirem a concessão do objeto pretendido por meio de liminar ou antecipação de tutela poderá fazer com que tenham a característica de tutela de urgência, mas sem que isso implique em uma regra, uma vez que o fato de serem ou não tutela de urgência dependerá da situação jurídica em que forem pleiteadas. Na verdade, as tutelas reservadas àquelas obrigações são tidas por diferenciadas em razão do tipo de obrigação que tutelam.

A **cautelar** é um tipo processual que se refere à garantia de direitos que serão (ou estão sendo) discutidos em outra ação, chamada principal. Tem natureza jurídica de ação, deve subordinar-se a todos os pressupostos processuais e condições de ação. O objeto da ação cautelar é uma **medida cautelar** que se destinará à pretensão exposta pelo autor numa petição inicial. A cautelar terá início com uma inicial e terminará por uma sentença. A liminar é admitida no processo cautelar, assim como o poder geral de cautela, que é a possibilidade de o juiz conceder medidas cautelares, ainda que o requerente não tenha pedido, ou conceder medida diversa daquela que for requerida.

Assim podemos afirmar os seguintes pontos (Fabrício, 1996, p. 19):

- Toda liminar é antecipatória de tutela;
- Nem toda antecipação de tutela é liminar;
- Antecipação de tutela pode ser ou não cautelar;
- *Toda medida cautelar serve à conservação de direitos.*

Graficamente, podemos assim representar:

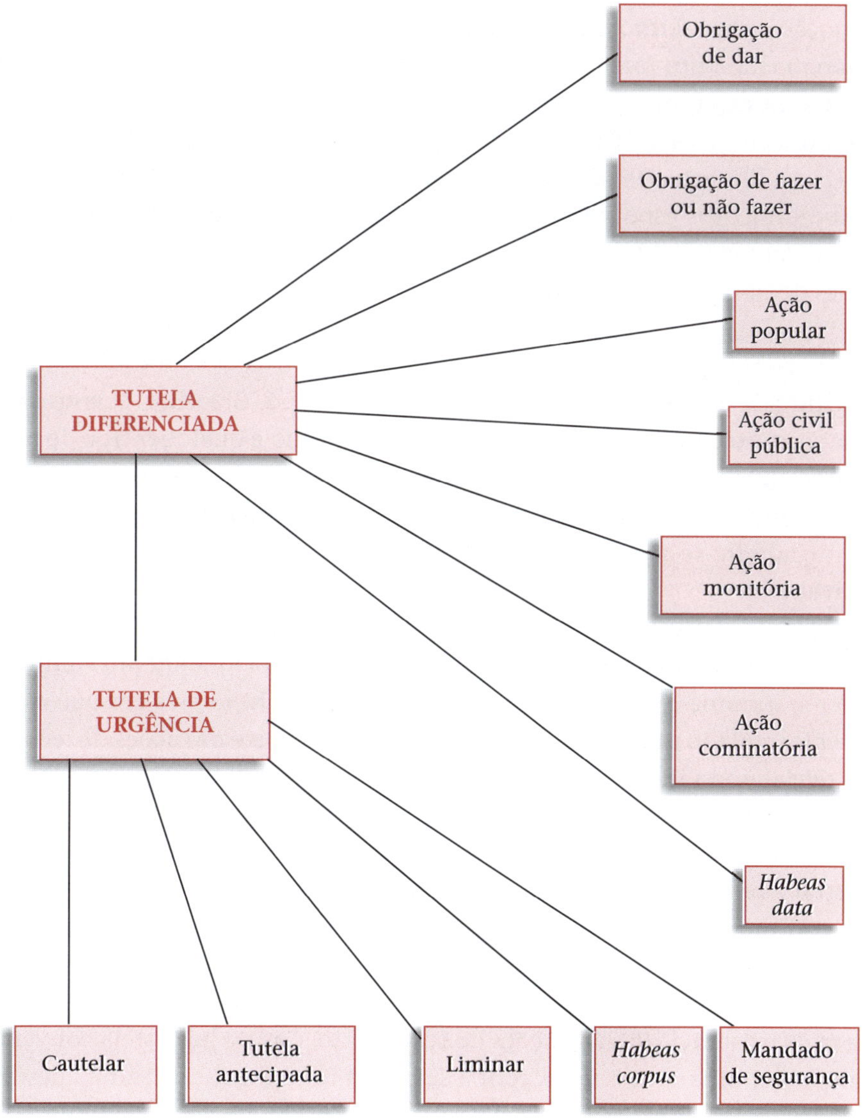

As tutelas de urgência além de terem em comum o fato de agasalharem situações de urgência e necessidade, guardam outra semelhança que as aproxima, qual seja, todas elas dispensam a cognição exauriente e exigem um conhecimento superficial a ponto de gerar uma decisão provisória, isto é, uma decisão que terá vigência enquanto perdurar o estado de coisas que autorizou a sua concessão. Isso quer dizer que, por serem provisórias, podem ser revogadas, alteradas ou concedidas a qualquer tempo. Não são medidas temporais, pois tudo que é temporal nos dá a noção de um termo inicial e outro final, certos. O sentido que possuem é de vigorarem enquanto forem necessárias, tão-somente, e por isso são **provisórias**.

Interessa-nos tratar aqui da tutela antecipada (art. 273, CPC), das tutelas em obrigações de dar (art. 461, CPC), fazer e não fazer (art. 461-A, CPC) e das cautelares (Livro III – arts. 796 e ss, CPC), uma vez que as demais medidas, constituindo procedimentos especiais, serão estudadas no livro que trata destes procedimentos. Por razões didáticas, trataremos das duas primeiras dentro deste capítulo e das demais no capítulo que se segue.

17.1. TUTELA ANTECIPADA

O instituto da tutela antecipada vem previsto no art. 273 do CPC e, ante o plano que se situa no Código, permite que se aplique a todo e qualquer tipo de processo e procedimento, desde que haja o interesse na medida. Observe, *e.g.* que não se falará em tutela antecipada em ação cautelar, justamente porque neste procedimento admite-se a liminar e o poder geral de cautela, o que torna a medida dispensável.

A *legitimidade* para requerer a tutela antecipada é do autor, pois o réu não formula pretensão, mas resiste à que lhe foi oposta. Excepcionalmente admitir-se-á que o réu formule o pedido de tutela antecipada nas hipóteses em que ele, réu, houver formulado pedido em face do autor, como ocorre nas ações de reconvenção e declaratória incidental, ou no pedido contraposto.

A tutela antecipada tem por *função* tornar a prestação jurisdicional efetiva e, por isso, para que a parte tenha interesse na sua formulação, deve conseguir demonstrar a prova inequívoca da verossimilhança das alegações que faz. Verossímel é tudo aquilo que parece verdadeiro. Inequívoco àquilo que nos parece absolutamente verdadeiro. Mas, atente-se: como estamos diante de uma medida de urgência e diferenciada, o juízo de verossimilhança não deve se confundir com a certeza da existência das alegações do requerente. Caso o juiz esteja convencido de modo definitivo, deverá proferir a sentença final e não analisar a questão de forma provisória. Para que a tutela antecipada possa ser cogitada, é necessário que haja controvérsia fática ao redor da matéria. Caso não haja, estaremos diante de uma situação autorizadora de concessão de tutela definitiva.

Para a concessão ou não da tutela requerida o juiz procede a uma **cognição sumária e superficial**, sem que isso venha a ferir o direito da ampla defesa, pois as partes, não obstante a concessão de tal medida, continuam com o direito preservado de produzir todas as provas que lhes são asseguradas para provar suas afirmações.

A concessão de tutela antecipada faz-se, assim, através de **decisão interlocutória**, entendendo o TST que, contra ela caberá mandado de segurança,[4] posição esta que não podemos aceitar, uma vez que se deu à ação de mandamental uma função recursal, desvirtuando-se, assim, a sua função originiária de ação constitucional. É evidente que caberá mandado de segurança em quaisquer situações onde se verifique a violação a direito líquido e certo, mas nem toda concessão de tutela ou negativa de concessão de tutela se mostram como uma violação a direito líquido e certo. Entendemos que tal posicionamento abre um perigoso precedente para se admitir a utilização do *mandamus* para atacar toda e qualquer decisão interlocutória. De toda forma, caso a parte ingresse com segurança contra a decisão de antecipação de tutela e sobrevenha a sentença definitiva, o *mandamus* perde o objeto.

Pareceria incoerente falar-se em antecipação de tutela na sentença, uma vez que afirmamos que se refere a uma decisão provisória o que não condiz com a natureza da sentença final. Ocorre que, quando se fala em concessão de tutela na sentença, nada mais se está fazendo do que antecipar a execução do julgado e, aqui, permite-se que se faça o cumprimento da sentença sem as formalidades e de-

4 **Súmula nº 414:** Mandado de Segurança. Antecipação de Tutela (ou liminar) concedida antes ou na sentença. (Conversão das Orientações Jurisprudenciais nºs 50, 51, 58, 86 e 139 da SDI-II, Res. 137/05 – DJ 22/8/2005.) I – A antecipação da tutela concedida na sentença não comporta impugnação pela via do mandado de segurança, por ser impugnável mediante recurso ordinário. A ação cautelar é o meio próprio para se obter efeito suspensivo a recurso. (Ex-OJ nº 51 – inserida em 20/9/2000.) II – No caso de a tutela antecipada (ou liminar) ser concedida antes da sentença, cabe a impetração do mandado de segurança, em face da inexistência de recurso próprio. (Ex-OJs nºs 50 e 58 – ambas inseridas em 20/9/2000.) III – A superveniência da sentença, nos autos originários, faz perder o objeto do mandado de segurança que impugnava a concessão da tutela antecipada (ou liminar). (Ex-OJs nº 86 – inserida em 13/3/2002, e nº 139 – DJ 4/5/2004).

Súmula nº 405: Ação Rescisória. Liminar. Antecipação de Tutela. (Conversão das Orientações Jurisprudenciais nºs 1, 3 e 121 da SDI-II, Res. 137/05 – DJ 22/8/2005.) I – Em face do que dispõe a MP nº 1.984-22/00 e reedições e o artigo 273, § 7º, do CPC, é cabível o pedido liminar formulado na petição inicial de ação rescisória ou na fase recursal, visando a suspender a execução da decisão rescindenda. II – O pedido de antecipação de tutela, formulado nas mesmas condições, será recebido como medida acautelatória em ação rescisória, por não se admitir tutela antecipada em sede de ação rescisória. (Ex-OJs nº 1– inserida em 20/9/2000, nº 3 – inserida em 20/9/2000 e nº 121 – DJ 11/8/03).

mora do processo executivo. A possibilidade de se fazer o cumprimento da sentença, agora, vem expressamente regulamentada pelas novas disposições atinentes à execução, o que facilita o entendimento e o procedimento desta matéria.

Necessário, ainda, que seja possível a reversão da medida, o que deve ser pensado no mundo do direito e não dos fatos. Assim, pode ser que o empregado, no momento da concessão da tutela de obrigação de pagar, não tenha como devolver o dinheiro caso a decisão lhe seja desfavorável afinal. Mas, no plano do direito, é possível que tal obrigação seja reversível, pois as prestações em dinheiro podem retornar ao *status quo*. A revogação poderá ser feita a qualquer momento em razão de fatos subjacentes que alterem a condição que justificou a concessão da medida.

Daí a discussão quanto ao tipo de tutela que se poderá autorizar à medida. Entendemos por não limitar a medida a ações de condenação. Isso porque nossa mente não pode alcançar os movimentos sociais e a rapidez com que as relações podem se tornar mais ou menos complexas. A lei não restringe, e não cumpre a nós fazermos limitações de interpretação. Dizer que a reintegração de um empregado não se pode fazer de forma provisória é negar-lhe o direito, daí ter acertado o TST quando publicou a OJ nº 64 da SDI II entendendo pela possibilidade de se proceder a reintegração de empregado protegido por estabilidade provisória[5]. Para tanto, o legislador, inclusive, assegura que, caso o juiz entenda necessário, somente conceda a tutela antecipada mediante a prestação de caução.

O legislador prevê que a tutela antecipada poderá ser concedida tanto para assegurar o resultado útil do processo (art. 273, I, CPC) como para acelerar o seu andamento, podendo gerar, inclusive, o julgamento antecipado da lide (art. 273, II, CPC).

Entenda-se que tanto o juiz que concede como aquele que nega a medida deve fundamentar sua decisão a fim de possibilitar, principalmente, o conhecimento pelas partes das razões que formaram o seu convencimento. Sem isso haverá certa dificuldade da parte em escolher qual a via de que poderá se valer para impugnar a decisão. Parece-nos evidente que, caso não haja decisão fundamentada, a via é a do mandado de segurança, pois é direito líquido e certo de todos conhecer as razões que fundam as decisões jurisdicionais.

Caso o juiz entenda pela concessão da tutela antecipada, a parte poderá fazer a execução da medida nos próprios autos, independentemente de processo de execução, o que, aliás, não se fala nem mais no processo civil ante as novas

---

5 OJ nº 64: Mandado de Segurança. Reintegração Liminarmente Concedida. Inserida em 20/9/2000 – Não fere direito líquido e certo a concessão de tutela antecipada para reintegração de empregado protegido por estabilidade provisória decorrente de lei ou norma coletiva.

regras impostas à execução. A ordem deve ser cumprida e contra ela o réu nada poderá fazer,[5] não tem cabimento a interposição de embargos ou qualquer outro tipo de impugnação. O que sobra ao réu é provar que houve alteração no estado dos fatos que justificaram a medida e, por simples petição, pedir sua revogação ou alteração (art. 273, § 4º, CPC). Com a prolação da sentença final, cessarão, automaticamente, os efeitos da tutela concedida, ainda que o juiz tenha se olvidado de dizê-lo expressamente na decisão. Isso porque a decisão final, automaticamente a substitui, mesmo que tenha um conteúdo diverso daquele que foi pronunciado na decisão de antecipação.

Uma hipótese interessante trazida pela Lei nº 10. 444/2002 é aquela que inseriu o § 6º ao art. 273 dispondo sobre a possibilidade de se antecipar a tutela em situação jurídica na qual não há qualquer necessidade ou urgência ao direito do autor. Tratando-se de cumulação de pedidos, a tutela poderá ser concedida se um ou mais dos pedidos cumulados, ou parcela deles, mostrar-se incontroverso. Na verdade estamos aqui numa situação de concessão de tutela definitiva e não provisória. O que quis o legislador foi tão-somente permitir que o juiz julgasse o pedido incontroverso sem que houvesse a necessidade de se esperar pelo desenrolar da ação em relação a toda a matéria controvertida, permitindo, assim, que houvesse o julgamento antecipado daquilo que não há mais necessidade alguma em se discutir ou se esperar para julgar.

Por fim, outra novidade trazida pela Lei nº 10.444/2002 foi o § 7º do art. 273, CPC. Esta regra possibilita a fungibilidade das medidas cautelar e antecipada, tornando incontroverso o fato de se ter de aplicar a todas as tutelas de urgência os mesmos princípios e regras. Isso se deu porque, em muitas situações, a mesma questão pode levar a duas interpretações absolutamente diversas, procedendo tanto os argumentos daqueles que entendem ser o fato afirmado por antecipação de tutela como por medida cautelar. A fim de evitar as diversas discussões que passaram a se verificar na jurisprudência e na doutrina, o legislador resolveu, por fim, o problema: o importante é conceder a proteção ao direito quando a parte demonstrar a urgência e a necessidade do socorro que vem pedir, não importando que se lhe dê o nome de tutela antecipada ou de cautelar. Isto traz como conseqüência, também, a possibilidade de se conceder tutelas antecipadas de ofício, em razão do poder geral de cautela do juiz, ou seja, mesmo que a parte não requeira. Se do processado resultar a configuração dos requisitos para a concessão de tutela antecipada, o juiz poderá concedê-la.

5 Salvo, evidentemente, se o réu decidiu interpor o Mandado de Segurança, medida esta que o TST entende ser cabível contra questões que tais.

A questão do cabimento da tutela antecipada em ação rescisória e recurso parece ter se pacificado. Nos recursos o princípio que o informará é do art. 558 do CPC: "o relator poderá, a requerimento do agravante, nos casos de prisão civil, adjudicação, remição de bens, levantamento de dinheiro sem caução idônea e em outros casos dos quais possa resultar lesão grave e de difícil reparação, sendo relevante a fundamentação, suspender o cumprimento da decisão até o pronunciamento definitivo da turma ou câmara." Esta possibilidade estende-se à apelação. Lendo-se tal dispositivo no processo do trabalho, entendemos que o relator poderá antecipar os efeitos da tutela em situações tais como nos recursos que for designada para falar, podendo conceder inclusive o *efeito ativo* à medida pleiteada, ou seja, conceder o provimento de forma provisória a fim de que o direito afirmado se realize e se execute, mesmo antes de ser julgado o recurso no seu *mérito*.[6] Isso se torna possível em razão do caráter provisório da medida.

A imposição da ordem para cumprimento da decisão de tutela antecipada pode vir acompanhada de multa pelo descumprimento da obrigação, a qual poderá, desde logo, ser exigida. Isso decorre da efetividade que a ordem dada deve estar envolta. Caso o resultado final do processo seja desfavorável ao beneficiário da medida, irá surgir para a parte contrária, ou seja, aquela que sofreu os efeitos da medida, o direito de ser ressarcido por danos que porventura houver sofrido. Esta execução será feita nos próprios autos e gerará responsabilidade objetiva daquele beneficiário. O réu ocupará, agora, a posição de credor, tendo direito a cobrar o que perdeu e, também, o que deixou de ganhar, fazendo tudo nos mesmos autos. Daí uma das principais finalidades da caução ser a de abrandar os efeitos que a cognição sumária poderá gerar.

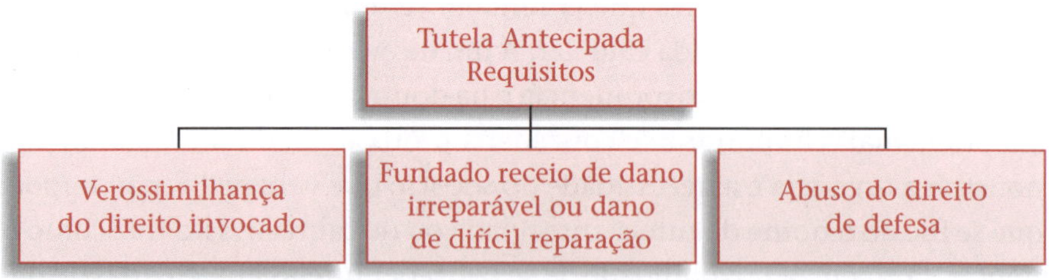

6 Um exemplo do efeito ativo: o empregado pede para ser reintegrado. O juiz de 1º grau entende que a inicial é inepta e extingue o feito sem julgamento de mérito. Inconformado interpõe Recurso Ordinário e pede, em tutela antecipada, que o TRT lhe reintegre. O Relator entende que estão presentes os pressupostos da medida e concede a tutela antecipada, ordenando que a empresa promova a sua imediata reintegração.

17.2. TUTELA ESPECÍFICA

A tutela específica vem prevista nos arts. 461 e 461-A do CPC e refere-se à tutela jurisdicional pleiteada com fim de garantir que a parte receba exatamente aquilo que contratou e que a levou a trazer suas afirmações em Juízo. Caso não seja possível o cumprimento específico, o que somente ocorrerá em situações em que se verifique a impossibilidade física ou jurídica do cumprimento, é que se admitirá o ressarcimento com o resultado mais aproximado possível da prestação. Não se pode mais pensar na reparação do dano como uma via que baste a satisfação do direito invocado. O que se busca com tais regras é a satisfação do direito da parte no plano do direito material.

O objetivo do instituto é, portanto, buscar a "maior coincidência possível entre o resultado da tutela jurisdicional pleiteada e o cumprimento da obrigação, caso não houvesse ocorrido lesão de direito no plano material. Embora jurisdicionalmente, o que o autor pretende obter é o mesmo resultado que decorreria do cumprimento da obrigação, no plano do direito material" (Scarpinella, *in* Marcato, 2004, p. 1.404).

Os dispositivos que tratam da matéria estão colocados no capítulo que ainda do processo de conhecimento, sendo aplicáveis a todo tipo de processo e procedimento. É evidente que, se a parte possui um título judicial ou extrajudicial, deverá se valer das ações para cumprimento de sentença, pois a disposição da matéria permite o entrelaçamento dos procedimentos, além do quê, as reformas havidas no instituto em 2006 o tornaram muito mais interessante do que se o autor, renunciando à força do título que possui, quiser se submeter ao processo de conhecimento cuja finalidade será, aqui, a formação de novo título. Queremos com isso dizer que não nos parece que faltará ao credor interesse jurídico caso decida optar pela via do processo de conhecimento, cujas medidas dispostas nos arts. 461 ou 461-A têm força executiva. Compete-lhe decidir o que atende de forma mais eficiente a sua pretensão e somente a situação concreta o poderá dizer.

É importante ter-se em mente que não se quer a conversão da obrigação em perdas e danos, tanto que este resultado dependerá: (a) da impossibilidade de se cumprir a obrigação; ou (b) do pedido do autor, e isso não prejudicará a multa cominatória e/ou a contratual (art. 461, §§ 1º e 2º, CPC).

Admite-se na tutela específica o pedido de tutela antecipada, aplicando-se, aqui, tudo que já se disse sobre aquele instituto, subordinando-se o pedido a dois requisitos: (a) relevância do fundamento da demanda; ou (b) justificado receio de ineficácia do provimento final. O juiz deve possibilitar a realização dos meios que possam assegurar o resutado prático da afirmação buscada ou o equivalente ao do adimplemento da prestação que não está (ou não foi) cumprida da forma negociada.

Os §§ 4º e 5º do art. 461, CPC, cuidam da tutela mandamental e executiva *lato sensu*, respectivamente, o que elastece o alcance do instituto que possibilita que a resposta jurisdicional possa ser concedida de uma ou de outra forma, dependendo da pretensão do autor esposada na peça em que a formula. Ambas as medidas não devem ser confundidas e, para tanto, nos socorremos de Scarpinella que ensina que a tutela mandamental

> é uma técnica que pretende extrair do devedor o cumprimento voluntário (não espontâneo, que significa prescindir da prestação jurisdicional) da obrigação, tal qual lhe foi imposta pela lei ou ajustada por contrato entre as partes. Executiva *lato sensu* é a técnica sub-rogatória que se realiza independentemente da vontade do devedor, mas que não atua mediante expropriação de bens (penhora, avaliação e alienação, medidas típicas da execução por quantia certa). A diferença entre essas técnicas de atuação da tutela jurisdicional está em que a executiva não se dirige ao devedor da obrigação e efetiva-se (concretiza-se, realiza-se) independentemente e, se for o caso, até mesmo contra sua vontade. É técnica subrogatória típica e, nesse particular, afina-se à tradicional tutela condenatória. A tutela mandamental diferenciada dirige-se especificamente à pessoa do obrigado, aguardando dele acatamento de uma ordem, sob pena de responder pelas conseqüências desse descumprimento. A tutela mandamental busca, fundamentalmente, eliminar quaisquer outras alternativas mais compensatórias para o devedor do que o próprio cumprimento da obrigação (Scarpinella, *in* Marcato, 2004, p. 1.407).

O autor, que pretender formular pedido de obrigação de fazer ou não fazer, deverá fundar sua pretensão no art. 461 do CPC e, se preencher os requisitos já mencionados, poderá pedir, ainda em liminar, a antecipação da tutela. Caso o juiz entenda por conceder a medida em tutela antecipada ou em provimento final (sentença), imporá, ainda que o autor não tenha formulado pedido expresso, cominação para o caso de a obrigação não ser cumprida da forma ordenada (art. 461, § 6º c/c art. 287, CPC). Caso o reú não cumpra a decisão da forma ordenada, o juiz poderá, de ofício ou a requerimento do autor verificadas as circunstâncias: (a) determinar que um terceiro cumpra a prestação às custas do obrigado, réu na ação, desde que a obrigação, não seja personalíssima, e seja viável tal determinação; (b) determinar providências que assegurem o resultado prático da obrigação; (c) determinar o cumprimento de prestação que assegure o resultado prático equivalente; (d) converter em perdas e danos, caso verifique a impossibilidade física ou jurídica do cumprimento. A tudo isso se pode somar a fixação de multa (**astreintes**) que terá por finalidade obrigar que o réu cumpra a obrigação da forma como foi contratada, daí a necessidade de se ter bom senso na aplicação da multa, que não tem o condão de causar o enriquecimento do autor, mas sim de fazer com que se cumpra a decisão.

Esta estipulação da multa poderá sofrer modificações, caso se verifique que se tornou excessivamente onerosa ou insuficiente a ponto de fazer com que ao réu não interesse ou não importe cumpri-la ou não.

Em se tratando de obrigações de dar, a cobrança se fará da forma estipulada no art. 461-A do CPC. Tratando-se de entrega de coisa determinada pelo gênero e quantidade, o credor deverá individualizá-la na petição inicial, caso a escolha lhe caiba. Se a escolha tiver de ser feita pelo devedor, este deverá entregá-la, individualizando-a, no prazo fixado pelo juiz.

Se o devedor não cumprir com a ordem judicial, o juiz mandará expedir mandado de busca e apreensão ou de imissão na posse, conforme se tratar de coisa móvel ou imóvel, desenvolvendo-se o procedimento na forma já determinada para as obrigações de fazer e não fazer. Aqui aplica-se tudo que já foi dito relativamente ao art. 461, CPC, sendo a sua peculiaridade a questão da escolha, que não há naquelas outras obrigações.

Capítulo 18
Tutela cautelar[1]

O processo cautelar é instrumento que tem por fim assegurar um direito e não satisfazê-lo. Funda-se numa situação de urgência e, por isso, caracterizadas determinadas circunstâncias especiais, a medida deverá ser concedida em virtude da tutela de aparência do direito que se encontra em risco iminente. O processo cautelar é autônomo. Quando o legislador diz que será sempre dependente do processo principal, quer enfatizar justamente seu caráter assecuratório de direitos, visando protegê-lo e não realizá-lo. O direito se realiza (ou se satisfaz) através da tutela de conhecimento e/ou execução. O processo cautelar contém a um só tempo medidas inerentes ao processo de conhecimento e execução. Dado seu caráter de preservação e conservação de direitos, pode ser instaurado na relação jurídica processual em qualquer momento e em todos os tipos de procedimentos e processos.

Tem **natureza jurídica instrumental**, no sentido de que serve de instrumento não só para a parte que pode valer-se do expediente para ver assegurado ou preservado o direito que está na iminência de sofrer risco, mas também para o Estado, que tem o dever de realizar o direito, conferindo ao jurisdicionado segurança jurídica, seriedade e eficiência na concessão e cumprimento das ordens judiciais. Logo, tem por fim a preservação e conservação de direitos.

As cautelares **classificam-se** em quatro categorias: (a) providências antecipatórias (ex., produção antecipada de provas); (b) medidas que visam facilitar o resultado de uma execução forçada (ex., arresto e seqüestro); (c) medidas de urgência que visam a antecipar o resultado final de mérito; (d) cauções processuais. Há, assim, medidas cautelares que servem a assegurar bens, pessoas ou provas e, ainda, medidas que são submetidas ao regime das cautelares e que não são necessariamente cautelares, como ocorre, por exemplo, com medidas como as justifi-

1 Súmula nº 634 – STF: Não compete ao Supremo Tribunal Federal conceder medida cautelar para dar efeito suspensivo a recurso extraordinário que ainda não foi objeto de juízo de admissibilidade na origem. Súmula nº 635 – STF: Cabe ao presidente do Tribunal de origem decidir o pedido de medida cautelar em recurso extraordinário ainda pendente do seu juízo de admissibilidade.

cações (art. 801, CPC), protestos, notificações e interpelações (art. 867, CPC) e homologação do penhor legal (art. 874, CPC).

Sabendo-se que a especialidade do processo cautelar é servir à garantia ou conservação de direitos, tem-se como **requisitos necessários** para cabimento da medida cautelar que: (1) o requerente demonstre a *plausibilidade do direito* que se invoca a proteção, ou seja, deve estar o requerente numa *situação cautelanda*, onde será possível identificar um direito subjetivo que possa ser resguardado pela medida que se pretende; e (2) que o perigo do dano seja iminente e, portanto, irreparável. Cumpre frisar que o estado protege a aparência e, por isso, a decisão de concessão ou não de uma medida cautelar será fundada num juízo de probabilidade e não de certeza, o que faz transparecer sua característica eminentemente *provisória*, no sentido de perdurar enquanto necessário, sendo posteriormente substituída por um provimento final fundado num juízo de certeza.

As cautelares poderão ser requeridas no curso do processo principal ou antes mesmo de sua propositura. Diz-se que são *preparatórias* ou *incidentes*.

Já dissemos que o art. 273 do CPC, alterado pela Lei nº 10.444/2002, possui norma que possibilita a *fungibilidade de meios* (§ 7º). Desta forma, se a parte ingressa com pedido de tutela antecipada e o julgador percebe que, na verdade, se trata de pretensão que devesse se desenvolver pela via cautelar, poderá decidir como se procedimento cautelar fosse. Nesta hipótese deverá proferir decisão à luz dos requisitos inerentes às cautelares e não à tutela antecipada. A finalidade da norma é a desburocratização, impedindo que a parte possa ser prejudicada por ter se valido de um meio e não do outro em situações, muitas vezes, que a própria jurisprudência e doutrina divergem. É possível, ainda, que ocorra o inverso, ou seja, converter-se uma ação cautelar incidente em tutela antecipada aplicando a fungibilidade retratada pela norma supramencionada.

Não há prazo para a interposição de ações cautelares. O proceso cautelar pode ser instaurado a qualquer tempo, em todos os graus de jurisdição. Cabe, ainda, em todos os tipos de procedimentos.

É importante ressaltar que o Protocolo de Medidas Cautelares relativo aos Países-Membros do Mercosul (Argentina, Brasil, Paraguai e Uruguai) foi ratificado pelo Brasil por meio do Decreto Legislativo nº 192 de 15/12/1995 e promulgado pelo Decreto nº 2.626, de 15/6/1998. Sua principal finalidade foi a de conferir maior segurança jurídica, viabilizando a cooperação entre os países-partes no Tratado de Assunção. São os seguintes os pontos fundamentais trazidos no Protocolo: (a) o pedido de cautela poderá ser realizado em qualquer tempo e tipo de procedimento; (b) o cumprimento da ordem de concessão da medida deverá respeitar a lei do local da situação dos bens ou residência das pessoas; (c) a execução; contracautela; modificações no curso do processo para fiel cumprimento da medida, sua redução ou substituição; sanções por litigância de má-fé e as relativas ao domínio e outos direitos reais serão processadas segundo as leis do Estado requerido; (d) o juiz ou Tribunal requerido pode recusar o cumprimento da medida ou determinar seu levantamento se observar que os termos do protocolo não foram cumpridos; (e) o cumprimento da medida não significa que a sentença estrangeira do processo principal será, necessariamente, executada no país; (f) podem o juiz ou Tribunal conceder cautelares a fim de que a sentença estrangeira possa ser executada; (g) se a ação principal não for interposta dentro do prazo estabelecido pelo país requerente, a medida torna-se ineficaz; (h) os Juízos, requerente e requeridos, têm o dever de informação mútua para viabilizar o fiel cumprimento da medida; (i) o pedido e cumprimento da ordem do juiz ou Tribunal requerente se faz pela via diplomática, através de Carta Rogatória, respeitadas as disposições de procedimentos inerentes a tais Cartas, bem como as constantes do respectivo Protocolo de Cooperação Cautelar. Outra questão de grande relevância é aquela prevista na Lei nº 8.437, de 30 de junho de 1992, que dispôs sobre *a concessão de medidas cautelares contra atos do Poder,* em que houver previsão de *não ser admissível a concessão de cautelares contra* atos do Poder Público, no procedimento cautelar ou em quaisquer outras ações de natureza cautelar ou preventiva, toda vez que providência semelhante não puder ser concedida em ações de mandado de segurança, em virtude de vedação legal (*art. 1º, in verbis*). Pode-se sustentar que tal disposição feriria o princípio da igualdade, pois atribui ao Poder Público, de modo absolutamente infundado, um privilégio que não se estende às demais pessoas. Todavia, o STF, em diversos julgados, passou a entender que, no que diz respeito à tutela de bens fundamentais, como vida e saúde, não se aplica a impossibilidade de concessões de tutelas de urgência. O que quis o legislador com tal limitação foi assegurar a supremacia do Estado, restringindo a aplicação de medidas cautelares e liminares a situações em que o próprio interesse público a justificava. São casos de restrição, entre outros: (a) ações que visam à obtenção da liberação de mercadorias, bens ou coisas de qualquer espécie procedentes do estrangeiro (art. 1º da Lei nº 2.770/1956); (b) ações que tenham por fim pagamentos de vencimentos e vantagens pecuniárias a servidor (art. 1º da Lei nº 5021/1966), assim como aquelas onde se busca a reclassificação ou equiparação de servidores públicos, ou concessão de aumento ou extensão de vantagens (art. 5º da Lei nº 4.348/1964); (c) medidas liminares em que se quer o deferimento da compensação de créditos tributários, esgotando-se no todo ou em parte objeto da ação a tutela de urgência buscada.

Os arts. 797 e 798 do CPC tratam das medidas que autorizam em casos excepcionais e expressamente autorizados por lei, a concessão de medidas cautelares sem a audiência das partes e, até mesmo, sem que o autor faça o requerimento expresso da tutela. Trata-se da situação da concessão de medida cautelar em caráter **liminar** ou que seja decidida por ato do juiz, sem que a parte tenha mesmo se apercebido da situação de urgência. Daí o legislador permitir a concessão de tais medidas em situações excepcionais. Só se permite a incidência do poder geral de cautela nas hipóteses em que a ação estiver em andamento, isto é, não se permite a instauração, *ex officio*, de ações cautelares, sejam elas preparatórias ou incidentais. A norma permite a concessão de *medidas cautelares ex officio* e não a determinação de propositura de *ações cautelares ex officio*.

Por isso, para tanto, necessário se faz a caracterização de situação emergencial e excepcional, podendo ser concedida a qualquer tempo e grau de jurisdição, em qualquer tipo de procedimento e poderá atingir bens, direitos, pessoas ou provas. Esta possibilidade está justificada pelo princípio do devido processo legal que norteia todas as medidas tomadas com fim de assegurar o direito material cuja proteção se busca com a provocação jurisdicional.

O **poder geral de cautela** possui natureza discricionária, o que não quer dizer arbitrariedade no sentido despótico, mas sim no sentido jurídico de ter o juiz liberdade de ação em decidir dentro dos limites definidos e determinados pela lei, diante da ocorrência de uma situação concreta. Não se pode olvidar a finalidade das cautelares, que justificam e autorizam tal poder de preservação e conservação de direitos.

São *fundamentos* das ações cautelares o *fumus boni iuris* e o *periculum in mora*. Verificados tais requisitos, o juiz deverá conceder a providência cautelar requerida. Não há a determinação de um prazo específico para a propositura da cautelar. Evidentemente que, estando a parte diante de uma situação de urgência em que a providência acautelatória se faça necessária, deve interpor a ação imediatamente, sob pena de se perder a utilidade da medida que se pretende. Diz-se, assim, que são **preparatórias** ou **incidentes**.

O juiz poderá determinar a prática de atos variados para evitar o dano entre eles, autorizar ou vedar a prática de determinados atos, ordenar a guarda judicial de pessoas e depósito de bens e impor a prestação de caução. Este rol **exposto no art. 799, CPC,** é meramente exemplificativo. A possibilidade decorre do poder geral de cautela, podendo o juiz conceder qualquer medida para coibir a situação de perigo. O juiz poderá ordenar ainda medidas cautelares atípicas, e não só as medidas enumeradas no dispositivo. Pode ocorrer a determinação de medidas cautelares em situações verificadas no curso da própria ação cautelar.

Quanto à **competência** para a propositura das cautelares, o legislador regulamentou a questão no art. 800, CPC, sem que isso implique não se socorrer das normas gerais já estudadas sobre o tema e reguladas no processo de conhecimento, que será sempre subsidiário. A regra, no entanto, será: a) se a cautelar for incidente, vige a regra da prevenção do juízo (art. 87, CPC); b) se a cautelar for preparatória, a distribuição será feita de conformidade com as regras já estudadas sobre competência, de acordo com os critérios já mencionados no capítulo específico sobre o tema; c) caso haja a interposição de recurso, a cautelar deverá ser proposta diretamente no Tribunal. Entendemos que a competência para apreciação será do Relator é, se o feito não houver sido distribuído, do presidente ou vice-presidente do Tribunal respectivo, conforme prescrever as normas de organização judiciária local.

Observe-se, no entanto, que dependendo da situação de *urgência* a apreciação de liminar em cautelar poderá ser procedida por *juiz absolutamente incompetente*. A natureza da medida, que é de urgência, permite tal exceção e a aconselha. Após a apreciação do requerimento, o juiz absolutamente incompetente fará a remessa dos autos ao Juízo competente que poderá retificar ou ratificar a ordem e determinar o processamento adequado da medida interposta.

Não se pode olvidar que: 1) a cautelar, regra geral, é acessória e deverá ser processada em conexão com a ação principal; 2) há cautelares que não são necessariamente preparatórias, como ocorre, por exemplo, nas ações de conservação de prova, em que o empregado pretende a perícia do local de trabalho antes que seja realizada a sua reforma para que fiquem resguardadas as características ambientais[2], o que faz para, simplesmente, assegurar-se de eventual e futura demanda. Nesta situação a cautelar tem função meramente preventiva e não preparatória, necessariamente.

Importa não confundir a **prevenção de juízo** com a **prorrogação de competência.** O primeiro evento se caracterizará quando concorrerem dois ou mais juízes igualmente competentes para a mesma causa, ocasião em que a competência será daquele que despachou em primeiro lugar (art. 106, CPC) ou citou em pri-

2 SÚMULA STF Nº 736: COMPETE À JUSTIÇA DO TRABALHO JULGAR AS AÇÕES QUE TENHAM COMO CAUSA DE PEDIR O DESCUMPRIMENTO DE NORMAS TRABALHISTAS RELATIVAS À SEGURANÇA, HIGIENE E SAÚDE DOS TRABALHADORES.

meiro lugar de forma válida (art. 219, CPC). Se a competência já estiver fixada, poderá ocorrer o fenômeno da modificação da competência em razão da *prorrogação* ou, simplesmente, da *modificação* em virtude da conexão ou continência (art. 104, CPC).

Para a propositura da ação cautelar, se faz necessária a observância dos requisitos do art. 801 do CPC, que deverá ser lido juntamente com o art. 282 , CPC. Este último completa aquele primeiro, trazendo a previsão do requisito do valor da causa que, como vimos, é essencial para a fixação da competência e efeito fiscal. Podemos assim elencar que são requisitos que devem conter na petição inicial: 1) a indicação do Juízo, necessário para a determinação da competência; 2) a qualificação das partes, o que define os limites subjetivos do julgado; e 3) a lide e seus fundamentos, requisitos exigidos pelo legislador que dizem respeito àquilo que se discutirá no processo, tanto que o legislador os dispensa se a cautelar for incidente; 4) permite-se cumular pedidos cautelares, incidindo aqui a regra do art. 292, CPC; 5) no que pertine à prova, não pode o intérprete olvidar que a tutela jurisdicional cautelar funda-se em juízo de probabilidade e aparência, de modo que a prova a ser produzida não será exauriente; 6) o valor da causa obedecerá à atribuição dada pelo autor à segurança pretendida, o que não será, necessariamente, coincidente com o valor do objeto que se pretende assegurar; as pretensões nas cautelares e no processo principal são diversas, sendo lícito ao juiz, *ex officio,* corrigir distorções.

Uma observação de grande importância é que vige entre as cautelares o **princípio da fungibilidade**, de modo que a vinculação do juiz ao que for expressamente pedido é relativa, ou seja, pode o magistrado conceder providência diversa daquela que foi requerida, inclusive pode conceder tutela antecipada em vez de cautelar (art. 273, § 7º, CPC), independentemente de pedido da parte. Tal possibilidade, no entanto, não é ilimitada, devendo pautar-se em situações de erro escusável ou se evidenciado pela prova colhida, que o provimento cautelar (ou tutela de urgência) deva ser diverso daquele que foi pretendido. Não pode o juiz substituir a parte ou quebrar o princípio da imparcialidade.

Caso a inicial se mostre inepta sujeita-se às disposições gerais acerca das petições com deformações e vícios: o juiz poderá rejeitar de plano se o vício não puder ser concertado (art. 295, CPC); ou determinará a emenda se a correção puder ser realizada (art. 284,CPC). Da decisão que indefere liminarmente a inicial cabe recurso de apelação, sendo admissível o juízo de retratação (art. 267, I c/c art. 296, CPC).

Por ser processo autônomo, a propositura da ação implicará o chamado do réu através da citação, a qual deverá ocorrer, ainda que a cautelar seja incidental, sendo lícito que o seja na pessoa de seu patrono já constituído nos autos (art. 38 c/c art. 215, CPC). É necessário que o advogado tenha poderes expressos para receber a citação, sem o que a mesma não será válida. A norma dirige-se tanto às cautelares nominadas quanto às inominadas.

O prazo para apresentação da **defesa** é de **cinco dias**, seja a cautelar preparatória ou incidental, nominada ou inominada, sendo lícito que o réu apresente a contestação e a exceção. Não se admite a reconvenção ou a declaratória incidental em razão da matéria que se pode discutir na cautelar. Aqui não se discute mérito, mas sim prevenções e garantias. As exceções devem seguir a forma de propositura disposta nos arts. 304 a 314, CPC. Quando se tratar de exceção de incompetência absoluta será suscitada como preliminar da contestação (art. 301, II, CPC). O prazo para interposição das exceções, no entanto, será de cinco dias.

Quanto às intervenções de terceiros, à exceção da assistência e da nomeação à autoria, não cabe qualquer outro tipo no processo cautelar, pois sabemos que as intervenções referem-se a questões de mérito, as quais não têm lugar para serem conhecidas e julgadas em sede de cautelar. Frise-se que, quanto à nomeação à autoria, a posição não é pacífica na doutrina, mas entendemos pelo seu cabimento ante a finalidade que tem tal argüição e o fato de poder ser suscitada no próprio bojo da defesa, dispensando-se peça em separado.

Se o pólo passivo for constituído por **listisconsorte** com procuradores diferentes (art. 191, CPC) ou se o réu for a Fazenda Pública ou o Ministério Público (art. 188, CPC), o prazo para resposta será em dobro para o consorte e em quádruplo para estas pessoas públicas. Não obstante o Livro III não traga a exceção, o Livro I do CPC é norma de caráter geral e, trazendo norma especial, esta deve prevalecer sobre a regra geral. O dispositivo estudado é geral e o direito de defesa deve ser respeitado.

Quanto à forma de citação, está poderá ser feita por correio, oficial de Justiça, edital. Se o réu não residir na mesma comarca, será feita por carta precatória ou rogatória. Se o réu estiver criando dificuldades para ser citado, poderá ser realizada com hora certa. As disposições a serem respeitadas e as especialidades de cada ato citatório estão previstas nos arts. 213 a 223, CPC.

Entendemos que o procedimento aplicável deve ser o do CPC e não o da CLT com adaptações. Isso importa que a defesa seja protocolizada e não juntada em audiência. É certo que, se o juiz determinar a designação da audiência em processo cautelar, o réu deverá, então, apresentar a defesa nesta sessão.

O réu, não obstante citado, poderá manter-se inerte, verificando-se, então, à revelia, sendo possível, caso assim entenda o juiz, promover o julgamento do processo. Não se olvide que à revelia não vincula o juiz a ponto de cercear a realização de outras provas, caso entenda necessário. Poderá ocorrer de o juiz entender pela necessidade de designar audiência de instrução visando à produção de provas que lhe formem o convencimento para um julgamento de mérito, ou que suspenda o andamento da cautelar a fim de julgá-la juntamente com a ação principal. Cabe ao juiz decidir qual o caminho melhor para percorrer e que vá garantir a efetividade da prestação jurisdicional.

Não podemos olvidar que a liminar é medida que cabe no processo cautelar. Esta poderá ser concedida tão logo o juiz despache a petição inicial ou após a audiência de justificação prévia. Esta audiência refere-se a uma sessão realizada tão-somente para que o juiz instrua o pedido de liminar uma vez que não tem provas suficientes ou não está suficientemente convencido de que deva conceder a cautela. Se o juiz designa a audiência de justificação prévia para apreciar o pedido e intima o réu a nela comparecer é simplesmente para que ele possa acompanhar tal instrução e não para que apresente defesa, pois sequer a citação foi realizada ou seu prazo para resposta começou a correr. Somente após a decisão da liminar e respectiva intimação do réu é que correrá o prazo para manifestações de defesa.

Não se olvide que, uma vez concedida a liminar, esta terá duração até que seja cassada ou substituída pela decisão definitiva ou por outra decisão provisória que a substitua (**caráter provisório da medida**). Admite-se, caso o juiz assim entenda, a exigência de prestação de caução para concessão da liminar. A **caução** terá a função de contracautela e destina-se a ressarcir a parte contrária de eventuais danos que possa sofrer com a concessão da medida. Poderá ser ofertada caução real ou fidejussória. Não se confunde a caução aqui tratada com a prevista nos arts. 799, 829 e 830, CPC. Não se admite contraditório com relação a ela, embora possa ser impugnada pelo réu e será decidida nos próprios autos como um mero incidente e não como medida autônoma. O juiz poderá ordenar, ainda, a prestação da caução na sentença final que julgar a cautelar.

Diante do caráter provisório da cautelar, é possível que se faça sua substituição, seja de ofício ou a requerimento de qualquer das partes, a fim de se impor uma prestação menos gravosa para o requerido, o que se fará sempre que a medida em substituição se mostrar adequada e suficiente para evitar a lesão ou repará-la integralmente (art. 805, CPC). O pedido de substituição, quando formulado pela parte, poderá ser feito a qualquer tempo. Importa frisar que não se trata de um direito do réu à substituição, cabendo ao juiz decidir pela conveniência e possibilidade de se fazer a substituição, sempre atentando-se para o cumprimento da finalidade do processo cautelar e circunstâncias do caso concreto.

O **pedido de substituição** poderá ser feito por simples petição e nos mesmos autos. Entendendo o juiz que possa haver tumulto processual é lícito que determine a autuação em apenso. Isso facilita a instrução e evita o prejuízo ao procedimento cautelar.

Caso a cautelar proposta seja em caráter preparatório o legislador prevê que o autor, em 30 dias a contar da efetivação da medida, deverá propor a ação principal. *Efetivação da medida* consiste na data em que a medida se realizou. Este prazo é decadencial, competindo ao juiz reconhecer de ofício, caso se verifique. Observe-se que a decadência não é do direito material, mas sim da ação cautelar que perde sua eficácia em razão do decurso do tempo causado pela inércia do requerente da medida. Não há necessidade de revogação da medida posto que o decurso do prazo faz com que ela caduque. Todavia, se houve apreensão de bem pertencente ao demandado ou a terceiros, o juiz deverá determinar a expedição de mandado de levantamento ou comunicação ao órgão ou repartição para que levante o gravame do bem ou direito. Este prazo decadencial somente será aplicável quando a medida concedida importar em constrição de bem ou direito, pois caso haja apreensão ou constrição de bem, coisa ou direito, não haverá caducidade da medida. É o que ocorre, *e.g.*, com as produções antecipadas de prova, cuja finalidade é justamente perpetuar a prova, e não faria sentido falar-se em decadência do prazo para a propositura da ação principal.

A medida cautelar, uma vez concedida, conserva sua eficácia não só enquanto durar o processo principal, mas pelo tempo que for necessário para a conservação do direito tutelado. Portanto, a medida não terá, necessariamente, prazo de validade adstrito à sentença do processo principal. Ao contrário, perdurará enquanto necessário. Poderá, assim, conservar sua eficácia mesmo após o trânsito em julgado da sentença e, ainda, nos momentos de suspensão do processo (art. 265, CPC).

Essa possibilidade de se modificar ou revogar a tutela cautelar concedida deve-se ao fato de que a medida é sempre provisória e, por isso, calcada em fatos mutáveis. Nesse sentido, a sentença cautelar é sempre *condicional*.

Satisfeito o *iter* do processo cautelar, será a hora de chegar ao final. Esta extinção pode dar-se de modo: I) normal, quando a finalidade do processo é atingida dentro do processo principal, exaurindo-se, assim, a medida concedida; II) anormal, quando perde sua eficácia em razão da ocorrência de uma das seguintes situações: a) revogação; b) não interposição da ação principal no prazo de 30 dias;

c) falta de execução da medida concedida; d) extinção do processo principal com ou sem julgamento de mérito; e) desistência da ação cautelar. A extinção permitirá que a tutela antes concedida perca sua eficácia e as coisas retornem ao *status quo*. Nas situações de revogação, não interposição da ação principal e falta de execução da medida, a extinção se dá *ope legis*, sendo desnecessário proferir-se outra sentença para reconstituir ou constituir nova situação. Há simples ato de declaração do juiz para reconhecer que a medida perde a eficácia. Nos casos de extinção do processo principal haverá a cessação da medida somente nos casos de improcedência ou naquelas situações em que o direito que a medida visava proteger for declarado extinto ou inexistente. Se a sentença do processo principal acolher o pedido e, assim, julgá-lo procedente, a cautelar conservará sua eficácia enquanto necessária a proteção e até ser substituída por uma outra medida.

Se a medida houver sido extinta nos termos do dispositivo, o requerente não poderá renová-la, salvo por novos fundamentos. Isso não quer dizer que a decisão cautelar faça coisa julgada material, posto que, não havendo mérito a ser discutido na demanda cautelar não há que se falar em sentença de mérito. Por fatos novos se deve entender tudo aquilo que não houver sido apreciado na cautelar cuja eficácia foi perdida. A norma tem por base o *princípio da boa-fé*, limite esse que deverá ser considerado na apreciação do novo pedido submetido à apreciação do juiz.

Caso o juiz tenha entendido pelo *indeferimento da medida*, como preleciona o art. 810, CPC, seja liminarmente ou na sentença final da cautelar, o requerente poderá repetir a medida por novos fundamentos. Em razão dessa regra, sustentou-se que a decisão em cautelar só fazia coisa julgada formal. Aqui nos retratamos da posição que assumimos anteriormente (Nahas, 2000) para sustentar que, o fato de o legislador permitir a renovação da cautelar não quer dizer que não gere *coisa julgada material*. Tanto faz que o requerente só poderá repetir a ação por novo fundamento, o que faz com que a nova ação não seja repetição da que foi julgada, mas uma nova ação proposta. Portanto, entendemos que, em toda situação que se colocar vencidos os prazos recursais ou esgotados os meios de se recorrer, a sentença proferida na cautelar faz coisa julgada material. O que permitiu o legislador com a regra do art. 810, CPC, é que o juiz possa, no processo cautelar, já se manifestar sobre o principal, extinguindo-o – situação que pode dar-se mesmo em se tratando de medida preparatória e que servirá como fato impeditivo à propositura da ação que se quis garantir.

O art. 811, CPC, trata de *responsabilidade objetiva* pela propositura da ação cautelar. O legislador presume *juris et de juris* o prejuízo do requerido nas hipóteses em que elenca no art. 811. Não se confunde a situação com aquela prevista no art. 16, CPC, isto é, com as disposições que tratam da litigância de má-fé. São institutos absolutamente diversos e que poderão se cumular em ocorrendo a situação fática prevista nas respectivas normas jurídicas. O dispositivo aplica-se tanto às medidas cautelares jurisdicionais como àquelas meramente administrativas. Também estende-se as cautelares nominadas e inominadas. Não pode o intérprete querer restringir aquilo que o próprio legislador não o fez. Em todas as situações trazidas pela norma legal o legislador presume o prejuízo. Entendemos, todavia, que o montante deverá ser comprovado pelo réu na respectiva ação de liquidação. Na hipótese trazida no inciso II, o legislador prevê que, mesmo não formada a relação processual, o prejuízo ocorreu em razão da concessão da medida e cumprimento da ordem.

Não se olvide, no entanto, que o **requisito** para a incidência desta norma é que a medida tenha sido concedida e executada. A condenação ao pagamento da indenização prevista no art. 811, CPC, deve ser procedida de ofício pelo juiz, pois a norma é imperativa e ocorrendo qualquer das situações ali previstas, as coisas deverão retornar ao *status quo*, condenando-se o autor da cautelar a indenizar a parte contrária em perdas e danos, incluído aqui os lucros cessantes. A sentença será de condenação genérica cuja liquidação e prova do dano deverá ser feita no processo de liquidação que se seguir, agora por iniciativa do réu, vencedor na ação principal ou na própria cautelar pelos fundamentos dos incisos II, III ou IV daquele dispositivo legal. A ação de liquidação a que se refere o parágrafo único se processará nos próprios autos da cautelar. O réu passará a autor e este a réu na ação de liquidação. A forma de liquidação se fará nos termos previstos nos arts. 475-A e ss. do CPC, dependendo da necessidade de se fixar o montante. Em ocorrendo de o autor da ação de liquidação (réu na cautelar) não provar o dano, a condenação pode ser zerada, de modo que se apure nada ser devido, e isso não acarretará a violação à coisa julgada, em razão da disposição e finalidade da norma estudada.

É importante ter em mente que a indenização por perdas e danos somente será devida quando os mesmos forem comprovados; caso contrário, a obrigação de indenizar sucumbe.

Entendemos ainda que o juiz não se refira expressamente na sentença à condenação do autor a pagar ao réu o prejuízo sofrido; este poderá reclamar nos mesmos autos e com fundamento neste dispositivo a indenização respectiva. Isso porque a norma é aplicável imediatamente, independentemente de referência expressa. A intenção legislativa é aproveitar o procedimento em andamento e não resultar no início de nova ação.

Por fim, deve ser observado que, seja preparatória ou incidental, a cautelar será sempre autuada separadamente. Tendo autuação própria, deverá ser apensada aos autos principais. Se julgada separadamente da lide principal, somente será a ela apensada se não houver recurso e quando os autos retornarem do Tribunal. De toda forma, aconselha-se que se informe nos autos da principal a existência da cautelar com a respectiva numeração que lhe for atribuída na distribuição. Tratando-se de cautelar proposta na forma do art. 273, § 7º, CPC, o processamento se dará como simples pedido, correndo nos próprios autos do processo principal.

O legislador traz um elenco de medida cautelares que intencionou regular de forma específica (**cautelares nominadas**), mas sem se olvidar de prever que outras mais poderiam ser propostas (**cautelares inominadas**), aplicando-se as normas anteriormente estudadas. Assim, as cautelares típicas estão sujeitas ao regime específico e geral; para outras situações não pensadas pelo legislador, aplicam-se as normas gerais.

A aplicação do processo cautelar (Nahas, 2000) ao processo do trabalho é indiscutível. O que questionamos é se todas as medidas cautelares nominadas poderiam ser aqui utilizadas e, de pronto, a resposta é negativa. Isso porque há direitos materiais que são absolutamente estranhos a qualquer relação de trabalho que se discuta (no sentido amplo ou no sentido de relação de emprego). Assim, *e.g*, a *homologação do penhor legal* é medida que não guarda qualquer ligação com nossa matéria. O penhor legal é uma garantia real que decorre, como o nome diz, da lei. É procedimento contencioso cuja norma material correspondente está inserida nos arts. 1.467 a 1.472, CC. O direito ao penhor se constitui no momento da formação do contrato na pessoa dos locadores e dos arrendantes. O penhor legal será iniciado com a posse do hospedeiro, fornecedor, dono do prédio urbano ou rústico e se exaurirá com a homologação pelo juiz. É uma forma de autotutela autorizada pelo Código Civil que deverá, posteriormente, ser homologada a fim de que conserve sua legalidade e isente o requerente de posterior alegação de abuso ou apropriação indébita. No momento da apreensão dos bens, o credor deverá dar ao devedor o comprovante dos bens que está se apossando, sendo indispensável a homologação judicial do ato para resguardar o direito ao crédito.

Desta forma, trataremos das medidas que se aplicam à nossa matéria ainda que isso possa ocorrer de forma remota, em razão da amplitude que as ações trabalhistas ganham na prática.

Cumpre frisar que as cautelares têm cabimento em todo e qualquer tipo de processo e procedimento, não sendo incompatível com qualquer deles. Cabe, ainda, em qualquer tempo e grau de jurisdição, desde que verificada a situação jurídica que autoriza a propositura de alguma medida de natureza cautelar.

18.1. ARRESTO

Pelo arresto objetiva-se a apreensão cautelar de bens com a finalidade de garantir futura execução. A apreensão judicial é medida tipicamente cautelar e é realizada em virtude de requerimento de alguém que se afirme credor. Da análise das situações indicadas pelo legislador no art. 813 do CPC, infere-se que a intenção legislativa é a de garantir a futura execução proferida em processo de conhecimento.

O primeiro inciso (*quando o devedor sem domicílio certo intenta ausentar-se ou alienar os bens que possui, ou deixa de pagar a obrigação no prazo estipulado*) contém duas hipóteses distintas autorizadoras do arresto, quais sejam: (a) na primeira, a presunção da intenção do devedor em não querer pagar, caracterizando-se por sua intenção em ausentar-se, fato este que pode se presumir quando não tenha domicílio certo ou quando aliena seus bens, não deixando reserva de patrimônio suficiente para responder pela dívida que possui com o credor; (b) o segundo fundamento justificador do arresto combina dois fatos: o de não ter o devedor domicílio certo com a impontualidade no cumprimento da obrigação. O devedor tem domicílio certo, mas: (I) tenta ausentar-se, furtivamente, para não ser localizado; ou, então (II) apresenta-se em situação de fato que denuncia a sua insolvência. Observe-se que não é necessária uma declaração judicial que reconheça este estado, bastando que se caracterize por situações de fato, presumindo-se que ela exista quando o devedor *aliena ou tenta alienar bens que possui; contrai ou tenta contrair dívidas extraordinárias; põe ou tenta pôr os seus bens em nome de terceiros; ou comete outro qualquer artifício fraudulento, a fim de frustrar a execução ou lesar credores* (art. 813, II, *b*, CPC).

A terceira hipótese trazida expressamente pelo legislador (art. 813, III, CPC) diz respeito à questão relacionada à intenção do devedor em praticar fraude a credores. Assemelha-se à segunda hipótese trazida no inciso anterior, mas cuida de outras situações legais sem que isso deixe de representar que, em todos os atos elencados, o devedor deixa de ter reserva suficiente para pagar a dívida. Poderá haver previsão de possibilidade de arresto em outra norma jurídica, *v.g.*, art. 653, CPC.

O arresto gera a apreensão de tantos bens quanto bastem para o pagamento da dívida, sem importar que sejam eles objeto do litígio. A intenção é a de se proteger cautelarmente uma futura execução por quantia certa.

Uma vez concedida a medida e apreendidos os bens, vigorará até que seja substituída por outra medida de força ordenada no processo principal, *e.g.*, a penhora.

Por ser o arresto cautelar que visa à apreensão de bens ou direitos, se a medida for requerida de forma preparatória, a ação principal deverá ser interposta em 30 dias, sob pena de perda da eficácia (art. 806 c/c art. 808, II, CPC).

Considerando as diversas divergências que são geradas no trato dos institutos do arresto, seqüestro e busca e apreensão, bem como o fato de eles terem pontos em comum, fazem-se necessárias desde logo, algumas observações para que não haja confusão na compreensão dos temas. O **arresto** é a medida cautelar mais conhecida e utilizada, podendo atingir quaisquer bens penhoráveis; no **seqüestro** a apreensão deve vincular-se ao objeto do litígio; e a **busca e apreensão** é medida subsidiária àquelas duas, podendo atingir pessoas.

A questão que se coloca quando se formaliza o pedido de arresto é se será necessário ao autor do arresto provar o *periculum in mora* na forma disposta no art. 798, CPC, ou se bastaria a aplicação do art. 813, CPC.

Parece-nos que a norma do art. 813, CPC deve prevalecer sobre a regra do art. 798, CPC, desprendendo-se de todas as exigências minuciosas que podem inviabilizar a proteção ao direito. Não se olvide, ainda, que as regras gerais são de aplicação subsidiária às cautelares nominadas e o elenco trazido pelo legislador no art. 813, CPC, já demonstra. Isso porque todas as hipóteses aqui trazidas são de presunção de perigo, e suficientes que se apresentem para fundar o pedido e a concessão da medida. Tendo o legislador previsto as situações de *periculum in mora* de forma expressa naquele dispositivo, basta que se traga a prova da hipótese fática ali descrita. Isso não afeta a finalidade das cautelares que diz respeito à garantia do direito em situações que se verifique o perigo, justamente porque o legislador prevê que, em qualquer das hipóteses trazidas, o perigo se verifica. Não se trata de presunção *in abstrato* – mas sim de fatos que se realizam concretamente – a segunda informação do autor e a prova por ele produzida e de onde o legislador deduziu que haveria o perigo.

Além do que anteriormente já se disse, faz-se necessário que o requerente da medida traga suas afirmações acompanhadas de algum dos documentos elencados no art. 814, CPC, pois é *essencial à concessão do arresto* a prova da dívida em razão da própria finalidade da medida. Observe-se que não há necessidade de estar a dívida vencida, bastando que esteja liquidada de modo real ou por equiparação. O art. 814, CPC, sofreu alteração pela Lei nº 10.444/2002, em vigor desde 9/8/2002 para acrescentar ao dispositivo a equiparação da sentença líquida ou ilíquida pendente de recurso que tenha condenado o réu a pagar dívida em dinheiro à prova literal líquida e certa exigida pela norma legal.

O legislador foi infeliz na reforma e poderia ter excluído a hipótese da necessidade de se comprovar a existência de dívida líquida ou ilíquida, para a concessão do arresto, pois isso reduz o alcance da medida. Além do que, acabou por contradizer o próprio instituto quando exige que haja dívida líquida (ou ilíquida) e certa para a concessão do arresto, uma vez que é incompatível com as cautelares os juízos de certeza. Assim entendemos que, mesmo sem portar o título, o autor teria interesse na medida, pois entender-se o contrário é esvaziar o instituto e deixar de aplicá-lo. A disposição tem por paradigma o direito português do século XIX cuja reforma já foi realizada naquele ordenamento em 1961. *A contrario sensu* da letra do art. 814, CPC, entendemos que a tutela cautelar poderá ser requerida e concedida mesmo para garantia de créditos eventuais e ilíquidos como ocorre em questões que se pede o arresto preparatório de ação de conhecimento. Tal interpretação é sistemática e com fundamento no art. 798 do CPC.

O arresto, assim como todas as outras medidas cautelares, poderá ser preparatório ou incidente. Será sempre ação autônoma, devendo o requerente juntar com a inicial a prova da dívida ou indicação de seu valor, caso seja líquida, descrevendo os fundamentos que justificam seu pedido, sendo lícito formular o pedido liminarmente. A concessão do arresto não fica subordinada à obrigatoriedade da prestação de caução, estando no poder de decisão do julgador exigi-la ou não em conformidade com a situação apresentada.

O art. 816, CPC, permite que o juiz poderá dispensar a audiência de justificação prévia se o requerente for à Fazenda Pública ou se houver prestação de caução. Isso não quer dizer que, nestas situações, é obrigado a não designar a audiência. Esta poderá ocorrer ou não dependendo do entendimento do juiz que for apreciar a liminar.

A regra exposta no art. 817, CPC, é absolutamente desnecessária, pois o legislador já havia tratado da extinção das cautelares na parte geral, nada mais fazendo do que repetir o que lá estava dito. Todavia, o art. 818, CPC, deixa evidente a intenção legislativa de que o arresto seja encarado também como uma típica medida de antecipação da execução, fundada num suposto direito do requerente. Isso não quer dizer que o arresto passe a ser imediatamente uma penhora. O que ocorre é que haverá a necessidade de convertê-lo em penhora, aproveitando-se do procedimento cautelar instaurado por medida puramente de economia processual. Poderá, portanto, o devedor, quando citado para a execução oferecer bens diversos aos arrestados em razão da prerrogativa que lhe é concedida pelo art. 652, CPC, pois o arresto é medida cautelar, não podendo se desvincular de sua finalidade. Além do quê, a escala de preferência estabelecida no art. 655,

CPC deve ser observada. A conversão do arresto em penhora poderá ser realizada por simples termo nos autos, intimando-se o devedor e prosseguindo, assim, o rito executivo próprio, ou seja, a execução será provisória ou definitiva, observando-se se houve ou não trânsito em julgado da decisão no processo principal.

A execução do arresto concedido poderá ser *suspensa* (art. 819, CPC) nas hipóteses em que o devedor, quando intimado, pague ou deposite em Juízo a importância da dívida ou der fiador idôneo, ou prestar caução para garantia da dívida.[3] O que ocorre é que, com qualquer destas atitudes, descaracterizam-se aquelas presunções (relativas) que autorizam a concessão da medida. Entendemos que nestas hipóteses o juiz poderá, desde logo, extinguir o arresto conforme o estado do processo, julgando-o improcedente.

Nosso posicionamento quanto à possibilidade de desde logo se julgar o arresto, na verdade, vem autorizado no art. 820, CPC que, aliás, pode-se dizer que, numa interpretação literal, está em contradição com o art. 819, CPC. O confronto entre os dois dispositivos leva à conclusão de que o legislador deveria ter cuidado, em ambas as situações, da extinção do arresto, pois a atitude do arrestado em realizar o pagamento da importância devida ou em dar garantia de pagamento implica a descaracterização das hipóteses autorizadoras da concessão da medida. De toda forma, tanto as situações trazidas no art. 819 como as do 820, ambos do CPC, dependem de uma decisão judicial que reconheça a extinção da medida (ou a suspensão, como disse o legislador), não se operando imediatamente sem tal declaração.

O procedimento a ser seguido pelo requerido é simples. Assim, quando intimado da ordem de apreensão deverá manifestar-se, depositando o valor devido ou indicando garantia idônea. O requerente será chamado a se manifestar. Com o decurso do prazo, havendo ou não manifestação do autor da cautelar, o juiz, sendo prescindível a realização de outras provas, decidirá.

É possível que tenha havido, por parte do devedor, a interposição de ação de consignação em pagamento. Se as ações não estiverem correndo no mesmo juízo, entendemos que o juiz deverá determinar a conexão e julgar extinto o arresto, pois depósito realizado na consignação faz desaparecer o *periculum in mora*, necessário à concessão da medida.

3 Não se aplica no processo do trabalho a exigência de que o valor dado em garantia ou pagamento cubra honorários advocatícios, uma vez que tal parcela não é devida nos processos trabalhistas. Excepcionam-se as ações especiais em que, como já dissemos, tais honorários forem devidos e aquelas situações em que houver condenação nesta verba decorrente da litigência de má-fé.

É importante ter-se em mente que as regras atinentes à execução aplicam-se subsidiariamente ao arresto, devendo ser respeitadas as preferências e impenhorabilidades e inalienabilidades dos bens[4].

18.2. SEQÜESTRO

A cautelar de seqüestro visa à garantia não só do crédito, como ocorre no arresto, mas da própria coisa objeto da relação jurídica sobre a qual recai a pretensão do requerente. Por isso, no seqüestro busca-se a coisa objeto do litígio, de modo que necessária se faz a descrição precisa da coisa a ser apreendida. O seqüestro importa em garantia de futura execução para a entrega de coisa certa, o que o difere fundamentalmente do arresto e impede a aplicação de todas as normas atinentes a este último instituto pela finalidade da medida.

O rol dos bens seqüestráveis trazidos no art. 822, CPC, não é taxativo, admitindo-se o seqüestro em outras situações.

Como as demais medidas cautelares, o seqüestro subordina-se à **prova da** situação de perigo e de fumaça do bom direito. Uma vez concedida a medida e apreendidos os bens, assim como o arresto, vigorará até que seja substituído pela penhora, que é a medida executiva pertinente. Se o seqüestro for requerido de forma preparatória, a ação principal deverá ser interposta em 30 dias sob pena de perda da eficácia da medida (art. 806 c/c art. 808, II, CPC).

Uma situação interessante atinente ao seqüestro é que a apeensão do bem ou direito poderá importar, no plano fático, na satisfação do direito. Isso se verifica quando o bem é apreendido e depositado na pessoa do requerente que se satisfaz com a entrega imediata do bem. Se não houver a propositura da ação principal no prazo de 30 dias a contar da efetivação da medida, sabemos que haverá a sua automática cessação. Todavia, se o requerido não reclamar a devolução da coisa com a cessação da eficácia da medida, as coisas se resolvem no plano fático, com o transcurso do tempo. É forçoso reconhecer, portanto, que a cautelar poderá ter efeito satisfativo, não obstante isso não seja a regra e tampouco a finalidade do instituto.

A referência à aplicação subsidiária das disposições relativas ao arresto vão remeter, logicamente, àquelas inerentes ao processo executivo, atentando-se principalmente às questões relativas à penhora. Observe-se, contudo, que a ordem preferencial do art. 655, CPC nem sempre poderá ser respeitada, já que nesta medida o que o requerente pretende é uma coisa determinada, objeto do litígio, o que nem sempre coincidirá com a ordem lá estabelecida.

4 Sobre tal matéria, *ver* o Tomo desta obra, de autoria de Yone Frediani.

Outra situação que nos parece de difícil aplicação é a eventual possibilidade de se permitir a subsituição do bem seqüestrado, posto que isso descaracterizaria a tutela pleiteada. O intérprete deverá ter bom senso nas determinações de substituição ou prestação de caução com a conseqüente liberação do bem seqüestrado.

O requerente da medida deverá descrever detalhadamente o objeto a ser seqüestrado. A medida pode ser concedida desde logo, ou após justificação prévia ordenada pelo juiz, sendo esta dispensável quando se tratar de Fazenda Pública ou se o requerente oferecer caução idônea (art. 816, CPC). Deverá o juiz indicar, ainda, o depositário dos bens que poderá coincidir com o requerente, requerido ou terceira pessoa. O depositário ficará sujeito aos direitos, deveres e ônus inerentes a este cargo, devendo zelar pela guarda e conservação da coisa, sob pena de responder por depositário infiel.

Apreendido o bem, o juiz ordenará que o mesmo seja entregue ao depositário, cuja escolha será realizada nos termos do art. 824, CPC. O depositário estará sujeito a todos os direitos, poderes e ônus da função (*v.g.*, art. 5º, LXVII, CF; art. 901 e ss., CPC). O auto de seqüestro obedecerá ao disposto no art. 665, CPC, posto que não se pode olvidar de aplicarem-se, igualmente, as regras atinentes à penhora (art. 823, CPC).

18.3. CAUÇÃO

A caução é instrumento destinado à garantia de que a obrigação será cumprida pelo devedor. Portanto, toda caução é forma de cautela, de modo que a caução estabelecida nesta sessão, não obstante ter sido inserida no livro relativo às cautelares, nada mais representa do que uma medida satisfativa em si, ou seja, é uma ação principal. Toda caução não realiza um direito material, mas dá a ele garantia de realização.

O legislador prevê outras hipóteses de prestação de caução, independentemente do procedimento aqui estabelecido, *v.g.*, arts. 799, 804 e 805, CPC.

As **cauções podem ser: negociais**, as estabelecidas em negócios jurídicos; **legais**, as decorrentes de imposição por lei; e **judiciais**, emanadas de ordem judicial. Diz-se, ainda, que há cauções que são de direito completo, isto é, a ordem de sua prestação dispensa motivação do juiz em face da regra de direito material ou processual em que vem prevista.

Admite o legislador que seja prestada caução real, ou seja, aquela representada por bens; ou fidejussória, as representadas por fiador idôneo. A lei pode determinar qual a espécie de caução a ser prestada e, caso não o faça, a prestação poderá ser feita na forma do art. 827, CPC. O mesmo poderá se dar nas hipóteses de caução negocial, ocasião em que o juiz deverá respeitar a vontade das partes.

A garantia pode ser prestada por qualquer bem ou direito suscetível de comercialização, desde que a lei não exija de outra forma.

O requerimento da caução poderá ser feito pela parte ou por terceiro (art. 828, CPC). Desta forma, a caução poderá ser prestada tanto pela parte como pelo terceiro interessado no objeto do litígio. É o que ocorre, por exemplo, com a caução fidejussória que somente poderá ser oferecida por terceira pessoa. Observe-se que o terceiro pode prestar a caução, mas, por não ser parte na relação jurídica de direito material a lei não lhe concede legitimidade para ser parte na ação caucional.

A propositura da ação poderá dar-se por aquele que estiver obrigado a prestar a caução ou aquele em cujo favor esta houver de ser dada. Tratando-se da primeira hipótese o requerente deverá ingressar com a petição inicial cujos requisitos são os elencados nos incisos do art. 829, CPC, sem olvidar das disposições constantes do art. 801, CPC. Requererá a citação do requerido, ou seja, o beneficiário da medida para que a relação processual se complete. Citado, o réu poderá contestar em cinco dias o pedido alegando que: 1) o valor não é o indicado ou a garantia não é idônea; 2) somente impugna o valor; e 3) tão-somente impugna a garantia.

Em se tratando de pedido formulado pelo beneficiário da medida, ele ingressará com a ação visando a coagir o obrigado a prestá-la, cumprindo com sua obrigação. Deverá requerer a citação do requerido para que preste a caução e, se não o fizer, incorrerá nas penas do contrato ou nas penas legais. A natureza da sentença é condenatória cominatória. Em defesa a ser apresentada em cinco dias, o réu poderá alegar que: 1) não concorda com o valor ofertado; 2) não tem obrigação de prestar a caução exigida, mas outra que oferece no mesmo ato; 3) não tem a obrigação de prestar a caução; 4) não tem a obrigação de prestar a caução e não oferece qualquer outra garantia; 5) não tem a obrigação e impugna o valor.

O juiz, em qualquer situação, se necessário, ordenará a produção de provas e, em seguida, julgará o feito. A natureza da sentença proferida será condenatória cominatória, atacável por recurso ordinário. Caso a cominação esteja prevista no contrato ou na lei, o juiz a aplicará; não existindo, deverá determinar qual a conseqüência pelo descumprimento, podendo determinar o arresto de bens, se preciso for, para a realização da garantia e cumprimento do julgado.

Importa não olvidar que, nas duas situações tratadas, se houver o reconhecimento do pedido por parte do réu, o feito se extingue ante o cumprimento da pretensão. Igualmente haverá o julgamento antecipado da lide, se ocorrer à revelia; se a matéria for de direito; ou se a produção de prova, mesmo sendo a matéria de fato, for desnecessária.

Infere-se da redação dos arts. 829 e 830, CPC, da natureza satisfativa da medida, já que o legislador se refere à obrigação de prestar a caução relacionando-a diretamente à pretensão (de direito material) do requerente. O objeto da ação, portanto, é o cumprimento do contrato ou da própria lei.

Um instituto pouco utilizado, mas previsto no art. 835, CPC, é a chamada "*caução às custas*", e tem por fim garantir que as obrigações, objeto de discussões que possam ser honradas por aqueles que não tenham bens no Brasil, sejam brasileiros ou estrangeiros. Entendemos que mesmo neste caso, a medida não tem natureza de processo cautelar, pois independe do *fumus boni iuris* ou do *periculum in mora* que poderá advir da ação principal. A providência é imperativa, se o devedor se encontrar na situação descrita pelo art. 835, CPC, deverá prestar caução obrigatoriamente, exceto se o credor intentar ação de execução fundada em título extrajudicial ou reconvenção, o legislador o dispensa da prestação de caução em razão da própria natureza dessas demandas (art. 836, CPC).

Reforço de caução refere-se às situações em que a caução oferecida, seja no curso de um processo ou em outra situação jurídica qualquer em que tenha havido prestação desta espécie, se torna insuficiente e, sendo assim, se mostra necessário complementá-a ou substituí-la. O procedimento pode ser feito de forma autônoma, devendo o requerente peticionar, abrindo-se prazo para resposta. Havendo necessidade de produção de prova, o juiz abrirá esta oportunidade e, por fim, decidirá por sentença. Se o pedido for julgado procedente, o juiz determinará o prazo para cumprimento da decisão imposta na sentença. Se a ordem não for cumprida, ter-se-á que a garantia não foi prestada, submetendo-se o obrigado a todos os efeitos da recusa em caucionar.

18.4. BUSCA E APREENSÃO

Serve a busca e apreensão para se *buscar* e se *apreender* a coisa ou pessoa. Guarda semelhenças com o arresto ou com o seqüestro, apresentando-se, muitas vezes como subsidiário deles e diferenciando-se, principalmente, pela ocultação do réu e necessariamente pela *procura* da coisa a ser apreendida. Corolariamente, a ele se aplica tudo que já se disse sobre aqueles institutos de forma subsidiária.

Há várias espécies de buscas e apreensões em nosso direito, algumas com finalidade satisfativa e que não se configurariam propriamente medida cautelar, mas sim, ação principal; por exemplo, busca e apreensão de autos de processo determinada pelo juiz; busca e apreensão de bens fiduciariamente garantidos;

busca e apreensão de menores cuja guarda é do genitor-requerente. A busca e apreensão cautelar será, como todas as cautelares genuínas, preparatória ou incidental, mas não satisfativa, embora, dependendo da situação fática que ocorrer, poderá assim se converter, seja pelo decurso do tempo, seja pela vontade das partes, ou, pela própria decisão judicial.

Corolariamente, uma vez concedida a medida e apreendido os bens, direitos ou pessoas, vigorará pelo tempo necessário e suficiente a garantia do processo principal. Se a busca e apreensão forem requeridas de forma preparatória, a ação principal deverá ser interposta em 30 dias, sob pena de perda da eficácia da medida (art. 806 c/c art. 808, II, CPC). Observe-se que, se a pretensão do autor se resumir ao objeto da busca e apreensão, ter-se-á que a medida é *satisfativa*, ou seja, que a ação é principal e não cautelar.

O autor deverá elaborar petição inicial obedecendo os requisitos exigidos pelos arts. 282 e 801, CPC. Deverá, ainda, indicar o local onde a coisa poderá ser buscada e expor o seu receio de lesão. Caso a busca e apreensão se mostre como medida satisfativa, não haverá a necessidade da propositura da ação principal, não se aplicando a decadência anteriormente mencionada, pois aqui deverá ser processada na forma de ação principal e não com caráter cautelar.

Há atos de busca e apreensão em leis especiais que não obstante tenham caráter de ação cautelar; são atos meramente executivos ou inerentes ao procedimento e não cautelares propriamente ditas, como ocorre com a busca e apreensão de autos de processo.

Em face da natureza da ação, o juiz poderá deferir a medida liminarmente ou após a audiência de justificação prévia, abrindo o legislador a possibilidade de que esta corra em segredo de justiça, justamente para evitar o perecimento do direito (art. 841, CPC).

O legislador preocupou-se, ainda, em estabelecer os requisitos mínimos do mandado e a forma de seu cumprimento justamente para salvaguardar a esfera de direito tanto do beneficiário da ordem como daquele que a sofre, pois, presumivelmente é uma medida de força que se aplica, com muita freqüência em casos em que estão presentes interesses de menores (arts. 841, 842 e 843, CPC).

18.5. EXIBIÇÃO

Há três tipos de pretensões quanto à exibição de documentos: 1) ação autônoma, assemelhando-se à pretensão de obrigação de fazer (arts. 461 e 632,CPC); 2) ação cautelar prepatarória de uma ação principal; 3) exibição incidente probatória no curso do processo. Em todas elas o intento do requerente é que a parte contrária seja obrigada a exibir um documento ou uma coisa. Como procedimento cautelar prepatarório a exibição poderá ser requerida com fundamento em qualquer dos incisos do art. 844, CPC.

Se a exibição for requerida como procedimento preparatório de uma ação principal, o requerente deverá provar a necessidade da providência requerida da forma pleiteada e, neste caso, terá natureza cautelar. Pode ocorrer de o requerente pretender, simplesmente, a exibição do documento sem qualquer outra intenção, e aí será a ação autônoma de obrigação de fazer mera medida de satisfação. Se, porventura, a pretensão surgir no curso de ação em andamento, a exibição será mero incidente processual cujo processamento se dará nos termos dos art. 355 a 363, CPC.

O objeto da ação de exibição é justamente obrigar a parte contrária a exibir o documento ou coisa móvel.

A ação deverá apresentar os requisitos comuns às cautelares. Tratando-se de mero incidente no curso do processo, bastará a indicação dos motivos ensejadores do interesse para se lograr a obrigação de exibir.

Por não ser medida que importe em constrição de direitos ou bens, desnecessário se faz a propositura da ação principal no prazo de trinta dias após o cumprimento da medida (art. 806, CPC). Não se olvide que, justamente pela finalidade que possui, é um tipo de ação cautelar que, no entanto, poderá se mostrar como ação autônoma, dispensando-se a propositura de ação principal.

O intérprete deverá atentar que a exibição tem um universo limitado a documentos, próprios ou comuns; coisa móvel e escrituração comercial.

O procedimento da exibição cautelar obedecerá o disposto nos arts. 844 e 845, CPC, aplicando-se, de forma complementar, as regras dos arts. 355 a 363, relativos à exibição incidente no processo de conhecimento ou execução em curso. Isso não quer significar que o processo cautelar de exibição seja equiparado àquele incidente. Lá a exibição pode ser requerida em relação a um terceiro, estranho à relação processual, ocasião em que irá se instaurar um processo incidente com a citação do terceiro (art. 360, CPC); ou em relação à parte, quando terá natureza de mero incidente. Aqui a ação cautelar demanda petição fundada em algum dos motivos elencados nos arts. 844, e respeito às disposições do art. 801 e art. 356, todos do CPC. O requerido será citado para responder em cinco dias (art. 802, CPC). O pedido poderá ser formulado em liminar, cuja concessão poderá ser deferida independentemente de audiência de justificação prévia (art. 804, CPC). Se houver necessidade de instrução probatória após a resposta, o juiz ordenará que seja aberta a instrução processual e, em seguida, proferirá o julgamento, ordenando a exibição dos documentos. Aplicar-se-á ao procedimento cautelar, ainda, as normas regulamentares acerca da recusa e justificativa de não exibição (arts. 358, 362 e 363, CPC). Os demais dispositivos quanto à exibição incidente, serão ou não empregados naquilo que couber e for compatível.

Em geral, os trabalhadores quando redigem a petição inicial já formulam o pedido de exibição de cartões de ponto, comprovantes de FGTS, entre outros, vindo, portanto, inserida a pretensão de exibição naquela peça.

18.6. PRODUÇÃO ANTECIPADA DE PROVAS

A ação de produção antecipada da prova ou simplesmente, *ad perpetuam rei memoriam*, consiste em procedimento cautelar antecipatório do momento adequado de produção de prova. A medida tratada tem por fim permitir a conservação dos elementos de prova ou simplesmente produzir uma prova, justificando-se a produção antecipada em razão do receio que a parte tem dela se perder pela incidência do decurso do tempo. É medida tipicamente cautelar que visa à *conservação da prova* ou dos elementos de prova. A sentença proferida neste procedimento cautelar tem natureza meramente homologatória.

Para que seja possível o adiantamento de uma fase processual é necessário que o requerente demonstre o fundado receio de sua prova se frustrar em razão do decurso do tempo ou de outros elementos. Daí a possibiidade de ser requerida a produção *ad perpetuam rei memoriam* do interrogatório da parte, inquirição de testemunhas ou exames periciais, entendidos estes últimos por todas as provas técnicas conhecidas e praticadas no processo civil.

Sabendo-se que não é medida que importe em constrição de direitos ou bens, desnecessária se faz a propositura da ação principal no prazo de 30 dias após o cumprimento da medida. Não se olvide que a antecipação da prova não vincula o juiz da causa principal que poderá indeferir a produção da prova no momento processual adequado. A produção cautelar conserva a prova e os elementos de prova e não impõe ao juiz que aceite o seu resultado. O juiz tem conservado o seu livre convencimento na apreciação e valoração de toda a prova produzida, ainda que ela tenha sido antecipada.

Parece-nos evidente que não se poderá pretender dar à medida que tem caráter cautelar o mesmo tratamento dispensado à prova produzida no momento próprio dentro do processo regular. Se é requerida no curso do processo principal, se vislumbram três momentos da produção de provas, que são: a proposição, a admissão e a produção efetiva da prova. Tais momentos não se verificam nesta cautelar, em razão, justamente, do caráter conservativo que possui. No momento em que o requerente pede a antecipação, pretende utilizar a prova produzida na cautelar, deverá se subordinar, no processo principal, àqueles momentos, ficando sujeito, inclusive, à não-admissão da prova pelo juiz da causa, o qual poderá recusá-la se concluir que a mesma é inócua ao processo.

A produção *ad perpetuam rei memoriam* poderá ser instaurada como procedimento preparatório ou incidental. Neste último caso, necessário se faz observar que o momento da instrução não deve ter chegado, pois, ao contrário, não haverá interesse da parte na cautelar já que a prova pode ser produzida no momento adequado.

Poderão ser objeto de prova não só o interrogatório da parte e a inquirição da testemunha (art. 847, CPC) como também toda aquela que mostrar a necessidade de estar preservada, como uma perícia de local de trabalho ou documento (art. 849, CPC). Caso o requerente requeira a antecipação da inquirição de testemunhas, entendemos que a parte contrária deverá ser intimada, assegurando-se, assim, a bilateralidade da audiência

O interessado em propor a cautelar deverá elaborar a petição inicial em conformidade com o art. 801, CPC. Observe-se que, por ser a medida meramente conservativa, desnecessária se faz a especificação da lide principal, quando instaurada em procedimento preparatório.

A necessidade de se cientificar a parte contrária da propositura desta ação nada mais significa do que a garantia do cumprimento do princípio do contraditório (art. 5º, LV), permitindo que a parte contrária acompanhe a produção da prova. O procedimento é instaurado em razão da necessidade demonstrada já na inicial de se assegurar a prova, sem o que o pedido deva ser extinto sem julgamento de mérito. Por isso o legislador exige que se demonstrem na inicial, inclusive, os fatos sobre os quais deverá recair a prova. Portanto, o réu é citado para simplesmente acompanhar o feito e não para *contestar* propriamente dito. Daí entendermos que somente cabe, como fundamento de defesa, a insurgência do requerido contra a necessidade da conservação da prova ou a inviabilidade de sua produção antecipada.

A leitura do art. 851, CPC, poderia causar espécie. Todavia, explica-se sua inserção em razão do que era disposto no CPC de 1939 em que, após a produção da prova, os autos eram entregues à parte que promoveu a medida e que faria a distribuição livre da ação principal. Ocorre que o legislador do CPC de 1973 entendeu que melhor seria que a principal tramitasse pelo Juízo na qual a cautelar foi processada e, daí, estabelecer a regra de que os autos permanecerão em cartório após a colheita da prova pretendida e, havendo a proporsitura da principal, esta deverá ser distribuída por dependência.

18.7. ALIMENTOS PROVISIONAIS

Ao conceituar alimentos, devemos ter em mente tudo aquilo que seja necessário ao sustento do ser humano para que tenha uma existência digna, com os meios para manter sua subsistência. Os alimentos provisionais estão relacionados ao aspecto emergencial dos *alimentos definitivos*, possibilitando que aquele que está em litígio em ações de separação ou alimentos possa se manter no curso da demanda. Daí o legislador assegurar que os alimentos provisionais incluíram, ainda, a importância destinada ao custeio da causa, verba esta que não estaria contida no conceito civil de alimentos propriamente dito.

O critério para fixação será: a necessidade do credor e a possibilidade do devedor, não havendo norma preestabelecida e inflexível na legislação vigente.

Não se confunde com os alimentos provisórios instituídos pela Lei nº 5.478/1968, art. 4º No caso da cautelar não é necessário que haja prova da efetiva condição de credor do requerente. A medida é cautelar.

A ação cautelar pode ser instaurada no curso do processo principal ou como medida preparatória. A finalidade é permitir que o requerente tenha meios de prover sua subsistência na pendência da ação principal, daí seu caráter de cautelaridade.

Para concessão da medida é essencial que o requerente não tenha meios de prover sua subsistência. A medida poderá ser requerida em qualquer dos casos dos incisos do art. 852, CPC, mas no processo do trabalho, certamente seu fundamento deverá ser unicamente o disposto no inciso II, pois não compete ao juiz do Trabalho julgar causas de família. Se a ação for de alimentos, parece-nos não haver interesse para a propositura da cautelar, já que a lei especial prevê a possibilidade de concessão liminar de ofício pelo juiz (art. 4º, *caput*, da Lei nº 5.478/1968).

Uma vez concedida a medida e determinado o pagamento dos alimentos, vigorará enquanto perdurar o estado de necessidade ou a substituição pela decisão definitiva. Se os alimentos provisionais forem requeridos de forma preparatória, a ação principal deverá ser interposta em 30 dias, sob pena de perda da eficácia da medida (art. 806 c/c art. 808, II, CPC).

Importa não confundir a *ação de alimentos provisionais* com a ação de *alimentos prevista na Lei nº 5.478/1968*, em que o juiz pode fixar alimentos provisórios em liminar. Aquela primeira é medida cautelar e guarda as características destas ações, quais sejam: a) é *dependente* de um processo principal; b) a decisão nela proferida é sempre provisória; c) é uma ação preventiva. Tem cabimento, ainda, nas hipóteses disciplinadas no art. 852, CPC.

Tratando-se de ação de alimentos regulada pela Lei nº 5.478/1968, pensamos não se ter de falar em alimentos preparatórios, ou seja, em cautelar preparatória.

Isso porque, aquela lei admite a concessão liminarmente *ex officio*, de modo que o autor não teria qualquer interesse em instaurar dois procedimentos, quando um se mostraria absolutamente inócuo.

A legitimidade para a ação cautelar deverá coincidir com a da ação principal.

Quanto à competência, o legislador aqui estabeleceu uma exceção prevendo que, mesmo que os autos se encontrem no Tribunal, a ação deverá ser proposta em 1ª instância. A intenção legislativa, no entanto, é de que o pedido seja formulado perante o juiz por onde correu a ação que se encontra no Tribunal e não que haja nova distribuição, o que, de certa forma, agiliza o procedimento e a análise da pretensão.

A questão que poderia surgir é se tal ação seria cabível no processo do trabalho, já que estamos tratando de relações jurídicas que tenham relação de trabalho. Parece-nos que a resposta tem de ser positiva, pois a EC nº 45/2004 acabou de vez com as discussões que existiam acerca da competência para apreciar dano moral (inclua-se também o material) decorrente de acidente de trabalho e, corolariamente, doença profissional. É evidente que a ação de alimentos poderá preceder ou indicir em qualquer destas situações, pois pode ocorrer, *e.g.*, que o empregado em razão de um acidente que o impossibilita de trabalhar, necessite dos alimentos enquanto se discutem na ação principal as questões que irão nortear esta matéria, assim como pode constituir o seu pedido principal a prestação de alimentos, em razão, *e.g.* de uma redução da capacidade causada pela doença sofrida. Mas, frise-se, não caberia somente nestas hipóteses, mas em toda situação em que seja cabível o pedido de alimentos decorrente da responsabilidade por uma ação ou omissão que tenha causado dano à vítima.

Havendo o interesse na propositura da cautelar, o autor deverá formular a pretensão inicial, respeitando os seus requisitos (art. 801, CPC), observando que o valor da causa será equivalente a 12 prestações mensais (art. 259, VI, CPC). O requerente poderá formular pedido liminar, podendo o juiz deferi-lo com ou sem audiência de justificação prévia. A fixação provisória poderá sofrer alterações e até mesmo ser revogada no curso do processo, dependendo sempre da necessidade do credor e da possibilidade de dispor do devedor. O réu terá oportunidade de se defender no prazo de cinco dias (art. 802, CPC) e, se houver necessidade, o juiz determinará a abertura da fase de instrução para, só depois, sentenciar. Com a decisão definitiva do processo principal, haverá a substituição da prestação provisória, aplicando-se tudo que já dissemos sobre a cessação das medidas cautelares (art. 808, CPC).

18.8. ARROLAMENTO DE BENS

É medida cautelar que tem cabimento em situações em que o requerente tem interesse na conservação dos bens, tendo fundado receio de que possa haver extravio ou dissipação dos mesmos. De aplicação mais difícil no processo do trabalho, com a ampliação da competência, poderá se mostrar de uso mais comum.

Esta medida tem por fim a conservação dos bens e não necessariamente os bens em sua globalidade, de sorte que aquele que propõe esta ação não pode ter, com a apreensão dos bens, o interesse no pagamento da eventual dívida, pois isto foge do objetivo da ação. Se quer a garantia do pagamento, deve valer-se do arresto, seqüestro ou busca e apreensão, dependendo da situação jurídica que esteja discutindo.

Para requerimento e concessão da cautelar necessário se faz: 1) que haja fundado receio ou dissipação de bens; 2) que o requerente funde o pedido em seu pretenso direito aos bens. O requerente deverá provar a verossimilhança do seu receio com os respectivos fundamentos.

Uma vez concedida, a medida vigorará enquanto perdurar o estado de necessidade ou a substituição pela decisão definitiva. Se o arrolamento for requerido de forma preparatória, a ação principal deverá ser interposta em 30 dias, sob pena de perda da eficácia da medida (art. 806 c/c art. 808, II, CPC). Os bens e/ou direitos arrolados ficarão depositados em pessoa de confiança do Juízo, tornando-se impossível a sua livre disposição.

O arrolamento é medida utilizada, principalmente em ações de família e sucessões, embora o legislador não tenha limitado a medida a tais temas, conforme se depreende da leitura do art. 856, CPC. Confere-se a legitimidade do requerente em razão da sua relação de direito material com o requerido, o qual está na posse dos bens e intenciona dissipá-los ou extraviá-los. Se a pretensão do requerente for, por exemplo, a simples descrição dos bens para, posteriormente dividi-los, não terá o interesse em requerer o arrolamento.

Podemos, assim, sintetizar que a legitimação para a ação se dará com a condição de: a) ser o interessado titular de uma situação que lhe possibilite reclamar bens que não estão em seu poder, mas sobre os quais tenha direito; b) ter interesse que lhe garanta a legitimidade para reclamar em ação própria direito sobre bens que estão fora de sua posse; c) ser o interessado credor em condição de reclamar do patrimônio do devedor a satisfação do seu crédito em situações de arrecadação de herança.

O requerente deverá elaborar sua petição inicial atentando para os requisitos do art. 801, CPC. A referência legislativa inserida no inciso I do art. 857, CPC de que o requerente deverá indicar seu *direito aos bens* é equivocada, basta que demonstre seu *direito ao crédito*. O inciso II daquele mesmo dispositivo trata do pressuposto comum a qualquer medida cautelar, qual seja, o *periculum in mora*. Assim, a descrição do receio de risco de extravio ou dissipação dos bens será exposta na petição inicial para que o arrolamento possa ser concedido.

O arrolamento de bens poderá ser decretado liminarmente, com ou sem a realização da audiência de justificação prévia. Cumpre ao juiz decidir a pertinência ou não da justificação prévia, a fim de preservar o direito pleiteado pelo autor. Se não estiver convencido da verossimilhança da alegação, poderá determinar a justificação a fim de decidir a concessão da liminar. O disposto neste dispositivo trata da concessão liminar do arrolamento, de modo que, após a diligência de lavratura do auto de bens e direitos arrolados, o feito prosseguirá determinando-se a citação do requerido para que a relação processual seja formada e, conseqüentemente, seja-lhe aberto o prazo para defesa.

A nomeação do depositário será feita pelo juiz, podendo esta coincidir com a figura do possuidor dos bens, se isso não for inconveniente. O depositário estará sujeito a todos os direitos, poderes e ônus da função.

O arrolamento, quando deferido, deverá ser cumprido num só dia e o auto deverá descrever minuciosamente todos os bens que estão sendo apreendidos. Isso é determinado pelos arts. 859 e 869, CPC justamente para garantir que a medida seja cumprida fielmente. Não sendo possível que se cumpra a diligência num só dia, o oficial deverá apor selos, ou qualquer outro meio equivalente, como tiras de papel, algum metal, enfim, qualquer objeto que possa identificar que o local está lacrado em razão do cumprimento de diligência. Depois da lavratura do auto, os bens serão entregues ao depositário que, a partir daí, responde pela conservação do bem.

18.9. JUSTIFICAÇÃO

A justificação destina-se à constituição de prova, assemelhando-se às ações que buscam assegurar a prova, diferindo-se destas ações em razão da intenção do requerente: na justificação, o requerente visa à constituição da prova; na produção antecipada a asseguração da prova. É, na verdade, um procedimento de jurisdição voluntária, sem conteúdo cautelar. O requerente sequer prescinde do *periculum in mora* e *do fumus boni iuris*, inerentes aos procedimentos cautelares. Deve, no entanto, ter o mínimo de interesse para a constituição da prova, pois, se macroscópia a inutilidade do procedimento, o juiz poderá indeferir a medida de plano. É ação constitutiva, mas não substitui a ação declaratória onde se pretende o reconhecimento da existência ou não de uma relação jurídica (art. 4º, CPC).

A sentença proferida nesta ação terá a mesma força probante que qualquer documento público obtido em repartições extrajudiciais, não impedindo a instauração posterior de processo de conhecimento.

Tem por fim a demonstração de algum fato ou relação jurídica, para simples documentação e sem caráter contencioso ou para instruir processo regular. Não é necessário que seja destinada a servir a outro processo, podendo ser realizada de forma "avulsa", tão-somente com a intenção de formar documentação a eventual litígio futuro.

Sabendo-se de sua natureza e finalidade, dispensa a propositura da ação principal e, caso esta não seja proposta, não perde o seu objetivo de documentar um fato.

O objeto da justificação é limitado à declaração de fato ou relação jurídica. O requerente terá de elaborar petição inicial, observando os requisitos exigidos por este dispositivo c/c art. 801, CPC, expondo suas razões de pedir. Deferida a petição inicial (art. 861, CPC), o juiz determinará a citação de todos os interessados. Não obstante as justificações não sejam medidas cautelares, a competência para a ação estará subordinada às regras estabelecidas para todos os procedimentos cautelares (art. 800, CPC).

A lei exige que se promova a citação dos interessados e determina que o Ministério Público intervenha em situações em que a citação deles não possa ser realizada em virtude da impossibilidade de encontrá-los ou fazê-lo de forma pessoal, funda-se no princípio da garantia da bilateralidade da audiência. A citação não serve para abrir a possibilidade de contestar, mas, tão-somente, garante a participação do interessado no acompanhamento da produção da prova.

Outra característica deste procedimento é que somente se fará através da oitiva de testemunhas, não se admitindo prova técnica ou vistorias. Os documentos que o legislador permite ao requerente juntar servem, tão-somente, para orientar os depoimentos das testemunhas, dando consistência à prova ou à relação jurídica que se pretende constituir. Serve de importante instrumento para orientar a inquirição das testemunhas que serão ouvidas. Diante do que se disse, a vista dos documentos trazidos pela requerente ao interessado será sempre em cartório, não sendo lícito que o mesmo se pronuncie quanto ao conteúdo e essência dos documentos. É lógico que a vista dos documentos será antes da audiência, pois, depois da realização desta, o requerido (interessado) não terá qualquer interesse em ter conhecimento deles.

O art. 865, CPC, nos dá conta da natureza de jurisdição voluntária do procedimento, não permitindo nem a juntada de defesa, nem a interposição de recurso, pois a decisão do juiz não passará de simples homologação da prova, com finalidade de documentação e publicidade. O juiz não se pronunciará sobre a prova, pois não há mérito a ser decidido ou pretensão formulada neste sentido. Decorridas as 48 horas após a decisão, autos serão entregues ao requerente independentemente de traslado (art. 866, CPC).

No processo do trabalho quase não será utilizada uma vez que aquele que pretende provar a relação de trabalho com a parte contrária o fará na ação de conhecimento, mas isso não a revoga ou faz com que deixe de estar à disposição do interessado.

18.10. DOS PROTESTOS, NOTIFICAÇÕES E INTERPELAÇÕES

São medidas conservativas de direito, prescindindo do *fumus boni iuris* e do *periculum in mora*. Não têm natureza cautelar, porque são apenas formas de comunicações de atos jurídicos formalizadas e intermediadas pelo Estado – Poder Judiciário. Não constituem procedimentos conteciosos e exaurem-se com a efetivação da comunicação. São meros procedimentos, não gerando ação ou processo propriamente ditos. São procedimentos de jurisdição voluntária.

Pelo *protesto* o requerente informa a existência de um direito ou de uma pretensão ou simplesmente a vontade de exercê-la. A *notificação* serve à comunicação do notificado de uma intenção do notificante. A *interpelação* é comunicação cuja conseqüência dependerá de ato ou omissão do interpelado, servindo, principalmente, para constituí-lo em mora.

Tais medidas destinam-se a previnir responsabilidades e prover a conservação ou ressalva de direitos. O protesto é a medida mais utilizada na prática, para interromper a prescrição em obrigações sem prazo certo.

Considerando a natureza e finalidade que possuem, não estão adstritas a interposição de ação principal, pois limitam-se à função de atos de comunicação em si.

Para interposição do protesto, interpelação ou notificação, o requerente deverá expor suas razões, fundamentando-as em petição escrita, dirigida ao juiz. Não obstante não guardem a natureza das verdadeiras cautelares, a competência para conhecer e julgar tais ações é aquela estabelecida no art. 800, CPC.

A exigência legal de que o requerente dê suas razões e fundamentos na inicial tem por fim informar o requerido desses fatos e demonstrar ao juiz que a pretensão é legítima, ou seja, que é conveniente a via escolhida para a comunicação do ato.

O juiz poderá indeferir liminarmente a medida quando inferir que o requerente não tem legítimo interesse. O legislador, quando assim dispôs, teve em mira todo e qualquer negócio jurídico, embora tenha se referido especialmente à espécie contratual. Para o indeferimento, é necessário que a medida possa causar dúvidas e incertezas infundadas em relação a terceiros que estariam negociando com o requerido. Se as dúvidas forem geradas na esfera do requerido, a medida a ser adotada por ele é o contraprotesto regulado no art. 871, CPC.

Não olvidou o legislador de tratar da publicação de editais em algumas situações especiais (art. 870, CPC). A primeira hipótese,[6] trazida em decorrência de exigência feita pela lei ou pela natureza do ato, serve para garantir que, posteriormente, terceiros não venham alegar ignorância ou boa-fé sobre o ato que se quis comunicar. A segunda[7] hipótese já vinha assegurada no art. 231, I e II, CPC, pelo que não se vê nela qualquer novidade. E na terceira intencionou o legislador evitar a frustração dos resultados da medida, ocasionando, quiçá, o perecimento do direito em razão da demora da medida.[8]

A possibilidade trazida pelo parágrafo único[9] é salutar à conservação de direitos. Permite que se comunique aos eventuais interessados na compra de determinados bens que estes não pertencem ao alienante, evitando-se, assim, qualquer alegação posterior de negociação com boa-fé. O legislador foi cauteloso, ainda, ao dispor que o juiz poderá ouvir o requerido, isto é, suposto alienante, para evitar a realização de negócios lícitos.

O **contraprotesto** é uma forma de o requerido levar ao conhecimento do requerente sua intenção em conservar, igualmente, um direito seu. As medidas conservativas de direito **não** admitem defesa e, por isso, essa seria a forma de o requerido poder, também, conservar um direito seu. É, por assim dizer, nada mais que outro protesto. Assim, o contraprotesto tem natureza, também, de medida conservativa do direito, e deve ser realizado em autos distintos.

As medidas ora estudadas se processam com a intimação do protestado, notificado ou interpelado. Após esta providência, o escrivão certificará o decurso do prazo de 48 horas e, cumpridas as formalidades legais, entregarará ao requerente os autos. O juiz deverá simplesmente decidir sobre o interesse do requerente em valer-se da medida, esgotando-se sua cognição neste ato. Não é possível julgamento de mérito pela própria natureza da medida, cumprindo ao juiz deferir ou não a intimação da parte contrária.

18.11. ATENTADO

Atentar contra o processo é praticar ato que modifique ilegalmente a lide. Funda-se no direito subjetivo da parte de manter situação jurídica consolidada com

---

6 Se o protesto for para conhecimento do público em geral, nos casos previstos em lei, ou quando a publicidade seja essencial para que o protesto, notificação ou interpelação atinja seus fins.

7 Se o citando for desconhecido, incerto ou estiver em lugar ignorado ou de difícil acesso.

8 Se a demora da intimação pessoal puder prejudicar os efeitos da interpelação ou do protesto.

9 Quando se tratar de protesto contra a alienação de bens, pode o juiz ouvir, em 3 (três) dias, aquele contra quem foi dirigido, desde que lhe pareça haver no pedido ato emulativo, tentativa de extorsão, ou qualquer outro fim ilícito, decidindo em seguida sobre o pedido de publicação de editais.

o tempo no processo. Só se entenderá por inovação ilegal aquela que implique uma vantagem para a parte ou que vá influenciar no julgamento. Se o ato foi coibido dentro dos próprios autos onde se discute o direito, seja através de provocação do interessado ou de determinação *ex officio* do juiz, não haverá interesse para a propositura da cautelar de atentado.

O atentado é mero procedimento sem natureza cautelar que tem por fim restituir as coisas ao estado anterior recompondo a situação que teria sido ilegalmente alterada por uma das partes no processo. A ação de atentado, além de documentar a situação reclamada, visa à concessão de ordem para que as coisas sejam restabelecidas.

Para que se caracterize o atentado, necessário se faz que a parte cometa um dos atos descritos nos incisos deste dispositivo. Todas as situações fáticas previstas dizem respeito às violações de ordem judicial. Será sempre medida incidente e, portanto, não se falará em prazo para interposição de ação principal. Não há ação de atentado preventivo.

O objeto desta medida é a reposição das coisas no estado que se encontravam antes do atentado, o que nos leva a uma peculiaridade desta ação quanto à pessoa que poderá cometer ou sofrer o ato; isto é, somente a parte poderá fazê-lo. Corolariamente, não cabe atentado contra ato de terceiro, Ministério Público ou juiz.

A ação de atentado pressupõe sempre a propositura de uma ação principal, sendo medida incidental, podendo ocorrer mesmo após a prolação da sentença. O legislador considera necessário ao atentado o *processo em curso*.

O requerente da medida deverá elaborar a petição inicial descrevendo minuciosamente os fatos, observando os requisitos do art. 801, CPC. A distribuição da ação será, necessariamente, perante o Juízo por onde correr a ação principal, ainda que o feito encontre-se no Tribunal. Após a autuação, estando o feito na Vara, haverá o apensamento dos autos (art. 809, CPC), citando-se a parte contrária para contestar. Se houver necessidade de instrução probatória, esta será realizada, para, em seguida, o juiz proferir sentença. O juiz poderá analisar a pretensão liminarmente, sendo da natureza das cautelares esta forma de concessão da medida (art. 804, CPC). Não se olvide que, não obstante a ação de atentado não seja propriamente cautelar, está submetida a toda ordem desta providência jurisdicional.

O critério de competência para a propositura da ação é absoluto funcional, não podendo ser alterado.

Não obstante a distribuição e as características acima relatadas, a ação de atentado é autônoma, com pedido certo de restituição das coisas ao estado que se encontravam. Desta forma, encerra-se por sentença, atacável por rescurso ordinário. A sentença dará ordem de fazer ou não fazer ou de entregar a coisa, submetendo-se seu descumprimento às normas relativas à execução desses tipos de tutelas jurisdicionais (art. 461, CPC, *v.g.*).

O legislador prevê que a sentença poderá determinar, ainda, a suspensão do andamento do feito principal e a proibição do requerido de falar nos autos até a purgação do atentado. É evidente que estes efeitos serão, ou não, determinados de acordo com o caso concreto e segundo o prudente arbítrio do julgador, que deverá inferir sobre a conveniência ou não destas disposições.

A condenação em perdas e danos, igualmente, será determinada pelo juiz, independentemente de pedido da parte e desde que vislumbre a necessidade e caracterização da situação fática. Tal condenação é medida secundária.

18.12. OUTRAS MEDIDAS PROVISIONAIS

O art. 888 do CPC é a ratificação da afirmação de que as cautelares nominadas fazem parte de um rol exemplificativo e que as inominadas poderão servir a toda situação jurídica que se pretender conservar para a garantia do processo futuro. As diversas alterações trazidas com relação às tutelas diferenciadas e de urgência não eliminaram as cautelares do ordenamentro jurídico, mas, sim, facilitam a sua interposição e colocam à disposição do interessado mais um meio de defesa a seus direitos e interesses. O que está ocorrendo é a desburocratização, inclusive do processo cautelar. A que se visa é agasalhar as situações em que a prestação jurisdicional se faz urgente e necessária.

O rol trazido pelo legislador naquele dispositivo é meramente exemplificativo. A intenção normativa é de permitir que em qualquer processo se possam pleitear, de modo incidente ou preparatório (art. 796, CPC), medidas que tenham finalidade provisória, ou seja, de garantia e de conservação do direito. O termo *outras medidas provisórias* é utilizado nesse sentido: enquanto for necessária a concessão de qualquer medida para assegurar o direito material, a mesma deverá ser concedida, devendo perdurar enquanto for *necessário à garantia da situação fática*. Incluem-se aqui, todas as demais medidas que decorrerem do poder geral de cautela e medidas inominadas.

Observe-se, ainda, que algumas das medidas que o legislador arrolou neste dispositivo não são necessariamente cautelares, o que não causa nenhuma estranheza já que diversos procedimentos a que deu o nome de cautelar nada têm de *medida cautelar*, mas foram regulados neste livro por questões de política legislativa. Igualmente, assim procedeu o legislador visando, principalmente, à possibilidade de concessão liminar da medida. Não se pode olvidar que antes da reforma de 1994, quando não existia no Código de Processo Civil o instituto da tutela antecipada, muitos procedimentos definitivos eram processados pela via cautelar, única medida a possibilitar a concessão liminar em toda situação onde se verificassem a necessidade e urgência, fundadas na verossimilhança das alegações.

Daquele elenco, é cabível no processo do trabalho apenas a hipótese do *inciso I (obras de conservação em coisa litigiosa ou judicialmente apreendida)*; e *II (a interdição ou a demolição de prédio para resguardar a saúde, a segurança ou outro interesse público)*. As demais referem-se a questões de família, estranhas à matéria trabalhista.

A primeira ação visa à garantia de que a coisa não seja deteriorada ou depredada enquanto pendente a lide. A posse da coisa pode resultar de determinação judicial, como ocorre nos casos de arresto ou seqüestro de bens. Quem tem legitimidade para requerer a medida é o titular do direito material discutido, o qual pode não ser, necessariamente o depositário do bem. Se o bem estiver depositado em poder de terceiro, este deverá simplesmente informar o juiz sobre a necessidade de realização de obras de conservação do bem. Entenda-se como obras de conservação *aquelas necessárias à conservação* (art. 96, § 3º, CC) e não melhorias voluptuárias, por exemplo. Tal medida não tem caráter cautelar, mas sim satisfativo.

Na segunda está justificada a medida na conservação e guarda da saúde e segurança públicas. A ação envolve duas situações distintas: no primeiro caso, a interdição de prédio público, que tem caráter cautelar, já que a cassação da interdição e possibilidade de funcionamento deverá ser discutida em ação principal. Na segunda hipótese, a demolição emergencial é de cunho satisfativo, justificando-se a medida pela urgência da situação, em que se reconhece de forma definitiva o uso nocivo da propriedade.

Nas situações elencadas aqui e como naquelas em que se admitir uma providência cautelar inominada, o procedimento é o padrão, sendo lícito ao juiz deferir a cautelar antecipadamente e, ainda se necessário, em liminar.

Considerando as normas gerais, poderemos assim apresentar graficamente as cautelares.

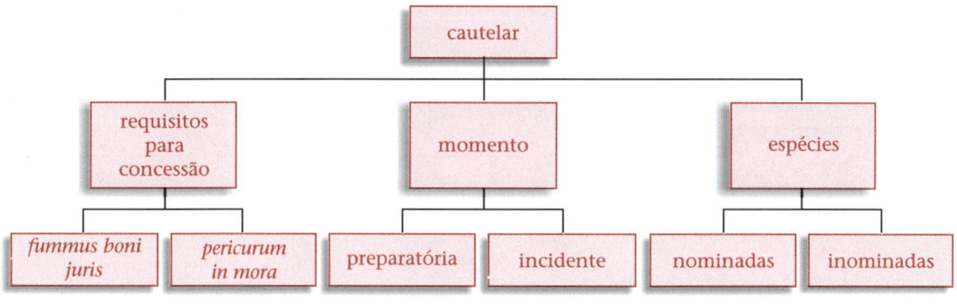

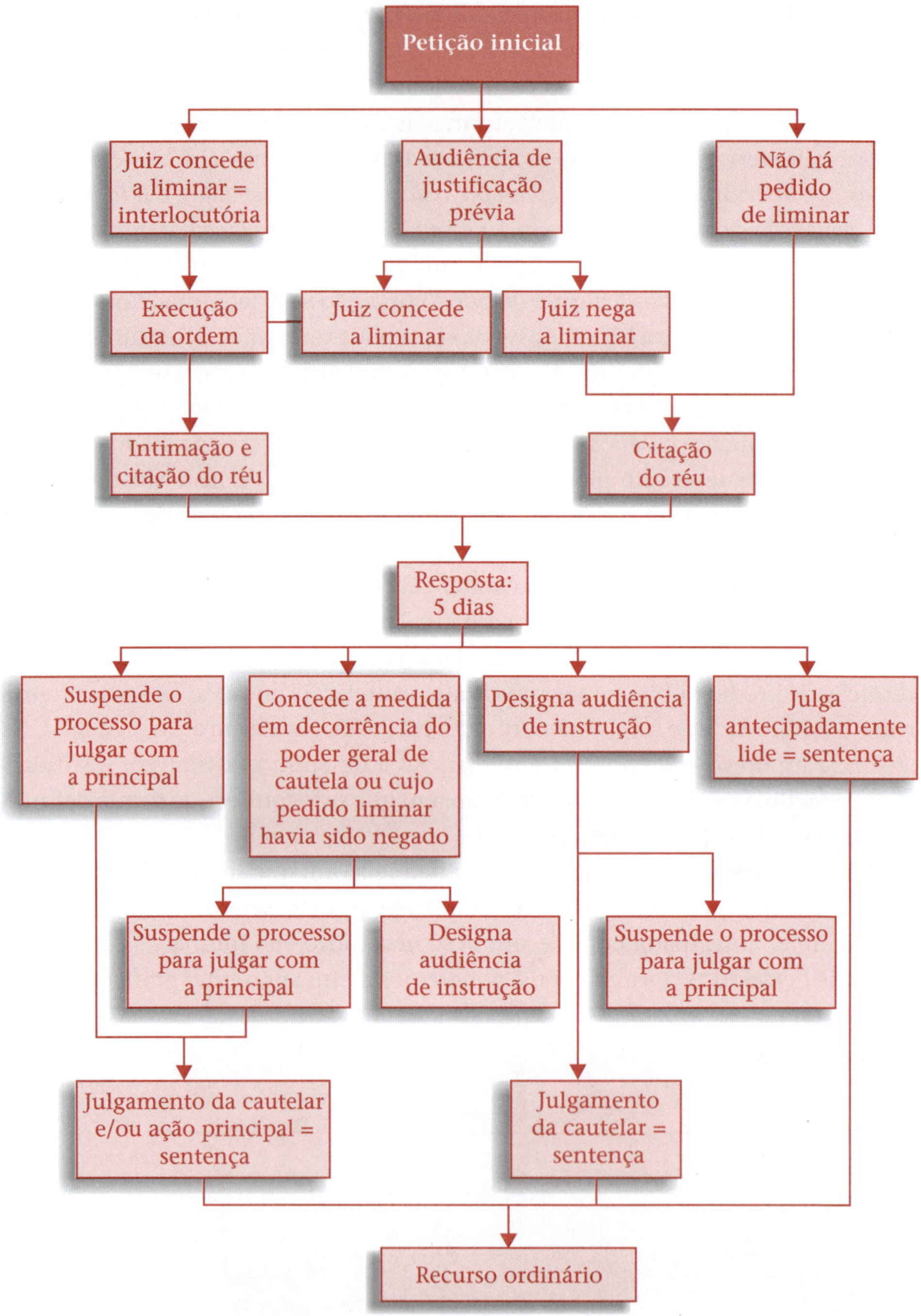
Petição inicial
Juiz concede a liminar = interlocutória
Audiência de justificação prévia
Não há pedido de liminar
Execução da ordem
Juiz concede a liminar
Juiz nega a liminar
Intimação e citação do réu
Citação do réu
Resposta: 5 dias
Suspende o processo para julgar com a principal
Concede a medida em decorrência do poder geral de cautela ou cujo pedido liminar havia sido negado
Designa audiência de instrução
Julga antecipadamente lide = sentença
Suspende o processo para julgar com a principal
Designa audiência de instrução
Suspende o processo para julgar com a principal
Julgamento da cautelar e/ou ação principal = sentença
Julgamento da cautelar = sentença
Recurso ordinário

Bibliografia

ALMEIDA, Ísis. *Manual de Direito Processual do Trabalho*, 10ª ed. São Paulo: LTr, 2002.

AMARAL SANTOS, Moacyr. *Primeiras Linhas de Direito Processual Civil*, 20ª ed. São Paulo: Saraiva, 1998.

ARMELIN, Donaldo. *Legitimidade para Agir no Direito Processual Civil Brasileiro*. São Paulo: Revista dos Tribunais, 1979.

BAPTISTA, Ovídio A. da Silva & GOMES, Fábio Luiz. *Teoria Geral do Processo Civil*. São Paulo: Revista dos Tribunais, 1997.

BAPTISTA, Ovídio A. da Silva. *Curso de Processo Civil*, 2ª ed. São Paulo: Revista dos Tribunais, 1998.

_____. *Curso de Processo Civil – Processo de Conhecimento*, 4ª ed. São Paulo: Revista dos Tribunais, 1998.

_____. *Processo Cautelar (Tutela de Urgência)*, 2ª ed. São Paulo: Revista dos Tribunais, 1998.

BARBI, Celso Agrícola. *Comentários ao Código de Processo Civil*, 2ª ed. Rio de Janeiro: Forense, 1981, vol. I.

BEDAQUE, José Roberto dos Santos. *Poderes Instrutórios*, 3ª ed. São Paulo: Revista dos Tribunais, 2001.

_____. *Tutela Cautelar e Tutela Antecipada: tutelas sumárias e de urgência (tentativa de sistematização)*. São Paulo: Malheiros, 2006.

BEZERRA LEITE, Carlos Henrique. *Curso de Direito Processual do Trabalho*. 4ª ed. São Paulo: LTr, 2006.

CAPPELLETTI, Mauro & GARTH, Bryant. *Acesso à Justiça*. Porto Alegre: Fabris, 1988, Ellen Gracie Northfleet (trad.).

CAPPELLETTI, Mauro. *Processo, Ideologías, Sociedade*. Buenos Aires: Jurídica Europa-América, 1974.

CARNEIRO, Athos Gusmão. *Intervenção de Terceiros*, 8ª ed. São Paulo: Saraiva, 2003.

_____. *Jurisdição e Competência*. 8ª ed. São Paulo: Saraiva, 1997.

CARRION, Valentin. *Comentários à Consolidação das Leis do Trabalho*, 23ª ed. São Paulo: Saraiva, 1998.

CASTELO, Jorge Pinheiro. *O Direito Processual do Trabalho na Moderna Teoria Geral do Processo*, 2ª ed. São Paulo: LTr, 1996.

CHIMENTI, Ricardo Cunha. *Teoria e Prática dos Juizados Especiais Cíveis*, 2ª ed. São Paulo: Saraiva, 1999.

CHIOVENDA, José. *Princípios de Derecho Procesal Civil*. Madrid: Reus S/A, 1977, José Casais Y Santaló (trad.).

COSTA, Alfredo de Araujo Lopes da. *Direito Processual Civil Brasileiro*, Rio de Janeiro: Forense, 1959, vol. I.

COUTURE, Eduardo J. *Interpretação das Leis Processuais*, 4ª ed. Rio de Janeiro: Forense, 1997.

DALLARI, Dalmo de Abreu. *Elementos de Teoria Geral do Estado*, 13ª ed. Saraiva, 1987.

DINAMARCO, Cândido Rangel. *A Instrumentalidade do Processo*, 5ª ed. São Paulo: Malheiros, 1996.

_____. *Fundamentos do Processo Civil Moderno*, 4ª ed. São Paulo: Malheiros, 2001.

_____. *Instituições de Direito Processual Civil*. São Paulo: Malheiros, 2001.

FABRÍCIO, Adroaldo Furtado. *Inovações do Código de Processo Civil*. Porto Alegre: Livraria do Advogado, 1996.

FERRAZ, Sérgio. *Mandado de Segurança*, 3ª ed. São Paulo: Malheiros.

FIDÉLIS, Ernani dos Santos. *Manual de Direito Processual Civil*, 11ª ed. São Paulo: Saraiva, 2006.

FREITAS, José Lebre de. *Introdução ao Processo Civil*. Coimbra: Coimbra Editora,1996.

GIGLIO, Wagner D. & Cláudia Giglio Veltri Corrêa. *Direito Processual do Trabalho*, 15ª ed. São Paulo: Saraiva, 2006.

GRECO, Vicente Filho. *Direito Processual Civil Brasileiro*. 19ª ed. São Paulo: Saraiva, 2006.

GRINOVER, Ada Pellegrini. *Direito de Ação*. São Paulo: Revista dos Tribunais, 1973.

_____. *Estudo sobre o Processo Civil Brasileiro*. São Paulo: José Bushatsky, 1976.

GRINOVER, Ada Pellegrini *et alii*. *Reforma do Código de Processo Civil*. São Paulo: Saraiva, 1996, Sálvio de Figueiredo Teixeira (coord.).

_____. *Código Brasileiro de Defesa do Consumidor – Comentado pelos Autores do Anteprojeto*, 5ª ed. São Paulo: Forense Universitária, 1998.

LACERDA, Galeno. *Comentários ao Código de Processo Civil*, vol. VIII, t. I. Rio de Janeiro: Forense.

LACERDA, Galeno & OLIVEIRA, Carlos Alberto Álvaro de. *Comentários ao Código de Processo Civil*, vol. VIII, t. II, Rio de Janeiro: Forense.

LAURINO, Salvador Franco de Lima. "A competência da Justiça do Trabalho. O Significado da Expressão 'Relação de Trabalho' no art. 114 da Constituição e as Relações de Consumo". *Revista LTr*, nº 69, São Paulo: LTr, mai. 2005.

_____. "A execução da contribuição previdenciária: processo inquisitorial e violação a garantias elementares do devido processo legal". *Jornal Magistratura e Trabalho*, nº 40, abr./mai. 2001.

LIEBMAN, Enrico Tullio. *Eficácia e Autoridade da Sentença*, 2ª ed. Rio de Janeiro: Forense, 1981.

LOPES, João Batista. *A Prova no Direito Processual Civil*, 2ª ed. São Paulo: Revista dos Tribunais, 2002.

_____. *Tutela Antecipada*. São Paulo: Saraiva no processo Civil Brasileiro. 2001.

MACHADO, Antônio Cláudio da Costa. *Código de Processo Civil Interpretado*, 4ª ed. São Paulo: Manole, 2004.

MARCATO, Antonio Carlos (coord.). *Código de Processo Civil Interpretado*. São Paulo: Atlas, 2004.

MARQUES, José Frederico. *Instituições de Direito Processual Civil*, vol. III. São Paulo: Milennium, 2000.

MASCARO, Amauri Nascimento. *Curso de Direito Processual do Trabalho*, 15ª ed. São Paulo: Saraiva, 1994.

MEIRELLES, Hely Lopes. *Mandado de Segurança, Ação Popular, Ação Civil Pública, Mandado de Injunção e Habeas Data*, 12ª ed. São Paulo: Revista dos Tribunais, 1989.

MENDES, Castro. *Direito Processual Civil*. Lisboa: Edição da Associação Academica, Universidade de Lisboa, 1986.

MENDEZ, Francisco Ramos. *Derecho Procesal Civil*, 3ª ed. Barcelona: Libreria Bosh, 1986.

MICHELI, Gian Antonio. *Curso de Derecho Procesal Civil*. Buenos Aires: Ediciones Jurídicas Europa-América, 1970, Santiago Sentís Melendo (trad.).

MIRANDA. Pontes de. *Comentários ao Código de Processo Civil*, t. XVI. Rio de Janeiro: Forense, 1971.

_____. *Comentários ao Código de Processo Civil*, t. XII. Rio de Janeiro: Forense, 1977.

_____. *Tratado de direito privado: parte geral*. Campinas: Bookseller, 1999.

NAHAS, Thereza Christina & FERRARY, Irany. "Prescrição Trabalhista – Decretação Ex Officio". *Revista LTr*, vol. 11, nº 64, São Paulo, 2000, p. 1. 384-87.

NAHAS, Thereza Christina. *Procedimentos especiais (Direito processual civil)*, 2ª ed. São Paulo: Atlas, Série Leituras Jurídicas, 2006.

_____. *Desconsideração da pessoa jurídica – reflexos civis e empresariais no processo do trabalho*, 2ª ed. revista e atualizada. Rio de Janeiro: Campus/Elsevier, 2007.

_____. *Legitimidade Ativa dos Sindicatos na Defesa de Interesses Individuais Homogêneos*. São Paulo: Atlas, 2001.

_____. *Desconsideração da Pessoa Jurídica – Reflexos Civis e Empresariais nas Relações de Trabalho*. São Paulo: Atlas, 2004.

_____. *Processo Cautelar no Processo do Trabalho (Manual Básico)*. São Paulo: Atlas, 2000.

_____. "O Significado da Expressão: Relações de Trabalho no Art. 114 da CF e a Competência da Justiça do Trabalho". *Revista LTr*, Legislação do Trabalho, São Paulo, 2006.

NERY, Nelson Jr. *Princípios do Processo Civil na Constituição Federal*, 3ª. ed. São Paulo: Revista dos Tribunais, 1996.

_____. "O Processo do Trabalho e os Direitos Individuais Homogêneos – Um Estudo sobre a Ação Civil Pública Trabalhista". *Revista LTr*, vol. 64, nº 2, São Paulo, fev. de 2000, p. 151-160.

_____. *Princípios Fundamentais – Teoria Geral dos Recursos*, 4ª ed. São Paulo: Revista dos Tribunais, 1997.

NERY, Nelson Jr. & NERY, Rosa. *Código de Processo Civil Comentado e Legislação Processual Civil Extravagante em Vigor*, 3ª ed. São Paulo: Revista dos Tribunais, 1997.

OLEA, Manuel Alonso. *Derecho del Trabajo*. 7ª ed. revisada. Madrid: Universidade de Madrid – Faculdad de Derecho, 1982.

PRIETO-CASTRO Y FERRÁNDIZ, Leonardo. *Tratado de Derecho Procesal Civil – Proceso Declarativo y Proceso de Ajecucion*. Pamplona: Aranzadi, 1982

_____. *Derecho Procesal Civil*. 4º ed. Madrid: Tecnos, 1988.

PINTO, José Augusto Rodrigues. *Direito Sindical e Coletivo do Trabalho* São Paulo: LTr, 1998.

PONTES DE MIRANDA, *Comentários do Código de Processo Civil*, t. V. Rio de Janeiro: Forense, 1976.

REIS, Alberto dos. *Código de Processo Civil Anotado*, 3ª ed. Coimbra: Coimbra Editora, 1948.

RODRIGUES, Marcelo Abelha, *Elementos de Direito Processual Civil*, 2ª ed., vol. 2. São Paulo: Revista dos Tribunais, 2003.

RODRIGUEZ, Américo Plá. *Princípios de Direitos do Trabalho,* 3ª tiragem. São Paulo: LTr, 1993, Wagner D. Giglio (trad.).

_____. "A competência da Justiça do Trabalho: o Significado da Expressão 'relação de trabalho' no art. 114 da Constituição da República". *Revista LTr*, São Paulo, mai. 2005

SILVA, José Afonso da. *Direito Ambiental Constitucional*. 2ª ed., São Paulo: Malheiros, 1997.

TEIXEIRA, Manoel Antonio Filho. *Execução no Processo do Trabalho*, 8ª ed. São Paulo: LTr, 2004.

TOVAR, Joaquín Aparicio & JOVER, Jesús Rentero. "El Juez Laboral, Imparcial, pero no Neutral." Revista de Derecho Social nº 4, 1998, Madri p. 53-66.

VARELA, Antunes; BEZERRA, J. Miguel & NORA, e Sampaio. *Manual de Processo Civil*, 2ª ed. Coimbra: Coimbra Editora, 1985.

PÁGINAS NA INTERNET:

http://ram.uol.com.br/materia.asp?id=303
http://www.anamatra.org.br
http://www.mte.gov.br/geral/estatisticas.asp#fisca_trab
http://jus2.uol.com.br/doutrina/texto.asp?id=5858
http://www.cnj.gov.br
http://investigpreciso.incubadora.fapesp.br/portal/noticias/feriasforenses
http://conjur.estadao.com.br/

REVISTA:

Revista de Jurisprudência do Tribunal de Justiça do Rio Grande do Sul – *RJTJRS* nº 61.

Outras maneiras fáceis de receber informações sobre nossos lançamentos e ficar atualizado.

- ligue grátis: **0800-265340** (2ª a 6ª feira, das 8:00 h às 18:30 h)
- preencha o cupom e envie pelos correios (o selo será pago pela editora)
- ou mande um e-mail para: **info@elsevier.com.br**

ELSEVIER

EDITORA CAMPUS

NEGÓCIO EDITORA

Alegro

Nome: ______________________________

Escolaridade: ______________ ☐ Masc ☐ Fem Nasc: __/__/__

Endereço residencial: ______________________________

Bairro: __________ Cidade: __________ Estado: __________

CEP: __________ Tel.: __________ Fax: __________

Empresa: ______________________________

CPF/CNPJ: ______________ e-mail: ______________

Costuma comprar livros através de: ☐ Livrarias ☐ Feiras e eventos ☐ Mala direta ☐ Internet

Sua área de interesse é:

☐ **UNIVERSITÁRIOS**
- ☐ Administração
- ☐ Computação
- ☐ Economia
- ☐ Comunicação
- ☐ Engenharia
- ☐ Estatística
- ☐ Física
- ☐ Turismo
- ☐ Psicologia

☐ **EDUCAÇÃO/ REFERÊNCIA**
- ☐ Idiomas
- ☐ Dicionários
- ☐ Gramáticas
- ☐ Soc. e Política
- ☐ Div. Científica

☐ **PROFISSIONAL**
- ☐ Tecnologia
- ☐ Negócios

☐ **DESENVOLVIMENTO PESSOAL**
- ☐ Educação Familiar
- ☐ Finanças Pessoais
- ☐ Qualidade de Vida
- ☐ Comportamento
- ☐ Motivação

ELSEVIER

EDITORA CAMPUS

NEGÓCIO EDITORA

Alegro

Cartão Resposta
050120048-7/2003-DR/RJ
Elsevier Editora Ltda
CORREIOS

CARTÃO RESPOSTA

Não é necessário selar

O SELO SERÁ PAGO POR

Elsevier Editora Ltda

20299-999 - Rio de Janeiro - RJ

Sistema CTcP,
impressão e acabamento
executados no parque gráfico da
Editora Santuário
www.editorasantuario.com.br - Aparecida-SP